華東師範大學 2023 年文化傳承創新研究專項項目
（項目批准號：2023ECNU—WHCCYJ-02）

Journal of the Studies on Chinese Classics

道教文獻研究專輯

中國古典文獻研究

第三輯

丁小明　主　編
羅争鳴　本輯主編

GUANGXI NORMAL UNIVERSITY PRESS
广西师范大学出版社
· 桂林 ·

中國古典文獻研究
ZHONGGUO GUDIAN WENXIAN YANJIU

出版統籌：湯文輝
出 品 人：喬祥飛
責任編輯：朱時予
責任技編：王增元
封面題簽：陳學植
封面設計：田　潔

圖書在版編目（CIP）數據

中國古典文獻研究. 第三輯 / 丁小明主編 ; 羅争鳴本輯主編.
桂林 : 廣西師範大學出版社，2024. 12. -- ISBN 978-7-5598-7572-3

Ⅰ. G256.1-53

中國國家版本館 CIP 數據核字第 202474238F 號

廣西師範大學出版社出版發行
（廣西桂林市五里店路 9 號　郵政編碼：541004
網址：http://www.bbtpress.com）
出版人：黄軒莊
全國新華書店經銷
三河市三佳印刷裝訂有限公司印刷
（河北省三河市楊莊鎮楊莊村　郵政編碼：065200）
開本：787 mm × 1 092 mm　1/16
印張：18.5　　字數：349 千
2024 年 12 月第 1 版　　2024 年 12 月第 1 次印刷
定價：148.00 元

目　録

道教文獻研究專輯

專輯介紹

本專輯共收録十三篇文章。這十三篇文章所討論的話題，從六朝南方靈寶經的起源、靈寶經系與上清經系的關係，到明清時期道教詩歌文獻的編纂，以及道教詞彙的闡釋、涉道文本的翻譯、道教磚刻文獻的發掘等，道教研究的方方面面都有所涉及，且研究角度、方法等多有可參之處。

美國亞利桑那州立大學學監教授柏夷（Stephen R. Bokenkamp）是有重要影響的漢學家。他的論著極大地推進了道教研究，也爲道教研究提供了更爲廣闊的討論空間。這篇《靈寶經溯源》發表於一九八三年，是對敦煌本《靈寶經目》所著録的古靈寶經的一次全面考察。文章深入探析了古靈寶經的三個重要來源，并爲二十六部現存古靈寶經作了精深解題。學界通常把這篇文章看作柏夷教授有關靈寶經書研究的成名之作，同時也是西方學界有關道教研究的典範和代表性作品。香港《弘道》雜志二〇一三年第一期曾刊發過此文的中譯本，譯者爲柏夷教授的高足吴思遠博士。近年來，西南交通大學吕鵬志教授和他的博士生楊金麗對其做了深入研讀，并在吴思遠譯本的基礎上修訂了若干誤譯和誤讀。我們相信，此修訂本《靈寶經溯源》的付梓，定是嘉惠學林的一件好事。

上海社會科學院白照傑的《“陶公五法”再研究》是與柏夷的《靈寶經溯源》有一定關聯的大作。白照傑詳細討論了“陶公五法”的内容組成、編纂邏輯和演變歷程，是一篇認識道教傳統從中古至近世的延續與變遷的宏文。如果能在柏夷教授的《靈寶經溯源》所討論問題的視域下研讀此文，當對道教的經教變遷有更深入的體察。清華大學陶金的《〈三茅寶懺〉仙官名録考——兼探上清經中的洞天選仙制度》揭示了編訂於元初的《三茅寶懺》所列的聖位名録多源於上清經中仙真譜系的傳承過程和叙事邏輯，并對上清經中的洞天選仙制度做了細緻考察。以上三篇文章，均從較長時段考察道教傳統的傳衍和變遷問題，氣度恢宏，每有探驪得珠之處。

元代高道、上清派第四十五代宗師劉大彬主持編修的十五卷《茅山志》，是瞭解上清派歷史和茅山道教的重要文獻，相關研究也很充分，王崗教授的《茅山志》校點本也有修訂本面世。華中師範大學何安平的《〈茅山志〉編纂與史源考》以其扎實的文獻功夫細緻考訂了《茅山志》的編纂過程和史料來源情況，指出《茅山志》對多種文獻進行了綜合，包括大量碑刻資料，但它不僅僅是文獻彙集，更是對茅山道教的全面敘述，是從劉大彬以下，張雨、虞集，甚至趙孟頫等人都參與其中的一部獨特的上清派道教史。關於《茅山志》，本專輯還收了一篇校點商榷文章。學界都知道，校點古籍如秋風掃落葉，是一件費力不討好且後出轉精的苦力活，即使文史大家從事古籍校點，仍難免有一些疏漏。上海古籍出版社出版的王崗點校本《茅山志》是學界公認的精校細審之作，爲茅山道教研究提供了重要的文本參考。但該點校本主要以不同版本對校，所參考的他校資料，尤其是教内文獻不够全面，難免有未善之處。西南交通大學兩位青年學者張晨坤、趙允嘉以《茅山志・三神紀》爲例，就一些校點中的存疑之處做了考訂，有些條目頗有啓發，足可爲新的《茅山志》修訂本提供參考。

爲了保持閱讀的連貫性，我們把幾篇討論上清派和元代茅山道教的文章排在一起。接下來，我們以所討論内容的時代先後爲序，編輯了華東師範大學羅争鳴的《道在瓦甓："羅道人"磚考略》、華東師範大學李珂菁的《〈南嶽小録〉編纂考》、澳門城市大學李静的《〈仙苑編珠〉考述》、安徽大學張曉東的《道教金丹派南宗三祖薛式及其〈還丹復命篇〉考論》及河北工程大學韓占剛的《全真祖師遺迹上的宫觀建設考論》五篇文章。這五篇文章，有三篇針對道教經典的作者生平、編纂時間、史料來源等做了深入的文獻學研究，所得結論都積極推動了對這些道經和相關道派傳承的理解。羅争鳴的《道在瓦甓："羅道人"磚考略》的寫作，實緣起於友人所贈的一紙磚拓。"羅道人"磚拓雖然衹有三個字，但這背後牽涉極廣，有其重要的學術價值和文物價值。此文除了考察"羅道人"磚的形製、時代、後世流傳等基本問題，還有一個重要意義，即拓展了道教研究的領域。道教金石文獻已經引起學界重視，但道教磚刻這種小衆化的道教資料，還很少有人關注。韓占剛的《全真祖師遺迹上的宫觀建設考論》考察全真祖師遺迹上的宫觀建設情況，指出這些宫觀建設不僅將全真祖師的傳道事迹進一步"物化"，而且還加强了全真道信徒們的宗教認同，促進了全真道團的發展。此文角度新穎，能跳開傳統的文獻考訂，從道教宫觀建築的視角出發，探究其内在的宗教功能和實際影響，在方法論上足資參考。

西南交通大學吴楊的《宇文所安英譯杜甫〈朝獻太清宫賦〉獻疑——兼論賦中的道教因素》是關於杜甫一篇涉道賦英文翻譯的商榷。這篇賦作的譯者是美國著名漢學家——哈佛大學宇文所安教授。宇文所安的重要作品在中文學界頗廣行，且影響深遠。從這篇商榷之作來看，因其對道教典故和道教用語理解的偏差，英譯仍難免出現失誤。華東師範大學楊娜娜博士的《金兆蕃與〈晚晴簃詩匯〉道詩卷編纂考論》是一篇典型的道教文學研究論文。作者通過新發現的一批信札，深入考察了《晚晴簃詩匯》道詩編纂的諸多細節，指出《晚晴簃詩匯》道詩編纂的具體時間、卷次增衍的過程和明確的編纂原則。文章考訂綿密，結論信實可靠。香港浸會大學張夢如博士的《"空同靈瓜"考》指出"空同靈瓜"的原型爲葫蘆，是道教混沌宇宙觀的產物，具有救贖渡人的神力。此文表面上是一則道教名物考，實則這一博物知識背後關聯多種學科，尤其關涉中國博物學的建構等重要問題。

本專輯所收的這十三篇文章，大部分都是受過系統學術訓練的中青年學者所作，他們扎實的文獻學功底、深厚的理論素養和融通中外的國際視野，都令人耳目一新。文獻與理論并重，國內與國外并舉，是目前衆多青年學者所共有的學術面貌和站位優勢，相信道教研究在他們手中一定能展開更順暢、更有效的國際對話，能讓道教研究在國際學界有真正的中國聲音。

羅争鳴
二〇二四年七月

靈寶經溯源 *

［美］柏夷撰，吴思遠譯，楊金麗、吕鵬志修訂

内容摘要： 一九七四年，日本學者大淵忍爾曾考定敦煌寫本P.2861v+P.2256抄自南朝梁代道士宋文明《通門論》（又名《靈寶經義疏》）卷下，其中轉録了劉宋道士陸修静編撰的《靈寶經目》。學界通常將《靈寶經目》著録的經典統稱爲"古靈寶經"。美國著名漢學家柏夷（Stephen R. Bokenkamp）於一九八三年發表的《靈寶經溯源》（Sources of the Ling-pao Scriptures）一文是西方道教學者研究古靈寶經的開拓之作，該文側重考證古靈寶經的三個重要來源，即上清經、江南宗教傳統以及漢譯佛經。文末又以附録形式對二十六部現存古靈寶經作了精要的解題。

關鍵詞： 靈寶經目；古靈寶經；上清經；葛洪；佛教

公元四世紀後半葉，在今南京市東南部的句容縣，發生了一系列事件，改變了中國上層本土宗教的發展進程，并爲《道藏》[①]的誕生奠定了基礎。這一進程的最初産物就是後由陶弘景[②]（四五六—五三六）收集、注釋的上清經。經文産生於楊羲（三三〇—？）得到的神授，由楊羲和他的贊助者許謐（三〇三—三七三）及其子許翽（三四一—約三七〇）共享。這些由上清天的仙真傳授給楊羲的經文，不但超越了更早的道教流

* 譯自 Stephen R. Bokenkamp, "Sources of the Ling-pao Scriptures," *Tantric and Taoist Studies in Honor of R. A. Stein*, vol.II, ed. M. Strickmann, 1983, pp.434-486。中譯本見吴思遠譯：《靈寶經溯源》,《弘道》二〇一三年第一期，第一 — 三五頁。

① 有關《道藏》起源的研究，參見 Ōfuchi Ninji. "The Formation of Taoist Canon," *The Facets of Taoism*, ed. Holmes Welch and Anna Seidel, New Haven: Yale University Press, 1979, pp.253-267。

② 《真誥》(HY 1010）卷一九、二〇爲陶弘景記述的上清經之流傳情况，司馬虚（Michel Strickmann）做過英譯，參見 Michel Strickmann, "The Mao Shan Revelations: Taoism and the Aristocracy," *T'oung Pao* 63.1 (1977), pp.1-67。有關陶弘景編集上清經的更全面記述，見 Michel Strickmann, *Le Taoïsme du Mao Chan. Chronique d'une révélation*, Paris: Collège de France, Mémoires de l'Institut des Hautes Études Chinoises XVII, 1981。

派，而且還包含了佛教這一外來宗教的基本思想。上清經將［道士］對較高天界情況的想象以迷人的方式做了全景描述，確保了上清經在道教發展史上占有恒久之席。然而，上清經最直接的影響是引發了一系列模仿或超越它們的嘗試。靈寶經是這些嘗試中的先行者，在上清經問世約三十年後，靈寶經也成書於句容。

靈寶經也和上清降經一樣，曾被大量仿造，因此唐宋時期編修的類書纔徵引了諸多冠以“靈寶”之名的經文。時至今日，這一經派的來源似乎仍不甚明瞭。陸修静（四〇六—四七七）編輯的經書目録是唯一能確認靈寶經起源的綫索，但人們認爲它業已佚失。幸運的是，在伯希和（Pelliot）獲取的敦煌寫本中發現了陸修静經目的唐抄本P.2256，經由大淵忍爾（Ōfuchi Ninji）重新編校，靈寶經的原貌得以重現，這些經典屬於同一經系，可以推定年代，出自某一位作者或編者之手。[①]學界對靈寶派的研究已取得了有價值的成果，不過在掌握了陸修静經目的情況下，我們必須重新審視靈寶經的起源。[②]

即使衹是大致瀏覽一下靈寶經，我們也會發現，僅用“融合”來界定其特點似乎過於簡單。當然，面對一種宗教傳統，最主要的問題不在於其來源的複雜多樣，而在於這些來源催生出了什麼樣的混合體。就像調色一樣，最終合成的顔色不僅取決於顔料的成分，還取決於顔料的數量及明暗變化。上清經已博采衆長，吸收了佛教、道教、上層社會及民間等早期資料。而靈寶經在融合中體現出質的不同。靈寶經編撰者的整合意識很明確，最主要的目的是把多種［宗教思想］體系融合爲一種包涵宇宙和人生的單一的、全面的系統。顯而易見，這種融合旨在從競争派系中吸引更多信衆。因此，通過分析靈寶經的組成元素，我們不但能從中瞭解靈寶傳統本身，而且可以厘清四世紀晚期江南在孕育這種傳統時的社會與宗教狀況。這不僅適用於孕育靈寶經的道教母體［，對於佛教母體亦是如此］。從四世紀末到五世紀，江南地區的佛教有了長足的發展。若進一步研究，我們會發現，佛教的這些變化很可能是爲了迎合或是回應靈寶經中體現的融合觀念。此外，雖然靈寶經對道教的各個方面都産生了影響，但它們主要被視爲道教科儀的

① Ōfuchi Ninji, “On Ku *Ling-pao-ching*,” *Acta Asiatica* 27 (1974): 34-56.（譯者注：本文作者柏夷教授據近些年的研究在這一問題上有不同的看法，不再認爲靈寶經是由唯一的編纂者，即葛巢甫獨自完成，而更傾嚮於認爲編纂者是包括葛巢甫在内的一個群體。）

② 陳國符：《道藏源流考》第二版，中華書局，一九六三年，第六二—七〇頁，以及 Max Kaltenmark, “Ling-Pao: Note Sur un terme du taoïsme religieux,” *Mélanges publiés par l'Institut des Hautes Études Chinoises*, Ⅱ: 559-88, Paris, 1960。

主要來源，其中一些儀式至今仍爲中國臺灣道士所使用。①通過將相關經文與現存於敦煌抄本中更原始的版本進行比較，可以看出，道教儀式在形成之初，至少在某些方面，的確受到佛教的影響。

因此，靈寶經作爲一個經系，雖有其内在的系統性，但其主要關注點則更明顯地與孕育它的宗教環境息息相關。而這些關注點又反過來爲宗教文明創始期的江南宗教活動提供了精彩的解讀。在接下來的探討中，我們將會辨别并分析對靈寶經的形成起决定性影響的三個“來源”：上清經、更古舊的江南宗教傳統以及某些佛經。

一、靈寶降授

陶弘景在《真誥》的後記中詳述了上清經的歷史，以及他如何從當時流傳的衆多類似經文中區分出上清經的標準。而陸修静則不同，關於甄别原始靈寶經的方法，他没有留下任何記録。②然而，在仔細審視靈寶經之後會發現，陸修静曾嘗試根據靈寶諸經清晰呈現的形態來復原其原貌。陸目的第一部分由元始天尊所説經組成，共計三十六卷，被

---

① 見 K. M. Schipper, *Le fen-teng, rituel taoïste*, Publications de l' École française d'Extrême-Orient, CIII, 1975。

② 由大淵忍爾重新編輯恢復的靈寶經目參見本文附録一。本文的靈寶經都會以大淵忍爾目録的編號來標示。比如，第一部是《五篇真文》，因此文中會標示爲 LP#1。由於包含陸修静目録的敦煌抄本有殘缺，因此大淵忍爾對其所恢復經題的有效性不是太肯定，但祇要比較一下這些經文的内容與現存的陸修静著作，就可以確認大淵忍爾目録的準確性。陸修静是一位儀式專家，他對正統道教科儀的編纂，以他編集的靈寶經爲堅實基礎。祇需一個例子就能看出陸修静對靈寶經的廣泛應用。他的“科儀門·古法宿啓建齋儀”[修訂者補注：原文作“科儀門”，“科儀門”爲《無上黄籙大齋立成儀》的品目之一，下分若干卷，其中僅有卷一六“科儀門·古法宿啓建齋儀”題署“陸修靖撰”，據改。] 被保留在留用光的《黄籙大齋立成儀》（HY 508）卷一六中，在短短幾頁紙的篇幅中，就從靈寶經中轉録了以下易於辨識的頌和戒 [修訂者按：本文參考的明《正統道藏》采用涵芬樓影印本，HY 編號見施舟人原編，陳耀庭改編《道藏索引——五種版本道藏通檢》，上海書店，一九九六年，第二五八—三四八頁。]：

“科儀門”中的節次名目和頁碼	靈寶經題和頁碼
三啓頌（7a）	《洞玄靈寶玉京山步虚經》（LP#4，10a） 《太上洞玄靈寶智慧本願大戒上品經》（LP#25，7b）
八會内音自然玉字（8a）	《太上靈寶諸天内音自然玉字》（LP#7，16a） 《靈寶無量度人上品妙經》（LP#15，16a） 《太上洞玄靈寶滅度五煉生尸妙經》（LP#17，6b）
十戒（14a）	《太上洞玄靈寶赤書玉訣妙經》（LP#2，2b） 《太上洞真智慧上品大誡》（LP#9，1a）
奉戒頌（16b）	《仙公請問經》（LP#26，4b）

分爲十篇。這一説法直接取自靈寶經，其全稱是“靈寶真文十部妙經”。據LP#1《元始五老赤書玉篇真文天書經》的記載，“十部妙經”有三十六卷，另有“玉訣二卷”[①]。

靈寶經的主要思想藴含在《五篇真文》[②]之中，它由原始梵炁化生而成，秘藏於五嶽之中以待五劫之終，之後由元始天尊傳授給太上道君，再由太上道君授予世人。現在這部經静静地躺在玄都紫微宫内。“十部妙經”是《五篇真文》得以現世以濟世度人的載體。所有這些都可以從陸修静經目第一部分的結語中體現出來：“右元始舊經紫微金格目三十六卷。”[③]

陸修静所編經目的第二部分，是“訣”“解”以及其他經文，用以補充元始舊經。雖然在經文中找不到陸修静對經文的分類是出於天神旨意的證據，但他把這部分道經從神啓的主要内容中分離出來的原因顯而易見。根據經目結語以及陸修静現存著作可知，這些是“新”經，爲葛仙公所受。[④]葛仙公即葛玄（字孝仙），他是備受關注的葛洪（二八三—三四三）的從祖[⑤]，據稱是靈寶經的首位接受者。[⑥]他作爲受經者的角色在十部妙經中已十分清楚，但陸目著録的第二部分經典對此有着更爲詳盡的論述。在這些長篇叙事中，葛仙公向他的弟子講述了自身生平及有關經文的細節。

靈寶經在世間的傳承情況與其在天界的傳授歷史是同樣清晰的。由於葛玄對求道的執着及其類似阿彌陀佛爲救度世人所發的宏願，他在經過多次令人沮喪的轉世之後被選爲首位受益於神啓的凡人。[⑦]經書并非一次性全部授予葛玄，而是由太上道君派遣一些負責提升其修行境界的真人逐一傳授。《五篇真文》這次題名爲“洞玄靈寶經”，是此次神授的主要經文，由太上太極五真授予葛玄，他們是鎮守五嶽的仙官。[⑧]有趣的是，五真之一正是首個道教組織——天師道——的創始人天師張道陵。

早期文獻中鮮有對葛玄的記載，在後來的各類仙傳中，其生平資料倒是數量頗豐，

① LP#1《赤書五篇真文》，3.15a9以下。

② 作爲降示的核心内容，這部真文有着衆多令人容易混淆的經題，如《五老玉（五）篇》《靈寶玉（五）篇真文》《靈寶自然真文》《靈寶真文》和《洞玄靈寶經》等。

③ Ōfuchi Ninji, “On Ku *Ling-pao-ching*,” p.40.

④ Ōfuchi Ninji, “On Ku *Ling-pao-ching*,” p.41.

⑤ ［修訂者補注］原文誤作從叔（uncle），葛玄乃葛洪從祖，今訂正。

⑥ 有關葛洪生卒年月的争論，參見 N. Sivin, “On the Pao p’u-tzu nei-p’ien and the Life of Ko Hung (283-343)," *Isis* 60 (1969): 388-391。

⑦ 參見 LP#14A 真一勸誡法輪妙經，2b.2以下；LP#27衆聖難，5a.7以下。

⑧ LP#4升玄步虚章，8a.5–7。有關五嶽，見 Edward H. Schafer, *Pacing the Void: T’ang Approaches to the Stars*, Berkeley, 1977, p.6。

其中最爲可靠的當屬葛玄的侄孫葛洪所作《抱朴子》中的記述。據此書記載，葛玄是葛盧的第七代後人。葛盧的父親在王莽新政時期輔佐過王莽，後來由於不滿，參與了推翻王莽政權的起義，但未成功。葛盧由於起兵輔佐光武帝立下大功，被封爲下邳（位於今江蘇省）僮縣侯。然而，也許因爲其父早年曾輔佐過王莽，他經朝廷獲准，將封地轉給其弟，自己則南渡長江，定居在句容吉陽里，因此葛氏家族在此地區的居住史可追溯至漢代。①

葛洪在書中還描述了葛玄的神仙譜系，尤其是稱葛玄爲“仙公”，靈寶經一直沿用這一稱謂。葛玄的師傅左慈（字元放）將仙人所授的三部丹經傳給了他②，葛玄把這三部丹經與其他經書一起授予其弟子鄭思遠（名隱），又由鄭思遠傳給他自己的徒弟葛洪。③

靈寶經認同從葛玄到其侄孫葛洪這一信仰譜系。在前世同葛玄一起發願弘揚大道、救度世人的幾位弟子中，鄭思遠是重要的一位。葛玄在給這位弟子傳授經文時，不僅提及其宏願，而且預言了葛氏家族中會出現一位杰出的後人，能够繼承他的精神衣鉢：

> 仙公告弟子鄭思遠曰：……吾昔所受經道，太上所貴也，非中仙之所學矣。歷劫以來，常傳上仙、仙公、仙王、仙卿，不但我也。吾先世與子同發此願，施行善功，勤積不怠，致玄都有仙名，今相爲師友，是以相授耳。吾去世也，將有樂道慈心居士，來生吾門者④，子當以今道業，事事一通付之，法應世世録傳也。皆是我前世與彼有宿恩，因緣使然也。子以一通依科傳付弟子佳者也。若無其人，一通封付五嶽名山矣。此太極真人口訣，子秘之，慎之慎之，時思之。⑤

LP#4《洞玄靈寶玉京山步虛經》末尾跋語稱，鄭思遠去世之前在馬迹山將經書依規傳給他的弟子葛洪。⑥葛洪也同樣記録了這一事件：“余親事之，灑掃積久，乃於馬迹山中立壇盟受之，并諸口訣訣之不書者。”⑦

---

① 《抱朴子外篇》卷五〇，《四部叢刊》本，第一A—二A頁。

② 這三部經書爲《太清丹經》《九鼎丹經》和《金液丹經》。但筆者在靈寶經中未找到任何相關資料。

③ 《抱朴子内篇》卷四，第二一—二二頁。

④ 有趣的是，葛洪在這裏被稱爲“居士”而不是“道士”。

⑤ LP#25本願大戒上品，18a–18b。

⑥ LP#4升玄步虛章，10a–10b。

⑦ 《抱朴子内篇》卷四，第二B頁。

鑒於靈寶經所宣稱的明確的傳承關係，以及葛洪在書中給予的相應印證，我們原本期待靈寶經會被列入葛洪承自他師傅的那些藏書中，同時被《抱朴子》頻繁提到。但情況并非如此，我們面對的是一個結構嚴謹但徹底虛構的傳承譜系，它以葛洪的著作爲基礎，旨在爲撰寫於四世紀晚期江南地區的道經提供合法性。精心編纂這一譜系及其冗雜文獻的始作俑者，大概是一個名爲葛巢甫的人，一位鮮爲人知的葛氏家族成員。對於靈寶經作者是葛巢甫的説法，至少已有三位現代學者做過論斷：陳國符、康德謨（Max Kaltenmark）和司馬虛（Michel Strickmann）。[①]其中最主要的一條證據，便是陶弘景關於上清經流傳的記述：

> 復有王靈期者[②]，才思綺拔，志規敷道。見葛巢甫造構靈寶，風教大行，深所忿嫉，於是詣許丞求受上經，丞不相允[③]，王凍露霜雪，幾至性命。許感其誠到，遂復授之。

王靈期與許黄民的這段過從是在四〇四年，當時許黄民爲避兵亂已逃到浙江剡縣。[④]據陶弘景記載，當時靈寶派“風教大行”，這使得雄心勃勃的王靈期忍無可忍。據後期的《道教義樞》記載，靈寶經“至［葛洪］從孫巢甫，以晋隆安［三九七—四〇二］之末，傳道士任延慶、徐靈期[⑤]之徒，相傳於世，於今不絶”[⑥]。也就是説，葛巢甫的著作在四〇二年前就已問世，僅用了幾年時間就廣爲流傳。

陶弘景對葛巢甫的做法評價很低，司馬虛將陶弘景的評價詞“造構”寬容地

---

① 陳國符：《道藏源流考》，第六七頁。Max Kaltenmark, “Ling-Pao: Note Sur un terme du taoïsme religieux,” p.560. Michel Strickmann, “The Longest Taoist Scripture,” *History of Religions* 17, nos.3&4 (Feb-May,1978), p.332.

② 關於王靈期，筆者無法提供更多信息。

③ 許黄民（三六一—四二九）是許翽的兒子，而許翽是楊羲所受降經的最初接受者之一。許家主人去世後，許黄民在四〇四年帶着上清經到了今浙江東部的剡縣。有關此事更詳細的記述可參 Strickmann,“The Mao Shan Revelations,” pp.1-30。

④ Strickmann, “The Mao Shan Revelations,” p.19.

⑤ 在張始珍（卒於五〇四）所立的九仙宫碑上，刻有徐靈期爲南嶽九真之一的内容。碑文顯示徐靈期卒於元徽二年（四七四）［修訂者補注：原文誤作四七三年］。唐李冲昭曾指出，存留下來的舊碑記載徐靈期建置衡嶽觀，雖然所記太康八年（二八七）這一時間顯然不準確（見 HY 453南嶽小録，4b.2、12a.9）。後來的《南嶽九真人傳》也將徐靈期的卒年定爲元徽二年（四七四）（HY 452，4b.3–5a.2）。如果這兩處後世記載是準確的，那麽我們很難想象徐靈期是如何在當時從葛巢甫手裏直接接受靈寶經書的。更有可能的情况是，徐靈期的名字被借用，目的是給他可能常造訪的山上廟宇提供威信，做成傳統的樣子。

⑥ HY 1121道教義樞，2.6b.8–9.

譯爲“produced”，但也許還可譯爲“constructed（建構）”或“fabricated（編造）”。[①]陶弘景説，王靈期知道是葛巢甫自己在編寫靈寶經，因此他決意嘗試玩把相同的游戲。值得注意的是，陶弘景最初曾師從陸修静的重要弟子孫游嶽，因此他對陸修静編集的靈寶經一定知之甚詳。毫無疑問，他也一定意識到上清元素已滲透到靈寶經中。然而陶弘景并未將葛巢甫列爲上清經的僞造者。靈寶經并不自稱是上清降誥的擴展和延伸，而是開拓了更高層級的神授來源。下文即將論述，靈寶經構造得的確紛繁複雜，它們從三類經典中取材，一是葛洪收藏的當地舊經，二是佛經，三是最後但并非不重要的，葛巢甫的近鄰許氏家族所受的上清經。

二、上清經與靈感

繼上清經（三七〇）産生之後，僅過了不到二十七年，句容縣又出現了第二種神啓經系，這怎麽説也是有些令人吃驚的現象。我們也許應該探討，上清經在刺激葛巢甫造構經書方面起到怎樣的作用，《真誥》中收載的楊羲與許謐的來往書信可以爲這一問題的答案提供依據。在許謐給楊羲的書信中，包含了一些朋友和親友所提的問題，楊羲之後又把問題轉達給降訪他的群真。葛玄因是仙人而名震鄉里，葛氏家族成員自然要構想一些問題來探詢他在仙界的地位。許謐在一封信中寫道：“又有葛孝先，亦言得道，今在何處？肉人喁喁，爲欲知之。”[②]楊羲的回答却不能令葛氏家族滿意，他寫道：“問葛玄。玄善於變幻，而拙於用身。[③]今正得不死而已，非仙人也。初在長山，今入蓋竹，亦能乘虎使鬼，無所不至，但幾於未得受職耳。”[④]

這一斷言在靈寶經中得到了充分的解答。在LP#14A《太上洞玄靈寶真一勸誡法輪妙經》中，三真之首的太上玄一真人告知葛玄，説其不僅在行爲上符合上仙，并且“太上命太極真人徐來勒，保汝爲三洞大法師”[⑤]。此稱謂與靈寶經和上清經中張道陵的“三天法師”頭銜不分伯仲，“太極真人”在上清經中也頻繁出現。[⑥]

---

① “造”有“形成”和“創製”的意思，而“構”的意思是“框架”，動詞可以當“構建”講。陶氏用來描述王靈期杜撰行爲的詞是“造製”。“製”意思是“設置界限”或者“勾畫”。對於王氏的行爲，陶氏用了一個更爲有力的詞，顯然是因爲王氏試圖將其創造的經書納入上清經典中。其實二人所爲都是在杜撰，都曾嘗試通過自己創造的經書來囊括仙真的莫可名狀的真理。

② HY 1010真誥，11.20b.4。

③ 這也許意味着葛玄并不擅長於更高級别的長生不老術，如行氣、存神、化神等等。

④ HY 1010真誥，12.3a.7以下。

⑤ LP#14A 真一勸誡法輪妙經，2b.5–6。

⑥ 有關上清經提到的徐來勒，見HY 1010真誥，9.23b；HY 1305洞真上清太微帝君步天綱飛地紀金簡玉字

這一説法的依據是任何讀過上清經的人都熟知的天仙，葛巢甫以此力陳葛氏家族在天界的優越；用其家族秘而不宣的傳統，來抗衡其鄰居的敵對説法。因爲仙真曾對其祖先有所輕視，所以在葛巢甫看來，上清經所描述的天界是扭曲的、片面的。他清楚地知道，上清經在何種程度上使楊羲及贊助他的許氏家族獲得了利益，所以他準備如法炮製，描繪自己的天界圖景。葛巢甫在靈寶經中特别提到上清經，充分説明他知道上清經自誇自大。

其中一處提到靈寶經的是現存上清經中的未載之事。LP#4《玉京山步虚經》中記載了太元真人大茅君茅盈創作的三首頌，作爲他授予“許常侍”《太洞玄經》的前奏①。這三首頌詩是由右英［王］夫人爲許常侍吟誦的，以激勵他儘快爲這次［降授之］事做準備。許常侍即許謐，是楊羲最重要的贊助者，上清仙真也常傳話於他。雖然他在三七三年去世前就已官至常侍，但《真誥》還是通篇稱其爲“許長史”②。

在《真誥》中，陶弘景彙集了他能找到的楊羲遇真夜降的所有記録，我們發現，LP#4《玉京山步虚經》中的三首頌也收録其中，但并不是作爲某次獨立降授的一部分存在。③由陶弘景重新整理的材料可知，這些頌詩是由幾位仙真在不同的夜晚分别授予楊羲的，其中衹有一首由王夫人誦出。如果陶弘景整理的片段是正確的，那麽葛巢甫一定是目的明確地對楊羲的零散原稿進行了再加工。事實也的確如此，因爲葛巢甫正是要試圖給上清降誥提供靈寶經的參證。也就是説，太元真人將要授予許謐的《太洞玄經》，其實就是靈寶經。④葛仙公在這段話之前的言辭，解釋了爲何這些經書不能傳給諸如許謐這樣的學士，他主張在接受仙真的經書之前，需要先修靈寶齋，并警告不能把經書傳給“浮華之徒”⑤。爲了申明這一主旨，［葛巢甫］對楊羲的經文做了兩處改動。上清經第二首頌詩中，有“靈發”一詞，本用以描寫仙真動身越空之旅，却被改爲“靈文”

上經，26a；HY 424上清明堂元真經訣，6a。靈寶經也提到徐來勒，見LP#26B本行宿緣經，13b.2–3。

① LP#4升玄步虚章，7b.2–8a.4。

② HY 1010真誥，20.8b.2–3。

③ 第一首載於《真誥》4.8a.4–7，第二首載於3.10a.9–10b.2，第三首載於4.6b.3–5。

④ 這是《太洞玄經》唯一一次出現在靈寶經中。陶弘景在《真誥》(13.1a.7–8) 中將一位仙真提及的“洞玄”釋作此經，他説：“……讀之萬遍，七祖已下并得煉質南宫，受化胎仙，非今世所稱洞玄靈寶經也。”陶弘景的注釋有些令人生疑。讀一萬遍的通常是《大洞真經》，但是救度七祖確實是靈寶經反復出現的主題。鑒於陶弘景對靈寶經來源的瞭解，他在這裏似乎特别注意，仙真所言不應被理解爲葛巢甫後來造構的經典。《真誥》中衹提及此經一次。靈寶經的慣常通稱是“洞玄”或“洞玄經”。“大洞玄經”似乎是靈寶經的全稱“太上洞玄靈寶經”之簡稱。

⑤ LP #4升玄步虚章，7a.9–7b.1。

二字，即“靈寶五篇真文”的簡稱。更重要的是，第三首頌的最後一句也以這種方式作了改寫，旨在貶斥許謐應允與女真王夫人結成神婚。在《真誥》中，王夫人被描述成許謐未來的天界伴侶，她吟咏着這些頌詩，藉以激勵許謐要更加精進修爲，以早日實現他們的結合。因此，《真誥》中最後一句爲“何爲塵中趨？”意即在許謐的修爲未超脱塵世之前，他們命中注定的結合是無法實現的。而在LP#4《玉京山步虛經》中，這句詩則被改爲“孰爲塵土儔？”在夜訪楊羲的諸真中，這位女真地位顯著，但是葛巢甫對頌辭的修改透露出對她的輕視。[①]我們在下文還會看到，葛巢甫對於女性的厭惡情結在他藉鑒的一些佛經中也有所體現。

葛巢甫的這種態度可能源自他對上清經以及遍經文的天上女真的厭惡。他對楊、許也充滿憤怒，儘管仙真反復强調這種結合是精神上的、未受世俗情欲玷污的，但在他看來，此種天界的聯姻定是粗鄙不堪的。葛巢甫暗示，在楊、許與位卑權微的女真們玩樂的同時，他的祖先葛玄正從最高級别的仙真那裏得到真傳。因此在LP#4[②]《玉京山步虛經》中，這個上清經段落之後是“太上太極五真人於會稽上虞山授葛仙公洞玄靈寶經，各吟一頌”。這種上天的眷顧使許謐獲得的恩惠相形見絀。

探究葛巢甫如何接觸到上清經，甚至包括已佚的上清經片段，是非常有趣的一個話題。在《真誥》卷二〇中，陶弘景所提供的許氏詳細族譜顯示了葛、許兩家的親密關係。據記載，葛家的四個女兒都嫁給了許氏家族中許謐和許翽這一脉系。從陶弘景的記載看，其中的兩樁婚姻除了證明兩家緊密的社會關係，也顯示出葛氏家族中與靈寶經相關的人。陶弘景指出，葛洪的姐姐嫁給了許謐的叔叔許朝。[③]這種關係在現代人看來似乎無關痛癢，但在中國傳統大家庭的背景下，特别是考慮到兩個南方士紳家族所處的社會地位，這種婚姻則預示着一種緊密的社會、政治，甚至是宗教關係的建立。而葛巢甫能接觸到上清經更爲關鍵的一點，便是他的同輩葛萬安將女兒嫁給了上清經的唯一繼承人——許黄民。陶弘景稱葛萬安是葛洪二哥的孫子。[④]後世所有關於葛氏家族的記載似乎都涉及其中最耀眼的明星——葛洪，葛巢甫也因爲是葛洪哥哥的孫子而爲世人所知。因此葛萬安就應是葛巢甫的親兄弟或堂兄弟。由葛巢甫對上清經及許氏家族的態度來看，他與許黄民之間這種關係的證據就尤爲驚人了。而葛巢甫自己很可能就是一位

① Strickmann, Le Tao ī sme du Mao Chan, pp.189-191. 感謝 Elizabeth Hyland 與我討論上述觀點。

② ［修訂者補注］原文作LP#5九天生神章經，今據下文訂正。

③ HY 1010真誥，20.7b.6–7。

④ HY 1010真誥，20.10b.8–9。

“上清真道”的早期修行者。衆所周知，上清經早期的一些秉承者并非許氏家族成員，我們還知道，陶弘景追溯了某些上清經在句容葛氏後人中的傳承情況，其中就包括我們下文要談的《靈寶五符經》，陶弘景發現，葛粲[①]收藏此經。葛巢甫不僅得到了這部經典，還將改易後的版本收入靈寶經中（LP#20靈寶五符序），并在經題上添加了“序”字。此外，據陶弘景記載，楊羲手抄的《王君傳》一書“本在句容葛永真間，中又在王文清家，後屬茅山道士葛景仙”[②]，另有證據表明葛巢甫也接觸過此書。《王君傳》原附的“口訣”中録有“食五芽”的部分，這是一種存思法，包含一系列叩拜四方和中央的儀式，同時伴隨着呼吸和咽液，在念誦咒語之後，可彙集五方之精氣。修行者修習此存思法十年，五老人將現身，授予其五種神聖經文，并帶他同升天界。[③]靈寶派的同種存思法似乎更複雜些，修煉者要存想：盛裝華彩的五老上帝降臨静室，并化爲五色之氣，修煉者將其攝入體内，氣便導入相應的五臟之中；用紅筆寫下不同方向的十二字天名，并吞服此符文，這會加快五臟中新芽的生長，使修煉者體内充滿所涉各方的内蘊之力；之後通過呼吸和咽液培育新芽，正如上清存思一樣，整個過程間或誦念咒語。經過僅八年的修煉，成功者會得到太上道君的護佑，天官會降臨於他，還會有玉女侍衛，同時身體也會發光，可以自在地遨游天界。因爲此存思法出自五篇真文，其原理符合五行學説，而被譽爲更有效的方法[④]。

靈寶經“五芽”存思法其實衹是對上清經法的一種增飾，在我們確定此結論之前，有必要先研究一下《靈寶五符序》（LP#20）。在這部早期道經中，有一段文字可以説是上清經和靈寶經中“食五芽”法的來源。這段話提及五種咒語，且指導修行者在東方衹攝取東方的青牙，其餘四方的飲、食則要尋求其他資源。針對中央，修行者要吞食“精氣”，飲咽“醴泉”。伴隨着咒語，修行者的舌頭在唇齒間攪動，并吞咽因此産生的津液，這和上清經、靈寶經中的步驟相同。[⑤]關於這種修煉法，《靈寶五符序》卷上的《仙人挹服五方諸天氣經》有更詳盡的叙述。[⑥]從中我們可以發現關於修煉者在不同天空方位飲、食的描述，如挹服東方九氣、南方三氣等，與漢代的五行命理説一致。修

① HY 1010真誥，20.2b.1。

② 司馬虛英譯見 Strickmann, “The Mao Shan Revelations,” p.58，有關《王君傳》，參該文注一四七。葛永真和葛景仙不見其他文獻記載。

③ HY 424上清明堂元真經訣，6b.8–8b.4。

④ LP#2赤書玉訣，2.4b.6以下。

⑤ LP#20靈寶五符序，3.16a，21a–22a。［修訂者補注］原文闕後一頁碼，今據《道藏》本《五符序》相關内容補。

⑥ LP#20靈寶五符序，1.11b–14b。

行者有關飲咽的對應天空方位，在上清經和靈寶經的“食五芽”法中也有所提及。

顯而易見，在道教經典傳統中，尤其是在現存早期道經爲數不多的情况下，硬要確定歸屬是多麼輕率。然而，從經文的成書順序來看，關於“食五芽”法的描述正説明道教儀式發展得愈益複雜。此外，葛巢甫對該儀式的增改顯然是出於他對上清儀式的充分瞭解。

葛巢甫對上清經的熟稔還反映在他對自己作品出世日期的選擇上。上清經提到，道君在壬辰年（三九二）顯世①，在這一神啓之年平安度過之後，葛巢甫纔聲稱自己的經書問世，并提出了他自己的關鍵年份——庚子年（四〇〇），這正是元始天尊將五篇真文教授給世人、真道當行的年份。②正是在靈寶經出現之後，葛巢甫的姻親許黄民，因當時“京畿紛亂”（據陶弘景言），而携帶上清經原稿逃到剡縣。③很難想象，出現在句容的兩種道經之間的相互競争却未引起兩個傳統領軍人物之間的世俗争鬥，未出現對於支持者的争奪，以及對當地宗教絶對掌控權的競争。葛巢甫曾列出五組用於儀式的經書：《道德經》、大洞真經、靈寶經、三皇天文，最後是上清經。④我們從中可以看出，一個新的宗教教團在句容地區已建立起來。直到陶弘景於四九二年在茅山再次推行他重新編集的上清經系之前，上清經將在剡縣地區滯留。這似乎表明，葛巢甫至少可在一段時期内使上清派喪失競争影響力，葛氏家族就這樣在道教神系中奠定了自己永久的地位。

三、葛洪的藏書

葛巢甫大膽采用上清經内容的作法并不奇怪，因爲據稱這些經文在更早的時候，即諸真人點化葛仙公時就已降授葛仙公。由於人們公認靈寶經早於其敵對派系的經文，因此人們認定靈寶經更爲原始和全面地體現了一些廣受關注的内容。葛仙公屢次申明，這些經文不止傳授於他，同時也授予其他同等仙階的仙真，這不僅解釋了靈寶經和其他經書出現雷同内容的原因，而且也更爲實際地避免了任何被指控抄襲的可能性。我們看到，葛巢甫審慎地追溯這些經書從表面上看授予其杰出先祖經由其從祖葛洪的流傳過程。的確，就靈寶經本身而言，這種説法顯然是虚構的，但也有證據表明，葛巢甫接觸到南方傳統的早期經典確實是葛氏家族精神資源的一部分。由於葛玄留下經書與否仍然

① Michel Strickmann, “On the Alchemy of T’ao Hung-ching,” Homes Welch and Anna Seidel, eds., *Facets of Taoism* (New Haven: Yale University Press, 1979), pp.153–154.

② LP#1五篇真文，1.6b.9。

③ HY 1010真誥，19.10a.7。

④ LP#21太極隱注寶訣。

未知，因此我們要轉向葛洪的《抱朴子》，來驗證葛巢甫的説法是否有説服力。

較早的觀點將葛洪誇大視爲中古道教最重要的代表，這種觀點已經開始爲學者們所質疑。[①]我們的目的當然也不是爲葛洪辯護，因爲他在研究自己藏書時所關注的内容與葛巢甫的關注點截然不同。事實上，葛洪似乎無意於掌握許多對於葛巢甫來説非常重要的經書。在其自傳中，他也承認："其河洛圖緯，一視便止，不得留意也，不喜星書及算術九宫三棊太一飛符之屬。"[②]

我們在此關注的不是葛洪對於上述著作的理解，而是他實際收藏并在後來傳至其侄孫葛巢甫手中的那些書籍。在《抱朴子内篇・遐覽》中，葛洪羅列出其師父鄭思遠的藏書目録。[③]他指出自己無法獲得全部書籍，甚至某些書籍也許是靠回憶記録的，因此我們無法確鑿地斷定他到底擁有哪些書。葛洪的引述的確表明，他可以獲得一部靈寶經，也正如陳國符所示，此經在被改寫後冠以"靈寶五符序"之名流傳至今。[④]陳國符指出，葛洪在《抱朴子》卷一七所引的内容，實際出自《靈寶五符序》卷下。[⑤]葛洪也以"老子入山靈寶五符"[⑥]的經題來徵引這部經典。葛洪認爲，若要入山，需佩帶這些靈符，并施行合適的齋儀，就可找到一種長生不老的仙草，即"石芝"。五符的這一特點在《靈寶五符序》卷上有着詳細的闡釋。[⑦]葛洪進一步指出，靈寶經的另一特點是包含了三篇仙術：正機、平衡和飛龜。[⑧]雖然原本内容已被改寫，但在《序》中仍提到了這三篇仙術。《序》稱《仙隱靈寶方》分三部分：河圖隱存符、伊雒飛龜及平衡案。[⑨]因此，《靈寶五符序》是一部非常古老的經文，它從葛洪的藏書中輾轉進入到了靈寶經中。

目前學界存在着各種各樣對於經題中"序"字的解釋。[⑩]在我看來，是葛巢甫在將這部真正的古代經文和他造構的經書一起公開時，添加了此經題。葛巢甫用這種方式給

---

① 對於此觀點的討論，見 N. Sivin, "On the Word 'Taoist' as a Source of Perplexity. with Special Reference to the Relations of Science and Religion in Traditional China," *History of Religions*, 17, nos, 3&4(Feb-May,1978), pp.323-327。

② 《抱朴子外篇》卷五〇，第三 B 頁。

③ 《抱朴子内篇》卷一九，第三 B—七 A 頁。

④ 陳國符：《道藏源流考》，第六四—六六頁。對此，我同意陳氏的觀點，儘管席文（N. Sivin）有着不同的見解，見 "On the word 'Taoist'," p.325, n.41。

⑤ 《抱朴子内篇》卷一七，第四 B、六 A 頁。LP#20靈寶五符序，卷下第八頁以下。

⑥ 《抱朴子内篇》卷一一，第三 A 頁。

⑦ LP#20靈寶五符序，1.15b.8−16a.10。

⑧ 《抱朴子内篇》卷一二，第七 A 頁。

⑨ LP#20靈寶五符序，1.11a.9以下。

⑩ 陳國符：《道藏源流考》，第六四頁，他給出多種不同意見。

他創造的五稱自然符賦予顯赫地位，五稱自然符在LP#6《太上無極大道自然真一五稱符上經》中由老君昭示於世并充分闡釋。[①]作爲“太極五真”之一的正一真人張道陵，據載曾親自抄録過這些靈符。[②]五符由五帝掌管，在詳盡複雜的宇宙學説中具有無限的天地之威力。該學説植根於漢代的五行理論。據稱，僅是操控這一五行鏈中最微小的因素，在經過内部相互作用後，就將產生巨大且深遠的變化。想要祛除病痛，獲得榮華富貴，甚至趕走狼群，人們衹需吞服五稱符中一道靈符，并舉行相應方位的儀式，就能激發與該符相關的所有元素的全部力量。它們在靈寶經文中皆以五個一組的方式產生效力，下表很好地展示了這種相互作用的關係：

	東	南	中	西	北
星宫	青龍	朱雀	螣蛇	白虎	玄武
星	歲星	熒惑	鎮星	太白	辰星
氣	少陽	太陽	中和	少陰	太陰
季節	春	夏	治	秋	東
干支日＊	甲乙	丙丁	戊己	庚辛	壬癸
五行	木	火	土	金	水
數	9	3	12/1	7	5
顔色	青	赤	黄	素	玄
音律	角	徵	宫	商	羽
山嶽	泰山	霍山	嵩山	華山	恒山
身體	兩目左手	口唇舌胸	腹	兩耳右手	腰臍陰兩足
臟腑	肝	心	脾	肺	腎

*這裏采用的是六十天爲一循環的干支紀日法

此表中也可增入靈寶經中五神的各種頭銜和隱名。這些稱謂取自五行中與神仙方位相關的元素，因而形成很長的、令人生畏的稱號，并顯示出全部法力。如“西（方位）方七（數）寶金（金行）門皓（顔色）靈皇老君”，他們的構成方式複雜精妙，展現了這些崇高的稱謂如何成功表述神靈的全部法力。

靈寶經中的“五老上帝”承襲了漢代五帝的特徵。在五行宇宙學説發展的早期，五

① LP#6真一五稱經，1.3a.10b。

② LP#26仙公請問經，5b.8。

個虛構的帝王被賦予五行之“德”。五帝在漢代最終被認爲是掌控五行的原始驅動力，不再像過去，五帝中某帝在人類歷史上單獨出現。這一過程首先體現在漢代的國教中，漢武帝（前一四〇—前八七）統治時期，五帝的地位處於太一之下。①在官方禮儀中，五帝從屬於不具形體的神，這意味着重心已轉嚮五帝的精神層面，而非他們在歷史上的地位。事實上，他們的神位坐落於太微星。②根據篡權者王莽的規定，五帝獲得了新的特徵：有着對應顔色的“靈”，同時五帝在歷史中的身份認同變得與董仲舒的理論相一致。③有關五帝身份的争議加速了五帝在宗教層面上的發展。在後漢的讖緯學説中，宗教意義上的五帝已經與歷史意義上的五帝完全分離。通過神的介入，他們獲得了全新的、威風的名號，不僅創造了歷史上的五帝，也産生了其他的古代聖賢。④在鄭玄的組織構架中，凌駕五帝之上的是太一，他如今被冠以一個令人生畏的威名：耀魄寶。⑤

五行理論在緯書中還有一處體現。在《尚書中候運衡》中，五老降訪堯帝，并預先告知他河圖出現的時間和地點。當五老化爲流星消失之後，堯纔意識到自己在和“五星”之神對話。⑥無論五老是不是位居太微星的五帝，葛巢甫都已將二者融合，并創造出“五老上帝”。

顧頡剛指出，漢代至上神太一在後世道教文獻中被篡改爲元始天尊。⑦靈寶經爲這種改變提供了最早的證據。《靈寶五符序》記載的五帝稱謂在緯書也能找到，衹是有兩處不同，即黑帝和白帝的稱謂。⑧顯而易見，白帝的新稱謂“曜魄寶”其實是緯書中太一耀魄寶的變體。LP#1《元始五老赤書玉篇真文天書經》將《五符序》中的五個稱謂作爲五老上帝的字，并將緯書中對黑帝和白帝的原始稱謂當作别字。⑨靈寶經中統領五帝的位置由天尊占據，因此太一已降爲普通神仙。靈寶經中所有關於五神的建構都可追溯

① 《史記》卷一二《孝武本紀》，中華書局，一九七二年。

② 甘公《星經》，引自顧頡剛、楊向奎：《三皇考》，載吕思勉、童書業主編《古史辨》第七册，明倫出版社，一九七〇年，第九七頁。

③ 見顧頡剛、楊向奎：《三皇考》，載吕思勉、童書業主編《古史辨》第七册，第九五——一二頁。

④ 顧頡剛、楊向奎：《三皇考》，載吕思勉、童書業主編《古史辨》第七册，第一三四——五一頁。

⑤ 顧頡剛、楊向奎：《三皇考》，載吕思勉、童書業主編《古史辨》第七册，第一四五頁。

⑥ 安居香山、中村章八編著：《重修緯書集成》卷二，明德出版社，一九七一年，第一〇七—一〇八頁。有關河圖的論述，見 Michael Saso, “What is the Ho T’u?” *History of Religion*, 17, nos, 3&4 (Feb.-May, 1978), pp.399-416。

⑦ 顧頡剛、楊向奎：《三皇考》，載吕思勉、童書業主編《古史辨》第七册，第二〇三—二一五頁。

⑧ LP#20靈寶五符序，1.14b−15b。

⑨ LP#1五篇真文，1.31a.1−34a.10。

到這一原始記述，這一建構實際上是對漢武帝建立的太一/五帝等級制度的修改。

我們占用了些篇幅來追溯漢代五行學説對靈寶經的影響，不僅是爲了説明古本《靈寶五符序》對於葛巢甫創造經文的影響，而且也是因爲以五行學説爲基礎的複雜思想體系完全主導了靈寶經的存思和儀式實踐。五行學説在古代文獻中有詳細的記述，葛巢甫也最終從葛洪處繼承了這一傳統觀念，將其作爲靈寶經的基礎，後來又加入了其他道教和佛教元素。

也并不是没有人注意到葛巢甫從《靈寶五符》這樣一部受人崇敬的典籍中挪用了一些内容，因爲在句容還存有此經的另一抄本，它的再度出現給陸修静帶來了麻煩。陸修静道教宗師的盛名，很大程度上是由於靈寶經及帶有僞序的《靈寶五符》有着顯赫的地位。陶弘景認爲，由於此經的早期版本不合時宜地出現，陸氏的盛名曾一度受到威脅。陶弘景寫道，楊羲在三五〇年從魏夫人的長子劉璞處得到一份《靈寶五符》的抄本。[①]他還確認了《真誥》中解釋《靈寶五符》的文字與《五符序》中的一段文字相吻合。[②]僅就此一段文字，我們無法確認楊羲的抄本就是《靈寶五符》的原始版本，然而也没有證據顯示，楊羲改寫了這部經書，因爲這一抄本得自凡夫俗子而非降訪的天人。在《真誥》卷二十中，陶弘景記述了他的親見：

> 楊書《靈寶五符》一卷，本在句容葛榮[③]間。泰始（四六五—四七一）某年，葛以示陸先生。陸既敷述《真文赤書》《人鳥五符》等，教授施行已廣，不欲復顯出奇迹，因以絹物與葛請取，甚加隱閉。顧公聞而苦求一看，遂不令見，唯以傳東陽孫游嶽，及女弟子梅令文。[④]

《真文赤書》在靈寶經系中占據核心地位。它正是揭示五篇真文的天書。真文見於LP#1《元始五老赤書玉篇真文天書經》，其文高度程式化模仿古文篆書。每一篇真文之後，都有兩道靈符，其中第一道符與遠古五帝之一有關，另一道與相應的五老上帝之一有關。[⑤]仔細觀察這些靈符可以得知，它們衹不過是《五符序》中五方靈寶符的

① Strickmann, “The Mao Shan Revelations,” p.58, n.143.

② HY 1010真誥，14.17a。

③ 一位除此處記載，名不見經傳的葛氏家族成員。

④ 孫游嶽是陸修静的高足，也是向陶弘景傳授靈寶科儀的師父。梅令文則不見於别處。這段文字的英譯見Strickmann, “The Mao Shan Revelations,” pp.58-59。

⑤ LP #1五篇真文，1.7b−29b。

變體而已[①]，儘管由於抄録者個人風格的緣故，兩者會有細微的差别［修訂者注：參見圖一、圖二］。

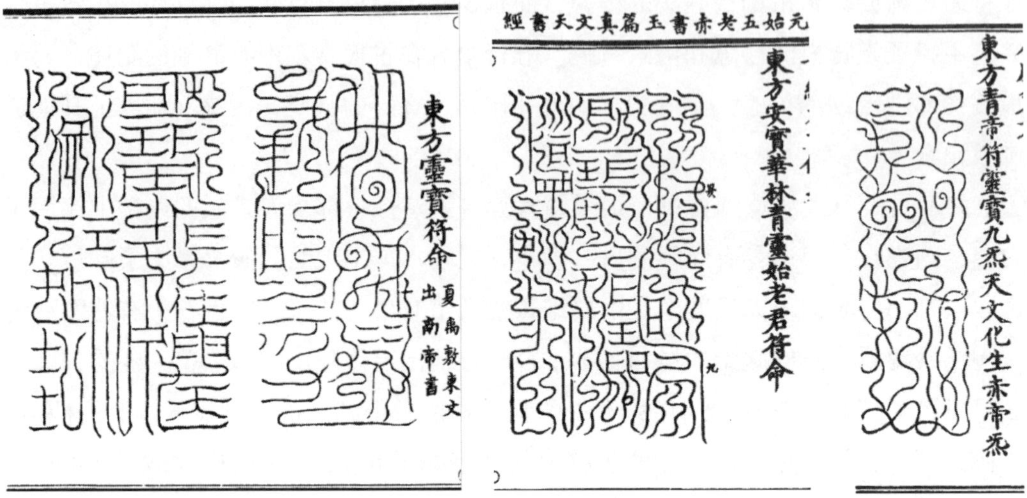

出自《五符序》(LP#20)，HY 388　　出自《五篇真文赤書》(LP#1)，HY 22

圖一　東方靈符

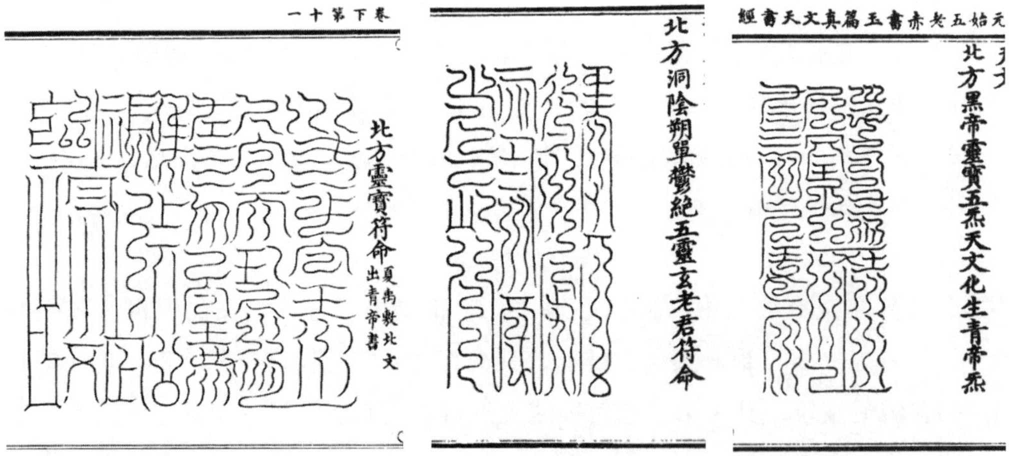

出自《五符序》（LP#20）, HY 388　　出自《五篇真文赤書》（LP#1）, HY 22

圖二　北方靈符

《五符序》中的每一道符都被拆成兩部分，以構成LP#1《赤書五篇真文》中新的靈

① LP#20靈寶五符序，3.9b–11b。

符。此外，在《五符序》中雖然没有提及赤書，但卷三“皇人太上真一經諸天名”中有一個部分，共有六十個字，采用了相同風格的“古篆文”①。那麽，在LP#1《赤書五篇真文》中赤書篇章的某些形式，一定源於楊羲抄本中保存的《靈寶五符》。

《五符序》中從未提及《人鳥五符》，靈寶經中也没有提到人鳥五符。很明顯，陶弘景使用的稱謂是指他在《靈寶五符》中看到的人鳥五符。②葛巢甫也可能在他的經文中采用了人鳥符，但冠以别名，并在《五符序》中删除了提到人鳥五符的文字。陸修静當然想要隱瞞人鳥五符的真正來源，并使之以别名的形式牢固地存録於靈寶經之中。因此，陶弘景指責的并不是《五符序》中的靈寶五符被改動，而是葛巢甫將古道經中的元素納入他的靈寶經中。

葛巢甫很清楚，異本的經文也許會被拿來與他的《五稱符》相比較。靈寶經中充斥着大量宣稱其優先地位的段落，藉以形成藩籬，避免他人進行令人反感的對比。在包含這些靈符的經文中，老君説：“靈寶爲道之先，神靈常所憑，諸天諸地諸聖之所共宗。《玄洞通靈神真符》《三皇天文大字》《大洞真經》，同於靈寶。③故先撰爲五稱符，餘者入天氣，故曰‘天文字’，及爲‘皇符’也。”④

因此和充滿更多神啓内容的經文相比，葛巢甫僅將《人鳥符》視爲可有可無的陳迹。

由於《靈寶五符序》的存在，我們得以在陰霾密布的水域很好地直綫航行。我們需要仔細研究《序》來斷定葛巢甫是否補充了經文。這種研究必須從分析靈寶經開始。在此篇基礎性論文中，我的初步看法是，葛巢甫補充的内容不多，借用的資料却不少。我發現幾乎每一條原始《五符》的引文，無一不能在《序》中找到，或至少可找到其相關闡釋。大量修改經文并不符合葛巢甫的初衷，事實上《靈寶五符》記載古靈寶經降現人世間，其玄機奥義將在全面降示給葛巢甫的祖先葛仙公時登峰造極。葛巢甫衹簡單删除

① LP#20靈寶五符序，3.14b–15b。

② 雖然我未能找到更多有關《人鳥五符》的資料，但是在一部著作裏出現過人鳥山圖：《玄覽人鳥山經圖》（HY 434，摘自《雲笈七籤》，HY 1026, 80. 19b–20a.）。靈寶經中唯一提及人鳥山的地方是在LP#21《隱注玉經寶訣》中。（9a.1–9b.7）這部分經文篡改《玄覽人鳥山經圖》中的内容，并將其與其他靈寶經聯繫起來。因此《玄覽人鳥山經圖》可能是原始《靈寶五符》的一部分。

③ 我没有找到有關《玄洞通靈神真符》的進一步資料。《三皇天文》，又稱《三皇内文》，是早期著作。正是葛洪接受口訣的道教經文；可參《抱朴子》，4.1b, 15.10a, 17.3a 和18.2a。有關其和《靈寶五符》的關係，參見施舟人有關“五嶽真形圖”的論文，《道教研究》一九六七年第二册，第一一四——一六二頁。《大洞真經》見上文注三七。［修訂者按：此爲原文脚注序號，即本書第十二頁注④。］

④ LP#6真一五稱經，2.11a–11b。

了原《靈寶五符》中太易明示葛造經書借用此經的部分，將未刪除部分作爲其深奥經書的序文來宣傳。

LP#19《二十四生圖經》中的二十四生圖保留着較爲清晰的證據，能説明葛巢甫依賴其顯赫的先輩葛洪的藏書。此經中記録的贊頌，是元始天尊因後聖李君的存思而賜予他的，爲的是使其更好地理解二十四圖。李君在完成千日清齋之後，身塗五香，吞服二十四内觀玉符，并能看見三八景神，即體内三元宫中的二十四位神官。他令諸神摹寫出空中以金書玉字書寫的二十四圖，一旦内化之後，生圖的精髓便以李君自作贊頌的形式出現。[①]

這一切和上清降經中對李君的記載驚人的相同。李君即金闕帝君李弘元，由著名的李弘演變而來，據稱李弘即將降世，并開創人世間的“太平”時代。[②]此神衹的傳記及其臨世的預言都載於楊羲最早接受的降經《聖紀》中。[③]據此經可知，李君會委派二十四真下降，指引命中注定要修真證道的凡人，這是他現世的先兆。[④]在另一部上清經中，有修行者通過存思體内神官來修煉冥想的内容，而將李君的現世徵兆與其體内二十四神官相聯繫的做法却不明確。[⑤]葛巢甫似乎確信可將二者結合起來。上清經中有關二十四神官的名稱及身體中的府第，除了異體字，與LP#19《二十四生圖經》中内觀玉符中的内容完全吻合。

這一源自上清經的奥秘衹用來引出稱頌二十四生圖的贊頌。雖然這些圖本身并未保存在今本經文中，但它們的名稱清楚地表明，它們來源於葛洪師父的藏書，或至少與之相關。若將這些圖名與LP#6《太上無極大道自然真一五稱符上經》所載圖名簡稱[⑥]做一比較，這一點就會更加清楚。

① LP#19二十四生圖，3a.9−4a.6。

② 有關後聖的内容，參見司馬虚的待刊書稿，Strickmann, *Apocalypse in China: Mediaeval Visions of the World and its Destiny*。關於李弘崇拜，見 Anna K. Seidel, “The Image of the Perfect Ruler in Early Taoist Messianism：Lao- tzu and Li Hung,” *History of Religions*, 9, nos.2 &3 (1969-70), pp.216-247。

③ 此經全稱爲《上清後聖道君列紀》(HY442)，法譯見於 Strickmann, *Le Taoīsme du Mao Chan*, pp.209-224。

④ HY 442上清後聖道君列紀，6b。

⑤ HY 405上清紫精君皇初紫靈道君洞房上經，4b−7b。

⑥ LP#6真一五稱經，2.11b.10−12b.

LP#19 《二十四生圖經》所載題名	LP#6 《自然五稱文》所載簡稱	《抱朴子》所載題名 ①	《抱朴子》中的出處
1 真人沐浴東井圖	東井圖	東井圖	19/41.9
2 神仙五嶽真形圖	五嶽圖	五嶽真形圖	19/8a.1
3 通靈訣精八史圖	八史圖	八史圖	19/4b.2*
4 神仙六甲通靈圖	六甲通靈圖	六甲通靈符	19/6b.8
5 神仙九宮紫房圖	九宮紫房圖	九宮五卷	19/51.5
6 元始太清圖	太清圖	太清經	19/4a.2*
7 神仙真道混成圖	混成圖	混成經二卷	19/3b.7
		混成經	19/5b.4
8 神仙西升保録圖	西升保録圖	玄録二卷	19/3b.7
9 神仙通微靈化圖	靈化圖	二化經	19/3b.8
10 神仙耀靈九天圖	九天圖	九天符	19/6b.2
11 神仙九變圖	九變圖	九變經	19/3b.8
12 神仙常存圖	常存圖	常存禁	17/11b.4*
13 神仙守一養身圖	養身圖	養生書一百五卷	19/4a.1
14 神仙守神合精圖	舍影圖	含景圖	19/4a.7
15 神仙寂嘿養精守志圖	精誠守志圖		
16 芝英玉女圖	芝英玉女圖	玉女隱微一卷	19/9b.1*
17 神仙六陰玉女圖	六陰玉女圖	六陰玉女經	19/4b.6*
18 神仙九元遵仙圖	九元遵仙圖		
19 神仙遵引圖	遵引圖	遵引經十卷	19/9b.1
20 神仙洞中洪保圖	洞中洪保圖	鴻寶經	19/5b.2
21 神仙變化隱測圖	隱測圖	大隱符	15/7a.1
22 神仙采芝開山圖	開山芝藥圖	開山符	17/19a.3
23 神仙明鏡圖	含鏡圖	明鏡圖	19/4a.5
24 神仙無極太一圖	太一圖	無極經	19/5a.8
		太一	50/3b.5

雖然靈寶經題有些許不同，《抱朴子》中的題名却與《二十四圖》之名出奇的一

① 引自《四部叢刊》本《抱朴子》。

致，這足以確定葛洪的書目正是經書的來源。因爲靈寶經衹是突出了這些生圖的經德，而葛洪零散的引文也不足以體現經文全貌，所以我們似乎難以斷定葛巢甫究竟在何種程度上依賴這些著作。此外，我們也不確定葛洪是否曾獲得過這些書籍，因此我們似乎根本没有取得什麽進展。但材料清晰地表明，葛巢甫的確依靠了他自認爲是家族遺産的經書。即使是《内觀玉符》以及《二十四生圖》，似乎也都是衍生而來，因爲葛洪的書目中著録有《内視經》和《二十四生經》。[①]因此，我們即使不能準確評估，也能體會到葛巢甫對這些經書的依賴程度。

毋庸置疑，靈寶經中反復提到葛氏家族内部傳承經典的説法完全是杜撰的。我們可從葛洪參閲這些古籍的記述中找到真相。葛洪是一個不知疲倦的藏書家，在他費盡辛苦收集的書籍中，有部分經書在其去世四十多年後一定被葛巢甫精讀過。葛巢甫之所以能使用這些書籍，是因其斷言葛氏家族在句容地區擁有信仰上的優先權。他把從古籍中精煉出的内容與上清經的部分内容相融合，這進一步證明他十分清楚楊羲的經卷出現得更早的事實。在當時，衹要擁有道教經書就意味着天界守護神的親自護佑，於是這種經書遺産就成爲一種有神靈恩寵的具體象徵。

四、披着道教外衣的佛教神衹

有關佛教影響中國的研究已有許多。迄今爲止，討論都集中在佛教對中國思想的影響，或者反言之，如何藉鑒改編中國哲學語言，以便將外來觀念移植入中土。然而對佛教在精神層面上“征服”的關捩，即佛教和中國本土宗教之間的關係問題，却仍鮮有人進行探究。正是因爲佛教藴含着充分發展的宇宙觀、儀式和神衹等級，它纔對中國社會産生了最深遠和持久的影響。近來對於《道藏》來源方面的權威研究不斷涌現（本文已引用其中很多研究成果），因此我們進行比較研究纔得以成行，而這種研究也許可以衡量這些影響的程度。

靈寶經提供了一條直接的路徑，由此可進入中國佛教在初創時期頗引人注意的“回應與對抗”的迷宫。這些經書清楚地表明，道教和佛教的融合并非起始於宋代的“新儒家”，而是早在四世紀末就已經順利地展開了。

---

① 《内視經》，見《抱朴子》，19.5a.3–4，《二十四生經》，見《抱朴子》，19.3b.7–8。同樣，没有證據表明葛洪曾擁有過這些經書，儘管我們難以想象，亦步亦趨效仿經文的葛巢甫僅僅依靠一系列經題就創製了這部經典。

福井康順在研究《度人經》（LP#15）時最早注意到靈寶經中存在佛教因素。[①]在衆多靈寶經中，研究成果最多的就是這部玄奧的經書。除了今人對於《度人經》的研究，《道藏》中還收録了許多［古代］注疏。[②]其中最重要的一部是“四注”本，此本收録了目前所知最早的、由五世紀道士嚴東所作的注釋。[③]以往對《度人經》的研究都是基於上述注疏。然而，學者們并未意識到，傳統的注解者衹是通過彙集其他靈寶經中的資料來“解釋”經文。現在，我們可以利用絶大多數靈寶經來構建充分的語境，進而理解在注疏中衹是略有提及的資料，《度人經》的奥秘就此全面揭開。

《度人經》是元始天尊救度世人的宣言。此經記載了諸天上帝“内名”、魔王内諱以及百靈隱名，其威力在於元始天尊僅誦咏十遍就足以召至十方天所有的仙真和衆靈。提及十方天立刻讓人想到佛教十方刹土，它最先見於支謙翻譯的佛經，下文我們將予以討論。[④]

用來唱誦這些隱秘名諱的并非是世人常用的語言，而是所謂的天國語言，即“大梵隱語”。經文後附有大梵隱語二百五十六字，分爲四章，分别對應四方。每一方都有八天，而每一天各自對應四章中的八個字。這些經句乍看毫無意義，但它們包含着許多可識别的印度語元素，西方天洞章的前兩個字是“刀利”，它爲我們提供了可最終揭示“三十二天”形成緣由的綫索。“刀利天”是位於須彌山的“三十三天”之總稱。據LP#17《太上洞玄靈寶滅度五煉生尸妙經》可知，在《度人經》中三十二天之上是“大羅天”，由“中央黄元天君”（即“黄帝”）統領，這使得總數成爲奇數三十三。[⑤]由於添加了這一天，我們又一次見到了“五”的宇宙觀，因爲三十三天隸屬於“五天帝”——五老上帝的他我。

《度人經》中隱語的全部含義均可在LP#7《諸天内音》中找到。此經中隱語是以原始天書的形態呈現的，它與LP#1《赤書五篇真文》中發現的古文書寫風格如出一轍［修訂者注：參見圖三］[⑥]。

---

① 福井康順：《靈寶經の研究》，《東洋思想の研究》，理想社，一九五五年。

② 有關《度人經》的現代研究有：L. Gauchet, “Le *Tou-jen ching* des Taoistes; son texte primitif et sa date probable,” *Bulletin de I'Uni versite Aurore*, 3rd ser. 2 (1941) p.511 f.; Max Kaltenmark, annual seminar reports in *Annuaire de I' École pratique des Hautes Études, Ve Section, Sciences Religieuses*, Paris, 1960-61, pp.81-82; 1961-62, pp.53-54; 1962-63, p.50; 1963-64, p.54。有關宋代編纂的六十卷本《度人經》的研究，參見 Michel Strickmann, “The Longest Taoist Scripture,” *History of Religions*, 17, nos. 3 & 4 (Feb.-May, 1978), pp.331-351。

③ HY 87元始無量度人上品妙經四注。

④ T.281菩薩本業經，《大正藏》第十册，446c.17–447a.6。

⑤ LP#17滅度五煉生尸妙經，4a.6–4b.9。

⑥ LP#7諸天内音，1.1b–12b。

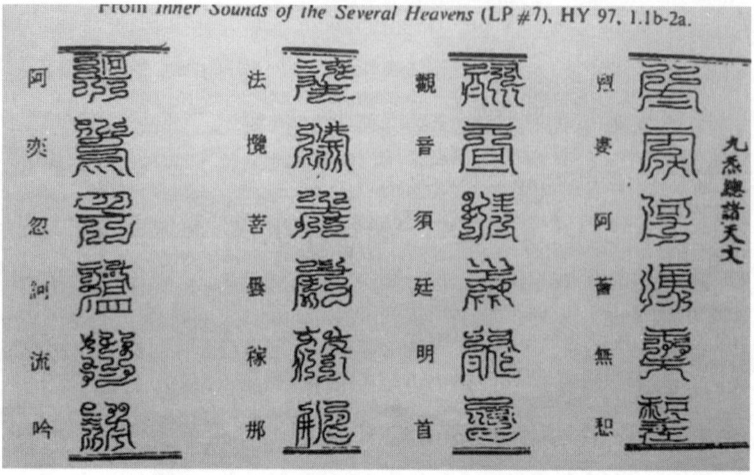

圖三　《諸天内音》（LP#7），HY 97，1.1b–2a

仔細研究這些字符就會發現，它們衹不過是精心設計的漢字圖案而已。另外，我們也得知了大梵隱語在天界的位置。每一天的八個字被分成字數從一到六不等的擬梵文，被鐫刻在玄都天宫的門、闕、壁及臺之上，并簡要叙述了這些梵字的符咒威力。①在卷三中，三十二天各對應一首八句五言詩，每句都帶有一個梵文字符。構成五言詩句的大梵隱語和新字由天真皇人“翻譯”②。正是這些翻譯構成了上文提及的“四注”本中有關這一部分注疏的基礎。

我們衹有在仔細分析大梵隱語所有的交換組合後，纔能確定佛教内容是否影響到《度人經》。有一個例子可以更清楚地説明這一點。北方第三天，即“太文翰寵妙成天”，對應的八個字是“陀羅育邈眇炁合雲”，LP#7《諸天内音》將其切分爲三個“詞”：“陀羅”（tâ-lâ）、“育邈”（juk-mak）與“眇炁合雲”（mjäu-kjəi-gâp-jiudən）。③我們使用古漢語并没有年代錯誤之嫌，因爲LP#21④《上清太極隱注玉經寶訣》中明確指出，誦讀此經要用“中夏”（中國）之音，是“九天之正音”。正如葛仙公解釋道：“老子西化胡，教外國讀經時，多是大梵天音也。適［外國］道士所好者耳。”⑤

① LP#7諸天内音，1.15b–2.16b。

② LP#7諸天内音，3.7a–4.20b。

③ LP#7諸天内音，4.13b.6。

④ ［修訂者補注］原文作“LP#24”，今據後文内容訂正。

⑤ LP#21太極隱注寶訣，6b.10–7a.4. 這段話中的“道士”一詞可能是後人所加。見注一一八。［修訂者按：此爲原文脚注序號，即本書第二九頁注⑤。］

因此，大梵隱語并不是梵文，而實際上是以梵文音譯爲基礎，是一種以純中土音吟唱的天界語言。由於大梵隱語是靈寶經的產物，其音譯形式被視爲這一奧秘語言的純正發音，而外國人的言語不過是不純正的模仿而已。

關於“陀羅”（tâlâ）一詞，我們可看出它是梵文“dhāranī”，通常音譯爲“陀羅尼”，也是陀羅尼咒中通用的語素。[①]接下來我們將通過探究LP#7《諸天内音》中“陀羅”的各種闡釋來追溯其來源。在玄都，“陀羅”一詞被刻在“月之上館”[②]。在新月的第三天朱書該詞於靈符之上，於拜月時吞服，修煉七年後，修道者體内將會產生一道亮光，照徹五臟。[③]卷四中有兩句詩包含了這個詞：“妙成阿陀嶺，羅暉曜玉階。”這首詩後的“翻譯”給出了清晰的解釋：“妙成以龍漢洞玄之炁，赤明開運，其炁於空洞之中，與五篇真文結炁，俱明元始，號妙成之天。陀者，天帝之内名，與妙成俱生在雲阿之嶺。羅者，是月妃之内名。陀在雲嶺之上，抱月而明也。”[④]最初判斷“陀羅”是“陀羅尼”簡略形式的説法，在這段話中得以證實。暫且不論關於月亮的迷人描述和詩中充滿色情隱喻的字句，顯然，既然“陀羅”旨在召集LP#1《赤書五篇真文》中的五篇真文，即梵文的另一個例子，在LP#2《太上洞玄靈寶赤書玉訣妙經》中被“翻譯”成世間語言，葛巢甫在此指明這些符咒可被稱爲“陀羅”，或更確切地説，是“陀羅尼”。這些道教陀羅尼和真正佛教的陀羅尼有極大的不同，最明顯的就是它缺乏佛教陀羅尼中頗有特色的大量反復吟唱。道教陀羅尼則更多的是一系列類似符咒的威名，修行者可通過熟誦神魔名諱及其居所來掌控神魔。[⑤]

類似的咒語在中國有着悠久的歷史。迄今爲止最早的例子是馬王堆出土的帛書醫典中針對病魔的咒語，時間可追溯到漢代。[⑥]在當前語境下，道教的咒語已被佛教陀羅尼同化，并呈現爲一種需要翻譯的天書，就像佛經中異域的、“超世俗”的語言。這兩種傳統的融合進一步體現在以下事實中，隱語不僅像有些人認爲的那樣是一種擬梵文，而且還是一種高度風格化的擬古文，就像中古時期偶爾出土的青銅器上的文字一樣，被視

① 如支謙所譯T. 1357佛説華積陀羅尼神咒經，《大正藏》第二十一册，875a.13–14，其中包含“陀羅尼”一詞，且重復了兩遍。

② ［修訂者補注］“館”，原文誤作“觀”，今據《諸天内音》訂正。

③ LP#7諸天内音，2.13a.2–13b.4。

④ LP#7諸天内音，4.14a.1–14b.1。

⑤ LP#15《靈寶無量度人上品妙經》在描述誦經十遍的功效時對此有清楚的説明。

⑥ 醫典中的咒語是夏德安（Donald J. Harper）在加州大學聖克魯兹分校皇冠學院於一九七八年四月二十一至二十三日舉辦的“馬王堆研討會”上所作報告的主要内容。文字内容詳見《五十二病方》，《文物》一九七五年第九期，第三六—四八頁。

作充滿了神力，是國家福祉的吉兆。[①]

仔細研究這些道教陀羅尼，無疑會獲得有關佛道融合的重大信息。我們對此暫不予以討論，而是追溯隱藏在此顯著融合下的早期佛教來源。

許理和（E. Zürcher）在研究中展示出三世紀的最初幾十年佛教是如何徹底地在中國江南地區進行滲透的。[②]靈寶經在其"歷史性"的參考資料及其實際經文中，都反映了佛教的滲透過程。前文已論，LP#27《衆聖難》[③]記載，有一群道教徒和仙公葛玄一起發願在證道過程中相互幫助。葛洪在丹術方面的師傅鄭思遠，是徒衆中的重要成員。這一道教内部圈子的另一名成員應該是沙門竺法蘭。[④]漢孝明帝夢見金人的傳説故事廣爲人知，這個傳説故事提到竺法蘭是公元六十七年到達洛陽的著名印度僧人之一。[⑤]但竺法蘭遠非衹是仙傳中的人物。正如許理和指出的那樣，有另外一個竺法蘭，多産的佛經翻譯家支謙（字恭明）在大約公元二四一年投奔了他，隱居在穹隆山（江蘇吴縣西南）。[⑥]毫無疑問，這個竺法蘭纔是道經中葛仙公的佛教弟子。[⑦]

這位當地僧人與著名的支謙有關聯，這一原因也許就足以讓葛巢甫將他當作葛玄的弟子寫入經書了，從而將自己的經文與聲名顯赫的佛教譜系聯繫在一起。不過，也有一處并非强有力但十分有趣的證據，可將支謙及竺法蘭與三世紀葛氏家族的一個成員聯繫起來。支謙本爲月支人，在中國出生，先至武昌，然後在二二〇年之前到了吴國都城。他在那裏與另外兩名印度僧人維衹難和竺將炎（一説：律炎）翻譯來自印度的五百句原始的《法句經》。[⑧]許理和認爲此經的序言是支謙所作，其中談及七百句《法句經》本，"近世葛氏，傳七百偈"[⑨]。這位佛教徒"葛氏"是不是句容葛氏家族成員之一呢？他所傳的《法句經》是不是竺法蘭身邊的江南佛教團體所翻譯的呢？雖然序言既未

① 《宋書》卷二七至二九《符瑞志》中記載了與靈寶經的流傳同時的大量發現。

② E. Zürcher, *The Buddhist Conquest of China*, Leiden: E. J. Brill, 1959, Volume I, p.48.

③ ［修訂者補注］原文作"LP#25"，今據後文内容訂正。

④ LP#27衆聖難，5a.8。多名弟子在天台山接受葛仙公賜予的靈寶經，竺法蘭也是其中之一。見LP#4升玄步虛章，10a.10以下。

⑤ Zürcher, *The Buddhist Conquest of China*, p.22.

⑥ Zürcher, *The Buddhist Conquest of China*, p.49，引T. 2145出三藏記集，《大正藏》第五十五册，13.97b.13。

⑦ 有關江南地區這一神秘佛僧的身份，也許有另一種可能。在《真誥》中，仙真向楊義揭示其在天界的子弟姓名，據陶弘景注，其中既有道教徒也有佛教徒。桐柏山金庭王子喬的諸弟子中，有一人名爲竺法靈，這也許是竺法蘭名字的另一種轉譯。見《真誥》，HY 1010，14.7b.5。

⑧ T.210法句經，《大正藏》第四册，559a以下。

⑨ Zürcher, *The Buddhist Conquest of China*, p.47，引自T.2145出三藏記集，《大正藏》第五十五册，7.49c20。

署名又無日期，但湯用彤仍認爲此序很可能作於建業，時間是在吴國政權於二二九年轉移到建業前後。[①]據支謙的傳記記載，正是在建業期間，他以“博士”的身份侍奉太子孫登。[②]葛洪的祖父葛系是服務於吴國政權葛氏家族成員之一，他歷任多個官職，其中包括太子少傅中書。[③]衹可惜我們不知道他侍奉的是哪位太子。僅靠這些零星的證據就試圖還原整個故事的全貌，未免難以令人信服。但如果注意靈寶經中有關竺法蘭的記述，這些事實可能爲我們瞭解支謙選擇穹隆山作爲隱居地提供了些許綫索。支謙在那些年努力從事翻譯，所譯佛經被很好地用來指導江南地區的一個佛教團體，該團體擁有的佛經譯本質量欠優，其中充斥着“半消化”的佛教元素，我們在靈寶經中也發現了類似的元素。换句話説，靈寶經中可能保存着早期南方佛教傳統中的元素，而這些元素在現在的正統佛藏中已無迹可尋。

從這個半透明的領域和我們的思考出發，可以觸及支謙的翻譯對靈寶經産生的真正明顯的影響。現收録於《道藏》的靈寶經中，絶大多數可識别的佛教元素都在某一時期被剔除了，這一事實爲我們的工作帶來了極大的障礙。[④]幸運的是，在敦煌發現了這些道經的部分抄本，這些抄本没有經過這種删改，因此我們可以得知經文改動的程度。還應指出的是，删除佛教元素的工作主要集中在用道教詞彙來代替那些讓人不悦的佛教詞彙上，因此在某些情況下，受佛教啓發的内容仍然被保留下來，而且能辨識出來。[⑤]例如，LP#6《真一五稱符上經》中有十方真人的名字。[⑥]此經的敦煌本（P.2440）顯示，這些神靈的名字并未改變，但他們的頭銜有所變化。《道藏》本LP#6《自然五稱文》的相關段落原本是羅列十方之佛，這個特别的表述直接取自支謙的《本業經》。十方刹、佛名及菩薩字，甚至是這些材料呈現的方式，每個細節都與

---

① 湯用彤：《漢魏兩晋南北朝佛教史》（長沙，一九三八；臺北，一九七四再版），第一三〇—一三一頁。

② T.2145出三藏記集，《大正藏》第五十五册，13.97c5。

③ 《抱朴子外篇》卷五〇，第二A頁。

④ 大淵忍爾發現的文獻證據表明，這可能發生在七世紀早期。這些改動很有可能發生在唐初傅奕領導的反佛教運動中。正是這次攻擊使得僧人法琳在六二六年撰寫了反道教的《辯正論》（T.2110，《大正藏》第五十二册，第四八九—五五〇頁）。當然，法琳攻擊的焦點在於靈寶經中對於佛教的藉鑒和錯誤概念。不難想象，這種攻擊會促使道教徒通過删除靈寶經中明顯的佛教元素來保護自己。見大淵忍爾：《敦煌道經·目録篇》，福武書店，一九七八年，第五二頁。

⑤ 如在LP#14D《妙通轉神入定經》中，我們可以找到很多例子，用“童子”替代“沙門”，用“崑崙”替代“須彌”，用“十方道者”替代“十方尊者”，等等。

⑥ LP#6真一五稱經，2.5b–8b。

支謙的譯本相吻合。[①]這些佛教内容可以如此肆無忌憚地呈現，原因在於此經有“十方之教，皆始靈寶”的説法。[②]爲了彰顯這一概念來源於中國，此經將十方刹的前八刹與八卦相聯繫，上方刹掌管“華蓋”，即五帝天座上的星辰，下方刹主管五音。[③]

在接下來引人入勝的存思中，沙門、比丘尼和道士按照指示，在合適的季節存思十方佛，并且在吞服相應的五稱符之後，觀察對應顔色的舍利從存思者體内發出光芒。成功吞服舍利之光能延長壽命至萬劫。此存思法在佛寺中進行，通過安置五稱符的儀式而得以神聖化，它融合了佛教和中國傳統概念，將八卦、五行與十方結合起來。成功踐行道教的各種存思法，體内就會産生發光的物體，而舍利原本是佛陀在火化後的遺骨結晶。這衹是在佛道融合背景下重新定義佛教概念的其中一例。葛巢甫藉鑒了支謙的譯經，體現出佛道概念融合的特色。然而在審視此種現象時，我們必須意識到，後來的修訂也許遮掩了某些細節。

支謙是第一個翻譯《阿彌陀經》的人，此經是阿彌陀信仰的主要經典，也對慧遠（三三四—四一七）及其弟子在四〇二年所發的誓願至關重要，他們集體發願往生極樂世界，即據説是阿彌陀佛居住的西方福國[④]，在此之前幾年，靈寶經已經問世。支謙翻譯這部極具影響力的經書對靈寶經有着更早但同樣重要的影響。《阿彌陀經》的全稱包含“過度人道經”的字樣，與之相仿，靈寶經的核心思想亦是救度世人。《阿彌陀經》的一個顯著特點就是有菩薩發許的二十四願，若不救度他人，將終不成佛。[⑤]這種關懷在靈寶經中反復出現，常以“衆人未得度終不度我身”[⑥]的形式出現。這一救度他人的關懷也是太上道君在LP#22《真文要解上經》中所發十二上願中的核心内容。[⑦]雖然十二上願是典型的道教關懷，但其最終目的與菩薩願的目的相同，都是將救度衆生和完善祈求者生存的國土作爲自我救度的前提。

另一種形式的誓願存於支謙翻譯的《本業經》中，共有一百三十四願，以“若……

---

① T.281菩薩本業經，《大正藏》第十册，446c.17–447a.6。在《菩薩瓔珞本業經》中也有相同的十方佛名字（T.1485，《大正藏》第二十四册，1010c.2–15）。這部托名竺佛念於四世紀晚期譯出的佛經，看似早於靈寶經，但事實上它是一部在五或六世紀由中文寫就的佛教僞經。參見望月信亨：《净土教の起源及發達》，共立社刊，一九三〇年；一九七二年山喜房佛書林再版，第一八四——一九六頁。

② LP#6，2.5b.7.

③ 有關“華蓋”，參見顧頡剛、楊向奎《三皇考》中所引的甘公《星經》（第九七頁）。

④ Zürcher, *The Buddhist Conquest of China*, pp.219-223.

⑤ T. 362佛説阿彌陀三耶三佛薩樓佛檀過度人道經，《大正藏》第十二册，301a.25–302b.14。

⑥ LP#4升玄步虚章，6b.1。

⑦ LP#22真文要解上經，3b–5b。

當願衆生……”的形式呈現。[①]以日常生活瑣事填充其中，以便每天多次提醒修行者，例如：“若上樓閣，當願衆生，皆升法堂，受佛諸經。”[②]在LP#25《本願大戒上品經》中，也有一系列采用相同原則和幾乎完全相同句式的誓願[③]，如“若見樓觀，當願一切洞觀十方無所隱藏”[④]。

《阿彌陀經》中獲受救度的諸多方法之一便是謹守十戒，是尚未證得菩薩果位，但仍希望往生西土的人所應遵循的。[⑤]前五條是針對在家信衆的簡單五戒，在支謙譯經中隨處可見。[⑥]這十戒也是靈寶經中的重要内容，并且有多種不同的説法。與《阿彌陀經》中的十戒相同，靈寶經十戒以佛教中的居士五戒爲基礎。LP#12《太上洞玄靈寶智慧定志通微經》載有一套針對初學弟子的十戒及其施行儀式。[⑦]其中前五戒是禁令性質的，明顯以佛教五戒爲基礎，而後五戒是規範性質的，不在我們的考慮範圍内。

LP#12《太上洞玄靈寶智慧定志通微經》	T.54《佛説釋摩男本四子經》
1 不殺，當念衆生	1 不殺
2 不盗取非義財	2 不盗
3 不淫犯人婦女	3 不犯他家婦女
4 不欺善惡反論	4 不欺
5 不醉，常思净行	5 不飲酒

靈寶十戒中的前五戒對初學者精神境界的提升最爲重要。正如靈寶天尊授戒時曾説：“子若逼世纍，不盡心十者，九八七六，乃至於五，擇其能者。然五戒之福，福亦難稱。”[⑧]無論初學者的次第如何，第十戒都依然有效力，“一切未得道，我不有望”，這是菩薩願的另一種形式。[⑨]

當然，這五戒并不僅見於支謙的翻譯。要詳盡研究靈寶經中戒律内容的所有可能來

① T.281佛説菩薩本業經，《大正藏》第十册，47b.25–449b.24。
② 《大正藏》第十册，447c.4–5。
③ LP#25本願大戒上品，4a–7a。
④ LP#25本願大戒上品，5b.7–8。
⑤ T. 362阿彌陀經，《大正藏》第十二册，2.311a20–29。
⑥ 見 T.54佛説釋摩男本四子經，《大正藏》第一册，849b.12–13。
⑦ LP#12智慧定志經，7a.5以下。
⑧ LP#12智慧定志經，8a.4–6。
⑨ LP#12智慧定志經，7b.10。

源，我們需要極大地拓展文獻範圍。然而，要證明靈寶戒律深受佛教道德戒律的影響，衹需將其與上清經中的機械的道教禁忌進行比較即可。[①]此外，經文爲我們提供了一些關於南方士族如何看待佛教戒律的有趣見解，而佛教戒律在當地宗教活動中起着越來越重要的作用。有一點非常顯著，例如上文對比中的第五條戒律在靈寶經中就略有修改，它也是初學者可能觸犯的戒律之一。這一點在此經後文中更爲明晰，靈寶天尊化身爲乞丐向世人闡釋前五戒的重要性。有一人抱怨説遵循不醉酒的戒律是不可能的，因爲他在“服散，散發之日，非酒不解”[②]。他説的應該是“寒食散”，係三世紀洛陽天師道信徒所服用的一種礦物藥物，西晋滅亡後，這種散傳入南方。[③]據説這種藥若不與酒一起服下，服用者就會有生命危險。因此靈寶天尊再次强調，戒律針對的是醉酒，而不是酒，這種“藥用”性質的酒是完全可以接受的。因此，我們發現，至少在某些内容上，有一種重新定義佛教戒律的傾嚮，爲的是符合江南地區社會的迫切需求。

對葛巢甫所創製的經書影響最深遠的，似乎是《阿彌陀經》中關於西方極樂世界實物的描述。發出樂聲的七寶樹，往生净土的人重獲新生之處，即住在净土的菩薩和阿羅漢聽經前沐浴蓮花叢中的七寶池，在靈寶經净土中都能找到對應物。LP#16《太上諸天靈書度命妙經》中描述了因十部妙經的出現，而在其境界内産生五方樂土的情形。[④]在東方國土，這些經書化身爲神聖樹林中的樹葉，就像極樂世界中的七寶樹一樣，風吹過時會發出樂章。而七寶樹本就見於LP#16《太上諸天靈書度命妙經》的西方國土。

在南方和北方國土，七寶池發生了些變化。在南方樂土，經書化爲火池，此土國人一年三次在其中沐浴，精煉身體，重獲長生。這似乎與極樂世界的蓮花池大相徑庭，但我們必須意識到，葛巢甫是根據五行來構建樂土的，因此南方就等同於火。爲了保持平衡，北方國土擁有“寒池”，國人飲用池中之水便可保持長生。雖然LP#16《太上諸天靈書度命妙經》在某些方面的描述與《阿彌陀經》有所差異，辭藻也欠華麗，但其净土是基於五行定序的道教版極樂世界，充滿了從《阿彌陀經》中改編而來的梵音名目和奇觀。

葛巢甫的經文中業已接納了《阿彌陀經》中的另一元素。我們發現極樂世界中的居住者是清一色的男性。女性被禁止享有西方净土的榮光。所有進入香氣四溢之境的衆生

---

① HY 179《太微靈書紫文仙忌真記上經》全部内容由上清十戒構成。

② LP#12智慧定志經，21b.3–7。

③ 有關寒食散的進一步研究，參見余嘉錫:《寒食散考》,《輔仁學志》一九三八年第七期，第二九—六三頁；Rudolf G. Wagner, “Lebensstil und Drogen im chinesischen Mittelalter,” *T'oung Pao*, 59(1973), pp.79-178。

④ LP#16諸天靈書度命，1a–9b。

都在七寶池中化生。《阿彌陀經》“二十四願”的第二願予以强調：“使某作佛時，令我國中，無有婦人。女人欲來生我國中者，即作男子。諸無央數天人民、蜎飛蠕動之類，來生我國者，皆於七寶水池蓮華中化生，長大皆作菩薩、阿羅漢都無央數。得是願乃作佛，不得是願終不作佛。”①

靈寶經贊同這種厭惡女性的態度。但這并不是説靈寶經書中的仙真都是男性。上清經中有太多的女性仙真，要完全清除絶非易事。LP#12《太上洞玄靈寶智慧定志通微經》中甚至記載了一對夫婦由於杰出的虔誠行爲而同時位列仙班的故事。②但是相反的例子更多。根據靈寶經的不少説法，如果女性正確地遵守戒律，就可以轉世重生爲男性，這樣女性就可以徹底成就道法。爲了安撫那些承受着女性負擔的靈魂，《妙通轉神入定經》(LP#14D)提供了這樣的希望：“女子閑寂，思念是經，得轉身爲男。”③

LP#2《赤書玉訣妙經》中載有一則與《列女傳》中的故事相仿的寓言，十分清晰地表明了這種厭女的傾嚮。有一個叫王福度的人有個女兒，名叫阿丘曾。有一天她正沐浴香湯自洗，忽然看見金光明照。她便出宇登墻，向南望見一位道真，神精煒爍，容景焕日。其正是元始天尊歸身十方之天。她便叉手作禮，祈賜禁戒，願意拔諸惡根，從而早得轉輪，改爲男形，萬劫之後，冀得飛仙。她的話被欲界六天的主宰——魔王聽見，魔王擔心她的祈願得以成真，并最終超脱他掌控的境界，於是便化作五帝老人，試圖動摇其决心，於是告訴她她的父親將轉生爲女性。④魔王説，孝道要求她完全遵從父親。但她的决心戰勝了這一説法，魔王衹得失望退出。阿丘曾於是聚柴點火，爬上墻去，縱身火中，這樣她的骨灰纔可能被吹上十方之天，她希望確保得到重生。然而火却未燃及她的身體，她在俄頃之間已化成男子，徑至太上道君跟前。她身上顯現出三十二相，這是

① T.362阿彌陀經，《大正藏》第十二册，1.301a27–301b3。

② LP#12智慧定志經，9a 以下。

③ LP#14 D 妙通轉神入定經，7b.8。

④ 修道者可通過在靈符上用大梵隱語書寫魔王姓諱，并攝取靈符來成功地控制魔王。（LP#7諸天内音，1.12b.5–7.）在《度人經》中，魔王的名字出現在東方第六天。繫於此天的頌詩描述的是魔王完全受控，并稽首贊道的場景。（LP#7諸天内音，3.13a–13b.7）［修訂者補注］《玉訣妙經》：“始聞汝父當出女身，已受人言，不可得違。宜先從之，人道既備，禮訓亦足，餘可投身。天監爾心，汝不從父，仙無由度。”（HY 352，2.2a）原文將“汝父當出女身”理解爲阿丘曾的父親將要轉世爲女性，不確。“出”當作“出嫁”解，“女”通“汝”，第二人稱代詞。此句應指阿丘曾的父親已爲她定下婚約，女子出嫁與後文“人道既備，禮訓亦足”相呼應。魔王告訴阿丘曾衹有先順從父意出嫁，纔算是遵從人倫和禮訓，如果違背父親的旨意，便不能成仙。這是用儒家的孝道和倫理來要脅阿丘曾。另一部古靈寶經《太上洞玄靈寶真文度人本行妙經》也載阿丘曾之事，其文曰：“如聞汝父當娉，汝身已相許，和受人之言。父母之命，不可不從，宜先從之，人道既備，餘可投身，違父之教，仙無由成。”亦可證原文理解有誤。

佛的標志，但經中并未予以解釋。

這一故事直接改編自支謙所譯《龍施女經》中的一個譬喻。[①]二者區别甚微。在支謙的故事中，女子龍施在沐浴時所看到的神祇是佛。此外，魔王也變了身，但不是變成神，而是化爲龍施的父親須福，勸説她修證略微容易的阿羅漢果位，而不是菩薩果位。兩個故事都將證道修煉的要求置於孝道之前，而結果是一樣的。龍施從樓上跳下來後，神奇地化爲男子身，佛對阿難預言，未來她將成佛，名爲龍盛。

除了進一步闡明葛巢甫厭女思想的來源，這個故事也讓我們更加確信，他在編撰經文時也清楚地知道兩個故事是相同的。在這個故事中，佛陀相當於元始天尊，阿難則等同於太上道君。[②]陸修静目録的前半部分經書，即靈寶真文十部妙經，都采用了元始天尊和太上道君對話的形式。太上道君提出的問題，就像阿難提出的問題一樣，是爲了敦請最高的神祇來闡釋經文。在佛教背景下，這些對話發生在公園和花園中，這些場所的名稱在中國人看來充滿幻想，非常美妙。葛巢甫將這些場所轉變爲同樣帶有異域天國色彩和發音特點的名字，如在“始青天”的“碧落空歌大浮黎土”，即LP#15《度人經》中的天界。[③]

因此，靈寶經整合了佛教中“超凡脱俗”并含有神靈威力的元素。經書源自上天福國，并以天界語言來闡釋，可被轉譯的經文以原始的形式抄謄，從而構成具有威力的符咒。[④]然而這些降經再次被表現爲早於它們的源頭，因爲《五篇真文》産生於天地元始混沌始分之初。

靈寶經展現出佛道在意識形態上相互作用的一個新層面。我們没有發現許理和在分析化胡争議時闡述的“道士與和尚之間永無消停的争鬥”[⑤]。相反，有證據表明，葛巢甫曾積極嘗試吸收佛教徒甚至僧職人員加入道教。將諸如竺法蘭等沙門納爲葛玄的内部

---

① T. 557佛説龍施女經，《大正藏》第十四册，第九〇九C頁。感謝司馬虚教授提醒我注意這兩段文字之間的關聯。

② “天尊”，以及更爲常用的“世尊”，是佛的衆多稱謂之一，源於佛出生時所説的第一句話：“天上天下，唯我爲尊。”“元始”在靈寶經中指的是宇宙形成的三個時期中的後兩個時期，它們是龍漢、赤明和開皇，并且與玄氣、元氣及始氣這三氣相關聯。雖然天尊在三個時期都出現過，但衹是在第二時期現形，在第三時期得到了名號。因此，靈寶經的“洞玄”得名於第一氣，元始天尊則取名於後兩氣。（見LP#8罪根上品大戒，2a.8以下；LP#16諸天靈書度命，11b.8以下）

③ LP#15度人經，1a.1。

④ 在LP#16《諸天靈書度命妙經》中，天尊解釋道，五方樂土的善德福祉，是十部妙經威力現世的直接結果。（LP#16, 1a.1–14a.9）

⑤ Zürcher, *The Buddhist Conquest of China*, p.294.

弟子，以及贊同佛、道教徒在十方刹土進行存思，都證明了這樣的考慮。

葛巢甫在這方面的策略與他在應對競争對手上清派時所用的方法類似。他不僅在靈寶經中注入異域元素以對抗外國宗教中固有的非本土元素，而且還憑藉這些元素建構起一種宇宙觀，用以解釋佛教其實是道教在外國演變出的一個分支（雖然在經文中并未明示）。佛、道論争在六世紀達到頂峰，我們看待此種争鬥時，應該關注處於自我防守地位的道教信仰——也可説是處於自我防守地位的佛教信仰——的融合特性。四世紀江南這片精神沃土不僅造就了統領後來幾個世紀的兩種主要的道教流派，還産生了大量頗有影響的漢譯佛經，甚至是直接由漢語寫就的佛經。過剩的資料使得我們要更爲謹慎地看待這種渦旋在宗教思想大熔爐中那錯綜複雜的調和與適應的波流。葛巢甫高度依賴支謙譯經恰好證明了這種活躍在創始期的融合力的存在。

結　論

通過追溯葛巢甫對早期傳統的藉鑒過程，我們清楚地瞭解到他創作靈寶經的一些個人原因。將一種創作的出現歸因於早期權威資料的存在，這在中國文獻研究中是一種司空見慣的現象，或許在宗教文獻的研究中最爲常見。人們始終認爲，早期的人與神聖事物之間存在着後世無處可尋的特殊關係。葛巢甫將自己的創作歸因於葛玄，顯然證明他企圖使葛氏家族在江南地區獲得至高的精神控制權。祖先可以通過他們在彼岸世界職官體系中的地位，來扮演中間人的角色，這種觀念在中華文明最早的記述材料商代甲骨文中就已經清晰凸顯。[①]這種基本觀念頑固地縈繞在後人的腦中，充分説明舊觀念和新意識的結合是多麼的容易。

葛巢甫是一位地位崇高的大師，掌握這些新的和更完整的道教降經，但歷史并没有記録他獲得怎樣的物質和社會層面的利益。雖然我們没有確鑿的資料來證明他是一個能成功改變别人信仰的人，但靈寶經占據道教歷史中心地位的原因在經文本身中顯而易見。靈寶經持久的吸引力在於它根據漢代宇宙觀的組織原則對佛、道教奥秘迅速增長的複雜性做了簡化。類似陀羅尼的天書、根據五行構建的靈寶極樂世界、由漢代國家宗教的“太一”轉化而來的元始天尊與佛陀的暗合，所有這一切都表明葛巢甫有意要給佛教强加一個中國模式。佛教宇宙觀中類似“三十三天”等元素一旦被安置在傳統儀式的次

---

① 見 David N. Keightley, “The Religious Commitment：Shang Theology and the Genesis of Chinese Political Culture,” *History of Religions*, 17, nos. 3 & 4 (Feb-May, 1978), p.211–228。

序中，就會變得不那麽令人生畏，也更易於被同化。在道教史上，靈寶經曾又一度爲人所利用。一一一九年，在道士林靈素的主導下，宋徽宗企圖將佛教本土化，方法仍是大量修改名稱。改名的經典依據來自靈寶經，林靈素增衍靈寶經，并將靈寶經與上清派的成分融合起來，始創出新的神霄派。①

僧人和道士也許會施演相同的儀式②，這常常令學習中國宗教的人迷惑不解。考察一下靈寶經，這也許的確是早期的一個現象。比如，我們看到，在"度人"的概念上，靈寶經大量藉鑒《阿彌陀經》。雖然早期佛教儀式還有待研究，但我們似乎可以確定，當前佛教徒和道教徒都在施行的普度儀式，其最早的形式見於LP#11《明真科》。③對該儀式的歷史進行分析，并用應有的關照來看待其佛教淵源，可以有效地厘清中國兩種高等宗教之間諸多層面的關係。這樣的研究不僅能告訴我們許多有關道教的内容，同時也可以辨别出，佛教在中國逐漸被接受的同時，是在何種程度上被中國化和重新構建的。

在對靈寶經淵源的分析中，我們不得已破壞了葛巢甫創作的整體性。事實上，將靈寶經歸結爲一種儀式集成，也并不是不公允的。正因爲有了靈寶科儀，此經系的全部資料纔得以保存，其重要性纔得以延續。雖然有些靈寶經，如LP#10《三籙簡文》，記載的有影響的金籙齋④口訣已不再是單行本的形式，但這并不能説明這些科儀已不再流行。它反而顯示出，在更早的、單獨存在的版本被淘汰出《道藏》的同時，已被融入更爲重要的唐宋儀式彙編中。其中的大多數儀式仍在以某種形式爲現今的道士所采用。

我們在本文伊始就指出，在研究某種宗教傳統時，重點不應該放在其來源的多樣性上，而應該關注從來源材料中演變出的融合體。但靈寶經的最終影響很難被孤立看待。靈寶經在問世之後旋即被擴充、潤色，同時又和其他恰恰影響了靈寶經創始人的道教元素融合在一起。⑤靈寶經整合方法的全體性潛在地包容了後續道教傳統的全部，在公衆儀式和教團的領域上尤爲如此。我們希望，對於靈寶傳統起源的認識將有助於研究靈寶經對中國宗教發展所産生的深遠、多樣的影響。

---

① Strickmann, "The Longest Taoist Scripture".

② Marcel Granet, *La Religion des chinois*, 2nd ed., Paris: Les Presses Universitaires de France, 1951, pp.151-164.

③ LP#11明真科，17a–37a。

④ ［修訂者補注］《金籙簡文》所載齋儀當爲自然齋，而非金籙齋。詳參吕鵬志：《靈寶六齋考》，《文史》二〇一一年第三期，第八五——二五頁。

⑤ 見司馬虚《最長的道經》（The Longest Taoist Scripture）中關於宋代擴展LP#15《度人經》的内容。文後的附録二提供了證據，證明後世的作者是在何種程度上編造陸修静目録中的"未出"經。

附録一

下列古靈寶經見於大淵忍爾整理復原的陸修静《靈寶經目》。首先列出陸氏《靈寶經目》中的經題，隨後是今本的經題和出處。凡筆者已讀過的古靈寶經，在此均提供内容提要。本目録不包括陸氏《靈寶經目》著録的“未出”經。

第一部分：靈寶真文十部妙經

第一篇目：

LP#1 太上洞玄靈寶五篇真文赤書

即今本《元始五老赤書玉篇真文天書經》（HY 22），三卷。卷上包含五篇真文［雲篆］天書，講述五篇真文創始和起源的故事。然後講述［侍衛五篇真文的］五方五老和道士使用的五方靈寶符，這些符與道士本命所屬和五行相聯繫。卷中述與元始五老相關的陽九百六之灾，以及未來劫灾降臨時可以保護道士度過劫灾的一系列按五行排序的［靈寶］符。卷下列述［月十齋日］來自十方諸天的聖真定期集會考察世人言行功過，以及修道者應修齋持戒的其他齋日。

LP#2 太上洞玄靈寶玉訣

即《太上洞玄靈寶赤書玉訣妙經》（HY 352），兩卷。此經開篇述太上道君告王龍賜[①]法戒，似非原經内容，而是後來的增補或竄改。開篇所列十戒和十二可從戒也見於LP#9《太上洞真智慧上品大誡》（la–4b），形式相同。另外，此開篇不見於徵引此經的《無上秘要》或其他晚出道書。《玉訣》卷上提供了LP#1《元始五老赤書玉篇真文天書經》所録五篇真文雲篆天書的漢字譯文，并述真文使用秘訣。《玉訣》卷下講述［精進賢者王福度之］女阿丘曾的故事，并講解如何存思五方五老和服食五方五牙玉文。

第二篇目：（“未出”經）

第三篇目：

LP#3 空洞靈章

即《太上洞玄靈寶空洞靈章》（P. 2399），大淵忍爾指出，此經卷首内容已佚，且S. 2915中也收録了此經部分内容。《無上秘要》（HY 1130）卷二十九徵引了構成此經主體内容的“三十二天靈章”。

① ［修訂者補注］原文作“王龍”，今據《玉訣妙經》改正。

LP#4 升玄步虛章

即《洞玄靈寶玉京山步虛經》（HY 1427），收録玉京山步虛吟十首，以及其他靈寶經頌。如上文所論，有三首頌摘引自上清經，今見於《真誥》。大淵忍爾指出，此經中描述玉京山的第一部分已有所改動。摘自古本第一部分的内容，見《無上秘要》4.8b.9- 9b.1和23.1b.10。

LP#5 九天生神章

即《洞玄靈寶自然九天生神章經》（HY 318）。此經收録的九章爲包含九天主神隱名的禱文。九天由九氣構成，世界形成的三個劫期［龍漢、赤明、上皇］中各包含玄、元、始三氣，合九氣。通過誦咏這些靈章，可以喚起人類受生的生神過程。正如大淵忍爾所論，第八A—九B頁中的三篇寶章爲後人所添。HY 165《靈寶自然九天生神三寶大有金書》完全是LP#5《九天生神章》的摹本，衹有一處例外，即文末用三篇寶章替换了九章。顯然，此經與原始的LP#5《九天生神章》結合，形成了今《道藏》本。

此經的宋代注疏如下：

董思靖《洞玄靈寶自然九天生神章經解義》（HY 396）。

王希巢《洞玄靈寶自然九天生神玉章經解》（HY 397），序文作於南宋開禧元年（一二〇五）。

《洞玄靈寶自然九天生神章經注》（HY 398），此注本聲稱是已佚華陽子注的修正本，但經中内證表明，其成書於宋代。

第四篇目：

LP#6 自然五稱文

即《太上無極大道自然真一五稱符上經》（HY 671），今本二卷，原本一卷。卷上包括上文討論過的五稱符。卷下介紹了致止八卦（八史）之精的方法。此法與十方相聯繫，并受制於五稱符。第一一B頁以下簡要説明了二十四生圖（見LP#19《洞玄靈寶二十四生圖經》）的特性，它們共分爲三組，每組八圖。

LP#7 諸天内音玉字

即《太上靈寶諸天内音自然玉字》（HY 97），四卷。此經詳細解釋了LP#15《度人經》中擬陀羅尼的咒語。卷一展現了這些咒語的天書形式，每節天書之後都附有三十二天的神明目録。卷一第一五B頁至卷二第一六A頁詳述天書中每個字在天界的［書寫］地點，以及每個字作爲靈符的效力。在卷三第七A頁及以下篇幅中，天書被翻譯爲世俗文字并加以注釋。

第五篇目：

LP#8 智慧上品大戒

即《太上洞玄靈寶智慧罪根上品大戒經》（HY 457），二卷。卷上載元始天尊向修道者開示幾組戒律。卷下述太上道君問訊十方[①]飛天神人，涉及其各地獄之人所犯罪過、處罰年限以及如何通過轉世解脱。關於死者的規章有三："長夜之函"，記録着亡人的罪過；"官律"，決定刑罰的形式［與時間］；"明真科品"（見LP#11《明真科》），評定功過，并規定從地獄拔度死魂所需的供品。

LP#9 上品大戒威儀自然[②]

即《太上洞真智慧上品大誡》（HY 177）。此經按照學者修行的不同階位，開示并討論了六組戒律。其中，十戒和十二可從戒授予"清信弟子"[③]，而更高級别的戒律則針對"十轉弟子"，他們在精進道法的過程中轉生了十世。這似乎是一種社會區别，因爲"十轉弟子"通過前世積纍的功德，都是恒居"福門"之人。

LP#10 金籙簡文

即《金籙簡文三元威儀自然真一經》，已散佚，不再獨立存世。

LP#11 明真科

即《洞玄靈寶長夜之府九幽玉匱明真科》（HY 1400）。此經詳細闡述了LP#8《太上洞玄靈寶智慧罪根上品大戒經》中提及的十方地獄[④]中的《科》。經文首先列出地府所記人在世時的十種功績和十四種罪過。大部分内容則是元始天尊對生者爲拔度亡魂所作儀式的描述。

第六篇目：

LP#12 智慧定志通微

即《太上洞玄靈寶智慧定志通微經》（HY 325）。此經處理的問題更具實際意義，即建立社會下層民衆的靈寶信仰。靈寶天尊闡釋了開化愚蒙的方法，并藉由譬喻來説明如何真正地求道。此經昭示了一組針對在家信衆的十戒，上文已論，前五戒是對佛教五戒的改編。大淵忍爾指出，此經部分内容似已佚失。

① ［修訂者補注］原文作"十二方"（the twelve lands），此經所載實爲十方，今據以訂正。

② ［修訂者補注］"上品大戒"與"威儀自然"不應連讀，後四字當屬下句讀，指代《三籙簡文威儀自然》，參見吕鵬志、薛聰：《敦煌本〈靈寶經目〉第五篇目考》（待刊）。

③ ［修訂者補注］原文作"清心弟子"，今據《太上洞真智慧上品大誡》訂正。

④ ［修訂者補注］原文作"十二方地獄"（the twelve directional hells），此經所載實爲十方地獄，今據以訂正。

LP#13 本業上品

即《太上洞玄靈寶真文度人本行妙經》（P. 3022），殘。《無上秘要》卷四七（HY 1130, 47.4a.3–5b.2）保留了一段不見於此經現存版本的長引文。

LP#14 法輪罪福

此經現分爲四部獨立經書：

LP#14A，即《太上洞玄靈寶真一勸誡法輪妙經》（HY 346），係全經之序，描述了玄一三真人降示仙公的場景。他們説明了此經在天界的［傳授］歷史，并勾勒出仙公未來修行的發展軌迹。在後續經文中，三真人將各昭示一個道法修煉階段。

LP#14B，即《太上玄一真人説勸誡法輪妙經》（HY 348），此經强調正確的儀式實踐和遵守戒律在修真過程中的重要性。

LP#14C，即《太上玄一真人説三途五苦勸誡經》（HY 455），描述了地獄中未悟道死魂所遭受的苦難，以及他們通過"八門"轉世的機會。目的是喚起仙公救度世人的願望。

LP#14D，即《太上玄一真人説妙通轉神入定妙經》（HY 647），此經開示了"四十五念"。旨在讓修道者時刻謹記，其修行不是爲了度己，而是爲了度人。這些願念與LP#25《太上洞玄靈寶智慧本願大戒上品經》中的"智慧本願"一樣，都與可視對象相聯繫。

第七篇目：

LP#15 無量度人上品

即《靈寶無量度人上品妙經》（HY 1，卷一）。此經的重點在於元始天尊所誦"大梵隱語"中三十二天上帝及其統轄的百靈、魔王内名。大梵隱語載於16b.1–17b.8。15a.1–16a.9和18a.10–20b.1中的頌章爲後人所添。大淵忍爾指出，嚴東（五世紀）未對三十二天名目之前的序言（1a–5b）作注，但此序爲《無上秘要》所收，因此可能是六世紀中葉添加的内容。不過，應當指出的是，序文將此經的天界來源與誦經的神奇功效相聯繫，這與靈寶經中的另一天文範例，即《五篇真文》的表述完全一致。

《道藏》中有多部此經的注疏本。除了上文提及的四注本（HY 87《元始無量度人妙經四注》），HY 88至HY 95爲唐代至明代的注疏（即HY 88《元始無量度人上品妙經注》、HY 89《元始無量度人上品妙經通義》、HY 90《元始無量度人上品妙經内義》、HY 91《太上洞玄靈寶無量度人上品妙經注》、HY 92《元始無量度人上品妙經注》、

HY 93《太上洞玄靈寶無量度人上品經法》、HY 94《洞玄靈寶度人經大梵隱語疏義》、HY 95《洞玄靈寶無量度人經訣音義》），HY 147《靈寶無量度人上品妙經符圖》、HY 148《無量度人上品妙經旁通圖》與HY 219《靈寶無量度人上經大法》是基於經文的儀式改編，HY 80《雲篆度人妙經》則是完全用“雲篆”書寫的版本。

LP#16 諸天靈書度命經

即《太上諸天靈書度命妙經》（HY 23）。此經記述了十部妙經在五方福國的出現。元始天尊還講述了靈寶經在龍漢之年（即世界初創的第一個劫期）的起源，以及其後按照五行排列的世界序列。

LP#17 滅度五煉生尸

即《太上洞玄靈寶滅度五煉生尸妙經》（HY 369）。此經叙述以《度人經》所載隱語爲基礎的葬儀。經中通過在三十二天之上增加大羅天，將隱語與五行聯繫起來。經中所録天文版的隱語（第五B——一五A頁）是LP#7《太上靈寶諸天内音自然玉字》中隱語的另一種形式，不過添加了中央方位的十六字［天文］。這些天文被用作符命，與亡者尸體一同埋入土中。

第八篇目：

LP#18三元品誡

即《太上洞玄靈寶三元品戒功德輕重經》（HY 456）[①]。三元即三官，負責考校死魂。經中列出了三官的職能及其屬僚，還列出了由三官考典的一百八十條具體罪目。

第九篇目：

LP#19二十四生圖

即《洞玄靈寶二十四生圖經》（HY 1396）。首先叙述［二十四生］圖的來源，隨後是贊頌圖德的頌章以及與這些圖相關的諸符。最後將二十四生圖和人體内［三部八景］二十四真神聯繫起來，并羅列出其從神。

第十篇目：（“未出”經）

① ［修訂者補注］《三元品誡》由《太上洞玄靈寶三元品戒功德輕重經》《太上大道三元品誡謝罪上法》兩部道經組成。詳參吕鵬志：《靈寶三元齋和道教中元節——〈太上洞玄靈寶三元品戒經〉考論》，《文史》二〇一三年第一輯，第一五二——一五七頁。

第二部分

LP#20五符經序

即《太上靈寶五符序》（HY 388），三卷。此經的成書時間早於靈寶諸經，内容不易概括。大體而言，卷上述及上古三皇五帝。關於五帝的敘述，取材自司馬遷的《史記》，并加入讖緯材料。此卷還包括各種以五行爲基礎的存思法和儀規。卷中涵括成仙、去三尸、辟穀等各種仙方。卷下介紹符、咒、天書示例并進一步記述了上古神仙。有關此經三卷的劃分及内容的探討，詳見本文“葛洪的藏書”一節。

LP#21 太極隱注寶訣

即《上清太極隱注玉經寶訣》（HY 425）。此經叙述了傳授、諷誦以及抄寫靈寶經和其他神聖經書的儀式程序。涉及五類經書：《道德經》、大洞真經、靈寶經、三皇天文及上清經。大淵忍爾指出，《無上秘要》對此經的部分徵引不見於今本。

LP#22 真文要解

即《太上洞玄靈寶真文要解上經》（HY 330）。此經記述五篇真文的起源及其衛靈神咒。第八B頁以下載懺謝十方之辭。

LP#23 真一自然經訣

即《真一自然經訣》（P. 2356）。大淵忍爾指出，該寫本首尾均殘。因爲此經未被南宋留用光所編《無上黄籙大齋立成儀》中的靈寶經目録［“齋壇安鎮經目”］（見附録二）著録，故其顯然佚於唐或北宋。

LP#24 敷齋威儀訣

即《太上真人敷靈寶齋戒威儀諸經要訣》（HY 532）。此經包括“靈寶無上齋”之儀規，以及有關靖室和其他儀式的説明。大淵忍爾認爲今本并非完帙。

LP#25 消魔智慧本願大戒上品

即《太上洞玄靈寶智慧本願大戒上品經》（HY 344）。此經進一步闡明了LP#9《太上洞真智慧上品大誡》所載戒律。同時還包含師傅向弟子傳戒的儀規。此外，太極真人昭示五十九條“智慧本願”，以唤起仙公濟度世人的願望。

LP#26 仙公請問經

兩卷，先分爲兩個部分。

LP#26A，即《太極左仙公請問經上》（S. 1351）。大淵忍爾指出，有關《仙公請問經上》的引文，僅有一條不見於今本。

LP#26B，即《太上洞玄靈寶本行宿緣經》（HY 1106）[1]。在本卷中，仙公就各種問題向太極真人請教，包括：十戒、靈寶無上齋法與五稱符之關聯、LP#21《上清太極隱注玉經寶訣》中提及的五類道經之天界來源，等等。

LP#27 聚聖難

即《太上洞玄靈寶本行因緣經》（HY 1107）、《太上洞玄靈寶妙經［第］十五衆聖難》（P. 2454）。此經記述仙公登真的歷程，詳細記載了仙公的宿世［因緣］，以及與他共同發願度人的弟子之前世［因緣］。大淵忍爾指出，此經的敦煌本與《道藏》本之間有較大差異。

附録二

下列靈寶經目見於留用光的黄籙齋儀集《無上黄籙大齋立成儀》（HY 508，1.5a.5–7a.2）。此書後記作於一二二三年。繫於這些經題前的靈寶編號乃參考大淵目所作。除了最後一部道經，其他未編號的道經在大淵忍爾復原的陸修静《靈寶經目》中都被列入“未出”經。因爲留用光的目録旨在爲齋儀服務，所以這些“未出”經一定已由後人撰出。

LP#1，太上靈寶元始五老赤書玉篇真文天書經

LP#2，洞玄靈寶赤書玉訣妙經

洞玄靈寶運度大劫經

洞玄靈寶丹水飛術運度小劫經

洞玄靈寶天地運度自然妙經

LP#3，洞玄靈寶空洞靈章

LP#4，洞玄靈寶玉京山步虚經

LP#5，洞玄靈寶自然九天生神章

LP#6，洞玄靈寶無極大道自然真一五稱符經

LP#7，洞玄靈寶諸天内音自然玉字

洞玄靈寶八威召龍妙經

LP#8，洞玄靈寶智慧上品大[2]誡經

---

① ［修訂者補注］原作《太極左仙公請問經》，今據《道藏子目引得》及此經經題訂正。

② ［修訂者補注］“大”，原文漏録，今據《無上黄籙大齋立成儀》補。

LP#9，洞玄靈寶智慧罪根上品誡經
LP#10，洞玄靈寶三元威儀自然真經
LP#11，洞玄靈寶長夜之府九幽玉匱明真科
LP#12，洞玄靈寶智慧定志通微妙經
LP#13，洞玄靈寶金真法輪[①]誡業本行上品妙經
LP#14，洞玄靈寶玄一三真勸誡法輪[②]妙經
LP#15，洞玄靈寶無量度人上品妙經
LP#16，洞玄靈寶諸天靈書度命妙經
LP#17，洞玄靈寶滅度五煉生尸妙經
LP#18，洞玄靈寶三元品戒功德輕重經
洞玄靈寶宿命因緣明經
LP#26，洞玄靈寶仙公請問經
LP#27，洞玄靈寶仙人請問本行因緣衆聖難經
洞玄靈寶道（導）引三光妙經
LP#19，洞玄靈寶三部八景神仙二十四生圖經
洞玄靈寶藥品
洞玄靈寶芝品
洞玄靈寶變化空洞妙經
LP#25，洞玄靈寶消魔寶真安志智慧本願大戒上品妙經
LP#22，洞玄靈寶真文要解經
LP#24，洞玄靈寶太極真人敷靈寶經文齋戒威儀諸要經訣
洞玄靈寶齋説光燭戒罰燈祝願儀
（最後一部由陸修静作，見HY 524）

（修訂者單位：西南交通大學人文學院）

① ［修訂者補注］“輪”，原文誤録爲“論”，今據《無上黄籙大齋立成儀》訂正。
② ［修訂者補注］“輪”，原文誤録爲“論”，今據《無上黄籙大齋立成儀》訂正。

"陶公五法"再研究 *

白照傑

内容摘要："陶公五法"是中古至近世道教内部極端重要的道學内容，但同時也是最令人迷惑的道教史問題之一。學界目前認爲陶弘景編纂的《陶公傳儀》使"五法"成爲一個法集，然而筆者發現這五種經籙在盛唐之前一直獨立傳播，約於隋唐之際又各自歸入法位制度中的不同階次。金仙、玉真公主在先天元年（七一二）確當"合受""五法"，但其原因很可能在於以曲折方式補全彼時仍是"禁書"的洞神部《三皇文》傳授。兩位公主的此次受法在很大程度上消解了《三皇文》作爲朝廷"禁書"的負面身份。隨着《三皇文》的"洗白"，五種經籙又恢復爲不同法位等級的正當授受材料。約至唐末，作爲著作的《陶公傳儀》逐漸消亡，但有些詭異的是，《陶公傳儀》所收録之"五法"却背離此書初衷成爲穩定的法集，被道教内部重新規定爲"靈寶中盟"的組成部分，自此成爲可以廣泛"合受"的道法内容，一直延續至明清時期。在這一過程中，"五法"的集合和經教意義一直處在激烈的變動之中，需要詳加辨析。而對"陶公五法"的内容組成、編纂邏輯、演變歷程的考察，給予我們細緻入微地觀察道教傳統從中古至近世的延續與變遷的難得機會。

關鍵詞：五法；陶公傳儀；中盟五法；三皇文

目前學界認爲"陶公五法"是南朝道士陶弘景集合五種重要經籙符圖而成的"經法集"，陶弘景本人曾爲之編纂傳授儀。"五法"中所收《三皇文》《五嶽真形圖》《五符》等五種經法本身均爲極其重要的道教材料，又因唐代道士張萬福（活躍於七一一年前後）等人不時提及"五法"及"陶公傳儀"，故此經法集最晚自唐代開始便在道教内

* 本文撰寫過程中，獲上海師範大學曹凌教授指點，獲中山大學哲學系（珠海）博士後褚國峰幫助檢索資料庫，特表感激！

部産生重要影響。

近代以來，敦煌卷子中發現陶弘景製作之《五法傳授儀》殘篇，有關“陶公五法”的問題遂逐漸引起學者關注。大淵忍爾較早注意到這些敦煌材料[①]，在大淵工作的基礎上，王卡結合《道藏》材料中有關“五法”的記述，對之進行更爲深入的分析[②]。吕鵬志近來的工作大大推進了相關討論，指出宋代以降的“靈寳中盟五法籙”就是“陶公五法”的延續，這些經法内容甚至在晚清民國抄本《先天勘合玄秘并填籙填引》的“封中盟”中仍有所體現。[③]“五法”包含五種相互獨立的經法，海内外學者已對這五種經法分别進行研究，發表不少成果。其中，多米尼克・斯特阿夫（Dominic Steavu）、孫齊、黄士姍以及筆者在對組成“五法”的某單一經法的討論中，亦給予作爲整體的“五法”一定關照。[④]此外，小林正美在研究唐代道士法位制度時對五法提起注意，認爲法位制度中存在“五法道士”一階[⑤]，此觀點既有啓發，又可商榷。縱觀現有成果，儘管目前學界已對“五法”投入一定關注并積纍一些成果，但對陶弘景“五法”的具體内容、編合邏輯、施用和傳授情況以及在不同時代經教體系中的地位等問題，仍缺少相對完整的梳理，以致“五法”的神秘面紗依舊未被揭開。有鑒於此，本文結合前賢研究，嘗試對作爲經法集的“五法”的歷史變遷脉絡進行梳理，并以之爲例窺探同一道教材料在不同時代的道教知識體系中可能發生的意義變化等問題。

---

① 大淵忍爾著，雋雪艷、趙蓉譯：《敦煌道經目録編》，齊魯書社，二〇一六年，第八九二—八九三頁。原書一九七八年於福岡書店刊行。

② 王卡：《敦煌殘抄本陶公傳授儀校讀記》，《敦煌學輯刊》二〇〇二年第一期，第八九—九七頁。

③ 吕鵬志：《道教抄本〈先天勘合玄秘并填籙填引〉初探》，《宗教學研究》二〇一五年第三期，第五二頁；《早期靈寳傳授儀——陸修静（406-477）〈太上洞玄靈寳授度儀〉考論》，《文史》二〇一九年第二輯，第一二一——一五〇頁。《封中盟》全文，見戴禮輝口述，藍松炎、吕鵬志編著：《江西省銅鼓縣棋坪鎮顯應雷壇道教科儀》，新文豐出版公司，二〇一四年，第二五三頁。

④ Dominic Steavu, *The Writ of the Three Sovereigns: From Local Lore to Institutional Daoism* (Hong Kong: The Chinese University of Hong Kong, 2019), pp.143-151；孫齊：《六朝氣禁術略考》，《湖南工業大學學報（社會科學版）》二〇一三年第三期，第五九—六三頁；Shih-shan Susan Huang（黄士姍）, *Picturing the True Form: Daoist Visual Culture in Traditional China* (Cambridge [Massachusetts] and London: The Harvard University Asia Center for the Harvard-Yenching Institute, 2012), pp.35-187；白照傑：《禁山赦虎：已佚早期道教禁咒〈西嶽公禁山文〉小識》，載劉中興主編《中外論壇》第一期“道教文本專號”，上海古籍出版社，二〇二一年，第三九—六四頁。

⑤ 小林正美：《唐代の道教教團と天師道》，《東洋の思想と宗教》二〇〇三年第二〇號，第二九—四〇頁；《唐代の道教と天師道》，東京：知泉書館，二〇〇三年，第一〇四—二〇七頁。

一、"五法"的産生、組成及編合邏輯

儘管"五法"在道教史上占據着極爲特殊的位置，但在現有材料中，有關"五法"的記述實際并不算多，且敘述頗爲混亂，充滿互相抵牾的觀點，很難理出頭緒。"道理"與"現實"之間的張力、"能指"與"所指"的不完全咬合，是導致出現理解障礙的根本原因。掃除迷霧的方法衹有接受與預設觀點相反之材料，清晰呈現矛盾本身，承認歷史具有極端複雜性，在此基礎上再嘗試尋求闡釋複雜現象的可能。

（一）"五法"之興起

在傳世道教文獻中，稍後即將討論的張萬福的幾部著作是最早提及"五法"并對之進行較詳細描述的重要材料，張萬福的記述構建了當下學界對五法基本性質的理解框架。然而，在近代新發現的敦煌殘卷中，赫然出現能與張萬福所述"五法"相吻合的幾個殘篇。《陶弘景五法傳授儀》（王卡擬）現存四件敦煌殘片（S. 6301、S. 3750、BD. 11252、P. 2559），大淵忍爾最早對部分殘片進行整理和簡要討論，王卡在此基礎上做了更完整的綴合，并確定此傳授儀爲陶弘景編製，認爲這些材料當即張萬福有關"五法"知識的主要來源——《陶公傳儀》。[①]張萬福《洞玄靈寶道士受三洞經戒法籙擇日曆》（後簡稱《擇日曆》）詳述"五法"的一段文字提及《陶公傳儀》，此外并無任何其他經法傳授涉及此書；聯繫前述敦煌殘卷看似原本也僅包括相應五種經法之傳授儀式，故推測所謂《陶公傳儀》實際就是"五法傳授儀"。此看法除了明確這部儀式著作的主體内容組成，亦説明《陶公傳儀》和《陶弘景五法傳授儀》均是可接受的名稱。由敦煌殘卷中記述《五嶽真形圖》傳授法的末尾部分稱"梁天監厶年太歲厶月日子上建"云云，可推測此書爲陶弘景編纂於梁天監年間（五〇二—五一九）。在這部書中，陶弘景將《西嶽公禁山文》（或稱《東西禁文》）、《五嶽真形圖》、《三皇文》，以及殘卷中缺失了的《五符》《老君六甲秘符》各自的傳授儀式合入一書，"五法"由此得以成立。值得注意的是，結合現有道教學知識以及這些敦煌殘卷的記載可以明確看出，這五種經法符籙并非陶弘景所發明，陶弘景主要是爲之分别編纂合適的傳授儀，并"創造性地"將之放在同一著作中。從敦煌殘卷對《東西禁文》《五嶽真形圖》《三皇文》須

① 王卡：《敦煌殘抄本陶公傳授儀校讀記》，《敦煌學輯刊》二〇〇二年第一期，第八九—九七頁；又見王卡：《敦煌道教文獻研究——綜述・目録・索引》，中國社會科學出版社，二〇〇四年，第一四〇—一四一頁。

一一分别傳授、儀式大不相同的記述中便可發現，所謂“五法”的集合最初并不是建立在經教統一性上的産物，因此有關五法編合邏輯之所在便須從這五種經法的具體内容來尋找答案。

（二）“五法”的内容、功能與編合邏輯

追溯陶弘景爲何將這五種經籙的傳授儀式合編成一部著作的道理，并不太困難，衹需對“五法”具體内容進行考察，繼而尋找五種經籙之“共性”，便可揭開謎底。學界目前對《五符》《三皇文》《五嶽真形圖》《西嶽公禁山文》《老君六甲秘符（籙）》均有一定研究，憑藉這些研究可發現這五種經書符籙的經教歸屬和傳統來源存在明顯差異。通過對相關記載的重新梳理和討論，筆者傾嚮認爲“五法”的集合主要建立在“功能一致性”的基礎之上。既然“五法”成於陶弘景之手，那麼接下來考察的重點就不是五種經法在不同歷史時期的功能和意義，而是要着重觀察陶弘景如何理解它們，并對諸如《抱朴子内篇》《五符序》等可能影響陶弘景觀點的重點著作中的相關論述進行分析。

儘管王卡對“五法”的研究已對五者所指有所揭示，但文中仍有一些不甚確鑿之處有待進一步細化和糾正。以下結合王卡的觀點[①]，對“五法”的組成要素及功能進行討論。其間對當下學界不甚熟悉的問題略作鋪陳，而對學界耳熟能詳的認識，則僅給予簡單説明和討論。

1.《老君六甲秘符》

王卡指出此書目前已經亡佚，北宋《雲笈七籤》曾分别引《老君六甲符圖》和《老君六甲三部符》，并認爲《抱朴子内篇》所提及之保護道士“游涉大川”的《六甲三金符》可能就是《老君六甲秘符》。王卡觀點前半可從，而認爲《六甲三金符》即《老君六甲秘符》的看法缺少可靠證據。葛洪《抱朴子》中述及多種役使六甲神之法，如《遐覽》篇所載之《六甲通靈符》等[②]，故不可僅因書名有“六甲”而定諸書爲一。又《抱朴子内篇》所述《六甲三金符》功能較爲單一（保護道士安全渡過大江大河），根據下文可知《老君六甲秘符》組成内容相對複雜，功能也更爲强大多元，可證二者并非同一文獻。

據筆者考察，約晚唐成書的《金鎖流珠引》中實際大量徵引《老君六甲秘符

① 本節論述所引王卡觀點均出《敦煌學輯刊》二〇〇二年第一期，第九二頁。除非特殊情況，不再重復出注。
② 王明：《抱朴子内篇校釋》卷三一，中華書局，一九八五年，第三三五頁。

（籙）》的内容[①]，書中引文及注釋可大大推進對此符籙之瞭解。《金鎖流珠引》卷一三稱"六甲者，五行之子也"，彼時常見的六甲符（籙）被分爲三等，上等是上元《老君六甲符》、中等是中元《靈飛六甲》[②]、下等是下元《五行六甲》。其間介紹上等《老君六甲符》稱：

> 上等符書入上元，
>
> 注：號之《老君六甲符》，今服者是也。
>
> 謂之《老君内秘三符六甲籙》。世人遇之者，志心修行，有功，去百病，來六神。
>
> 注：一神六甲將軍，二六甲直日人官，三六甲玉童玉女，四直日神從官，五直符，六符吏等六神。使捕邪檢精，無不通靈。學道步躡，無此不成。如有志心好樂之人，皆須先攻修服符，安魂定魄，鎮藏固形，永得長生之根元，得道之門户。關啓章奏，無不呼存行用，是告啓使者之首，部領三官之主將也。
>
> 《老君六甲符·序》云：天地萬神，皆六甲之部使也。
>
> 注：大天地之中，有千神萬靈，千邪萬精，皆六甲之所部録，亦六甲之所使也。所以世人知之，故受六甲籙，服六甲符，帶六甲直神牌子，所以言功深淺，欲驅萬神，助國救人。
>
> 上古修道之人，無不從六甲得道。
>
> 注：六甲是前聖老君、後聖玉皇[③]上道，六皆將，六甲爲首，修行之門户，初入之徑路也。[④]

從這段文字可知，《老君六甲符》更完整的名字是《老君内秘三符六甲籙》，"五法"

---

① 有關《金鎖流珠引》成書時間的簡要討論，見巴雷特（T. H. Barrett）著，吕鵬志譯：《〈金鎖流珠引〉年代考》，《宗教學研究》二〇〇六年第二期，第二四—二五頁；原文爲"Towards a Date for the Chin-So Liu-Chu Yin," *Bulletin of the School of Oriental and African Studies* 53.2 (1990): 292-294。

② 《靈飛六甲》當即指著名的上清經《靈飛六甲經》。有關《靈飛六甲經》的研究及其在唐代的影響等問題，參見許蔚：《唐人寫本〈靈飛經〉與〈上清素奏丹符靈飛六甲〉的復原》，載周裕楷主編《新國學》第一三卷，四川大學出版社，二〇一六年，第一五四—一七六頁。

③ "後聖玉皇"這個稱呼非常罕見，從對《道藏》的檢索結果來看，似爲《道藏》本《金鎖流珠引》所特有，實際就是指中古時期著名的"後聖道君"。

④ 《金鎖流珠引》卷一六，《道藏》第二十册，文物出版社、上海書店、天津古籍出版社，一九八八年，第四三二C—四三三A頁。

中則將之稱爲"《老君六甲秘符（籙）》"。由書名和《金鎖流珠引》的注解來看，此書主體内容包括三種道符和役使以六甲爲首的六部神兵的法籙。使用這部符籙的方式包括受六甲籙、帶六甲直神牌子，以及吞服道符。《金鎖流珠引》更細緻地指出，若"每日服之（按：即老君六甲秘符），一十四年登仙"①，"服之法，每誦直官名，呼符吏、旬將及玉女名字，呼之必誦前聖長生咒兩遍，即吞符"②。這段有關吞服道符的方法托"後聖君告方諸童君"道出，若此法原本即爲《老君六甲秘符》内容，則此書創作必定晚於"後聖"和"青童"兩位上清神靈的出現。③倘如是，則此書當成於東晋以後，陶弘景纂集"五法傳授儀"的"天監"之前。

有關《老君六甲秘符》的具體功能，引文所述有些籠統，但不難看出此符籙可招致六甲神兵護衛己身、驅除精魅、消灾解難。就在前揭引文之後，《金鎖流珠引》隨即給出一則服六甲符而免灾的傳説，繼而又以"老君曰"的方式詳述此符籙的六大功能。故事稱，李伯藥在山中修道，常修六甲服符法，一日遇騎豹青衣人授予仙藥大還丹。青衣人走後，李伯藥服藥時，忽聞林中有男女數百之聲，又見十數朱衣人捉得騎豹使者，後者隨即化爲老龍。甲申玉女指此老龍爲天魔，所謂大還丹實乃毒藥。故事最後總結道："非六甲神之功，伯藥不得救，而被天魔進藥而死。"④這則傳説無疑使人聯想到中古道教對入山修行的强調和對一應禁忌的詳細討論，對山林的向往和恐懼集中反映在葛洪的《抱朴子内篇・登涉》中。而就是在《抱朴子内篇》的相應章節裏，葛洪向世人透露，入名山，"宜知六甲秘祝。祝曰，臨兵斗者，皆陣列前行"⑤。顯然，《老君六甲秘符》延

---

① 《金鎖流珠引》卷一三，第四三三 A 頁。

② 《金鎖流珠引》卷一三，第四三三 B 頁。

③ 作爲救世者的後聖李弘涉及中古道教"終末論"問題，學界已有不少討論，如 Anna Seidel, "The Image of the Perfect Ruler in Early Taoist Messianism: Lao-tzu and Li Hung," *History of Religions* 9 (1969-1970): 216-247（此文中譯見王宗昱譯：《老子和李弘：早期道教救世論中的真君形象》，載任繼愈主編《國際漢學》第一一輯，大象出版社，二〇〇四年，第一八五—二〇六頁）; Stephen R. Bokenkamp, "Time After Time: Taoist Apocalyptic History and the Founding of the T'ang Dynasty," *Asia Major 3rd series,* 7:1 (1994): 59-88；小林正美：《東晋時期道教的終末論》，《世界宗教研究》一九九五年第四期，第八二—九〇頁；李豐楙：《六朝道教的終末論——末世、陽九百六與劫運説》，載香港道教學院主辦，陳鼓應主編《道家文化研究》第九輯"道家與道教學術研討會論文專號"，上海古籍出版社，一九九六年，第八二—九九頁；李豐楙：《傳承與對應：六朝道經中的"末世"説的提出與衍變》，《中國文哲研究集刊》一九九六年第九期，第九一—一三〇頁；等等。青童是早期上清道信仰中非常重要的神靈之一，在"降經運動"中發揮突出作用，參見 Paul Kroll, "In the Hall of the Azure Lad," *Journal of American Oriental Society* vol.105, no.1 (Jan.-Mar. 1985): 75-84；等等。

④ 《金鎖流珠引》卷一三，第四三三 C 頁。

⑤ 王明：《抱朴子内篇校釋》卷一七，第三〇三頁。

續了"六甲秘咒"在守護入山修道者人身安全、對抗邪魅侵害上的具體功能。接着來看"老君曰"一段。聯繫上下文，大致可判斷"老君曰"當即出自《老君六甲秘符》：

老君曰：此法有六通神力。一能通入大道之門，善假道威，伏神使鬼，制滅精妖，斬斷凶祟。二能通天，感使天神天龍，誅魔伏祆，收雲攝雨。逆横祆惡之炁，甚能攝除之。三則通地，感使地神地龍，風雲雷公，電師雨師風師，五嶽四鎮，九州島千邦萬國，土地山川神靈，社廟城隍，左社右稷神官，使令助國，護身家，濟人物。四則通水，感使水神水龍，水中君官，將軍靈吏，魚鱗獸等，令佐道護身，助家國，濟人物。五則通感衛於人，人能久修服，使身家出於五行，永除五苦八難九厄，百病自消，超出三界，得入長生，驅使天地水三官神靈，立到分明。六則能通感使七星北斗君、神妃後女等，以主世人之死簿。[①]

這六大功能遠超"入山六甲秘咒"，但仍舊建立在役使六甲兵將、溝通和控制其他神靈（妖魅）護持修道者的基礎之上。換言之，六甲神被應用於各種不同場合，其護衛性武神的性格却一直不變，基本功能也得到延續。[②]

2.《西嶽公禁山符》

"五法"第二項是《西嶽公禁山符》，王卡指出此書也已亡佚，但《抱朴子内篇》《真誥》《周氏冥通記》等材料中皆有所提及，稍晚的《奉道科戒》將之名爲《東西二禁符》，張萬福《傳授三洞經戒法籙略説》（後簡稱《略説》）名之爲《東西禁文》。有關《西嶽禁山》或《東西二禁》，此前孫齊曾有一定研究，指出《西嶽公禁山文》當源於南方方士傳統的氣禁術，并認爲《西嶽公禁山文》與《西嶽公禁虎豹文》是兩個不同文獻。[③]

---

① 《金鎖流珠引》卷一三，第四三四 A—B 頁。引文略去原文中小字行間注。

② 有關六甲神護身信仰的興起，可參見 Christine Mollier, *Buddhism and Taoism Face to Face: Scripture, Ritual, and Iconographic Exchange in Medieval China* (Honolulu: University of Hawai'i Press, 2008), pp.114−121。六甲神爲初期道教所接受後，在不同道教派系中被賦予不同意義，有關於此的討論，見井上豐：《六丁・六甲神の變容——初期道教と經典を中心にして》,《東方宗教》一九九二年通號八〇，第一五—三二頁。關於六甲神作爲護衛性武神在後世得到廣泛使用的情況，參見高中正：《〈梁書〉"兔頭"發微——兼論南北朝時方術與兵學的關係》,《中國史研究》二〇一六年第四期，第六一—七三頁；賈連港：《北宋末年郭京"六甲神兵"之由來蠡測——基於欽宗君臣思想來源的考察》,《宗教學研究》二〇一九年第三期，第二五二—二六〇頁。

③ 孫齊：《六朝氣禁術略考》,《湖南工業大學學報（社會科學版）》二〇一三年第三期，第六二—六三頁。與孫齊文中觀點不同，筆者認爲《西嶽公禁山文》與《西嶽公禁虎豹文》是同一文獻，詳論見《禁山敕虎：已佚早期道教禁咒〈西嶽公禁山文〉小識》，載劉中興主編《中外論壇》第一期"道教文本專號"，第三九—六四頁。

《西嶽禁山》本質是禁氣術的問題蓋無疑義，但有關此書題名、内容、流傳等情况異常複雜，非一言可以概括。有關於此，筆者已另撰文章探討，爲免牽涉過廣，這裏僅介紹主要觀點。①

根據《抱朴子内篇》記載，鄭隱、葛洪門中確曾傳授一部《西嶽公禁山符》②，此書流傳至陶弘景之手後，陶弘景可能將三種功能類似的材料合編在一起，繼而形成“五法”中的“西嶽禁山”（或稱“東西二禁”）。③判定陶弘景合編多部文獻重構《禁山》的原因，在於敦煌殘卷“五法・禁山”傳授儀所請神靈來源於三個不同的類屬，而這些存在差異的觀念和經典來源又在張萬福的《醮三洞真文五法正一盟威籙立成儀》（後簡稱《立成儀》）所給出的“五法”壇位排布上得到明確反映。簡單來講，“陶公五法”所傳授的《西嶽禁山》實際包括原本的《西嶽公禁山文》以及《中黄制虎豹符》《張天華虎王李精三五之符》三種材料。其中《中黄制虎豹符》可能依托介象傳説出世，而介象得受禁虎豹符的地方正在東嶽，故此書當即所謂之“東禁”。由此來看，王卡認爲“五法・禁山”内容等同於《抱朴子内篇》所提及的那部同名文獻的觀點可能并不確鑿，實際情況是陶弘景重構的“東西二禁”已與《抱朴子》中所記載的那部《西嶽公禁山文》大不相同。

從《東西二禁》所涵括的三種材料的題名可以發現，三者的功能既單純又統一，均爲禁制山中虎豹精怪——這或許就是陶弘景將三者整編合一的原因所在。正如上文所述，有關《西嶽公禁山文》功能更詳細的記述，最早見於《抱朴子内篇》，書中介紹入山規避虎豹鬼魅的諸多方法時，稱“或立西嶽公禁山符，皆有驗也”④。敦煌殘卷《陶公傳儀》介紹《禁山》傳授法的部分，亦非常明確地給出此禁法之功能，認爲此法適用於“志在山林，避處人間”的修道者，受法之後，“虎見厶當伏”，猛獸避地而處，“若山居在多毒害之處，亦可年一祭之”⑤。有關“禁山”符印的具體使用方式，陶弘景在《五法傳授儀》中并未詳述，而是指出禁山符印“大有用法，并在《登真隱訣・巡山定室》卷中。今此中五條，既止傳授儀，故不得備説”⑥。《登真隱訣》完本散佚已

① 参見白照傑：《禁山敕虎：已佚早期道教禁咒〈西嶽公禁山文〉小識》，載劉中興主編《中外論壇》第一期“道教文本專號”，第三九—六四頁。

② 王明：《抱朴子内篇校釋》卷一七，第三一三頁。

③ 此篇名稱較爲混亂，“五法・禁山”“西嶽公禁山文”“東西二禁”等題目均被用來指代同樣内容。

④ 王明：《抱朴子内篇校釋》卷一七，第三一三頁。

⑤ 王卡：《敦煌殘抄本陶公傳授儀校讀記》，《敦煌學輯刊》二〇〇二年第一期，第九四頁。

⑥ 王卡：《敦煌殘抄本陶公傳授儀校讀記》，《敦煌學輯刊》二〇〇二年第一期，第九四頁。

久，王家葵認爲《巡山定室》篇或爲原書第六篇内容。[①]

3.《五嶽真形圖》

《五嶽真形圖》自中古道教流傳至今，影響很大，海内外不少學者已對之進行研究，相關情況較爲清晰。[②]敦煌殘卷《陶公傳授儀》中《授受五嶽圖法》完整保存[③]，從文中可知此"五嶽圖"就是指《五嶽真形圖》，傳授儀式詳述所要迎請的五嶽等聖山神靈，直言所受之書爲《五嶽真形圖文》。根據《授受五嶽圖法》所述，所傳授之《五嶽真形圖文》包括五嶽圖一卷以及相應的《序》一卷。《授受五嶽圖法》引及《序》中語言，涉及鄭隱所述弟子授圖後"别自章文陳説"[④]。查《道藏》中保存的《五嶽真形序論》中《授圖祭文》和《受圖祭文》皆曰"鄭君所出"[⑤]，可知陶弘景所指的《序》當與保存至今的《五嶽真形圖序》存在對應關係。

有關《五嶽真形圖》的功能，托名東方朔的《五嶽真形圖序》總結稱：

> 子有東嶽真形，令人神安命延，存身長久，入山履川，百芝自聚。子有南嶽真形，五瘟不加，辟除火光，謀惡我者，反還自傷。子有中嶽真形，所向唯利，致財巨億，願願剋合，不勞身力。子有西嶽真形，消辟五兵，入陣刀刃不傷，山川名神，尊奉伺迎。子有北嶽真形，入水却灾，百毒滅伏，役使蛟龍，長享福禄。[⑥]

顯而易見，《五嶽真形圖》的主要功能就是衛護修道者的人身安全，尤其是在修道者游

---

① 陶弘景撰，王家葵輯校：《登真隱訣輯校》"前言"，中華書局，二〇一一年，第一四頁。

② 《道藏》中至少保存了五個《五嶽真形圖》的本子，有關這些本子及主要研究成果，參見 Gil Raz, "Daoist Sacred Geography," John Lagerwey and Lü Pengzhi, *Early Chinese Religion Part Two: The Period of Division (220-589 AD)* (Leiden · Boston: Brill, 2010), 1416, n.56。其他重要成果，參見孫齊：《〈五嶽真形圖〉的成立——以南嶽爲中心的考察》，載《述往而通古今，知史以明大道——第七届北京大學史學論壇論文集》二〇一一年；Shih-shan Susan Huang, *Picturing the True Form*, pp.135–186；及二者文中所引參考資料等。

③ 從文中可發現，陶弘景給出的不僅是《五嶽真形圖》傳授儀本身，末尾還有一段與傳授儀有别的"年常自醮章"，即受法弟子此後每年醮祭真形圖文時所應使用的章文。

④ 王卡録文爲"依《序》中鄭君説，弟子别自章文陳説意"云云，句讀似誤。當爲"依《序》中，鄭君説弟子别自章文陳説，意謂於時弟子未得如此，但令師併於章中載述，受圖後自醮，乃可自説而"。顯然，陶弘景對鄭隱所給出的授（師説）、受（弟子説）五嶽圖的儀式規定并不滿意，故對之做了調整。這一點也提醒我們，所謂《陶公傳儀》并不是陶弘景依個人意圖完全新創的儀式，而當是陶弘景參考彼時流行的儀式模本，再進行細節調整和重組的産物。

⑤ 《五嶽真形序論》，《道藏》第三十二册，第六三四 B、六三四 C 頁。

⑥ 《五嶽真形序論》，載張君房編，李永晟點校《雲笈七籤》卷七九，中華書局，二〇〇三年，第一七九〇——一七九一頁。

行山川、遭遇兵戰時給予保護。有關這些功能，在《陶公傳授儀・授受五嶽圖法》中亦有直接表現，如師傳弟子圖文後，白曰："願敕各遣五神，侍給圖文，衛護佩圖之身，使灾消禍散，萬事吉安。"[①]弟子受圖後，則曰："使五方靈嶽各遣五神，千山百川時差侍官，營守圖文，防護厶身，長生久視，永享元吉。"[②]儀式最後所附之《年常自醮章》更是詳細復述類似願景，不煩贅引。

4.《三皇内文》

"五法"第四部分是著名的《三皇文》，王卡對此部分内容非常重視，在論文中詳細討論了《三皇文》的傳播及陶弘景在傳承早期洞神部經書中的作用，并認爲"五法"以《三皇文》爲首。[③]作爲三洞之一的洞神經典《三皇文》的内容變遷和地位升降本身就是極端複雜的問題，前揭多米尼克・斯特阿夫（Dominic Steavu）的研究大大推進了對相關問題的認識。有關《三皇文》兩種版本的流傳與混合、不同卷數之《三皇文》的組成和傳播（包括陶弘景的十卷本等）、《三皇文》被禁等問題，均可參考其書中論述。敦煌卷子《陶公傳儀》中"授受三皇法"的絶大部分内容得到保存，從標題下的小字注可瞭解陶弘景"五法・三皇"中所傳授的具體内容：

> 三皇是大經法，今世中有此數卷，皆由鮑葛所傳至此。大者之真字，唯有《青胎》一卷是耳。而《西城施行》一卷，全爲劾召之要。其餘卷悉吾所未詳，而合集得成一帙十卷，相傳併受。[④]

陶弘景"五法・三皇"包括以上所述《青胎》《西城施行》以及其他符籙共計十卷内容，此外根據儀式記載所授受者還有"傳版二片"。《奉道科戒》和《略説》中皆述及三皇洞神傳授之要素，所提及之授受要素基本涵蓋"五法・三皇"所述内容，但二者所

① 王卡：《敦煌殘抄本陶公傳授儀校讀記》，《敦煌學輯刊》二〇〇二年第一期，第九四頁。標點有改動。

② 王卡：《敦煌殘抄本陶公傳授儀校讀記》，《敦煌學輯刊》二〇〇二年第一期，第九五頁。

③ 王卡：《敦煌殘抄本陶公傳授儀校讀記》，《敦煌學輯刊》二〇〇二年第一期，第九二頁。王卡此觀點或不確鑿。在"五法"中，《三皇文》的經教地位確實較高，卷帙也遠比其他四法要多，但這并不能得出《三皇文》在"五法"中占據主導地位的判斷。事實上，《三皇文》在《陶公傳儀》敦煌殘卷中排位第三，而在後文將討論的張萬福的著作中《三皇文》甚至是"五法"中最後纔被提到的内容。由這些現象或許可説明陶弘景編合"五法"時并無以《三皇文》爲首的意思。

④ 王卡：《敦煌殘抄本陶公傳授儀校讀記》，《敦煌學輯刊》二〇〇二年第一期，第九五頁。

述《洞神經》卷數均爲十四卷，與陶弘景所傳十卷不同。[①]

有關《三皇文》的功能，在陶弘景《陶公傳儀》殘卷中并無詳細記述，但更早的葛洪在《抱朴子内篇》中多次對《三皇文》的功能做過介紹，這些觀點當在更晚的道教團體中得到繼承。這裏不妨舉兩個例子：

> 其經（按：帛和所傳《三皇文》）曰，家有《三皇文》，辟邪惡鬼，温疫氣，横殃飛禍。若有困病垂死，其信道心至者，以此書與持之，必不死也。其乳婦難艱絶氣者持之，兒即生矣。道士欲求長生，持此書入山，辟虎狼山精，五毒百邪，皆不敢近人。可以涉江海，却蛟龍，立風波。[②]
>
> 上士入山，持《三皇内文》及《五嶽真形圖》，所在召山神，及按鬼録，召州社及山卿宅尉問之，則木石之怪，山川之精，不敢來試人。[③]
>
> 或以《三皇天文》，召司命司危五嶽之君，阡陌亭長六丁之靈，皆使人見之，而對問以諸事，則吉凶昭然，若存諸掌，無遠近幽深，咸可先知也。[④]

從葛洪的話語中，可以發現《三皇文》具備很多功能，這些功能的基礎在於召請和役使天上地下各路神靈爲己所用。《三皇文》通過役使神靈而産生的功能非常多元，但在葛洪的話語裏可發現守護入山修行者的人身安全依舊是其中非常關鍵的一點。考慮到宣傳這些功能的最集中材料正是《三皇文》本身，不難推測陶弘景對以上觀念絶不陌生。陶弘景所編《真誥》中即記載："君曰：仙道有《三皇内文》，以召天地神靈。"陶弘景小字注曰："右世中雖有，而非真本。"[⑤]疑爲陶弘景所撰的《上清握中訣》[⑥]，有一段涉及入山過廟對抗邪精、召至廟鬼的話，文字最後稱"此後應入《三皇青胎》，卷中

---

① 推測二者又加入了傳授儀内容或分卷有變，但《三皇文》的主體部分可能并没什麽不同。同時，陶弘景的十卷本《三皇文》與更早的四卷本間也可能没有太大的不同。見 Dominic Steavu, *The Writ of the Three Sovereigns*, pp.143–147。

② 王明：《抱朴子内篇校釋》卷一九，第三三六頁。

③ 王明：《抱朴子内篇校釋》卷一七，第三〇〇頁。

④ 王明：《抱朴子内篇校釋》卷一五，第二七二—二七三頁。

⑤ 陶弘景撰，趙益點校：《真誥》卷五，中華書局，二〇一一年，第八二頁。

⑥ 《上清握中訣》原不署撰人，後世書目時而將之作爲陶弘景作品。相關情况簡介見 Kristofer Schipper and Franciscus Verellen, *The Taoist Canon: A Historical Companion to the Daozang* (Chicago: The University of Chicago, 2004), p.628; 任繼愈主編：《道藏提要》，中國社會科學出版社，一九九一年，第六一—六二頁。考慮到下引"又《禁山符》中事"之語，似恰與"五法·禁山"對應，又此書語言風格亦與《陶公傳儀》《真誥》《登真隱訣》等類似，故將之作爲陶弘景作品的觀點當有一定道理。

所用符事、又禁山符中事，并未撰”[①]。若此書確爲陶弘景編纂，則其不僅熟稔《三皇文》具有召神功能，更是將之與山林等野外行旅時的護身問題緊密聯繫在一起。

5.《五符》

最後來看《五符》。海内外學者對《五符》的研究已積纍了非常豐碩的成果。此書在東晉之前就已存在，靈寶運動興起後其又被作爲重要經典得到奉持。[②]《道藏》所保存的三卷本《太上靈寶五符序》基本涵括原本《靈寶五符》的内容。王卡研究認爲“五法”中的“五符”就是指《靈寶五符序》，但這一觀點似乎還需要進一步細化。王皓月近年對《人鳥五符》的討論引起筆者關注，其依據陶弘景《真誥》所述“陸（修静）既敷述《真文赤書》《人鳥五符》”等記載，指出一合併“人鳥”和原本《靈寶五符》的《人鳥五符》曾在劉宋以後流傳，并産生持續影響。[③]與此同時，單獨的《靈寶五符》同樣也在世間傳播，陶弘景指出：

> 楊（義）書《靈寶五符》一卷，[④]本在句容葛粲間。泰始某年，葛以示陸先生。陸既敷述《真文赤書》、《人鳥五符》等，教授施行已廣，不欲復顯出奇迹，因以絹物與葛請取，甚加隱閉。顧公聞而苦求一看，遂不令見，唯以傳東陽孫游嶽，及女弟子梅令文。陸亡，亦隨還廬山，徐叔摽後將出。徐亡，乃在陸瓌文間。已還封昭臺。[⑤]

那麽，“陶公五法”所傳者到底是單純的《靈寶五符》，還是《人鳥五符》呢？由於

① 《上清握中訣》,《道藏》第二册，第九〇六 A 頁。

② 簡要介紹和研究枚舉，見 Kristofer Schipper and Franciscus Verellen, *The Taoist Canon*, pp.232–233。有關《靈寶五符》，小林正美、王承文、吕鵬志、劉屹等學者已做出深入研究，綜述及新近成果可參見劉屹：《〈太上靈寶五符序〉新研》,《六朝道教古靈寶經的歷史學研究》，上海古籍出版社，二〇一八年，第三四五—三六七頁。

③ 王皓月：《析經求真：陸修静與靈寶經關係新探》，中華書局，二〇一七年，第一四三——六九頁。

④ 《真誥》記載，“楊先以永和五年己酉歲受《中黄制虎豹符》，六年庚戌又就魏夫人長子劉璞受《靈寶五符》”（陶弘景撰，趙益點校：《真誥》卷二〇，第三五五頁）。所謂楊義書《靈寶五符》或即指此次受法時所抄得的材料。有關“楊書《靈寶五符》”的看法，可參見劉屹：《六朝道教古靈寶經的歷史學研究》，第三五四—三五八頁。

⑤ 陶弘景撰，趙益點校：《真誥》卷二〇，第三四七頁。王懸河《上清道類事項》引《真誥》稱封昭臺“豁落符，在方隅山間”（《道藏》第二十四册，第八八六 B 頁）。《真誥·稽神樞》曰：“雷平山之東北、良常山之東南，其間有燕口山，三小山相隅故也，一名方隅山。”（卷一四，第二四六頁）兩相參照，可知封昭臺就在茅山，或爲陶弘景等“上清道士”收藏經書之所。

《陶公傳儀》敦煌殘篇中恰好缺失傳《五符》之内容，《略説》等傳世文獻的記載對此亦無直接介紹，暫時很難正面回答這一問題，但其間亦非絶無踪迹可尋。考慮到引文中陶弘景認爲《人鳥五符》是陸修静所"敷述"，判定陶公更鍾情單純的《靈寶五符》并將之納入"五法"似乎順理成章——然而，現實却與這一推斷相悖。在《立成儀》中，張萬福詳細描述醮祭五法的壇場，按照順序列出六甲、三皇、五嶽真形圖、五符、盟威、東西二禁的座席布置，其中五符部分如下：

> 次南五符位。西向敷巾，以符安座上。前三盤，一盤一分稍前，或别席敷皂巾。人鳥山位，一盤一杯一香一燈，次後二盤。真文五符、八景内音位，各五分，合十分十杯一香一燈。①

同書詳述所奉請神靈時指出，在奉請五方帝前，需首先奉請"人鳥山形真靈騎從一合來下降臨醮席"②。顯然，在張萬福時代還保存完整文字的"陶公傳儀"所傳授的"五符"，應當含有"人鳥山"的内容，亦即陸修静改編過的那部《人鳥五符》。與此同時，返回頭再來看敦煌殘卷《陶公傳儀》的内容，位於《授受三皇法》結尾處的一張符圖引起筆者注意（見圖一③）。黄士珊在對《人鳥山真形圖》相關道教文化要素進行考察時對此符圖有所討論，儘管文中没有對此圖做明確解釋，而是僅將之作爲一般性的"符印"，但似乎也發現此圖似與"人鳥"存在某種潛在關聯。④根據《陶公傳儀·授受三皇法》自身的記述，傳授三皇法，需使用"傳板二片，上片槐，下片梓，尺度如今模"⑤，所引符圖左側文字亦指出"此上板，用槐材"⑥。前後文對照，可得出這張圖就是所謂三皇傳版"上板"的觀點。然而，雖然《三皇文》在道教教義中常被認爲是"鳥迹之始"⑦，似與"鳥"産生關聯，圖像本身却令人疑惑，傳授《三皇文》的傳版爲何上面滿是"鳥迹"而不見"三皇"？中古以降道門傳授常使用傳版，近年揚州考古發現的晚唐都功版即爲一例。以此都功版爲例，可發現傳版上似乎主要會寫明傳授經法相關

---

① 張萬福：《醮三洞真文五法正一盟威籙立成儀》，《道藏》第二十八册，第四二九C頁。

② 張萬福：《醮三洞真文五法正一盟威籙立成儀》，《道藏》第二十八册，第四九五B頁。

③ P. 2559，引自李德範輯：《敦煌道藏》第五册，中華全國圖書館文獻縮微複製中心，一九九九年，第二六三八頁。

④ Shih-shan Susan Huang, *Picturing the True Form*, p.162.

⑤ 王卡：《敦煌殘抄本陶公傳授儀校讀記》，《敦煌學輯刊》二〇〇二年第一期，第九五頁。

⑥ 文字及與圖的位置關係，見李德範輯：《敦煌道藏》第五册，第二六三八頁。

⑦ 張君房編，李永晟點校：《雲笈七籤》卷六，第九六頁。

的文字，而不是衹有一張符圖。[①]同時，儘管《道藏》中并未保存三皇傳版的圖樣，約初唐成書的《太上洞神三皇儀》却明確記載三皇傳版（包括上版及下版）上所需寫下的文字和安置方式：

次授傳授板，上文如左：

紫雲何鬱鬱，散靈飛九天。卯酉正南北，精修改故形。每令外如枯，内中含清真。某使黄金景，大中復有天。真靈唯妙道，幽幽入冥冥。

貪生之道和於精，凝靈散氣九孔明，勿令自恣失窈冥。

右畢，授下板文。授文畢，以板付弟子，納衣正中。安上板，青綖合纏，兩頭安朱蠟。師執印印之，印字首向外。訖，弟子捧之。[②]

圖一 《陶公傳儀・授受三皇法》中的版文

將敦煌殘卷《陶公傳儀》中的所謂“三皇傳板”與引文的描述相對照，不難發現二者幾乎完全不同。結合前述“五法・五符”内含“人鳥山”内容，筆者懷疑敦煌殘卷《陶公傳儀》中的這張符圖有可能就是“人鳥山符”（見圖一），但不知何種原因被抄寫者誤爲三皇傳版而置於《授受三皇法》部分。最後，王皓月推測《人鳥五符》中的“人鳥”指《元覽人鳥山形圖》[③]，前引《立成儀》相關文字亦提及“人鳥山形”，但《陶公傳儀》中的這張圖與目前常見的“人鳥山形圖”的樣式存在明顯差異，二者關係還需進一步考察。

接着來看“五符”的功能。中古時期名帶“靈寶五符”的道教材料所指不一，如葛洪《抱朴子内篇》中提及一“老子入山靈寶五符”，爲修道者入山却害的護身符，所指似與《靈寶五符》不同，暫不考慮。[④]欲論《五符》功能，需

① 參見白照傑：《揚州新出土晚唐龍虎山天師道大都功版初研》，《宗教學研究》二〇一八年第四期，第九—一六頁。

② 《太上洞神三皇儀》，《道藏》第十八册，第三〇四C頁。

③ 王皓月：《析經求真：陸修静與靈寶經關係新探》，第一五〇頁。

④ 王明：《抱朴子内篇校釋》卷一〇，第一九七頁。《抱朴子内篇》還提到五個“老君入山符”并給出符圖（卷一七，第三〇九頁）。劉屹認爲這裏的“老子入山靈寶五符”是葛洪時代“靈寶”觀念下衍生出的産物之一，見其《六朝道教古靈寶經的歷史學研究》，第三五四—三五五頁。

首先排除這類材料的誤導。追根溯源，陶弘景有關《五符》功能的觀念最直接來源實際就是《五符》本身（今本《五符序》），對此經自身的觀察即可使我們獲得足够信息。《道藏》本《太上靈寶五符序》分上、中、下三卷，卷上述《五符》出世傳説，將五符與聖王興替相結合，并給出《靈寶五帝官將號》及《仙人挹服五方諸天氣經》《太清五始法》《食日月精之道》《夏禹授鐘山真人食日月星之法》等服食法，其間有一《靈寶要訣》，詳述道士入山采藥須佩五符護身一事。卷中給出大量服食之法和丹方，涉及多種山中草木奇珍，效能各異，以益壽長生、尸解成仙爲主。卷下述靈寶五符的功用及其傳授之法，并附多種神符，内容類型較雜。[①]從《五符序》的内容來看，"五符"作爲天命重寶具有强大法力和天命意涵[②]，經中的丹方亦爲修道者個人提供明確而詳細的修行之路，書中總結稱："靈符之妙，寔由高聖之所宗，上哲之所佩，真人之所貴，靈仙之贊味玄澹而朗其采色，天神而校其對也。其服御日月星辰、八氣五元、身體草木之方，當是五符下流，通泗之沫耳。"[③]正是這些五符"之沫"，在現實中反而能給予修道者最直接的指導。

圖二　三天太上伏蛟龍虎豹山精文

根據《五符序》的表述和内容側重來看，欲獲得修合方劑所必須之藥物，修道者必要入山采藥，故相應地給出多種與"登涉"相聯繫的護身之法，這些方法中最直接的就是佩戴五符。如卷上的《靈寶要訣》稱：

> 道士入山采藥，采八石靈芝合丹液，及隱身林岫以却衆精，諸無《靈寶五符》者，神藥沈匿，八石隱形，芝英藏光，所學不成，邪氣試犯，鬼怪振驚矣。諸見魍魎之妖，以靈符指之，即自消滅。若山精恐脅，亦登摧折，千變萬化，唯其所恣也。[④]

卷下則以東海小童之口，稱持有《靈寶五符》而入水、蹈火可免損傷外，更是强調"佩符登山，山精迸走，中黄太帝與我爲輔[⑤]，虎狼百禽莫敢當者。栖岩之穴，則土氣不

① 《太上靈寶五符序》,《道藏》第六册，第三一五 A—三四三 A 頁。
② 索安（Anna Seidel）撰，劉屹譯：《國之重寶與道教秘寶——讖緯所見道教的淵源》，載《法國漢學》叢書編輯委員會編《法國漢學》第四輯，中華書局，一九九九年，第四二—一二七頁。
③ 《太上靈寶五符序》卷三，第三三五 C—三三六 A 頁。
④ 《太上靈寶五符序》卷一，第三一九 C—三二〇 A 頁。
⑤ 此"中黄太帝"，令人想起"五法·東西二禁"中的《中黄制虎豹文》(東禁)。

障，祆邪伏死，魍魎逃鄉。”[①]同時，卷下還給出“臨兵斗者，皆陣列前行”九字入山秘咒[②]，以及“三天太上伏蛟龍虎豹山精文”（符文見圖二）[③]，以在道士入山時爲之提供保護。

通過以上對“五法”組成和各自功能的討論和分析，五者的共性已呈現出來。“五法”在“道教經教意義”上看不出明顯的統一性，這一點在後文即將討論的唐代道士劃分這五種經籙符圖經教歸屬時便有更爲直觀的呈現。但在功能方面，“五法”確實具備可以被統編在一起的理由。五者在功能上的交集，就是護衛修道者的人身安全。更具體地講，這五種經籙符圖均具備保護道士在山中野外采藥、煉丹、修道、栖隱時免遭虎豹、邪精侵襲的功能。如果再結合陶弘景本身長期在茅山等山林區域中居住和游訪的現實[④]，不難推測陶弘景將“五法”整理在一起并爲之擬定傳授儀式的目的，正在於爲自己和門人提供道法技術方面的保護措施。“五法”的編合邏輯由此得以顯現。

二、“五法”的分合及其在盛唐以前的傳授
——兼論金仙、玉真公主受“五法”之原因及之於唐代道教經教體系之意義

“五法”的編合邏輯是接下來所有討論的基礎，在不厭其煩地對之進行剖析後，接下來具體探究“五法”在盛唐之前的傳授情況。小林正美對唐代“五法”傳授的討論以張萬福對金仙、玉真公主得受“五法”的記録等材料爲依據，認爲唐代道教法位制度中存在“五法道士”這一階次。王卡在論文中也以張萬福的記載爲依據，認爲“五法”在唐代“有時仍作爲一組圖書，與太玄部、洞神部、洞玄部、洞真部等各部經籙并列傳授”[⑤]。雖然這些觀點都有文獻依據，但可能都誤解了“五法”的性質和變遷脉絡。

根據前文對敦煌殘卷《陶公五法傳授儀》的分析不難發現，五種經法雖然被放在一起，但各自的傳授儀式是相互獨立的。這一點與我們對“五法”編合邏輯的理解相一致，這五種經書符籙衹是因實用功能一致而被勉强放在“五法”的名稱之下，自陶弘景編纂伊始就不是可以一同合受的經法。五者聚合爲“經法集”的現象最初具有一定偶然

① 《太上靈寶五符序》卷三，第三三六 A 頁。
② 《太上靈寶五符序》卷三，第三三八 A 頁。此入山秘咒在葛洪《抱朴子内篇》中亦曾出現，被認爲與召請六甲神護身有關。見《抱朴子内篇》卷一七，第三〇三頁。
③ 《太上靈寶五符序》卷三，第三三九 B 頁。
④ 有關陶弘景的生平及山中活動，參見王家葵：《陶弘景叢考》，齊魯書社，二〇〇三年。
⑤ 王卡：《敦煌殘抄本陶公傳授儀校讀記》，《敦煌學輯刊》二〇〇二年第一期，第九二頁。

性，不應當視爲類似“上清經”“靈寶經”之類可以在法位制度中一同傳授的道教要素。事實上，以前揭《周氏冥通記》中記載的陶弘景對周子良的傳法情況而論，即使是陶弘景本人在傳法中也衹單獨傳授周子良《西嶽公禁虎豹文》，而非五法全部。簡言之，“五法”在源頭上絶非可以一同授受的、歸屬同一經教傳統的經法集合。這一認識在成書於南朝末至隋唐之際的《奉道科戒》中得到明確反映。《奉道科戒》是反映中古道教整合運動的最重要材料之一，其中對法位制度的構擬非常詳細，唐代道教現實運行的法位制度即在此基礎上有所調整而成。根據《奉道科戒》的《法次儀品》記載，《老君六甲秘符》被歸爲高玄法位中太上弟子所需受學的内容，《西嶽公禁山文》（《東西二禁》）被歸爲洞神法位中洞神弟子的受學内容，《三皇文》被歸爲洞神法位中無上洞神法師的受學内容，《五符》和《五嶽真形圖》則被歸爲洞真法位裏洞真法師所要受學的内容①。

表一　《奉道科戒》中的五法歸屬

《老君六甲秘符》	高玄法位，太上弟子所受
《東西二禁》	洞神法位，洞神弟子所受
《三皇文》	洞神法位，無上洞神法師所受
《五嶽真形圖》	洞真法位，洞真法師所受
《五符》	洞真法位，洞真法師所受

張萬福在《擇日曆》中“五法”的題目下列出五者内容，同樣明確指出此五種經法并非一同傳授的材料：

> 五法
>
> 右受六甲符，當以甲子日夜於庭壇，風雨入室。禁山，云以夜半設祭，不言其日。五嶽用月上建夜半設祭，不言其日。三皇，云夜半於庭壇敷席，不言日。五符，云吉日清浄夜半時，於庭壇敷席。出《陶公傳儀》。今以六甲附老經，禁山、三皇同洞神法，五嶽、五符依靈寶法也。②

與《奉道科戒》的劃分稍有不同，在張萬福創作《擇日曆》的時代，《五嶽真形圖》和《五符》都被歸入洞玄靈寶法位之中，其他内容則與《奉道科戒》所擬定的法位規制基本一致。而事實上，《五嶽真形圖》在三洞經教形成前便已流行於南方方士之間，且

---

① 《洞玄靈寶三洞奉道科戒營始》卷四，《道藏》第二十四册，第七五八 A—C 頁。

② 張萬福：《洞玄靈寶道士受三洞經戒法籙擇日曆》卷一，《道藏》第三十二册，第一八三 B 頁。

根據多米尼克・斯特阿夫（Dominic Steavu）的研究可以發現，此書常與《三皇文》一同傳授[①]，但東晋以降《五嶽真形圖》與上清經、西王母信仰産生特殊聯繫，以至在此情境下成爲洞真法位的内容。[②]至於《靈寶五符》此時被歸於洞玄靈寶法位的道理顯而易見，毋庸贅言。《奉道科戒》的構擬和張萬福的紀實顯示法位制度在發展過程中存在取舍調整的現象，同時反映所謂三洞經教的"判教"也是一個不斷調整和協調的歷史過程。"五法"既然是在法位制度中被授予修道者，必然不能繼續嚴格遵照"陶公傳儀"所規定的儀式來進行單獨傳授。换言之，"五法"被分别歸入不同法位等級、與同級道法材料合併傳授的現實，使《陶公傳儀》的實用性大大降低。[③]

然而，與"道理"相背的是，在本節所討論的盛唐之前的道教圈子裏，"五法"確實有可能在某種情境下獲得"合受"機會，而這種合受很可能具備頗爲特殊的現實背景，并産生相當重要的後續影響。至此讓我們再來回顧小林正美多年前提出的唐代道教法位中存在"五法道士"一階的觀點。筆者數年前已對此觀點表示懷疑[④]，在前文對"五法"進行系統討論的基礎上，筆者再次復核小林教授此觀點的論證過程，疑慮并未減少——既然"五法"的聚合具有一定偶然性，五者之間缺少專屬某一"經教傳統"的明顯特徵，那麽它們如何能够成爲基本依據經教傳統差異構建起來的法位制度中的一個重要階次呢？小林教授的觀點最初發表在二〇〇三年刊出的論文中，并收入同年出版的名著《唐代の道教と天師道》[⑤]。其思考理路有些曲折，影響對現存道教典籍的閲讀和理解，同時又關係到對唐代道教法位制度的認識以及所謂玉真公主"受五法"等多個重要問題，牽扯多端，影響重大，尤需詳加考核。

---

① Dominic Steavu, The Writ of the Three Sovereigns, pp.231-236.

② 有關《漢武帝内傳》的上清化問題，參見李豐楙：《〈漢武内傳〉研究——〈漢武内傳〉的著成及其演變》，《仙境與游歷：神仙世界的想象》，中華書局，二〇一〇年，第一七五—二六三頁。

③ 道理上講，《陶公傳儀》在此時并不會完全消失。五種經法單獨流傳的現象應該繼續存在，在此類情况下《陶公傳儀》依舊具有指導意義，不會被完全拋弃。

④ 白照傑：《整合及制度化：唐前期道教研究》，格致出版社，二〇一八年，第三〇九—三一〇頁。需要注意的是，書中對唐代道教法位制度的構擬存在若干可繼續商榷的細節，如認爲玉真公主是上清法位與畢道法位"合受"。但筆者最近認爲，法位制度中上清法次内部又分兩個等級，玉真公主有可能按照次序前後兩次受"上清法"，第一次即本文所涉及的先天元年（七一二）傳法，第二次受上清法在天寶二載（七四三）於王屋山胡尊師處學法，後者可能同時合受"畢法"（迴車畢道券）。有關此問題的更細緻討論，見白照傑：《上清"迴車畢道券"的産生、傳承與意義變遷》（待刊）。

⑤ 小林正美：《唐代の道教教團と天師道》，《東洋の思想と宗教》二〇〇三年第二〇號，第二九—四〇頁；《唐代の道教と天師道》，東京：知泉書館，二〇〇三年，第一〇四—一〇七頁。中文翻譯見王皓月、李之美譯：《唐代的道教與天師道》，齊魯書社，二〇一三年，第八二—八九頁。王皓月的翻譯精當，以下主要使用中譯本，并復核原文。

必須承認的是，《道藏》版張萬福《略説》中確實記載金仙、玉真在先天元年壬子（七一二）十月二十八日甲子"復受五法"[①]。同書中，張萬福逐一枚舉經教法目，在依次序給出"正一法目""道德經目""三皇法目""靈寶法目"之後，没有繼續寫出法位制度中應當出現的"上清/洞真法目"，而是轉而開始列述"靈寶五符""東西禁文""五嶽真形圖""三皇内文"的價值和意義。[②]在前文對"五法"有所討論的基礎上，不難發現張萬福在"靈寶法目"之後銜接的正是"五法"中的四種。而事實上，《道藏》本《略説》的"靈寶五符"一段存在明顯的文本錯誤，文中從"《太玄經》曰：天地萬神皆六甲之部使也。老君行之，長生度世"到"故道士佩之，坐在立亡，神仙不死，逆知未來"，明顯是在講《老君六甲秘符/録》的問題，此後從"《開元[③]經》云"往下纔是"靈寶五符"的内容（如圖三）。不難看出，這裏丢失了一個"老君六甲秘符/録"的題目，而"靈寶五符"的題目則被錯誤地上提了一段。因此，張萬福在"靈寶法目"之後所給出的實際就是"陶公五法"的全部五個内容。[④]張萬福的《擇日曆》基本也是按照從低到高的次序列述多種經法的傳授，其在"洞玄靈寶自然券、中盟經、真文二籙、靈策神杖"之後，"上清七券經目及經三籙諸法，太素玄都紫紋交帶等"之

其正文並發光芒於是太眞按筆玉妃捧箋
金童散花瓊女揚烟五帝侍衛三界朝軒天
寳之以致浮地祕之以致安五嶽享之而安
鎮一人則之以太平保制劫運吐納陰陽敷
化一切儀範萬天諸得道大聖衆至眞諸君
丈人莫不奉行靈寳誦詠其篇與天地而同
沒共日月以俱懸大周天地近存我身勤脩
之不死暫行之長年爲天人之舟檝冥幽明
之福田其理究奧莫得而言傳之浩劫爲豈
知焉 ○
靈寳五符
太玄經曰天地萬神皆六甲之部使也老君
行之長生度世坐致行廚隱形易體坐在立
亡出不擇日行不擇時查壓萬神辟除疾病
踰江越海不避風波從天入淵虛無自然還
入崑崙不死之道上升太清登遊紫微
萬福曰夫陰陽者道之本寒暑生殺動靜之
炁也而清浮圓動明陽也濁沉方靜暗陰也
陽不能獨生待陰而成陰不能自成須陽以
生一消一息有虛有盈二炁和合萬象乃形
男東女西金白木青水流土止天動地寧上
下交泰變化百靈乾坤分判迴轉千精微妙
莫測陰陽遞呈甲乙曰干子丑爲支以相配
合數成六爲干者曰也陽之精稱奇一三五
七九數也支者辰也陰之靈稱偶二四六八
十數也陰陽翕闢萬二千物具而有神爲主
之者六甲也天不用六甲三景失倫地不用
六甲五嶽崩摧天子不用六甲百官乖緒學
道不用六甲違其妙理六甲者一切之綱紀
也行得其道萬邪皆伏鬼神爲使故道士佩
之坐在立亡神仙不死逆知未來也 ○
開元經云靈寳五符道之隱文結飛玄之炁
自然成章字方一丈八角垂芒生於元始之
先空洞之中保制劫運使天長存梵炁彌羅
萬範開張十方已得道一切諸神仙莫不佩
奉而得長存變化自在驅馭百神出入無形
與道合眞矣
萬福曰靈寳五符生天生地分化五行與炁
混合吐納百神乘運隱顯劫劫長存輪轉五
劫布氣十天軒轅受之於天眞皇人傳之於

圖三　張萬福《略説》片段

① 張萬福：《傳授三洞經戒法籙略説》卷一，《道藏》第三十二册，第一九七 B—C 頁。

② 張萬福：《傳授三洞經戒法籙略説》卷一，《道藏》第三十二册，第一八八 B—一九〇 C 頁。

③ "元"或爲"天"之訛。

④ 小林正美在對"五法法位"的討論中，引用了這段材料，同時也關注到"靈寶法目"後銜接内容的特殊性，但并未發現此書《道藏》本所存在的漏題等文本問題。

前，給出的是“五法”和“河圖寶籙”的傳授吉時。[①]以張萬福的集中記述爲依據，小林正美得出結論，認爲唐代道教存在“五法道士”的法位，位階排在洞玄道士之後，洞真道士之前。[②]這一觀點的得出既有“史實記載”，又有經教根據，看上去似乎“最爲合理”，筆者却認爲此問題或許還有重新思考的必要。

《略説》末尾明確提及此書寫作時間爲“先天元年歲次壬子十二月丙申十二日丁未”[③]，也就是金仙和玉真公主“復受五法、上清經法”後的一個半月。可以推測，此書是張萬福以兩位公主入道受法爲契機而撰寫的著作，是介紹道教傳法事項的“略説”。然而，從書中對兩位公主受法經歷的介紹可見，張萬福於景雲二年（七一一）對大内歸真觀的“靈寶自然券，中盟八帙經四十七卷，真文二籙，佩符策杖”（與洞玄法目吻合）的傳授記述甚詳，而於先天元年“復受五法、上清經法”則一筆帶過。貝恩（Benn）由此推測，上清經法秘密傳授，張萬福此時可能因自身法位不是特别高，并未真正參與公主的上清傳法活動。[④]貝恩的觀點有一定道理，《略説》中無“上清經目”這一篇章，顯示張萬福此時對這類等級很高的經教内容及相應傳授情況不甚了了。但有關“五法”，張萬福當不會缺少一應知識。道理上講，與上清經法不同，“五法”不是等級很高的經教内容，張萬福不會接觸不到。從材料來看，張萬福在《略説》中的詳細介紹顯示出他對“五法”理解透徹。因此，不當懷疑張萬福所述兩位公主受“五法”的内容有誤。於是，所要解決的問題便主要有兩個：第一，金仙、玉真公主所受“五法”，是五者“合受”，還是五者一一傳授？第二，根據前述《奉道科戒》以及張萬福《擇日曆》對五法在法位制度中的次第劃分來看，兩位公主已經登上“靈寶中盟”，則“五法”中的部分内容均已獲得，爲何還要多此一舉重新受學“五法”？

目前并無任何資料可直接回答這兩個疑問。但通過對唐代道教整體情況的瞭解和對現有材料的深度剖析，或許可以提出具備一定可能性的“假説”。筆者認爲，金仙、玉真公主獲受“五法”的根本原因，在於需以此方式補足洞神經的受法缺失。有關金仙、玉真公主獲得中盟傳授之前的受法情況，缺少細節描述。换言之，没有任何資料記載兩位公主曾獲得《三皇文》這一主要的洞神經典。事實上，《三皇文》在唐前期被禁一事是道教史上影響重大的歷史事件。據唐代道世《法苑珠林》記載，貞觀二十年

① 張萬福：《洞玄靈寶道士受三洞經戒法籙擇日曆》，第一八三 B 頁。

② 小林正美：《唐代的道教與天師道》，第八九頁。

③ 張萬福：《傳授三洞經戒法籙略説》卷二，第一九七 C 頁

④ Charles D. Benn, *The Cavern-Mystery Transmission: A Daoist Ordination Rite of A.D. 711* (Honolulu: University of Hawaii, 1991), p.20.

（六四六），吉州劉紹略妻王氏奉持鮑靚所傳《三皇經》，經中語涉符讖，有所謂"諸侯有此文者，必爲國王""婦人有此文者，必爲皇后"等語。吉州司法參軍吉辨檢舉此事，上報朝廷。朝廷於是請長安著名道士勘問其事，道教方面最終回復《三皇經》爲鮑靚僞造。於是，太宗"敕遣除毁"。田令官又奏，受學《三皇經》法位本爲道士獲得受田的條件，今經書已廢，則受田無由。於是，在"京城道士"建議下，朝廷將受田條件改爲受學《道德經》。[①]貞觀二十年五月十五日，侍郎崔仁師宣太宗旨，曰：

> 《三皇經》文字既不可傳，又語涉妖妄，宜并除之。即以老子《道德經》替處。有諸道觀及以百姓人間有此文者，并敕送省除毁。[②]

以至"其年冬諸州考使入京朝集，括得此文者，總取禮部尚書廳前，并從火謝也"[③]。此事又見録於道宣《集古今佛道論衡》等材料[④]，自陳國符以來便受到學界關注。[⑤]道世、道宣均爲初唐人物，所述事件又牽扯皇帝、大臣、知名道士，記載當可取信。多米尼克·斯特阿夫（Dominic Steavu）在研究中已綜合學界主要觀點，并根據現存道内材料（如潘師正《道門經法相承次序》等）指出《三皇文》被禁後并没有完全消失，有可能在高宗時期（六五〇—六八三）恢復地位。[⑥]但《道門經法相承次序》等道教内部材料所呈現的對於洞神經的友好，并不能説明有關《三皇文》的禁令此時已被朝廷遺忘。可以想象的是，以《三皇文》爲中心的洞神經是當時道教三洞經典的重要組成部分，道教團體不可能輕易放弃。故在《道門經法相承次序》這部部分記載潘師正與高宗交流内容的著作中，潘師正對《三皇文》的態度實際有可能是暗中向高宗求情，意圖通過藉回答高宗提問的機會反復重申《三皇文》的價值，期待朝廷正式解禁。在太宗禁令發布後，道教内部很可能依舊秘密地傳承《三皇文》，但當史崇玄（卒於七一三年）和張萬福向金仙、玉真公主傳授道法時，已被太宗明令禁止的"洞神三皇經"便必須回避。因此，筆者推測，在先天元年之前兩位公主的受法經歷，有可能僅傳授洞神類中《三皇文》之

① 釋道世撰，周叔迦、蘇晋仁校注：《法苑珠林》卷五五，中華書局，二〇〇三年，第一六七五—一六七六頁。
② 釋道世撰，周叔迦、蘇晋仁校注：《法苑珠林》卷五五，第一六七六頁。
③ 釋道世撰，周叔迦、蘇晋仁校注：《法苑珠林》卷五五，第一六七六頁。
④ 道宣撰，劉林魁校注：《集古今佛道論衡》丙卷，中華書局，二〇一八年，第二三〇—二三一頁。
⑤ 陳國符：《道藏源流考》，中華書局，一九六三年，第七五頁。
⑥ Dominic Steavu, The Writ of the Three Sovereigns, pp.185-191 .

外的經籙，甚至直接跳過洞神，從道德直接升至靈寶中盟。然而，隨着睿宗、玄宗時期對於道教的熱烈提倡，或許使史崇玄、張萬福等重要道教領袖嗅到恢復《三皇文》正當性的契機。於是，憑藉給兩位公主傳授"五法"的機會，使"五法"中的《三皇文》重新獲得正面身份，便成爲一種可供使用的策略。

得出金仙、玉真公主是在受學"五法"時方纔獲得洞神三皇經典并非毫無根據的假設或推測，至少還有以下兩個理據可支持這一看法。第一，與"五法"之中其他四種經法符籙相比，《三皇文》十卷的卷帙顯得非常龐大。因此，如果兩位公主此前已獲受洞神三皇法位、獲得這套經典，那麼傳授"五法"時的極端重複便會顯得格外别扭，於道理上完全不通。第二，張萬福的《醮三洞真文五法正一盟威籙立成儀》爲我們提供了非常有效的信息。正如題目所示，《立成儀》中所要醮祭的對象應該包括"三洞真文""五法""正一盟威籙"。《立成儀》中"五法""正一盟威籙"的相應内容非常全面，然而所謂"三洞真文"則衹在壇上設置了"上清位"，放置上清經籙。張萬福的醮祭儀式對靈寶傳統并非毫無關注，據其所稱，"三洞經法，洞玄居中，故用其事"，醮壇即依據"靈寶招真法"設立。[①]至於《三皇文》則比較特殊，《立成儀》將"三皇位"放在六甲位之後，五嶽真形圖、五符、盟威籙、東西二禁位之前。顯然，在張萬福的祭壇上，作爲"三洞・洞神"最核心經典的《三皇文》，是在"五法"之中方纔呈現出來，而并不是與"上清經籙"等量齊觀的經法。這一點從上清位處於壇場中間，而三皇位僅跟其他經法一樣被安排在外圍（"東頭"）的現象中亦得到體現。换言之，在《立成儀》中，《三皇文》并没有表現出"洞神經"獨立而崇高（三洞之一）的地位，而僅僅是作爲"五法"之一得到供奉。

如果筆者所提出的"假説"可以成立，那麼金仙、玉真公主在先天元年的"五法"傳授便成爲具有重要象徵性意義的事件。金仙和玉真公主通過獲受"五法"，最終獲得全部"三洞經書"。與此同時，通過兩位公主正式受學《三皇文》，《三皇文》曾遭禁止的負面形象隨之得到翻轉。至此，貞觀二十年的禁令通過這樣一種曖昧的方式在現實中被抹除。自此之後，洞神三皇立即恢復成可公開傳授的法位制度中的一個重要階次，以至張萬福在記載兩位公主中盟傳法的那部《略説》[②]中將包含《三皇内文》《三皇大字》的"三皇法目"正式列在"道德經目"之後、"靈寶法目"之前，使之成爲法位次第中不可或缺的一環。[③]而當《三皇文》得到正名後，便再無必要以傳授"五法"來掩

① 張萬福：《醮三洞真文五法正一盟威籙立成儀》，第四九二B頁。
② 正如前文所述，《略説》成書於兩位公主受五法後的一個半月。
③ 張萬福：《傳授三洞經戒法籙略説》卷一，第一八六C頁。

飾洞神三皇，五種經法符籙又可依其經教差異而歸於不同法位等級。故張萬福在其晚年作品《擇日曆》中①，列述傳授“五法”吉日時，指出“今以六甲附老經，禁山、三皇同洞神法，五嶽、五符依靈寶法也”②。最後，有關金仙、玉真公主是否“合受”“五法”的問題，筆者傾嚮肯定回答。如果傳授“五法”是爲掩護《三皇文》，那麼便必須五者合受方可達到掩飾效果；反之，若依《陶公傳儀》的規定一一分受，必然出現單獨傳授《三皇文》的情況，掩蓋效果便無從談起。根據以上對金仙、玉真公主獲受“五法”的分析，可以看到“五法”并不能成爲唐代法位制度中的一個穩定等級，前述小林正美的觀點或許有必要稍作調整。③

有關《三皇文》在先天之後“正式解禁”的情況，一些碑銘材料或許可以提供輔

① 從《擇日曆》開篇張萬福自稱“三洞弟子”，“自升淨域向五十許年，從師結誓亦四十餘載”（第一八二A頁）的話語可以看出，此書當爲張萬福晚年作品。此時張萬福已具備更爲完善的道教傳授知識，甚至還能在開篇的一段文字中對金仙、玉真公主先天元年受上清經法的時日選擇表達了不同意見。張萬福稱：“頃諸師者先用甲子爲良，或以‘正一受道曆’通傳三洞。且如甲子，道德、三皇用之，受道之曆治籙符圖等事。至於上清、靈寶，自有吉辰，豈得類同？”（《擇日曆》，第一八二A頁）事實上，根據張萬福早年在《略説》中的記載，景雲二年公主們受“上清經法”就是取的甲子日，這顯然就是張萬福《擇日曆》中所批評的現象。可以發現，《擇日曆》中的張萬福對既往情況確實有一反思，而他的反思又確實有經教基礎，并在唐代的道教傳授中有例可循。以上清經法和畢法爲例，《擇日曆》給出每個月的吉日，其中五月的傳授吉日爲“五日、六日”，這些日子是天關九開之日，相應規定“出上清經及《真誥》中”（《擇日曆》，第一八三頁）。根據記載玉真公主天寶二載受上清經法和畢道法位的《玉真公主朝謁譙郡真源宮受道王屋山仙人臺靈壇祥應記》（見陳垣編纂，陳智超、曾慶瑛校補：《道家金石略》，文物出版社，一九八八年，第一三九頁），玉真公主是在甲午日開始準備傳法，五月辛丑夜露真文，甲辰“言功受帙”。查陳垣《二十史朔閏表》（北京師範大學出版社，二〇〇九年，第九六頁）可知，五月甲辰正爲六日，與張萬福在《擇日曆》中列出的上清和畢法傳授吉日相合。

② 張萬福：《洞玄靈寶道士受三洞經戒法籙擇日曆》卷一，第一八三B頁。

③ 此外，目前常被用來討論唐代道教法位制度的另外兩部文獻也值得重新考察，小林正美對二者也非常倚重。第一是《受籙次第法信儀》（見《道藏》第三十二册），雖然這部文獻的内容多合乎中古道教情況，但文中明顯混入明代痕迹，外加此書看上去更像是晚於唐代的一部“雜抄”（而非“紀實”），因此將之作爲唐代道教史料使用時需加辨識。第二是《三洞修道儀》。根據此書開篇的介紹，可知此書爲宋真宗咸平六年（一〇〇三）的作品（五代之後第一個“癸卯歲”），執筆者孫夷中從陽臺觀道士劉若拙處獲得書中信息。然而，唐滅於九〇七年，劉若拙等人無論如何不可能見證唐代道教制度的真實情況。因此，雖然書中稱陽臺觀“尚有典刑”（延續法位等制度），但書中所反映的情況也須仔細考察纔可接受。如《三洞修道儀》所謂的“三洞部道士”和“三洞女官”，根據其給出的注解文字可知，實際指得受洞真經法的道士。因位及洞真法次時，洞真、洞玄、洞神三洞經法均以受學，故可稱爲“三洞道士”。因此，這裏的“三洞部道士”和“三洞女官”不是小林正美書中所謂的唐代法位制度的最高等級“三洞道士”（第八九頁）。書中的“大洞部道士”和“上清女官”，所獲名稱分别是“上清大洞三景弟子無上三洞法師”和“上清大洞三景女弟子無上三洞法師”，“佩戴無上迴車畢道綬帶”，則實際纔是指唐代最高等級的畢道法位。見劉若拙述，孫夷中集：《三洞修道儀》，《道藏》第三十二册，第一六八A—一六九B頁。大洞、上清、三洞等名稱容易混淆，造成混亂，不可不慎。

證。根據筆者對書同文古籍數據庫“《中國歷代石刻史料彙編》”、浙江大學圖書館古籍碑帖研究與保護中心“中國歷代墓志數據庫”以及“道教碑文資料庫”“中華石刻數據庫”“中國金石總録”“愛如生・中國金石庫”的檢索情況來看[①]，最早提及唐代道士受學《三皇文》的材料是《唐京師至德觀法主孟法師碑銘》，碑銘稱志主“三皇内文、九鼎丹法莫不究其條貫”[②]。志主孟静素卒於貞觀十二年（六三八），此碑爲岑文本所撰，立於貞觀十六年（六四二）。此時《三皇文》尚未被朝廷正式禁止，故《孟法師碑》提及此經并無不妥。然自此以降，衹有《桐柏真人茅山華陽觀王先生碑銘并序》（乾封二年，六六七）[③]和《王屋山劉若水碑銘》（天寶十一載，七五二）[④]等材料零星提及“洞神經”，且絶不見言及《三皇文》。但自開元時期開始，《三皇文》與洞神經的出現頻率增高，其間不僅有《故東都安國觀大洞王練師墓銘并序》（大中十四年，八六〇）[⑤]、《唐聖真觀故三洞郭尊師墓志》（咸通十年，八六九）[⑥]等材料記載道士受洞神經的情況，更有兩個重要材料顯示《三皇文》已經恢復正面身份。其一是唐玄宗給李含光的敕書，其中寫道：“尊師上清修真，下弘仙教，爲朕致福，以庇長生。《三皇秘文》，已承嘉應；《河圖内記》，祈延福祥。”[⑦]顯而易見，玄宗并不將《三皇文》視作“禁書”，相反還將之看作是具備佐國功能的重要道經。其二就是著名的《南竺觀記》。此碑刻於天寶八載（七四九），相關情况已獲得常志静（Florian Reiter）、胡

① 檢索詞分别爲“洞神”“三皇”，所關注材料時代爲隋唐五代。

② 岑文本：《唐京師至德觀法主孟静素碑》，見《道家金石略》，第五五頁。

③ 于敬之：《桐柏真人茅山華陽觀王先生碑銘并序》，《道家金石略》，第五九頁：“晚居華陽，又摸寫上清尊法，洞玄洞神符圖秘寶。”

④ 《王屋山劉若水碑》記載劉若水在神龍之後、開元之前，“詣中嶽韓尊師受洞神經法”，但未言及其中是否有《三皇文》。正如本文所述，在《三皇文》被禁的時段裏，此書很可能依舊在道教内部秘密傳播，因此即使劉若水在金仙、玉真受“五法”前曾得受《三皇文》，亦非絶無可能，更何况劉若水得授洞神經的情况是在天寶十一載（《三皇文》已解禁）時的追述。《王屋山劉若水碑》，《道家金石略》，第一四四頁。

⑤ 崔格：《故東都安國觀大洞王練師墓銘并序》，拓片及録文均見“中華石刻數據庫”，鏈接：http://inscription.ancientbooks.cn/docShike/shikeRead.jspx?id=1480037&searchValue=%E6%95%85%E4%B8%9C%E9%83%BD%E5%AE%89%E5%9B%BD%E8%A7%82%E5%A4%A7%E6%B4%9E%E7%8E%8B&libId=5。

⑥ 劉言：《唐聖真觀故三洞郭尊師墓志》，拓片及録文均見“中華石刻數據庫”，鏈接：http://inscription.ancientbooks.cn/docShike/shikeRead.jspx?id=1476801&searchValue=%E5%9C%A3%E7%9C%9F%E8%A7%82%E6%95%85%E4%B8%89%E6%B4%9E%E9%83%AD%E5%B0%8A%E5%B8%88%E5%A2%93。

⑦ 劉大彬編，江永年增補，王崗點校：《茅山志》卷一，上海古籍出版社，二〇一六年，第六〇頁。這則材料亦爲《句容金石記》所收録。

文和、黄海德、劉屹等學者的詳細研究。[1]《南竺觀記》所給出的道經目録稱"上清經二百卷，靈寶經四十卷，三皇十四卷，太清三十六卷，太平一百七十卷，太玄二百七十卷，正一二百卷，符圖七十卷"[2]云云，顯示此時"三皇洞神"已經恢復爲初唐時期的十四卷規模（與前揭《奉道科戒》和《略説》記載一致），可知《三皇文》在現實中當已"翻案"。從對碑銘材料的考察來看，《三皇文》（以及《洞神經》）似乎是在玄宗時期突然恢復"正面形象"，而這一轉變恰與前文推定金仙、玉真先天受"五法"對《三皇文》産生"洗白"影響在時段上相吻合，二者在某種程度上可互相印證。

三、結構重置與意義轉變
——盛唐以降"五法"法集的内容和意義變遷

就像"五法"被陶弘景纂集起之前一樣，唐代開始，《五嶽真形圖》、《三皇文》、《西嶽公禁山文》（《東西二禁》）、《老君六甲秘符/籙》、《五符》亦可撇開法位制度，在修道者之間單獨授受。這一現象能找到不少綫索，如前述佛教方面記載的《三皇文》唐初被禁一事，便是王氏崇奉、誦讀《三皇文》《五嶽真形圖》引發的歷史事件，但從相關記述中看不到王氏還熱衷其他道教經法的修習。在五代宋初道士劉若拙爲孫夷中講解的修道次第裏，也可以看到單獨受學"五法"之一的情況存在。據《三洞修道儀》所述，道教内部存在一種"居山道士"，"各據所得，自務幽寂，不救世人，教文所謂山林寒栖道士也"。這類道士所佩法印爲"二禁印"，小字注曰"東西二禁"[3]。可見，《東西二禁》亦以自身所擁有的禁制山中虎豹的功能，而爲山居道士特别鍾愛。此類案例不少，不必枚舉。需要指出的是，在這五種經法流行世間的時代裏，五者分别傳授、施用於不同人士和場合的現象應該是普遍的。顯然，"五法"之"分"并不是一個難於理解的問題。與此同時，"五法"作爲"合集"在經教制度中繼續流行并産生某種内在變化或許纔是更值得關注的歷史現象。對這一現象的考察，將使我們看到在新的道教知識體系中，道教理論家對舊有經法進行調整和改造的具體案例。

---

① 有關這些研究的綜述可參見劉屹：《近年來道教研究對中古史研究的貢獻》，《中國史研究動態》二〇〇四年第八期，第二〇頁。

② 《南竺觀記》，載龍顯昭、黄海德主編《巴蜀道教碑文集成》，四川大學出版社，一九九七年，第二九—三〇頁。

③ 劉若拙述，孫夷中集：《三洞修道儀》，第一六八B頁。

《正一修真略儀》被普遍認爲是唐代的一部天師道經典。“五法”於此書給出的規制中便已發生一些有趣變化，而這些變化在道教内部將産生持續千年的影響。在介入對這些變化的討論之前，首先需要對《道藏》本《正一修真略儀》相關段落的文本問題進行檢討。圖四即《正一修真略儀》中論及“五法”的段落：

左平氣女人應右平氣一如科儀本法若都
受諸治氣傳天師三師都功版今受治正一
籙秘傳本屬治氣也事具治儀
正一經
正一朝真儀
正一齋儀
關奏章表儀
閱籙儀
醮籙儀
○此已上儀注科文具正一經其八節甲子庚
申本命三會三元朔望日或朝禮或醮閱或
言功奏章各具本儀依師授傳行之
右已上爲正一盟威一部次進受洞神參爲
中法儀具三洞奉道科
真文三卷
諸天内音
靈寶真文
八景天書
五法五卷
老君六甲祕符
靈寶五符
五嶽真形圖
三皇内文
西嶽公禁山文
已上並各依本文存思修奉
此中法部是爲洞玄參于上法具三洞奉道
科目正一籙已釋其文既歷要門感應斯驗
參乎中法具如科條然三洞靈文非不周細
修行之要在於服氣若五氣大全則神真感
備師傳修氣之訣不在籙文今謹述五氣星
○綱真訣真師曰含生咸稟一氣受化於陰陽
以遂其動用唯人最靈四大五常自然全備
動用微妙與神靈通夫動念所適無分遠邇
幽深也不疾而速不行而至感通之理豈外
物哉故萬法去來由心自造夫唯無爲無遣
故能無所不遣人能淡泊清靜真氣自全是
故無爲也能爲萬物之主而無所不爲萬若
滑欲亂神則不能感真應物也但人間多事
觸情縱欲散擾神氣必累幽明禍釁先後驗
之非遠可不畏歟人能無觸於五常不亂於

圖四　《正一修真略儀》中論及“五法”的部分

《正一修真略儀》從低到高給出經法内容，首先耗費大量篇幅介紹歸屬正一經教的材料（即“正一盟威一部”），接着便開始講述攀登洞神、洞玄、洞真三洞經法的歷程。在圖片所呈現的這段文字中存在至少兩個文本方面的問題，對理解造成較大障礙。首先，《正一修真略儀》在介紹完“正一盟威”後，僅稱“次進洞神，參爲中法，儀具《三洞奉道科》”[①]。根據下文可見，《正一修真略儀》明確指出“此中法部是爲洞玄”，并對其所認爲的洞玄中部法有一定介紹。對比之下，非常奇怪的是，書中完全略

① 《正一修真略儀》，《道藏》第三十二册，第一七八C頁。

去"洞神"的内容，令人不明所以。若非存在闕文，或可推測晚唐以降，洞神三皇影響驟降，不爲人所重。圖中的第二個問題是標題等級，這直接影響對"五法"的認識。仔細閲讀《正一修真略儀》中介紹中部法的文字，可以發現"真文三卷"和"五法五卷"實際都是次級標題——所謂"真文三卷"在此當指《諸天内音》《靈寶真文》《八景天書》；"五法五卷"則是指接下來的《老君六甲秘符》《靈寶五符》《五嶽真形圖》《三皇内文》《西嶽公禁山文》。正確理解這些文本現象後，便可發現原本由陶弘景編纂的"五法"法集，在此發生了兩個重要變化：（一）"五法"整體被歸入"中部法"，成爲靈寶洞玄的經教要素；（二）"五法"的篇幅變成"五卷"。有關第一個變化，《正一修真略儀》在接下來詳述中部法的文字中再次重申[①]：

> 真師曰：有道之士，得佩受修奉《諸天内音》《靈寶真文赤書玉訣》《八景天書》，煉真秘道；修服《老君六甲符》《靈寶五符》《五嶽真形圖》《三皇内文》《西嶽公禁山》等符籙，一一依科宜受持。存修不怠者，便得煉形易骨，坐在立亡，位爲洞玄上真之任也。[②]

因此，五法被歸爲洞玄靈寶經教并非《正一修真略儀》的無意措置，此説法當有來源。然而，不得不承認的是，《正一修真略儀》所給出的這一做法實際非常詭異。《正一修真略儀》屢次提及其曾參考《奉道科戒》，然《奉道科戒》早已將五種經籙歸入不同法位，而非將之視爲一個整體（甚至完全没有提及"五法"之名），有關於此，《正一修真略儀》的作者不應毫無察覺。在盛行法位制度的唐代，正如前文所述，儘管"五法"所轄五種經法的歸屬與《奉道科戒》相比産生了細微變化，但依舊没有被視作一個整體，更不可能被統一歸入"洞玄靈寶"的題目之下。那麽，《正一修真略儀》爲何會做出如此突兀的經教劃分呢？一個可能的解釋是，《正一修真略儀》的創作有可能參考了張萬福的《略説》《擇日曆》等作品。張萬福的著作和《正一修真略儀》彼此没有直接言明參考關係，但根據上文的討論和對現存中古道教材料的綜合觀察，將"陶公五法"與洞玄靈寶經法的傳授做了相鄰排列的最早作品就是前揭張萬福的著作——但張萬福自

① 需要指出的是，《正一修真略儀》在介紹完中部法的大致實踐情况後稱"右已上五法"，此處的"五法"與"陶公五法"所指不同，而是指"受氣、行氣訣、禹步、星綱及掌訣"。道教材料中"五法"之稱所指不同，需小心對待名實同異之現象。

② 《正一修真略儀》，第一八〇C頁。

己也已申明"五法"并不具有"法位階次"的意義，晚年更指出"五法"（尤其《三皇文》）已分别列入不同法位等級。或許《正一修真略儀》的作者或直接或間接地藉鑒張萬福著述時對其文字産生誤解，進而將五法整體納入中法洞玄之中，産生圖四中的奇特説法。

基於上述推測，筆者懷疑《正一修真略儀》成書晚於張萬福時代，且很可能是晚唐以降舊法位制度逐漸瓦解後的産物。此著作産生的道教史背景可能與前揭《三洞修道儀》類似，反映道教從中古到近世變遷過程中的過渡階段。《正一修真略儀》的這一"誤解"或在"五法"的重構和傳播史上起到轉折性作用。與"五法"在更早時期的傳授情況不同，此時作爲"法集"的"五法"成爲"靈寶經教"的内容，漸有被捆綁在一起傳授給修道者的趨勢。[①]這一變化除了導致五種經法的經教屬性發生改變，還導致其原有的傳授儀式進一步喪失實用功能。圖中《正一修真略儀》反映的"五法"的第二個變化涉及"五法"的内容方面。儘管《正一修真略儀》給出的"五法"細目與更早的張萬福著作和敦煌卷子中的記述完全匹配，但值得注意的是這裏的"五法"一共衹有"五卷"[②]。《老君六甲秘符》《人鳥五符》《五嶽真形圖》確實可能各成一卷，但其餘兩種經法在更早時候絶不會衹有一卷的篇幅。根據前文對五法的論述便可知曉，《東西禁文》大概有兩卷的篇幅；敦煌殘卷《陶公傳儀》所傳《三皇文》有十卷之數。五者相和，遠超《正一修真略儀》所述的"五卷"，而這并不是以分卷標準發生變化就能解釋得通的現象。推測《西嶽公禁山文》從兩卷降至一卷可能是卷次合併的結果尚可説得通，但將原本卷帙甚多的《三皇文》納爲一卷恐怕便不那麽容易解釋。然而，"五法"中《三皇文》縮爲一卷確實可能是唐末至宋代的一個真實現象。《崇文總目》中所録《三皇文》爲三卷本[③]，《通志》則著録一個更短的、衹有一卷的《三皇文》本子[④]。從這兩個宋代目録的著録來看，宋代確實存在簡短的《三皇文》。結合敦煌《陶公傳儀・三皇》中，陶弘景以小字注的形式稱"大者之真字，唯《青胎》一卷是耳"的説法，推測縮爲一卷的《三皇文》可能是從陶弘景所編"五法・三皇"中删去《西城施行》和其他符籙後僅剩的《青胎》。由這一推斷，便可發現"五法"所涵蓋的實際内容此時也已發生變化，與陶弘景、張萬福筆下的"五法"不完全相同。

---

① 之所以説"漸有"，原因在於《正一修真略儀》中依舊稱"五法"需要"一一依科宜受持"。

② 雖然不排除存在幾部經書合爲一卷，一部經書占據兩三卷的可能，但既爲"五法"，則五者各立一卷應該是更爲合理的文獻排布形式。

③《崇文總目》卷四，商務印書館，一九三五年，第二八六頁。

④ 鄭樵：《通志二十略》藝文略第五，中華書局，一九九五年，第一六二五頁。

宋代以降的道教，繼承了《正一修真略儀》的做法，繼續將“五法”作爲靈寶中盟籙的組成内容。有關於此，吕鵬志近來將傳統文獻研究與田野調查相結合，得出非常值得關注的看法。吕鵬志通過田野工作獲得道士戴祥柳的大洞經籙，其中有一段“封中盟”的文字，爲解决宋代以降“五法”的流傳和變遷問題創造了契機，節引如下：

封中盟：九天金闕内宸洞玄掌善仙卿。元載孔升天宫慈和懿德夫人。靈寶中盟元始五老赤書玉篇真文秘籙一軸，謁簡秘券一封，給付厶執照，上詣東方玉寶皇上天尊（男）／東方多善國鬱羅翹真人（女）闕下。伏乞告下十方三界合屬真司，祈與增延福壽，證果當來；靈寶中盟三部八景自然籙：南方玄真萬福天尊，太虚國定光真人；諸天内音寶符秘籙：西方太妙至極天尊，太浮國妙音真人；五嶽真形伏命圖籙：北方玄上玉宸天尊，西那國九變真人；五嶽人鳥山形秘籙：東北度仙上聖天尊，妙樂國演法真人；三皇内文秘籙：東南好生度命天尊，難勝國靈華真人；六甲將軍六丁玉女秘籙：西北無量大華天尊，鬱單國法炁真人；東西二禁封虎神符籙：西南太靈虚皇天尊，宛利國湛玉真人。①

如吕鵬志所述，“封中盟”給出的靈寶中盟籙共計八軸，其中後五項恰爲張萬福所提及的“五法”内容。②通過田野所得而獲悉“中盟五法八籙”的所指後，吕鵬志進一步追溯南宋留用光、蔣叔輿《無上黄籙大齋立成儀》③、明代《天皇至道太清玉册》中有關“中盟五法”的記載④，指出諸家所指應當相同。又一八九一年曹嶽峻和趙來發所抄《先天天壇玉格一本》所謂之“無上靈寶中盟經秘籙”“無上靈寶中盟五法經籙”的説法，概將“中盟八籙”區分爲兩個部分，後者自然對應“五法”⑤。吕鵬志此説大體可從。

在獲得振奮人心的重要發現的同時，吕鵬志文中有兩個細節觀點影響對宋以後“五法”的認識，或可修訂。其一是八卷“中盟五法”的成立時間。吕鵬志根據宋初成書之

① 此後尚有請法詞等，與本文關係不大，略去。見《江西省銅鼓縣棋坪鎮先應雷壇道教科儀》，第二五三頁。

② 吕鵬志：《道教抄本〈先天勘合玄秘并填籙填引〉初探》，《宗教學研究》二〇一五年第三期，第五二頁。

③ 蔣叔輿《無上黄籙大齋立成儀》多次提及“靈寶洞玄中盟五法”以此，見《道藏》第九册，第四八二 C 頁、第六五八 A 頁、第六五八 B 頁。

④ 朱權：《天皇至道太清玉册》，《道藏》第三十六册，第三八二 C 頁。

⑤ 吕鵬志：《道教抄本〈先天勘合玄秘并填籙填引〉初探》，《宗教學研究》二〇一五年第三期，第五二—五三頁。

《三洞修道儀》所謂“自升玄遷受中盟籙，九卷，計三十六階”的記載，認爲北宋時“中盟籙”有九卷，南宋後變爲八卷。但如圖五所示[①]，《三洞修道儀》并未指出所謂“九卷”中盟籙的實際内容，因此無法與前述“中盟五法八籙”進行實際對比。同時，從文中可以發現，“九卷，計三十六階”之後給出的是“九券”細目。這不禁令人懷疑所謂“九卷”是否是“九券”之訛。此外，根據前揭唐代道教材料《正一修真略儀》所謂洞玄“中法”八卷（真文三卷+五法五卷）的記述，筆者認爲“中盟五法八籙八卷”的源頭大約可以追溯到晚唐時期。换言之，所謂“中盟八籙”在兩宋之間存在從九卷到八卷變化的説法可能并不準確，變化有可能出現在更早時段。其二，與第一個問題挂鈎，涉及宋以後“五法”實際涵括的内容問題。吕鵬志認爲宋代以前靈寶中盟籙比南宋多一卷的原因可能是“前者未像後者一樣用‘五嶽人鳥山形秘録’替换‘五法’中的‘（靈寶）五符’，而是在‘五法’的基礎上添加‘五嶽人鳥山形秘籙’，與原有的靈寶三籙組合爲九卷靈寶中盟籙”[②]。但正如前文所詳細討論的那樣，“陶公五法”自最開始所傳之“五符”可能就是經陸修静所改編之《人鳥五符》，唐代張萬福給出的五法醮儀記述更清晰地指出“五法·五符”中含有“人鳥山真形”的内容，故吕鵬志的這一觀點或許不易成立。

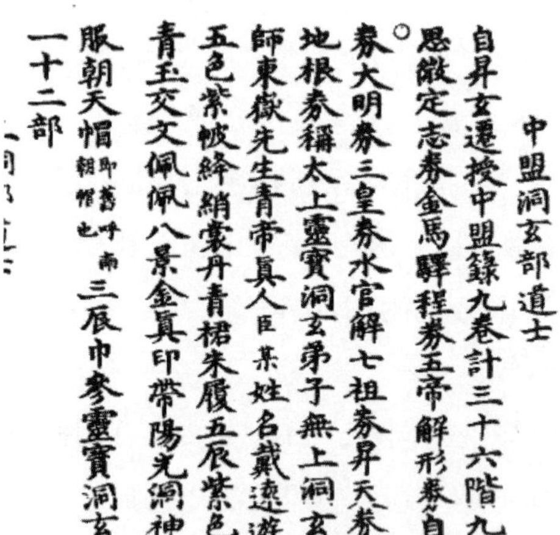
中盟洞玄部道士
自昇玄遷授中盟籙九卷計三十六階九券
思微定志券金馬驛程券五帝解形券自然
○券大明券三皇券水官解七祖券昇天券解○
地根券稱太上靈寶洞玄弟子無上洞玄法
師東嶽先生青帝真人臣某姓名戴遠遊冠
五色紫帔絳綃裳丹青裙朱履五辰紫色壇
青玉交文佩佩八景金真印帶陽光洞神劒
服朝天帽即舊呼南朝帽也三辰巾參靈寶洞玄經
一十二部

圖五　《三洞修道儀》對中盟洞玄部道士的記述

綜上所述，可知晚唐開始“五法”被整體置入靈寶中盟的體系中，被歸入“洞玄”的經教範疇。此時，作爲“五法”元素之一的《三皇文》與盛唐之前的十卷（或更多）

① 《三洞修道儀》，《道藏》第三十二册，第一六七C頁。

② 吕鵬志：《道教抄本〈先天勘合玄秘并填籙填引〉初探》，《宗教學研究》二〇一五年第三期，第五三頁。

“五法·三皇”不同，可能僅包括《青胎》一卷的内容。而成爲“靈寶中盟”的“五法”五卷，在唐宋之後繼續在道教内部傳承，其卷數和内容均已固定，傳承不斷，直至晚清。

結　論

——串聯中古到近世的一條經法暗綫

以上對“陶公五法”的興起、組成、内容變遷及其在不同時代、不同經教體系中的地位等諸多問題進行重新考察和分析，至此有關“五法”的整體認識當已更爲清晰。需要明確的是，“陶公五法”與“陶公五法傳授儀”并非同一概念，二者的演變歷程也不甚一致。陶弘景編纂“五法傳授儀”時，確實從“護身”的實用功能出發將“五法”編纂爲一個松散的整體，很長一段時間裏二者之間都維持着穩定的對應關係。甚至在五種經籙分别流傳時，陶弘景所編纂的傳授儀理論上依舊可以發揮一定作用。但當“五法”被分入唐代不同法位次第、成爲不同法位等級所需獲得的經法要素中的一員時，“陶公五法傳授儀”這一分述單一經法傳授制度的材料便無法與法位傳授的儀式對應。晚唐以降，在“五法”成爲“靈寶中盟”要素後，其傳授儀更不可能按照昔年陶弘景給出的儀軌進行。或許正是由於“陶公五法傳授儀”與後世“五法”傳承方式之間的斷裂，最終導致陶弘景這部著作淡出道團視野，消失於歷史長河。

然而，儘管“陶公五法傳授”逐漸消亡，作爲法集的“五法”却意外地獲得某種穩定性，得以繼續傳承。從本文的詳細考察可知，“五法”最初在理論上根本不是一個經教意義上的“法集”，五者的來源和傳授都是相互獨立的。然而，唐先天元年金仙、玉真公主得受“五法”的歷史却提出存在合受“五法”現象的可能。但兩位公主的道法受學擁有奇特的背景，并没有使“五法”獲得穩定的“法集”身份，事後五種經法復又分入不同法位。然而，出人意料的是，晚唐開始“五法”作爲靈寶中盟八籙中的五種元素已正式被附以經教意義上的法集身份，而這一變化或許是對張萬福記述的一次“誤解”“錯用”，但也可能是某種特殊的經教選擇的結果。降至宋代，“五法”合受當已廣泛流行，至晚清“封中盟”中亦有直觀反映。

從“五法”的分合、經教屬性變遷以及唐宋之間“五法”實際組成變化（主要是《三皇文》的變化）的複雜過程中可以看到，後世道教理論家對前代經籙遺産并非刻板繼承，其不僅可以根據需要將舊傳統裝入新的經教瓶子裏，更可以對舊傳統的具體内容作出“合理化”的改編和重整。改編和重整有時未必真的合乎舊有的經教旨趣，但正是由於存在這樣的背離和充滿主動性的改造，纔使道教的理論體系具備足够的自我更新能力，促使道教傳統得以打破桎梏、不斷發展、推陳出新。因此，在對“五法”這個從中古延續至近世的經籙集的探究之中，實際可以發現道教從中古到近世變遷過程中的一條經法綫索。這條綫索既反映出中古道教傳統與近世道教之間的傳承不輟，同時又細緻入微地呈現出二者之間的更迭關係。簡言之，宋以降道教對“五法”的“不合理繼承”和“不正確使用”，實際反映着非常合理的道教歷史變遷趨勢。這些不合舊時教理的現象，反而充滿了現實的合理性和生命力。

（作者單位：上海社會科學院哲學研究所）

《三茅寶懺》仙官名録考
——兼探上清經中的洞天選仙制度

陶　金

内容摘要： 目前傳承於江蘇茅山的《三茅寶懺》編訂於元初，其中朝禮聖位多沿襲六朝上清經中的仙真譜系，且具有鮮明的茅山特徵。本文擬將這些仙真聖位分組考其源流，并試析其内在的一整套叙事邏輯，包含上清經的降授、傳承、下教與司命體系，以及以各處洞天爲“站點”的選仙制度。本文最後還將嘗試探討《三茅寶懺》對六朝以來茅山以及上清經傳統的繼承與發衍。

關鍵詞：《三茅寶懺》；茅山；上清經；選仙；《真誥》

引　言

位於江蘇的茅山，古稱“句曲山”，是茅氏神仙修道升真之所，至遲在漢末便已成爲江南的一座聖山，其每年三月十八日的朝山進香傳襲千載，至今猶盛。茅山還是道教上清經派的發祥地，歷代高道輩出，其中不乏帝王之師。同時，茅山也是道教地理概念“洞天福地”的策源地，以天下“第一福地”“第八洞天”聞名於世。茅山道教所傳承的《九天司命三茅應化天尊滅罪寶懺》（下稱《三茅寶懺》），是當下茅山道教最具本山特色的儀式之一①，其中的“志心朝禮”節次開列了具有上清經派特徵的仙真聖位十三組，一百零七位，共計一百二十六人②，其中大部分均是曾隱修於“金陵福地”（伏龍地）的神仙以及“華陽洞天”中的仙官、地下主者。

① 茅山道教所傳承的《三茅午朝科儀》（又稱《三茅表》，下稱《三茅午朝》），與《三茅寶懺》是最具茅山道教特色的“一表一懺”，它們與其他科儀、經懺組成了茅山每年春季香期中最爲隆重的“正壇法事”。

② 其中總括某一類仙真的聖位未能計入人數。

針對《三茅寶懺》的研究，目前僅有胡軍在二十世紀末所做的儀式音樂學研究。[①]白若思（Rostislav Berezkin）、高萬桑（Vincent Goossaert）從近代江南地區《三茅寶卷》及其宣講入手，探究了三茅真君信仰在江南民間旺盛的生命力及其增衍，并簡要探討了《三茅寶懺》的内容。[②]對上清經派的仙真信仰系統，則有李豐楙的系列研究細緻地剖析了其在六朝時期的形成及文化、文學背景。[③]張超然的《系譜、教法及其整合：東晋南朝道教上清經派的基礎研究》[④]更系統地梳理了上清經派的教法來源，并對仙真譜系做了進一步的考據與梳理。趙益的《〈真誥〉研究》專門討論了《真誥》所記載的作爲"度灾之府"的華陽洞天及其洞天中的"鬼官"與"地下主者"。[⑤]張雁勇的《〈真靈位業圖〉神仙源流研究》則進一步對上清經派的仙真做了更爲細緻的考證。[⑥]

與《真誥》中的碎片化記録及《真靈位業圖》中的階層化排列不同，《三茅寶懺》中的聖班與同時期《茅山志》中的《仙曹署篇》（卷一四、一五）更爲近似，乃是以茅山一山展開，將居於其中的仙真依其所屬之宫府進行分類，這無疑使其成爲一份難得的"洞天福地"仙官名録。但與"仙曹署篇"不同的是，《三茅寶懺》又是一份能够實際闡演的儀式文本，文本與場所之間具有極高的契合度。

本文擬以《三茅寶懺》中的仙真聖位爲切入點，先在前賢的研究基礎上簡要厘清其經典及歷史來源，并特别關注其在茅山洞府之中的"職掌"。以此爲基礎，我們將特别關注由這些仙官職司所構建起來的一整套六朝上清經派的洞天選仙制度，并試着通過政治、宗教兩個維度的"選舉制度"及宗教救度對其進行理解。最終，我們將以《三茅寶懺》爲一條綫索，觀察六朝以來上清經派典籍對傳統的繼承與發衍。

① 胡軍：《茅山道教"三茅懺"科儀音樂考察》，《黄鐘（武漢音樂學院學報）》二〇〇〇年第四期，第三四—四〇頁。

② Rostislav Berezkin, Vincent Goossaert, "The Three Mao Lords in Modern Jiangnan Cult and Pilgrimage between Daoism and Baojuan Reciation ," *Bulletin de l'École française d'Extrême-Orient* , 99(2012-2013): 295-326.

③ 李豐楙：《仙境與游歷：神仙世界的想象》，中華書局，二〇一〇年。

④ 張超然：《系譜、教法及其整合：東晋南朝道教上清經派的基礎研究》，博士學位論文，臺灣政治大學，二〇〇七年。

⑤ 趙益：《〈真誥〉研究》，《六朝隋唐道教文獻研究》，鳳凰出版社，二〇一二年，第九四—一三一頁。

⑥ 張雁勇：《〈真靈位業圖〉神仙源流研究》，花木蘭文化出版社，二〇一二年。

一、《三茅寶懺》概要

（一）儀式流程

在茅山每年春季的香期中，最隆重的祈福法事被稱爲“正壇法事”。在歷史上，正壇法事由開經、發符、早朝、午朝、晚朝以及拜懺、参斗、祥星、供天等内容組成[①]，這也正好對應了目前仍在使用的修醮疏文中所記録的法事全稱，其云：“上清答報朝賀祈恩呈詞進悃禮懺誦經順星延壽迎祥集福普利醮筵。”在當代茅山的法事中，《三茅寶懺》既可與《三茅早朝》《三茅午朝》一起舉行成爲“正壇法事”（見圖一），又可應香客之請，單獨拜禮。

拜禮《三茅寶懺》的經師人數不限，但須爲偶數，目前常以四人爲數，亦可根據法事規模酌情增加爲六人、八人。經師分左右龍虎兩班，一字排開，面嚮神像站立，樂班另排一旁。現僅將儀式節次列表於下。

表一　儀式節次表

	節次	内　容
一	香贊	鼓師發鼓，經師二班東西序立，齊舉《香贊》：爐香乍爇……禮拜《三茅寶懺》請宣揚。接：發露祈真佑……願得壽長年
二	啓聖	經師齊誦：大哉至道……虔誠奏啓供養大羅三寶上帝、妙有十極高真……恭望洪慈，俯垂洞鑒
三	入意	誦念《禮懺疏文》：上清宗壇，今據江蘇省厶市……臣謹奏爲其中情悃……虔運一誠，致恭三禮。志心朝禮，太上無極大道，三十六部尊經，玄宗大法宗師
四	説文	經師齊誦：臣聞玄黄剖象……兹者，華陽日永，值三君游盼之辰。玉洞春融，當萬姓朝參之際……法衆皈依，志心朝禮
五	志心朝禮	經師分左右龍虎班，依次唱誦聖號：志心朝禮，聖高祖浮道太初茅真君……隨真下降一切聖衆，并跪拜
六	懺悔文	經師齊誦《懺悔文》：臣法衆等，志心皈神、皈身、皈命……謹對道前，一心懺悔……稽首禮謝無上虚皇，正真三寶
七	送懺	經師起身，列隊出殿，至庭院寶鼎處，將《禮懺疏文》送化，并唱《送懺功德贊》：向來送懺功德……不可思議功德
八	迴嚮	經師迴壇，齊舉《迴向鶴》：三清三境三寶天尊……寶華圓滿天尊，接誦《迴向文》：《三茅懺》一卷功德力……惟願哀納受。接舉《拜懺功德贊》：願以此功德……同歸無上道。接誦《三茅寶誥》：天人道德……九天司命三茅應化天尊。接舉《收贊》：三茅寶懺，仙聖留因……行滿功成，句曲上天庭。朝禮三茅應化天尊。經師隨後謝禮，乃依次退班

① 一九九四年，武漢音樂學院道教音樂研究室曾多次赴茅山，對當時健在的幾位老道長進行了深入訪談，胡軍先生的著作《茅山道樂研究》即以此爲基礎，收入了很多茅山道教科儀的珍貴口述資料。胡軍：《茅山道樂研究》，宗教文化出版社，二〇〇二年。

由上所見，《三茅寶懺》的儀式結構與其他地區所流行的懺儀并無太大差别，《香贊》之後啓聖通疏，説文開白懺悔緣由，然後便進入重複的叩拜朝禮節次。在齊誦《懺悔文》後，經師們列隊送化《禮懺疏文》①，最後迴壇迴嚮，儀式結束。其中節次五"志心朝禮"是整個儀式的核心，龍虎二班的經師們交替稱揚聖號并跪拜。

圖一　二十世紀九十年代初期茅山九霄萬福宫香期中的儀式活動（楊世華道長提供）

（二）兩個版本

茅山道院楊世華道長收藏的民國十三年（一九二四）上海謝文益印行的石印本《三茅帝君寶懺》②（下稱上海本）是目前所能見到的《三茅寶懺》最早版本。③該書由《茅君經》與《三茅寶懺》兩部分組成。書扉葉題寫"杭州萬善宏濟社、上海恤緣壇刊送"，故知係由鸞壇信士捐資印行。書首有乾隆二十六年（一七六一）南林蔣大治所撰序，據其稱：

> 予自游茅山歸，復購《茅君經》，欣然讀之，如讀吾儒家書也……因爲刊之梨棗，以公諸奉道之士，庶幾知道門之通於儒門，洙泗華陽派别同源。

① 若舉行"正壇法事"，則使用《修醮疏文》，在此處不送化。

② 此處使用"三茅帝君"之號，與傳統的"三茅真君"不同。據跋文中龍桂林介紹，民國十三年（一九二四）二月十四日，常州清凉萬壽寺乩壇中，靈寶天尊降乩，有"三茅司命帝君"之稱。書中多處有三茅真君聖號處，皆有龍桂林小字批注，提醒誦讀者注意。

③ 高萬桑（Vincent Goossaert）與白若思（Rostislav Berezkin）亦曾對該經懺文本做過初步研究，參見Rostislav Berezkin and Vincent Goossaert, "The Three Mao Lords in Modern Jiangnan Cult and Pilgrimage between Daoism and Baojuan Recitation, " *Bulletin de l'École française d'Extrême-Orient*, 99(2012-2013): 295-326。

此序中并未提及《三茅寶懺》，應係《茅君經》單行本原序。書後有同治三年（一八六四）茅山元符宫隱仙樓道士張鶴峰跋文，其文稱：

> 迨庚申十年閏三月，逆匪上山放火，殿宇道院，片瓦無存。時余身外之物，概不顧問，獨將真君經懺，埋藏僻處，希冀免劫保全。至同治三年六月，蒙各大憲軍威丕著，剋復江南全省，道等漸次回山。余即往原處跟尋，迷失所在……余幸從幼熟讀，抄寫數卷，權應宣誦，但恐將來日久殘缺，不特有負師訓，亦且難對神靈……蟻集成多，鳩工可舉，雇匠刊刻，凡我道友，均誦無遺憾矣。

由此可知茅山道教在太平天國之亂中遭到了重創，以至於日常所誦經懺僅能依靠道士回憶默寫而出。就其書中所收録的《三茅寶懺》來看，的確存在着魯魚亥豕之訛及聖位次序錯亂的問題。因此上海本應是民國時期乾隆、同治兩部經、懺文本的合編，前半部《茅君經》依憑乾隆刻本，故而并無明顯訛誤，但後半部《三茅寶懺》祗依憑默寫版本，因此存在明顯缺陷。

上海本書後有民國十三年康有爲弟子龍澤厚[①]所作跋文[②]，龍認爲乾隆刻本的《茅君經》"蓋鸞筆化筆乩沙示現者耳"。他曾專爲刊校《三茅寶懺》尋訪茅山三宫五觀的道士，但發現鮮有能背誦者，而張鶴峰所刻版本"乃默記而録出之。此其中字句，未必無訛脱"，所言是之。[③]

除了太平天國，茅山還經歷了抗日戰争及"文化大革命"兩次較大衝擊，除了部分石刻，地面建築及各類文化遺産損失殆盡，道衆四散，文獻遺失無存。據茅山道院道長介紹，目前茅山道院的道教儀式全部係二十世紀八十年代道士還山後由施覺義、周念孝、吴浩明等老道長依靠回憶默寫而出，其中的《三茅寶懺》（下稱茅

---

① 龍文心即龍澤厚，字積之，廣西桂林人，光緒優貢。曾在廣州受學於康有爲，爲萬木草堂學長，光緒二十九年（一九〇三），因爲參加《蘇報》工作，被清政府勾結上海公共租界巡捕房逮捕。據楊世華道長撰文介紹，一九一七年秋，康有爲（茅山道士稱之"康南海"）自上海來茅山，隨後在茅山隱居，龍澤厚（茅山道士稱之"龍桂林"）隨後來到茅山，曾與康南海同請句容知縣發布政令保護茅山林木，并在元符宫創設靈學會，協助茅山鼎復宫觀，并編印了《茅山全志》《三茅寶卷》《三茅帝君寶懺》《茅山志輯要》等十餘種道經、善書。參見楊世華：《康有爲萬年在茅山》，載馮可珠主編《茅山民間文學集成》，上海科學技術文獻出版社，二〇〇一年，第一八四頁。

② 龍澤厚跋文中多有涉及民國時期文人乩壇的資料，兹全篇録入附於文後，以供參考。

③ 按：該本中"志心朝禮"節次開列聖位一百一十一位，并不符合懺儀偶數聖位的規制。

山本）出自施覺義老法師。茅山本的“至心朝禮”節次共有聖位一百零七個，與上海本的聖位順序存在細節上的差異，且互有不同的缺失，因此可推測兩種版本之間應并不存在着直接的承繼關係。[①]除了“至心朝禮”節次，兩種版本的其他儀文内容基本相同。在本文中，爲了尊重茅山道教的活態傳承，筆者仍將以茅山本作爲主要的研究對象。

值得一提的是，在茅山大茅峰頂九霄萬福宫太元寶殿内的東西兩壁，保存有石刻聖位三十組，共計九十位（見圖二及圖三）。這些石刻聖位内容與兩個版本的《三茅寶懺》内容基本重叠，但排列次序及結構較其他兩個版本更爲混亂，且殘缺至少二十四位仙真聖位。這些石刻聖位的裝飾風格不早於清中期，應是太平天國之後根據已經殘毁的舊物做的複製品。九霄宫的最早的官方敕建年代爲宋理宗淳祐九年（一二四九）加封三茅真君時，至元延祐三年（一三一六）纔被敕額爲聖佑觀。[②]當時的太元寶殿的規制已難考證，但就宋代已經成型的《三茅齋儀》來看，宋元時期應已有一套完整聖位被應用於齋醮之中，而太元寶殿兩側的石刻聖位正印證了以三茅真君爲中心的醮筵儀式空間風貌。

圖二　茅山九霄萬福宫太元寶殿西墻石刻聖位及局部（陶金/攝）

① 茅山由正一派道士管理的“九霄萬福宫”有道院六房，“元符萬寧宫”有道院十二房，“崇禧萬壽宫”有道院十三房，這些道院互相之間存在着法親的關係，但又不互相隸屬，且在山外都有下院，因此日常誦習的經懺應該也很難一次性完全消亡。

② 劉大彬：《茅山志》，《道藏》第五册，第五九七頁。

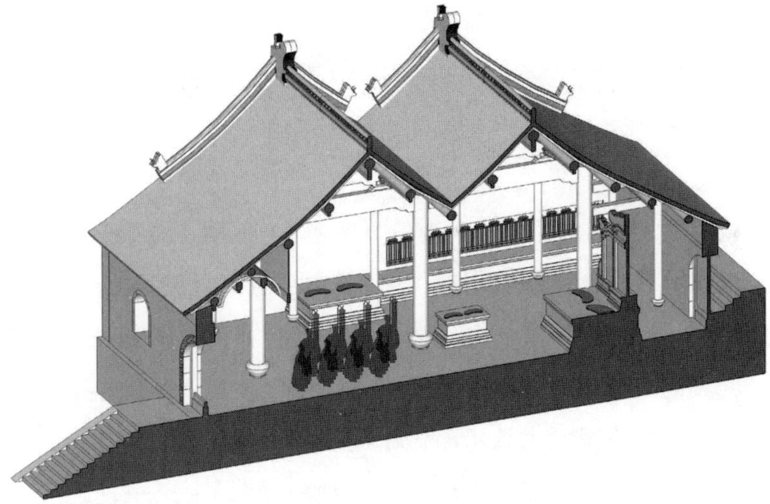

圖三　茅山九霄萬福宮太元寶殿剖視圖，石刻聖位排列鑲嵌於兩壁靠後的位置（陶金/繪）

（三）編訂年代

在《三茅寶懺》的聖位中，以“上清大洞火浣紫軒林真人”（一二三八—一二九八）的生活年代最晚。按《茅山志》卷一六《采真游》曰：

> 林大敷，號紫軒，自稱木通生，永嘉平陽人。玉海蔣宗師游浙東，從入山。至元丙子歲，許宗師度爲徒，嗜酒不羈，行步不疾而速，遍游五嶽諸名山，晚就玄洲精舍築壇把茅居之。大德戊戌歲二月十八日，遍辭交舊，言將東歸。明日，坐茅龕中焚香誦《洞經》，忽大聲喝去。守庵驚視之，見危坐火光中，經聲不絶。頃之，地無遺骨，空有祥雲，法所謂火解者，衆方嘆異。適薛道民者自揚州回，言遇先生於瓜洲，繼數出入人間，附信山中，解去時年六十一。[①]

結合宋元以降的道派有將祖師寫入聖班中的傳統[②]，我們有理由相信林大敷或其法徒編纂了《三茅寶懺》的現行版本，該懺儀的年代因此當不晚於元初（進一步的討論詳見下文“傳統的接續”）。

① 劉大彬：《茅山志》，《道藏》第五册，第六二三頁。關於林大敷的事迹又見於薩都剌所作詩《茅山玄洲精舍有道士號紫軒又號木通生白日坐解遺書其徒許道民者至今坐墻尚存爲題其卷》，其云：白日飛升凌紫烟，靈書猶許道民傳。玄洲精舍無多地，夜夜火珠光燭天。載薩都剌《雁門集》卷三，《薩都剌集》，海南國際新聞出版中心，第三四頁。

② 參見拙作：《蘇州、上海〈諸斗科儀〉中“啓師”節次初探：道教與密教，江南與北京》，《中國道教》二〇一二年第二期，第三四—四一頁。

二、《三茅寶懺》聖位小考

《茅山本》“志心朝禮”節次共列仙真聖位一百零七位，這些仙真的神傳及位業集中收録於陶弘景編纂的《真誥》[①]與《真靈位業圖》[②]（下稱《位業圖》），以及元代劉大彬編纂的《茅山志》卷一四《仙曹署篇》[③]。其中部分又見於北周《無上秘要》[④]、杜光庭《墉城集仙録》[⑤]以及北宋《雲笈七籤》[⑥]。一些仙真的“内傳”也單獨收録於《正統道藏》或散見於其他上清道書中。筆者在附表一中，按照《茅山本》聖位順序將各位仙真的源流、所見出處、位業及大致事略做了簡單的羅列。筆者將以上述道書爲基礎，對這些仙真在聖位排序中的位置進行分析，大致將其歸爲十三組，謹於下文逐次考察之。由於《三茅寶懺》係默寫而出，因此存在着一些聖位前後錯亂的可能，筆者在對其中一些聖位進行分類的時候，對錯誤稍微進行了調整。讀者可以通過序號以及附表瞭解到原始排序。此外，爲行文方便起見，本文將於附録中將依據《三茅寶懺》聖班順序將所有仙真的相關信息進行羅列。

---

① 主要集中在《真誥》卷一二，卷一三《稽神樞》第二、三，見吉川忠夫、麥谷邦夫編，朱越利譯：《真誥校注》。

② 主要集中在《真靈位業圖》第二上清道、第六地真道，見陶弘景纂，閭丘方遠校定，王家葵校理：《真靈位業圖校理》，中華書局，二〇一三年。

③ 《茅山志》對散見於《真誥》中的華陽洞天内擔任仙秩的仙真做了系統的收集彙編，并明確地提出了三宫五府的概念，類似的工作也見於《真靈位業圖》。劉大彬：《茅山志》卷一三、一四，《仙曹署篇》，《道藏》第五册，第六一〇—六一六頁。

④ 《無上秘要》卷八三、八四，《道藏》第二十五册，第二三三b—二四四頁。現存的《無上秘要》僅包括鬼官、地仙、地真、九宫、太極、太清諸品。蔡霧溪（Ursula-Angelika Cedzich）推測今佚的卷八五、八六應包含更高級的神明，他與《道門經法相承次序》應是援引了同一部較早修訂本的《真靈位業圖》。參見 Ursula-Angelika Cedzich, “Dongxuan Lingbao zhenling weiye tu,” Kristohpher Schipper and Franciscus Verellen, eds, *The Taoist Cannon: a historical compinion*, 3 vols(Chicago, 2004), pp.109-111。柏夷（Stephen R. Bokenkamp）認爲《真靈位業圖》很可能是他在整理上清文獻時的某種備忘録（aide-mémoire），Stephen R. Bokenkamp, “Daoist Pantheons,” John Lagerwey and Lü Pengzhi,eds, *Early Chinese Religion* (Brill, 2010), p.1179。王家葵則認爲《道門經法相承次序》與《無上秘要》所引者乃是歸屬於《登真隱訣》的《真靈位業經》，陶弘景之後又在此基礎之上進行了修訂。參見陶弘景纂，閭丘方遠校定，王家葵校理：《真靈位業圖校理》，《真靈位業圖蠡測（代前言）》，第一頁，以及陶弘景撰，王家葵輯校：《登真隱訣輯校》前言，第一頁。

⑤ 散見於《墉城集仙録》卷二、三、四、五，《道藏》第十八册，第一六五頁。

⑥ 主要集中在《雲笈七籤》卷一〇四、一〇五、一〇六、一一〇、一一一、一一六，見張君房編，李永晟點校：《雲笈七籤》第五册，中華書局，二〇〇三年。

（一）茅氏仙真及三茅真君

一、聖高祖得道太初茅真君

二、聖曾祖長平功侯茅真君

三、聖祖得信侯茅真君

四、聖父漢隱士茅真君

五、聖母漢仙許元君

六、聖祖夫人嬪妃仙眷

七、祖師冲虚聖佑真應真君

八、祖師冲應德佑妙應真君

九、祖師冲慧仁佑神應真君

第一至六號分別開列了三茅真君的高祖、曾祖、祖父及父母等眷屬，茅山本、上海本内容均完全一致。這些具有神仙及貴族背景的茅氏祖先構成了三茅真君的重要家族背景，《茅山志》中還專爲此繪製了《茅君真胄》之圖（圖四）。

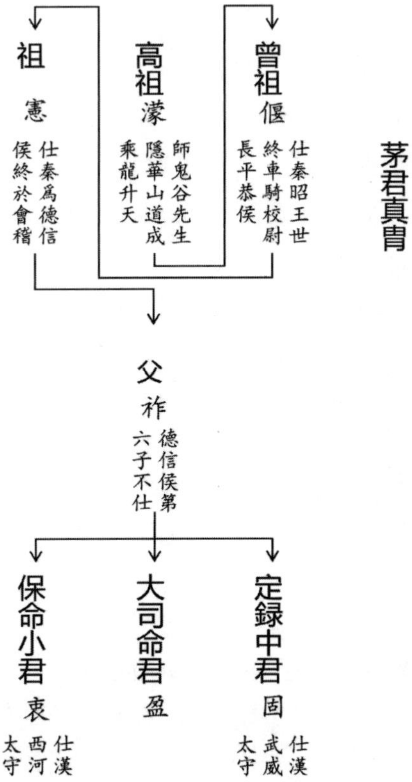

圖四　《茅山志》卷五《茅君真胄》（陶金重摹）

第七至九號分别爲茅山山主茅盈、茅固、茅衷。據賀碧來（Isabelle Robinet）考證，現存《茅山志》卷五的《三神紀》[①]是最接近上清經派茅君傳記的原本[②]，其中一些内容對於我們理解以下各組仙真聖位起着提綱挈領的作用。

（二）楊君降真會上仙真

一〇、白玉寶臺九靈太真元君
一一、句曲方丈臺昭靈李仙君
一二、句曲上真東宫衛仙君
一三、句曲太真王仙君
一四、句曲長陵杜仙君
一六、句曲北嶽蔣仙君[③]
一七、句曲紫微左宫王仙君
一八、句曲滄浪雲林右英王仙君
一九、句曲九宫真女協晨黄仙君
二〇、句曲太極中華右仙君
二三、句曲北海太紫玄清仙君
二四、句曲北漢七靈右仙君
二六、句曲蕭閑堂仙卿張真君
二七、句曲紫清宫内妃傅仙君
二八、句曲三元考較馮仙君
二九、句曲受經上元王仙君[④]
三二、句曲朱陵北絶臺九華上嬪管仙君
三四、東嶽上真司命仙君
三五、南嶽上真紫虚元君
三六、西嶽八靈道姥蔣仙君

---

① 《茅山志》卷五，《道藏》第五册，第五七五頁

② Isabelle Robinet, *La révélation du Shangqing dans l'histoire du taïsme*, 2 vols (paris,1984), 2.410.

③ 蔣仙君有二，一爲"八靈道母西嶽蔣夫人"（《位業圖》），一爲"北嶽蔣夫人"。對於後者，陶弘景注曰："前篇有西嶽蔣夫人，今考天下嶽，未審有兩人，爲是誤也。"吉川忠夫、麥谷邦夫編，朱越利譯：《真誥校注》，第四八四頁。

④ 當作"授經"。

三七、北嶽上真司命山仙君

三八、上元仙人侍女真仙

四八、紫清上宫真妃安仙君

第一〇號“白玉寶臺九靈太真元君”即西王母，在道教中具有多重身份[①]，她與東方海上的扶桑大道君定位了中土的東西坐標，并同時協理日月、陰陽二炁[②]，她又是元始天王弟子，承擔向學道之士傳授道經要訣的任務[③]。作爲大茅君的授業之師，她不僅是上清經法的傳法祖師，還是楊君降真會上幾位女仙（包含本組第一三、一七、一八號以及以下第四三號）的養母[④]。

東晋興寧三年（三六五）六月二十三日夜，衆真降於茅山雷平以北伏龍地之許長史宅（今茅山鎮北鎮街玉晨村），通過道士楊羲爲許氏父子傳授經訣，并與之唱和，這一持續性的降真事件被記録在《真誥》卷一《運象篇》之中。《真誥》的修訂者陶弘景認爲《運象篇》這一紙材料雖然不具備時間日期，“但既是衆真名位，故出以居前”[⑤]。以上所列第一一、一二、一四、二〇、二三、二四、三二、三四、三五、三六、三七號以及第四八號等十二位俱是《真誥》卷一《運象篇》開篇所開列的仙真。[⑥]《三茅寶懺》的編訂者似乎在此處特意忽略掉了場景中的衆多男仙而衹存女仙，這些女仙同時也都位列於《位業圖》“第二上清道”之女真位。筆者據杜光庭所言，將其歸爲“楊君降真會上仙真”[⑦]。

第三四至三七號四位，均以方位及“嶽”爲號，其中第三四號與第七號大茅君重複。這種以方位及山嶽爲名的排列邏輯出自由東華青童君所統領的司命系統[⑧]，陶弘景對此注解道：

---

① 參見李豐楙：《王母、王公與昆侖、東華：六朝上清經派的方位神話》，《仙境與游歷：神仙世界的想象》，中華書局，二〇一〇年，第一〇六頁。

② 參見《元始上真衆仙記》，《道藏》第三册，第二七〇頁。

③ 以《四極明科經》爲代表，《道藏》第三册，第四一五頁。

④ 隨着漢代西王母信仰及祠祀的發展，逐步形成了西王母收養民間早夭女子爲女兒的神話，并最終被上清經派吸收、重組。參見李豐楙：《西王母五女神話的形成及其演變》，《仙境與游歷：神仙世界的想象》，第八二頁。

⑤ 吉川忠夫、麥谷邦夫編，朱越利譯：《真誥校注》，第九頁。

⑥ 吉川忠夫、麥谷邦夫編，朱越利譯：《真誥校注》，第八頁。

⑦ 杜光庭言：“楊君降真之會，有十夫人皆列位號，而無傳記及歌吟之詞……”《墉城集仙録》，載杜光庭撰，羅争鳴輯校《杜光庭記傳十種輯校》，中華書局，二〇一三年，第六四〇頁。

⑧ 參見張超然：《系譜、教法及其整合：東晋南朝道教上清經派的基礎研究》，博士學位論文，臺灣政治大學，二〇〇八年，第一三八頁。

大方諸宫，青君常治處也……諸司命所在也……霍山赤城，亦爲司命之府，唯太元真人、南嶽夫人在焉。李仲甫在西方，韓衆在南方，餘三十一司命，皆在東華，青童爲太司命，總統故也。楊君亦云東軫執事，不知當在第幾住耳。[①]

第三四號大茅君、三五號魏夫人同屬青童君的司命系統。按《神仙傳》李仲甫[②]“在民間三百餘年，後入西嶽山去，不復還也”[③]，或是已補爲西嶽司命。又《元始上真衆仙記》載：“韓衆今爲霍林真人。”[④]霍林即大霍山、霍童山，故韓衆[⑤]亦在司命系統中。然而第三七號山仙君與三八號蔣仙君均不見曾有“司命”之號，究竟其位業仙秩若何，尚待進一步考據。

第三八號所提及的上元侍女在西王母的瑤臺會中扮演了重要的角色，她們通過演奏仙樂、歌咏靈章的方式來達到啓迪後學的目的。[⑥]

（三）句曲福地得道仙真

一五、句曲中侯李仙君

二一、句曲得道三郭真君

二二、句曲隱形杜仙君

二五、句曲柳汧得道田真君

三〇、句曲蓬萊左卿周仙君

三一、句曲蓬萊右卿姜仙君

三九、九宫仙翁玉臺執法郎郭真人

---

① 吉川忠夫、麥谷邦夫編，朱越利譯：《真誥校注》，第二九九—三〇〇頁。

② 關於《神仙傳·李仲甫》的研究，參見 Robert F. Campany, *To Live as Long as Heaven and Earth: A Translation and Study of Ge Hong's Tradition of Divine Transcendence*. Berkeley: University of California Press, 2002. pp.230-232, 439-440。

③ 《神仙傳》，《叢書集成初編》第三千三百四十八册，中華書局，一九九一年，第二〇頁。

④ 《元始上真衆仙記》，《道藏》第三册，第二七一頁。

⑤ 關於韓衆的研究，參見施舟人（Kristopher Schipper）：《第一洞天：閩東寧德霍童山初考》，《中國文化基因庫》，北京大學出版社，二〇〇二年，第一三八頁。

⑥ 李豐楙：《〈漢武内傳〉研究——〈漢武内傳〉的著成及其演變》，《仙境與游歷：神仙世界的想象》，第一八三頁。

四四、九宮左保司上宫展真君[①]

四五、蓬萊都水監宗元翊教貞白陶真人

此八位俱是男仙，在《位業圖》中居於“第四太清道”“第五九宮道”與“第六地真道”之位，大都是先秦時期曾經隱居於茅山雷平山“伏龍地”的地真隱仙。在中茅君的指示下[②]，楊、許也將他們的齋室搬到此處。除了水土豐美適宜修道，[③]通過共享“伏龍地”這一先賢隱真之所，楊、許的降誥活動也由此接續了更爲古早的神聖性。[④]

第四五號“宗元翊教貞白陶真人”較爲特殊，他既是茅山道教的祖師，也是曾在伏龍地居住過的隱士。他的位業在《周氏冥通記》中已經得到預示，由此仙號早定。

（四）上清傳法聖師

四〇、南極南嶽左仙翁太虚正赤真君

四一、後聖上宰西極西城總真王仙君

四二、金闕上相司命青華小道君

四三、後聖上保司命南極紫虚元君[⑤]

五〇、青靈真人裴仙君

五二、小有洞天太素清虚真君

五三、太虚上霄飛晨中央黄老君

五四、太元東霞扶桑上仙道君

五七、太平金闕帝宸後聖玄元上道君

五八、太平下教二十四真人道君

以上所列十位都是上清經傳授過程中有着重要位置的傳法聖師及再傳弟子，在《位業圖》中，除了第五八號“太平下教二十四真人”居於“第四太清道”，其餘皆居“第二上清道”，第五七號“後聖道君”同時還是“第三太極道”之主治者。在本組中，地

---

① 據《真靈位業圖》“第五右位”，“左保司”當爲“右保司”，見陶弘景纂，閭丘方遠校定，王家葵校理：《真靈位業圖校理》，第二二四頁。

② 吉川忠夫、麥谷邦夫編，朱越利譯：《真誥校注》，第三四五—三四九頁。

③ 陶金：《“洞天福地”原型及其經典闡釋——〈真誥·稽神樞〉中的聖地茅山》，載吕舟主編《2019年第一届洞天福地研究與保護國際研討會論文集》，科學出版社，二〇二一年，第四四—四九頁。

④ 陶金：《茅山神聖空間歷史發展脉絡的初步探索》，《世界宗教文化》二〇一五年第三期，第一四〇—一四一頁。

⑤ 按：當作“紫元元君”，參見附表一中相應的脚注。《雲笈七籤》卷一〇六曰：“南極紫元夫人，一號南極元君。”《道藏》第二十二册，第七二一頁。

位較尊的第五三號“中央黄老君”居於後而其弟子第四〇號“南嶽赤君”、再傳弟子第五〇號“清靈裴君”反居其前，以及原順序中第四五號陶弘景、四六號王子喬等并無直接師承關係的仙真錯入其中，此或皆是默寫過程中的錯亂。即便如此，綜合上清道書所記載的經法授受次序，這些名字依然很清晰地勾勒出了如下一幅上清經法次第傳授圖（見圖五）。[①]圖中以灰色標出的諸位仙真均見於《三茅寶懺》，金闕後聖道君、西城總真王君、南嶽上真元君一系傳承在懺儀聖班中體現得十分完整，他們直接下啓楊羲、許謐的茅山上清經派。

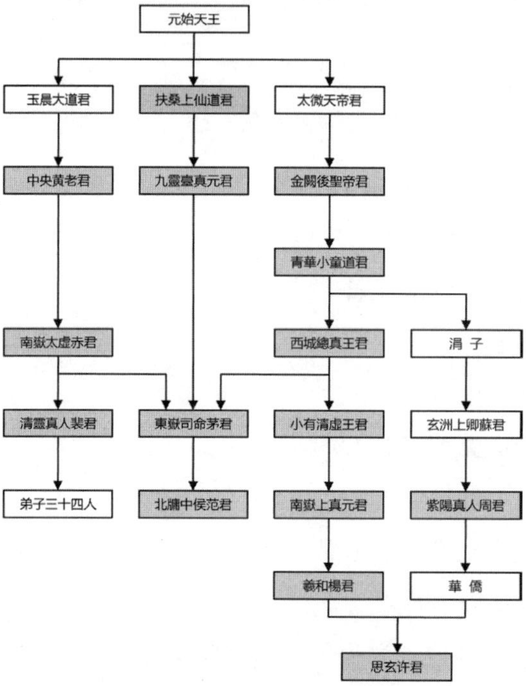

圖五　上清經法次第傳授圖

① 本圖在繪製過程中參考了《上清後聖道君列紀》，《道藏》第六册，第七四四頁；《上清玉帝七聖玄紀迴天九霄經》，《道藏》第三十四册，第六二頁；《玄洲上卿蘇君傳訣》，載陶弘景撰，王家葵輯校《登真隱訣輯校》，第五頁；《太上道君紀》，載張君房編，李永晟點校《雲笈七籤》第五册，第二一八九頁；《中央黄老君紀》，載張君房編，李永晟點校《雲笈七籤》，第二一九九頁；《太微天帝君紀》，載張君房編，李永晟點校《雲笈七籤》，第二二〇八頁；《玄洲上卿蘇君傳》，載張君房編，李永晟點校《雲笈七籤》，第二二四四頁；《太元真人東嶽上卿司命真君傳》，載張君房編，李永晟點校《雲笈七籤》，第二二五四頁；《清靈真人裴君傳》，載張君房編，李永晟點校《雲笈七籤》，第二二六三頁；《清虛真人王君内傳》，載張君房編，李永晟點校《雲笈七籤》，第二二八八頁；《紫陽真人周君内傳》，載張君房編，李永晟點校《雲笈七籤》，第二二九五頁；《真誥》卷五《甄命授》第一，載吉川忠夫、麥谷邦夫編，朱越利譯《真誥校注》，第一六三頁；同時還參考了蕭登福曾繪製的類似表格，蕭登福：《扶桑太帝東王公信仰研究》，新文豐出版公司，二〇〇九年，第一七〇頁。

第五七號“太平金闕帝宸後聖玄元上道君”是上清經派救劫度世的未來太平之主。[①]第四一至四三號仙真是他四位首輔中的三位[②]，第四三號“紫極（元）元君”亦是西王母養女。他們是金闕後聖道君開展度世活動的重要輔佐，其位業全部高居金闕後聖道君所治的“第三太極道”。

第五八“號太平下教二十四真人”，按《上清後聖道君列紀》所叙，由後聖四輔之一的西城王君直接領導，負責下世教化。

> 甲申之歲，已前已後，種善人，除殘民，疫水交其上，兵火繞其下，惡惡并滅，凶凶皆没，好道隆隱，善人登山，流濁奔蕩，御之鯨淵，都分别也。到壬辰之年三月六日，聖君來下，光臨於兆民矣……爲種民學始者爲仙使，得道者爲仙官。若能精洞房於上元，修九真以彌勤，步隱書於七靈，窮八素之用誠，既得涉乎三灾而不傷，又必觀更始於太平，又得賜書仙官，神真長生也。但此玄文靈術，藏於上清之宫金闕之中，少有見篇目者耳。神真下教，七百年内三出傳授。……令遣下教於骨命及精心學仙守誠者，遣馬明、張陵、陰生、王褒、墨翟、司馬季主，及洞臺清虚天七真人、八老先生，凡二十四人，或名隱名見，改易姓字，實難分别也。……後聖君命王君總司二十四真人，决下教之功。二十四真人皆受事於方諸青童，受所教之徒於王君，王君亦先告可成者於二十四真人，真人然後受事，乃教之也。[③]

在道教的宇宙觀中，人與天、地是共生的“三統”（或稱“三才”）。由此，下古之世人類的墮落以及罪行的積纍，勢必也將干犯天地之清寧，各類灾禍由此叠出。最終，氣運變化所帶來的“陽九”“百六”末日灾難將“驅除”所有惡人，衹有那些經過揀選的“種民”及“仙官”纔有可能避過刀兵與洪水之灾，最終在壬辰年復生，迎來由後聖金闕道君統領的太平之世。道教正是在這一背景下應運而出，下教於世。[④]

① 參見王明編：《太平經合校》卷一至十七《太平金闕帝晨後聖帝君師輔歷紀歲次平氣去來兆候賢聖功行種民定法本起》，中華書局，一九六〇年，第一頁。《上清後聖道君列紀》，《道藏》第六册，第七四六頁。

② 尚闕“後聖李君上傅白山宫太素真君”，《上清後聖道君列紀》，《道藏》第六册，第七四六頁。

③ 《上清後聖道君列紀》，《道藏》第六册，第七四六頁。

④ 關於道教的終末論還可參見 Anna Seidel, “Taoist Messianism,” Numen 31, no.2 (1984):161-174。小林正美著，李慶譯：《六朝道教史研究》，四川人民出版社，二〇〇一年，第三八七—四五四頁。施舟人 Kristofer M.Schipper, “Millénarismes et messianismes de la Chine ancienne”, *La religion de la Chine:la tradition vivante* (Paris:Fayard, 2008), pp.97-125。陶金：《盟約：道教法籙的精神内涵與授度儀式》，上海古籍出版社，二〇二三年，第一一四—一三三頁。

末世"下教"的概念最早見於西漢齊人甘忠可《天官曆・包元太平經》："漢家逢天地之大終，當更受命於天。天帝使真人赤精子下教我此道。"[①]漢末漢安元年（一四二）正一盟威之道的降授繼承并發展了這一神學思想[②]，而上清經的降授更是對此的進一步發展："太平下教二十四真人"是上聖爲了救度而派遣下世接引、教導人民的良師，這與東海青童君所負責的司命系統緊密相接，構成了一部宏大的救度計劃。華陽洞天即是救度計劃的一處站點，而三茅真君各自的府僚職司也圍繞其展開，下文將詳敘之。

（五）山外洞天領治仙真

五九、紫陽左真人周仙君

六〇、紫陽右真人范仙君

此兩位是領治另一處洞天"葛衍山"的兩位仙人，分别居於"第二上清道"與"第三太極道"。按《清靈真人裴君傳》，葛衍山是與茅山性質相同的一處福地洞天[③]，《三茅寶懺》將其收入的原因可能是因爲紫陽周君師承玄洲蘇君，同屬傳法聖師之列；懺儀的編寫者又將同治葛衍山的紫陽真人范明期加入，成爲"山外洞天領治仙真"的一組代表。

（六）三官大理

六一、三官大理都尉李仙君

六二、三元注禄注生注死一切神祇

第六一號都尉李豐，位業居於"第六地真道"。在上清神譜中，承自天師道的三官信仰仍然維持其校查善惡的職能，但被降低爲低於司命統領酆都的職司。[④]按《闡幽微》言：（酆都）二天宫立一官，六天凡立爲三官。三官如今刑名之職，主諸考讁，常以仙真司命，兼以總御之也，并統仙府，共司生死之任也，大斷制皆由仙官。[⑤]"大

① 《漢書》卷七五，中華書局，一九六二年，第三一九二頁。

② 關於漢安元年正一盟威之道的宗教内涵，可參見拙作：《盟約：道教法籙的精神内涵與授度儀式》，第三一五—三二二頁。

③ 《清靈真人裴君傳》，載張君房編，李永晟點校《雲笈七籤》，第二二六三頁。

④ 參見張超然：《系譜、教法及其整合：東晉南朝道教上清經派的基礎研究》，博士學位論文，臺灣政治大學，二〇〇八年，第一三一頁。

⑤ 吉川忠夫、麥谷邦夫編，朱越利譯：《真誥校注》，第四七一頁。

理”，陶弘景注曰：“即古之獄官，前漢洎魏時廷尉，亦名大理。此職是仙官也。”[1]第六二號以總括的形式强調了三官一系執掌生死的神祇。此外，小茅君也職司三官之下，“保命建名”（見下文）。

（七）童初府

六三、童初府、蕭閑堂男官范仙君

六四、童初府、蕭閑堂女官李仙君[2]

六五、童初府、蕭閑堂仙官王仙君

六六、童初府、方臺館男女仙官

自童初府開始，聖班正式進入華陽洞天内的仙曹官署，茅山本與上海本也從這一組開始内容高度統一。第六三至六五號三位仙君均居於“第六地真道”之“散位”。

東晋上清經在完善自身宗教倫理道德的過程中，逐漸形成了神仙三品之説，其將“尸解仙”的概念與“地下主者”相結合，使得非道教信徒的賢者在死後得以納入一個可以遷轉的“過度”身份。[3]地下主者又有三等，“并是世有功德，積行所鍾”[4]，“積行獲仙，不學而得”[5]。中、下等的地下主者館於“童初府”，女仙館於“易遷宫”，上等男、女仙所居的“蕭閑堂”[6]“含真臺”[7]則需要“遷轉乃得進入也”[8]，即所謂“出館易遷、童初二府，入晏東華上臺，受學化形，濯景易氣……百年得入昆、瀛之宫，此即主者之上者，仙人之從容矣”[9]。陶弘景《華陽頌》有詩贊曰：“寢宴含真

---

① 吉川忠夫、麥谷邦夫編，朱越利譯：《真誥校注》，第四四四頁。

② 當作“男官”或“仙官”。

③ 李豐楙：《神仙三品説的原始及其演變——以六朝道教爲中心的考察》，《仙境與游歷：神仙世界的想象》，第四四頁。

④ 吉川忠夫、麥谷邦夫編，朱越利譯：《真誥校注》，第四〇一頁。《闡幽微》第二又開列了五種死後可爲地下主者的人群：“至忠至孝之人”“有上聖之德”“有蕭邈之才”“至貞至廉之才”“先世有功在三官”，載吉川忠夫、麥谷邦夫編，朱越利譯《真誥校注》，第五〇七—五〇八頁。

⑤ 吉川忠夫、麥谷邦夫編，朱越利譯：《真誥校注》，第五〇九頁。

⑥ 《稽神樞》言：“又有童初、蕭閑堂二宫，以處男子之學也。”見吉川忠夫、麥谷邦夫編，朱越利譯：《真誥校注》，第三九四頁。

⑦ 《稽神樞》言：“含真臺是女人已得道者，隸太元東宫中，近有二百人。”陶注：“前云八十二人，止是易遷耳，含真既爲貴勝，當須遷轉乃得進入也。”見吉川忠夫、麥谷邦夫編，朱越利譯：《真誥校注》，第三九四頁。

⑧ 吉川忠夫、麥谷邦夫編，朱越利譯：《真誥校注》，第三九四頁。

⑨ 吉川忠夫、麥谷邦夫編，朱越利譯：《真誥校注》，第四〇四頁。

館，高會蕭閑宫。”[1]地下主者是非道教徒死後度世的一次機會，他們得入洞天受學，進而成爲“種民”乃至“仙官”，是上聖高真下教、救度的受益者。

第六六號“童初府、方臺館男女仙官”，按《真誥》卷一四《稽神樞》言：“大茅山之西南有四平山，俗中所謂方山者也，其下有洞室，名曰方臺，洞有兩口見於山外也，與華陽通，號爲别宇幽館矣，得道者處焉。”[2]方臺館中有張祖常、劉平阿、吕子華、蔡天生、龍伯高[3]等隱仙，其與茅山北側的鹿迹山洞[4]俱是地下主者的處所。

（八）小茅君保命府

六七、保命府第一女官明晨侍郎周仙君

六八、保命府第二女官明晨侍郎張仙君

六九、保命府第三女官明晨侍郎桂仙君

七〇、保命府第四女官明晨侍郎柳仙君

七一、保命府承主灾害樂真君

七二、保命府承主生死唐仙君

七三、保命府主考注禄鄭仙君

七四、保命府理禁伯張仙君

七五、保命府監生考察民間事李仙君

七六、保命府王傅范徐四仙君

1. 小茅司命君職司

上列小茅君所治保命府仙官九位十三人，皆屬“第六地真道”。要瞭解他們的職司，首先還需要看一下小茅保命君的職司。按《茅山志》卷一《誥副墨》中所收《紫素策小君文》曰：

> 盈、固弟衷，挺素該清。雖晚反正，思微徹誠。斷蘊六天，才穎標明。今屈司三官，保命建名。總括岱宗，領死記生。位爲地仙，九宫之英。勸教童蒙，開導方成。教訓女官，授諸妙靈。治法百鬼，典祟校精。關察水源，江河流傾。封掌金

① 吉川忠夫、麥谷邦夫編，朱越利譯：《真誥校注》，第四三四頁。

② 吉川忠夫、麥谷邦夫編，朱越利譯：《真誥校注》，第四三七頁。

③ 吉川忠夫、麥谷邦夫編，朱越利譯：《真誥校注》，第四三七—四三八頁。

④ 吉川忠夫、麥谷邦夫編，朱越利譯：《真誥校注》，第四四一頁。

> 轂，藏録玉漿，監植龍芝，洞草夜光。治良常之山，帶北洞之口，鎮陰宫之門。[①]

小君茅衷在《位業圖》“第六地真道”之左位，隸屬三官，執掌生死注算事務。第三九號“九宫仙翁”郭四朝遷轉之前曾任小茅君之職，“九宫之英”或暗示了小茅君日後遷轉之“九宫道”位業。按上所言，“世有功德，積行所鍾”之人命終之後，“皆受三官書、爲地下主者”[②]，此則策文中所言“屈司三官，保命建名”者。“保命”，應即保護應復生的亡者神形不散之意。按《真誥》卷四《運象篇》云：

> 若其人暫死適太陰，權過三官者，肉既灰爛，血沉脉散者，而猶五藏自生，白骨如玉，七魄營侍，三魂守宅，三元權息，太神内閉，或三十年二十年，或十年三年，隨意而出，當生之時，即更收血育肉，生津成液，復質成形，乃勝於昔未死之容也。[③]

《雲笈七籤》卷八五《太一守尸》云：“夫解化之道，其有萬途……或授籙而記他生……皆名著紫府，籍在丹臺，是得三官太一守尸而不泯也。”[④]所謂“建名”，即建其名檔於仙籍爲地下主者之列，領陽世之死者，記長生之仙名。小茅君在洞天内還負責男女地下主者的教學工作，此即《稽神樞》所言：“洞中有易遷館、含真臺……皆以保命（按：即小茅保命君）授書，協辰夫人主教領之也。”[⑤]華陽洞天内的鬼帥與地下主者平階，亦爲小茅君所統領，故有治邪收祟之職司。句曲山的水體，洞天内的靈漿、仙草也由小茅君負責守護。作爲地仙，他的治所被封在句曲山主脉北側的良常山洞（是茅山華陽洞天之北門，兩洞實是一體）[⑥]。

由此，第八組所列保命府的仙官戒是小茅君之僚屬，其架構便也圍繞着小茅君的職司展開。

按《稽神樞》言：“保命府多女官，司三官，官屬有七人，四女三男。明晨侍郎七人，如今世上御史中丞之職。”[⑦]此即對應第六七號至第七〇號四位女官，其中後兩位

---

① 劉大彬：《茅山志》，《道藏》第五册，第五五一頁。
② 吉川忠夫、麥谷邦夫編，朱越利譯：《真誥校注》，第五〇七頁。
③ 吉川忠夫、麥谷邦夫編，朱越利譯：《真誥校注》，第一五九頁。
④ 張君房編，李永晟點校：《雲笈七籤》第四册，第一九〇三頁。
⑤ 吉川忠夫、麥谷邦夫編，朱越利譯：《真誥校注》，第三九三頁。
⑥ 陶金：《“洞天福地”原型及其經典闡釋——〈真誥·稽神樞〉中的聖地茅山》，載吕舟主編《2019年第一届洞天福地研究與保護國際研討會論文集》，第六〇—六三頁。
⑦ 吉川忠夫、麥谷邦夫編，朱越利譯：《真誥校注》，第三八九—三九〇頁。

仙君於《位業圖》中名姓不顯[①]，桂、柳之姓或當別有出處。魏晋時期的“御史中丞”當即“御史臺”長官之職，其沿襲漢制，是隸屬中央的司法機關，專門負責檢校糾察各級官員。所以保命府的七位明晨侍郎，即是輔佐小茅君職司三官的重要監察職位。

2. 保命府僚屬職司

第七一至七三號三位仙官，實際對應了《稽神樞》所言保命府四丞[②]：

> 樂長治主災害，鄭雉正主考注，唐公房主生死，趙威伯主仙籍，并記學道者，并暴雨水靈芝草。[③]

以上四人惟闕保命府丞趙威伯，其與第七四號“理禁伯”張玄賓[④]同掌雨水。在茅山的另一種重要科儀《三茅午朝》中，趙威伯與張玄賓合稱爲“華陽主雨水張、趙二真人”。《周氏冥通記》中載有《陶真人請雨墨詞》，即云“詞詣句曲華陽金壇洞天張理禁、趙丞前”[⑤]。由此推測趙威伯恐爲漏寫所闕。又，鄭雉正、唐公房[⑥]二仙官的“考注”與“主生死”之職，歸屬三官考校系統中，經過考察之後注減生人壽算，以推校生死之數，這是凡人“俗籍”的相關工作。趙威伯在雨水之外還同時負責管理“仙籍”，凡來華陽洞中學道的地下主者，皆由其記名於簿上。在周子良奏名東華的事件中，基層的仙官趙威伯便起到了最初上報的作用。[⑦]

第七五號“保命府監生考察民間事李仙君”，上海本作“生”作“注”，當是之。按《位業圖》云：“保命府……監二人。范幽冲，遼西人。漢尚書，即李整，河内人。”[⑧]又按《稽神樞》：“河内李整……近來入華陽中，又主諸考察民間之事……不知李作何位，亦應是監職。”[⑨]雖然我們很難判斷“考察民間事”的具體範疇，但我們

---

① 陶弘景纂，閭丘方遠校定，王家葵校理：《真靈位業圖校理》，第二六二頁。

② 吉川忠夫、麥谷邦夫編，朱越利譯：《真誥校注》，第四二一頁。

③ 吉川忠夫、麥谷邦夫編，朱越利譯：《真誥校注》，第四二一頁。

④ 吉川忠夫、麥谷邦夫編，朱越利譯：《真誥校注》，第四二一頁。

⑤ 麥谷邦夫、吉川忠夫夫編，劉雄峰譯：《〈周氏冥通記〉研究（譯注篇）》，第一一七頁。

⑥ 關於仙人唐公房的研究，參見施舟人（Kristofer Schipper）：《歷經百世香火不衰的仙人唐公房》，載傅飛嵐、林富士主編《遺迹崇拜與聖者崇拜——中國聖者傳記與地域史的材料》，允晨文化，一九九九年，第八五—九九頁。

⑦ 麥谷邦夫、吉川忠夫編，劉雄峰譯：《〈周氏冥通記〉研究（譯注篇）》，第一五八頁。

⑧ 陶弘景纂，閭丘方遠校定，王家葵校理：《真靈位業圖校理》，第二六三頁。

⑨ 吉川忠夫、麥谷邦夫編，朱越利譯：《真誥校注》，第四一二頁。

至少可以瞭解到華陽洞天内的仙官不僅僅祇考察洞中的地下主者、鬼帥，洞外民間亦在其關注範圍之中。

第七六號“保命府王、傅、范、徐四仙君”，即《位業圖》所言“武解鬼帥者，王延、范糧、傅晃、除銜（四人已度）”[①]。按《真誥》卷七引《真司科》云：“地下主者，解下道之文官。地下鬼帥，解下道之武官。文解一百四十年一進，武解二百八十年一進。武解，一解之下者也。”[②]又見卷一三《稽神樞》云：“鬼帥武解，主者文解，俱仙之始也，度名東華，簡刊上帝，不隸酆宫，不受制三官之府也。”[③]可知鬼帥與地下主者屬同等仙品位業，然其文武所司則各有不同。卷七《甄命授》中，記録有小茅君所授酬祭四帥之法：

> 紙三百（酬鬼帥王延，近報録書以杵宗會，有功）。
> 油三斗（酬鬼帥傅晃，近與功曹使者令勢威照鬼形，使不得暴）。
> 青絹三十尺（酬鬼帥范疆，近執戮百惡，滅訟散禍，有功）。
> 銀叉三枚（酬鬼帥徐衛，近防護疾者，招魂安神，使冢訟不行，有殊功）。[④]

四位鬼帥執掌着驅鬼、散禍、招魂、解釋冢訟等職司，因此出現在貼近日常生活的儀式活動中，與小茅君《策文》“治法百鬼，典祟校精”相互呼應。又按《甄命授》言：“人家有疾病、死喪、衰厄、光怪夢悟、錢財減耗、可以禳厭、唯應分解冢訟、墓注爲急，不能解釋，禍方未已。”[⑤]而酬祭四位鬼帥則是上清經派應對以上實際生活中的厄難所提出的宗教解決方法。鬼帥與冢訟是上清經派的冥府系統中的重要概念，他們同樣體現出宗教觀念中的世俗道德因素。[⑥]

---

① 按：《茅山志》作“保命府鬼帥、王延、傅晃、范疆、徐衛，此四鬼帥……”劉大彬：《茅山志》，《道藏》第五册，第六一二頁。由此可知《位業圖》所具范、除兩人姓名或有訛誤，王家葵就此亦有討論。參見陶弘景纂，閭丘方遠校定，王家葵校理：《真靈位業圖校理》，第二六四頁。

② 吉川忠夫、麥谷邦夫編，朱越利譯：《真誥校注》，第二三一頁。

③ 吉川忠夫、麥谷邦夫編，朱越利譯：《真誥校注》，第四〇一頁。

④ 吉川忠夫、麥谷邦夫編，朱越利譯：《真誥校注》，第二三〇—二三一頁。

⑤ 吉川忠夫、麥谷邦夫編，朱越利譯：《真誥校注》，第二四五頁。

⑥ 趙益轉引都築晶子的觀念，認爲鬼帥與冢訟的概念體現着道德上的拯救與懲罰，祖先的功德可以拯救子孫升仙，祖先的罪過也會使子孫受到懲罰。參見趙益：《〈真誥〉研究》，《六朝隋唐道教文獻研究》，第一二〇頁。轉引都築晶子著，宋金文譯：《關於南人寒門、寒士的宗教想象力——圍繞〈真誥〉談起》，載劉俊文主編《日本中青年學者論中國史·六朝隋唐卷》，上海古籍出版社，一九九五年，第一七四—二一一頁。

（九）中茅君定録府

七七、定録府左禁中監韓仙君[①]

七八、定録府右理中監劉仙君

七九、定録府九宫禁侯姚仙君

八〇、定録府執法郎淳于仙君

1. 中茅定録君職司

上列隸屬中茅君所治定録府仙真僚屬四位，均屬“第六地真道”。同樣，我們需先來考察《茅山志》卷一《太上遣賫紫素之書策中君文》中所載中茅定録君的職司：

> 太上有命，天真書言。咸陽茅固，家於南關，厥字季偉，受名當仙。位爲定録，兼統地真。使保舉有道，年命相關。勤恭所莅，四極法全。宫館洞臺，治丹陽句曲之山。固其勗之，動静察聞。[②]

中君茅固在《位業圖》中位列“第六地真道”之中位，是統領地真之主者。大茅君成仙後，常住赤城山，句曲山則是由中茅君所治。若將華陽洞天比喻爲一處地下主者受學的道教學院，中茅君則是該院院長，此即所謂“兼統地真”。

所謂“定録”，即保舉下界學仙者，“使奏聞上宫，移名東方諸”[③]，“定名於不死之録”[④]。按“不死之録”即青童大君府中所藏之“白簡青籙”。《上清玉帝七聖玄紀迴天九霄經》亦云：

> 西龜定録，東華校名，請以五嶽群仙、後學之人，有奏簡三元、奉録青宫，一年七揀，列名上清者，皆刻注於玄圖，得爲太平之上真。[⑤]

中茅君雖然位爲地真，并不能直接參與記名定録，但他在選仙的過程中發揮着很大的“保舉”作用，即“保舉有道”。按所謂“有道”當係引申自漢代職官選舉制度中之

---

① 當作“左理中監”。

② 劉大彬：《茅山志》，《道藏》第五册，第五五一頁。

③ 吉川忠夫、麥谷邦夫編，朱越利譯：《真誥校注》，第一四五頁。

④ 吉川忠夫、麥谷邦夫編，朱越利譯：《真誥校注》，第一四六頁。

⑤ 《上清玉帝七聖玄紀迴天九霄經》，《道藏》第三十四册，第六二頁。

"明陰陽灾異"，其又稱爲"有道"[①]，祇不過在這裏應是指功行兼備的奉道者。在周子良奏名東華的事件中，基層仙官保命府丞趙威伯在管理仙籍的過程中發現了周子良"位合下仙"，便上報小茅保命君，保命君則"共定録（君）省察良久"，最終纔上奏東華青童君，爲其上記仙名。由此，"省察"（或言"察試"）與"保舉"是緊密相關的兩項工作，祇有通過"察試"方纔有"保舉"之事。《真誥》卷五《甄命授》云："仙道十二試皆過，而授此經，此十二事大試也，皆太極真人臨見之，可不慎哉。"[②]又云："真人……狀如痴人，人欲學道，作此試人，卒不可識也，不識則爲試不過，汝恒當慎此也。"[③]在《真誥》的記載中，第八〇號"定録府執法郎淳于仙君""主試有道者"[④]，這正是中茅君"保舉有道"的重要前提保證，其根本邏輯與中國古代選舉制度中的"磨勘"與"保舉"一致。[⑤]

2. 定録府僚屬職司

第七七號"定録府左禁（理）中監韓仙君"、七八號"定録府右理中監劉仙君"，按《稽神樞》言："定録官寮有左、右理中監，準今長史、司馬職。"[⑥]按魏晋時期，地方州郡刺史之下多設長史之職，類屬佐官，而司馬則爲佐官之武職[⑦]。中茅君受命治句曲山，類同州郡長官，故左、右理中監即爲其佐官。

第七九號"定録府九宫禁侯姚仙君"，按《稽神樞》言："北河司命，主水官考，此職常領九宫禁保侯，禁保侯職主領應爲種民者。"[⑧]"種民"是道教義理中的重要概念，其也體現於上清經之中。[⑨]在"陽九""百六"的末日到來之時，祇有"應爲種民者"纔能在福地中度過劫難或死後更生，最終進入金闕後聖道君在壬辰年所開的太平之

---

① 東漢時期，朝廷向地方詔求"有道"的制舉十分頻繁，僅次於"賢良方正"。參見陳仲安、王素：《漢唐職官制度研究（增訂本）》，中西書局，二〇一八年，第二五一—二五二頁。

② 吉川忠夫、麥谷邦夫編，朱越利譯：《真誥校注》，第一七三頁。

③ 吉川忠夫、麥谷邦夫編，朱越利譯：《真誥校注》，第一七四頁。

④ 吉川忠夫、麥谷邦夫編，朱越利譯：《真誥校注》，第三八八頁。

⑤ 陶金：《盟約：道教法籙的精神内涵與授度儀式》，第一四二一—一四九四頁。

⑥ 吉川忠夫、麥谷邦夫編，朱越利譯：《真誥校注》，第三八六頁。

⑦ 樓勁：《漢唐丞佐之異及其演化》，《清華大學學報（哲學社會科學版）》二〇二四年第四期，第三四—五二頁。

⑧ 吉川忠夫、麥谷邦夫編，朱越利譯：《真誥校注》，第三八六頁。

⑨ 參見杜洪義：《〈太平經〉"種民"解》，《中國道教》二〇〇六年第四期，第二三—二四頁。Christine Mollier, Zhongmin, Fabrizio Pregadio ed, *The Encyclopedia of Taoism*, 2 vols (Routledge, 2011), 2. 1285。陶金：《盟約：道教法籙的精神内涵與授度儀式》，第四二三—四四一頁。

世。進入洞天的地下主者則被授予仙職，成爲後聖道君之臣。[①]

第八〇號“定録府執法郎淳于仙君”，《稽神樞》言：“淳于斟……主試有道者……今在洞中爲典柄執法郎。”[②]按《晋書・載記第五》載：“（石勒）署張班爲左執法郎，孟卓爲右執法郎，典定士族，副選舉之任。”[③]則“執法郎”一方面負責士族的人事登記，另一方面也參與選舉，這也對應了“主試有道者”的説法。

（十）大茅君司命府

八一、司命府察試學道賈李嚴傅四仙君

八二、司命府太和靈妃上真左仙官

1. 大茅司命君職司

以上開列隸屬大茅君所治司命府仙真二位五人，均居“第六地真道”，“司命府”當即“太元府”[④]。其中第八二號“司命府太和靈妃上真左仙官”與第五六號“太和靈嬪上真左仙君”重複，《真誥》《墉城集仙録》《茅山志》均不見其隸屬司命府之記載，恐係默寫誤入。大茅司命君的職司見《茅山志》卷一《天皇太帝授茅君九錫玉册文》：

> 惟盈虚挺遠朗，幽耽妙玄。……情昭上帝，感激太玄。今敬授盈，位爲太元真人，領東嶽上卿司命神君。……今屈宰上卿，總括東嶽。又加司命之主，以領録圖籍。給玉童、玉女各四十人，以出入太微，受事太極也。治宫赤城，玉洞之府。盈其蒞之，動静以聞。[⑤]

與中君、小君之册文做通篇比較，可見位業越高，職司事務就越宏大，細節也就越簡略。上清經派三十六位司命神構成了一套體系嚴密的度世系統。大茅君、魏夫人、李仲甫、韓衆四位司命各有其所職司的地理區位，其餘三十五位司命與大司命青童君治於東海大方諸

① 趙益：《〈真誥〉研究》，《六朝隋唐道教文獻研究》，第一〇五頁。

② 吉川忠夫、麥谷邦夫編，朱越利譯：《真誥校注》，第三八八頁。

③ 《晋書・載記第五》，中華書局，一九七四年，第二七三七頁。

④ 按：《真誥》卷一三《稽神樞》第三：“含真臺，洞天中皆有，非獨此也。此一臺偏屬太元府，隸司命耳。其中有女真二人總之。其一女真是張微子……其一女真是傅禮和。”載吉川忠夫、麥谷邦夫編，朱越利譯《真誥校注》，第四〇九頁。

⑤ 劉大彬：《茅山志》，《道藏》第五册，第五五〇—五五一頁。

宫，司命真君們除了在三官之上統領俗人生死之事，還負責“領拔學道、試校群仙”[①]，每到特定的日子，大司命青童君就會匯集司命及仙官，檢視學仙者的名簿，道業精進者記名仙籍或升遷位業，懈頓者則除落仙名，故云“領録圖籍”[②]。在周子良的個案中，中茅定録君將他保舉後，青童君便於七月七日的檢校中察得他“依如仙格，合中品之上……乃作簡文”[③]。由青童君所統領的“司命真君”群組與西城王君統領的“太平下教二十四真人”群組都是金闕後聖道君“度世”宏圖的重要組成部分，其一者負責“培養”，一者負責“選拔”。後聖道君居太極天正位，故云大茅君“受事太極也”。

除了大司命青童君的定期檢校，其餘司命亦有巡視各名山洞天，檢校學仙之期。大茅君邀請青童君等上聖迴盼華陽洞天選仙的三月十八日被江南地區人民相沿爲茅山朝山進香之期，直至今日：

> 三月十八日、十二月二日，東卿司命君是其日上要總真王君、太虚真人、東海青童君合會於句曲之山，游看洞室。好道者欲求神仙，宜預齋戒，待此日登山請乞。篤志心誠者，三君自即見之，抽引令前，授以要道，以入洞門，辟兵水之灾，見太平聖君。[④]

魏夫人也曾言及他與茅君前往王屋山選仙的事體，其曰：“昨與叔申詣清虚宫，校爲仙真得失之事耳。近頓除落四十七人，都復上三人耳。”[⑤]在上清經中，類似的這種對於學仙者的檢校與遷拔也可見於《高聖六合隱存定簡記仙上法》中[⑥]。在靈寶經《元始五老赤書玉篇真文天書經》中，也記載了在特定的日子中，元始五老天神會集會於玉京山上，推算運度，校核地上兆民的功過，并派遣三官、北斗等神下降，考察人間善惡。因此奉道之士宜於此時持戒修齋，則可“功記三官五帝，列名上天”[⑦]。

---

① 劉大彬：《茅山志》，《道藏》第五册，第五七七頁。
② 張超然：《系譜、教法及其整合：東晋南朝道教上清經派的基礎研究》，博士學位論文，臺灣政治大學，二〇〇八年，第一五一頁。
③ 麥谷邦夫、吉川忠夫編，劉雄峰譯：《〈周氏冥通記〉研究（譯注篇）》，第一五八頁。
④ 吉川忠夫、麥谷邦夫編，朱越利譯：《真誥校注》，第三六四頁。
⑤ 吉川忠夫、麥谷邦夫編，朱越利譯：《真誥校注》，第四六頁。
⑥ 《上清玉帝七聖玄紀迴天九霄經》。亦見於《無上秘要》卷九，《道藏》第二十五册，第二六—二七頁。
⑦ 《元始五老赤書玉篇真文天書經》，《道藏》第一册，第七七四頁。

2. 司命府僚屬職司

第八一號"司命府察試學道賈、李、嚴、傅四仙君"事見《稽神樞》：

賈玄道、李叔升、言城生、傅道流，往并受東卿君之要也。……（此四人隸司命，主察試學道者，所以長史有書與賈，賈即呈司命，司命亦答之，并以在上卷。此諸人名位小，不顯外書）[①]

這四位仙君"察試學道者"的職司與第八〇號"淳于仙君""主試有道者"頗爲相似，淳于仙君作爲"定録府執法郎"當是於華陽洞天内對學仙進行察試，而司命府的四位仙君則應是在更大層面對各名山洞天學仙者進行察試。此外，按《運象篇》所載，賈玄道在《真誥》的降授過程中還扮演了傳遞書信的功曹的角色，陶注云："賈玄道等主知試校事，故有此書。賈即以呈司命，司命後所答，云賈生近以此書來者也。"[②]由此，"察試學道"四仙君還扮演了提攜接引奉道者的職能。

（十一）上清傳法宗師

八三、上清左卿仙侯太元廣德許真君

八四、上清侍宸右仙翁混化元一許真君

八五、上清大洞火浣紫軒林真人

八六、上清三洞四輔一切真人

以上開列後世上清派所尊奉的第三代真師許謐、第四代宗師許翽。[③]第八五號林真人前文已提及，應爲《三茅寶懺》之修訂者，或修訂者之師。第八六號總括了道門的歷代宗師，而其中"上清""三洞""四輔"的分類法則仍然沿襲了中古以來的古法，有别於元代業已盛行的"諸階大法"[④]。此外，上海本第六五號"句曲歷代傳經傳籙大法宗師"似乎也應從屬於此。

---

① 吉川忠夫、麥谷邦夫編，朱越利譯：《真誥校注》，第三八四頁。

② 吉川忠夫、麥谷邦夫編，朱越利譯：《真誥校注》，第六六頁。

③ 劉大彬：《茅山志》，《道藏》第五册，第五九八頁。

④ 關於師派的進一步討論，可參見陶金：《盟約：道教法籙的精神内涵與授度儀式》，第一五五五—一五五八頁。

（十二）易遷宫

八七、易遷宫含真臺主張仙君
八八、易遷宫得道仙官王仙君
八九、易遷宫受學女仙李仙君
九〇、易遷宫領學仙妃趙仙君
九一、易遷宫都司學陶仙君
九二、易遷宫柳孫阮三仙君
九三、易遷宫左右英二仙君
九四、易遷宫女仙竇仙君
九五、易遷宫女仙施仙君
九六、易遷宫女仙李仙君
九七、易遷宫女仙張仙君
九八、易遷宫女仙韓仙君
九九、易遷宫女仙劉仙君
一〇〇、易遷宫女仙鄭仙君

以上開列易遷宫女仙十四位十七人，均位於“第六地真道”。按《稽神樞》言：

> 洞中有易遷館、含真臺，皆宫名也……此館中都有八十三人。又有協辰夫人者，九宫之女也，太上往遣來教此等法，皆以保命授書，協辰夫人主教領之也……含真臺是女人已得道者，隸太元東宫中，近有二百人。此二宫盡女子之宫也。又有童初、蕭閑堂二宫，以處男子之學也。[1]

值得注意的是，此組女性地下主者與第七組男性地下主者遥遥相對，但幾乎被置於所有聖位之最後，且茅山本、上海本均是如此，似是有意爲之，而非默寫時錯亂所致。具體原因待考。

（十三）山神護法及其他

一〇一、華陽得道男女真仙
一〇二、半山土地黑虎大神

① 吉川忠夫、麥谷邦夫編，朱越利譯：《真誥校注》，第三九三—三九四頁。

一〇三、諸司官將法部諸神

一〇四、洞天福地仙官聖衆

一〇五、隨來香火三界明神

一〇六、太歲城隍里域正神

一〇七、隨真下降一切聖衆

以上七位聖位，大致總括了茅山洞天福地的一切仙真，以及道場中下降的一切神明。其中第一〇二號“半山土地黑虎大神”係大茅山之山神土地，其神傳未見於文獻經典中，應係茅山本地民間固有的香火。按民間傳説，黑虎大神姓名劉甫，在大茅君前來茅山修道之前便已於此修行，後因未能得道成爲土地神，但因其先於茅君來山的原因，故在山腰爲其設廟①，享受朝山香客的第一爐香火。②

（十四）《茅山本》可能存在的遺漏與重複

・ 句曲得道玄通周仙官

・ 華陽得道清遠桓真君

上海本雖然存在着結構順序錯亂的問題，但比茅山本多出“句曲得道玄通周仙官”“華陽得道清遠桓真君”兩位，係陶弘景受業弟子，應屬“句曲得道”或“華陽得道”仙真之列。

・ 句曲歷代傳經傳籙大法宗師

上海本有此，或從屬於第十一組“上清傳法宗師”。

・ 保命府丞主雨水趙仙君

上文言及“保命府四丞”，惟闕“主雨水”丞趙威伯。

・ 後聖上傅白山宫太素真君

第四一至四三號開列後聖金闕道君“四輔大相”中的三位，尚闕此位。

・ 第五五號“太虚上真金臺李仙君”

上文已言，此與第一一號句曲方丈臺昭靈李仙君重複。

・ 第五六號“太和靈嬪上真左仙君”

上文已言，此與第八二號司命府太和靈妃上真左仙官重複。

---

① 半山黑虎廟至今猶存於大茅峰山腰香道一側，係近年重建。

② 茅山道教文化研究室：《土地神劉甫的傳説》，載馮可珠主編《茅山民間文學集成》，第一二三頁。

三、上清經中的選仙制度

（一）華陽洞天“三府”職司

《三茅寶懺》依據職司對上清經中的仙官進行了分組，這實際爲我們提供了一把理解上清經選仙制度的鑰匙。根據以上的簡要梳理，我們能够注意到大茅君司命府、中茅君定録府、小茅君保命府具有十分明顯的職官制度特徵，他們各有分工，又相互協作。對這些職司進行初步的分析，將有助於我們理解“洞天”“洞宫”這一聖境的獨特功能，并進一步理解其背後更爲宏大的道教義理。爲更爲清晰地瞭解“三府”職司，我們將其簡單地羅列於表二之中。

表二　三茅真君三府職司

府	官	職
司命府	大茅司命君	“領録圖籍”“領拔學道、試校群仙”“治宫赤城”
	闕考	“察試學道”
定録府	中茅定録君	“使保舉有道”“治丹陽句曲之山”
	左理中監	對應“長史”，定録君治華陽洞天之文職佐官
	右理中監	對應“司馬職”，定録君治華陽洞天之武職佐官
	九宫禁保侯	“領應爲種民者”
	典柄執法郎	“主試有道者”
保命府	小茅保命君	“保命建名”“領死記生”“勸教童蒙”“教訓女官”“治法百鬼”“關察水源”“監植龍芝”“治良常之山”
	明晨侍郎	對應“御史中丞”，輔佐小茅君的檢校監察之職
	府丞	“主災害”
	府丞	“主考注”
	府丞	“主生死”
	府丞	“主仙籍”
	理禁伯	“主雨水”
	府監	“主考察民間事”
	鬼帥	“近報録書以杵宗會”
	鬼帥	“近與功曹使者令勢威照鬼形，使不得暴”
	鬼帥	“近執戮百惡，滅訟散禍”
	鬼帥	“近防護疾者，招魂安神，使冢訟不行”

1. 大茅君司命府

大茅君司命府（太元府）的仙官僚屬最少，僅有“察試”仙君四人，其職司完全緊密圍繞着“領拔學道、試校群仙”展開，大抵而言，可歸爲三點：

一、在三官、東嶽之上，統領吴越地區俗人之生死；

二、巡游各名山洞天，檢校學仙者；

三、爲合乎品格，位可登仙者記上仙名，不合者則裁汰之。

2. 中茅君定録府

中茅君定録府的仙官機構以統領地真爲核心事務。大抵而言，可歸納爲四點：

一、統領華陽洞天内的地真；

二、察試轄區内之學仙者；

三、向巡查洞天的高真們保舉轄區内有道可升遷位業者；

四、負責管理句曲之山。

總體而言，中茅定録府的職司比較着重於對“仙才”的考察與推舉，同時也整體負責管理華陽洞天整區。

3. 小茅君保命府

與中茅君定録府僚（第七七至八〇號）、大茅君司命府僚（第八一至八二號）相比，小茅君保命府的仙官僚屬機構最大，其所執掌之事體也最駁雜，且貼近物質世界的凡人生活，大抵而言，可歸納爲六點：

一、輔佐三官及小茅君，對俗籍的善惡的監察與考注，并推校生死數算；

二、接引陽世亡故賢者得入洞天成爲地下主者，并將其名記上仙籍；

三、負責男女學仙的基礎教學工作；

四、統領鬼帥，解釋冢訟及精邪之事；

五、監管句曲山的水源，并看護洞天内的靈芝瑞草；

六、治良常山，鎮華陽洞天北門。

其中前兩項均與職官制度中的簿籍管理有關；第三、四項是分别統領“文”之地下主者與“武”的鬼帥；第五、六項則係對於華陽洞天的監管職司。

綜合三君府僚職司來看，有一條綫索非常清晰，即小君負責“招收”“培養”仙才，中君負責“察舉”，大君則負責最終的“認定”。這是一整套完整的“仙才”“人事”制度，與人世間的職官選舉制度互爲鏡像。

（二）“爲道選仙”與“爲國選賢”

1. 早期道教職官義理

海外漢學家很早便發現，從商代開始，中國宗教便呈現出一種“職官化”的傾嚮。[①]漢末道教創立後，這一特徵便也爲道教所繼承，并與道教的宇宙觀和義理相契合。[②]簡單來説，道教的職官化宗教表徵大量藉鑒了秦漢帝國的職官制度，并又將其代入特有的宗教語境之中，使其爲宗教目的服務。大略總結，有以下幾種特點[③]：

一、天曹：大道被視作至尊的君王，維持宇宙運轉的超自然力量都被職官化地表達爲“天曹”，另外一些較低層級的則被稱之爲“官君”“吏兵”；

二、天律：由天道所衍發的律令，神明依據這一“律”來運轉世界；

三、監察：天曹對下方生人的言行進行隨時的監察；

四、録籍：天曹掌握着所有人的名籍，并根據監察記録他們的善惡，所有的善惡都最終被依據天律折换爲“算”，“道人”與“俗人”分爲兩種不同的録籍；

五、選舉：大道遣三官、天曹游行世間，監觀善惡，道人録籍中有能行善功者，則被登録入種民之名録，死後更生，度世太平；

六、賞罰：天曹依據録籍中的“算數”，通過生死禍福的方式進行獎懲（由被官君或被大道所掌控的鬼神實施）；

七、解除：人類通過悔過、贖罪或其他儀式解除疾病、灾禍；

八、文書：通過公文的方式與神明進行交流；

九、氣論：無論是天曹仙官，還是旱魃、瘟疫，抑或是人均可在“氣”的層面進行理解，如大道官君爲“真氣”，瘟疫爲“逆氣”，而儀式中的請降仙官以及收攝邪祟都被視作真氣的運行。[④]

---

① 参見吉德煒（David N. Keightley），“The Religious Commitment: Shang Theology and the Genesis of Chinese Political Culture,” *History of Religions* 17, no.3/4 (1978): 222-224。索安（Anna Seidel）：《從墓葬的葬儀文書看漢代宗教的軌迹》，載《法國漢學》叢書編輯委員會編《法國漢學》第七輯，中華書局，二〇〇二年，第一一八——一四八頁。

② Peter S. Nickerson, “Taoism,Death,and Bureaucracy in Early Medieval Chinad” (Berkeley, University of California, Berkeley, 1996)。王宗昱：《〈登真隱訣〉所反映的天師道》，載李四龍、周學農主編《哲學、宗教與人文》，商務印書館，二〇〇四年，第一八五—二〇二頁。蔡霧溪 (Ursula–Angelika Cedzich) “The Organon of the Twelve Hundred Officials and Its Gods,” *Daoism: Religion, History and Society*, 2009, pp.1-91。高萬桑 (Vincent Goossaert), *Bureaucratie et salut:devenir un dieu en chine* (Geneva: Labor et Fides, 2017)。

③ 亦可参見陶金：《盟約：道教法籙的精神内涵與授度儀式》，第八一—九八頁。

④ 陶金：《盟約：道教法籙的精神内涵與授度儀式》，第三九九—四二三頁。

具體來看，早期天師道的經典以職官察舉制度的修辭方法描述了大道對人類的生命救度。如《陽平治》言："吾（天師）從太上老君周行八極，按行民間，選索種民。"[①]靈寶經《九天生神章》亦云："四宫選舉，以充種民。"[②]從這點來看，"選舉種民"與大道的屢屢"下教"一様，都是大道救度人類的一種意願。而從人的角度來看，不但奉道者自己需要廣行善功來達到種民的標準，領户化民的祭酒也有職責將他們考察、認定的人選向大到進行保舉，此即《女青鬼律》所云："道運應興，太平期近，今當驅除，留善種人。男女祭酒，一切生民，急相核實，搜索忠賢。恭慕道德，按名列言。"[③]這都呼應了漢代朝廷詔求人才的"察舉制度"。

2. 九品中正制與選仙

上清經繼承并發展了早期天師道樸素的種民救度，將其進一步提升爲死後得爲"仙官"的宗教承諾。如《後聖道君列紀》云：

> 到壬辰之年三月六日，聖君來下，光臨於兆民矣。當是時也……滅惡人於水火，存慈善爲種民，始學者爲仙，使得道者爲仙官。[④]

這種具有階級化的救度轉嚮可以在現實世界中找到原因。一方面是道教經歷曹魏時期的發展後逐漸傳入精英階層，另一方面則是漢代選賢的"察舉制"在曹魏時期被新定立的"九品中正制"所取代[⑤]，這使得整個選賢制度發生了巨大變化。

關於九品中正制的起源與得失歷史學界已多有討論，尤其是其依據出身取仕的弊端[⑥]。不過另外需要特別强調的是，九品中正制於州設置察舉賢才的"大中正"，於郡設置中正之職。中央層面則有司徒府，負責總領地方選舉事務。經過司徒府最終審核後，用人材料報吏部認命。此外，州、郡中正之下又設有"訪問"僚屬，負責協助調查士人的品行，并撰寫士人的中正品第。[⑦]中正品第被等寫入由黄紙謄寫的"黄籍"，藏於司徒府中。

---

① 《陽平治》,《正一法文天師教戒科經》,《道藏》第十八册，第二三八頁。

② 《洞玄靈寶自然九天生神章經》,《道藏》第五册，第八四五頁。

③ 《女青鬼律》,《道藏》第十八册，第二四九頁。

④ 《上清後聖道君列紀》,《道藏》第六册，第七四五頁。參考《混元聖紀》校訂。

⑤ 唐長孺：《九品中正制試釋》,《魏晋南北朝史論叢》，生活・讀書・新知三聯書店，一九五五年。

⑥ 可參見宫崎市定著，韓昇、劉建英譯，韓昇校譯：《九品官人法研究》，生活・讀書・新知三聯書店，二〇二〇年；閻步克：《察舉制度變遷史稿》，北京師範大學出版社，二〇二一年。

⑦ 張旭華：《九品中正制研究》，中華書局，二〇一五年，第一〇九——一八頁。

在上清經中，由東海青童君所統領的司命系統與九品中正制在制度架構層面存在着可堪比較之處。

一、其都有一個由中央委派到地方的職官系統，中央的司徒或可對比太司命青童君。

二、州一級的大中正或可對比依據五嶽方面而設立的三十六司命系統[①]，郡一級的小中正則可對應某一處洞天的主治仙官。

三、大、小中正之下，均設有“訪問”僚屬，而司命、洞天主治仙官之下，則設有“察試學道”“主試有道者”“主考察民間事”的仙官。

四、與儲存於司徒府的黄籍相比較，東海方諸宫是太司命的居所，其間存有學道者之“白簡青籙”“學仙簿録”[②]。

這些初步的比較雖然還比較簡陋，却爲我們從職官義理的角度理解上清經與其形成時代背景的關係提供了另一視角。原有的天師道“選索種民”的背後所隱含的應是漢代自下而上的“察舉制度”，而上清經“使得道者爲仙官”的背後則另有一層更爲“階層化”選舉的社會背景。

四、上清經傳統的接續

從《三茅寶懺》的形式與内容來看，這一文本的形成絶非歷史上的偶然創作。相反，其與茅山以及上清經的傳承有着極大的關聯。下面就以《三茅寶懺》爲綫索，就其對於上清傳統的接續與發展稍作敷陳。

（一）《真誥》中的儀式

敦煌殘卷S.3750、P.2559、BD11252經大淵忍爾、王卡校讀，被認定爲陶弘景爲傳授三皇系道法所編《陶公傳授儀》。[③]陶弘景在《登真隱訣》中亦收入了稍早的天師道

① “大方諸宫，青君常治處也。其上人皆天真高仙，太極公卿，諸司命所在也，有服日月芒法，雖已得道爲真，猶故服之。霍山赤城，亦爲司命之府，唯太元真人南嶽夫人在焉。李仲甫在西方，韓衆在南方，餘三十一司命，皆在東華，青童爲太司命，總統故也。”吉川忠夫、麥谷邦夫編，朱越利譯：《真誥校注》，第二九九—三〇〇頁。亦參見張超然：《系譜、教法及其整合：東晉南朝道教上清經派的基礎研究》，博士學位論文，臺灣政治大學，二〇〇八年，一三二—一三五。

② “方諸青宫，右上相青童君治於其内，宫中北殿上有玉架，架上有學仙簿録，及玄名年月日深淺金簡玉札，有十萬篇，領仙玉郎典之。”《無上秘要》卷二二，《道藏》第二十五册，第五七頁。

③ 王卡：《敦煌本〈陶公傳授儀〉校讀記》，《道教經史論叢》，巴蜀書社，二〇〇七年，第三二一頁。

《漢中入靖儀》[1]以及《入靖法》[2]，可見上清經派繼承了天師道儀式傳統，并有意地對其進行改造，使其能够與自身經法相匹配。[3]

《真誥》中集中記録的華陽洞天仙官系統不僅是神傳及位業的羅列，更是一套可以操作的信仰及儀式體系。如卷二《運象篇》中所載，許長史曾托大茅君名下的仙官賈玄道轉呈大茅君的文書[4]，類似功曹的職司。華陽洞天内又有主管河流、雨水的張玄賓[5]、趙威伯[6]二仙官，陶弘景注云："若請雨，宜并爲辭也。"[7]陶本人也的確曾經與弟子周子良向張、趙二仙官進辭請雨，其記載及請雨辭文見於《周氏冥通記》卷二之中。[8]此外，《真誥》卷七《甄命授》中還記載了可以驅鬼、散禍、招魂、解除冢訟的四位鬼帥[9]，以及祭祀供品的種類與數量。

由此可見，當時的茅山道教所使用的儀式與《真誥》中所記載的仙真直接關聯，文本與場所緊密關聯，是一個圍繞洞天福地仙真展開的系統，其形式繼承了天師道的文書傳統，并下啓宋元以降的"三茅系"儀式。

（二）國家齋醮與懺儀編訂

入唐以來，茅山道教爲皇室舉行的儀式日漸增多，如多次的投龍[10]，《河圖大齋》[11]以及持續時間長達四月餘的"九度功德"[12]。大規模皇室齋醮的舉行，勢必推動茅山道教儀

① 陶弘景撰，王家葵輯校：《登真隱訣輯校》，中華書局，二〇一一年，第七三頁。

② 陶弘景撰，王家葵輯校：《登真隱訣輯校》，第六六頁。

③ 吕鵬志：《唐前道教儀式史綱》，中華書局，二〇〇八年，第一〇七頁。

④ 吉川忠夫、麥谷邦夫編，朱越利譯：《真誥校注》，第六六頁。

⑤ 《真誥》卷一三："玄賓者，定襄人也……事師西河薊公……後遇真人樊子明於少室，授以遯變隱景之道。昔在天柱山中，今來華陽内爲理禁伯，理禁伯主諸水雨官也。"載吉川忠夫、麥谷邦夫編，朱越利譯《真誥校注》，第四二〇頁。

⑥ 《真誥》卷一三："趙威伯者，東郡人也，少學邯鄲張先生。先生得道之人耳，晚在中嶽，授《玉佩金鐺經》於范丘林……此一人主爲暴雨水，及領五芝金玉草，若欲致洪雨者，將可辭詣之也。"見吉川忠夫、麥谷邦夫編，朱越利譯：《真誥校注》，第四二一頁。

⑦ 吉川忠夫、麥谷邦夫編，朱越利譯：《真誥校注》，第四二一頁。

⑧ 麥谷邦夫、吉川忠夫夫編，劉雄峰譯：《〈周氏冥通記〉研究（譯注篇）》，齊魯書社，二〇一〇年，第一一七頁。亦載劉大彬：《茅山志》，《道藏》第五册，上海書店出版社，一九八七年，第七〇一頁。

⑨ 吉川忠夫、麥谷邦夫編，朱越利譯：《真誥校注》，第二三一頁。

⑩ 貞觀九年（六三五）四月、六月唐太宗兩次遣使來茅山，請王遠知爲其舉行投龍。劉大彬：《茅山志》卷二二，《道藏》第五册，第六三八頁。唐天寶七年（七四八），玄宗爲求法籙請茅山高道李含光在華陽洞口舉行進詞投法信儀。劉大彬：《茅山志》，《道藏》第五册，第五五六頁。

⑪ 劉大彬：《茅山志》，《道藏》第五册，第五五七、五六〇頁。《河圖大齋》之名并不見於靈寶衆齋法之中，它的核心可能源自承襲天師道上章法的《上清河圖内玄經》，并以靈寶齋儀的框架承行。關於《上清河圖内玄經》的儀式内容，參見吕鵬志：《唐前道教儀式史綱》，第一一四頁。

⑫ 劉大彬：《茅山志》，《道藏》第五册，第五五七頁。

式的發展，《太上慈悲道場消灾九幽懺》（下稱《九幽懺》）當即李含光在此背景下所編訂。[①]北宋時期，皇室與茅山道教教團的密切關係在徽宗時期達到頂峰，他曾至少六次[②]請劉混康代爲拜奏章詞[③]，并賜予九老仙都君玉印、宗壇玉圭、鎮心符、呵硯等儀式法具。

皇帝對於三茅真君聖號的封贈始於北宋徽宗崇寧元年（一一〇二）[④]，南宋淳祐九年（一二四九），宋理宗爲三茅真君加封聖號，并於當年六月舉行了隆重的加封儀典[⑤]，元仁宗於延祐三年又再一次加封（一三一六）[⑥]，二百年間對於三茅真君的三次加封無疑是與地方民衆崇拜三茅真君熱情的互動，也勢必更推動儀式的發展。現存《道藏》的《三茅真君加封事典》[⑦]所收《進封三茅真君聖號慶禮醮科儀》[⑧]《慶禮設醮儀》[⑨]分别是以三茅真君作爲主神的"三朝齋儀"以及齋儀結尾的"設醮儀"。筆者暫將其合併命名爲《三茅齋儀》，這是目前所知酬醮三茅真君最早的的儀式文本[⑩]，也極有可能是茅山仍傳承的《三茅午朝》的前身。另一部《九天三茅司命仙燈儀》[⑪]應是在同一背景下編修的科儀文本。

南宋末年的茅山三十八代宗師蔣宗瑛（？—一二八一）曾整理《上清大洞真

---

① 朱越利引玄嶷《甄正論》推測《九幽懺》爲唐道士劉無待所撰，然不論誰人所作，其冠以李含光所作序文可證明作者與茅山上清派之密切關係。參見朱越利：《道藏分類題解》，華夏出版社，一九九六年，第八六頁。據聖凱考證，其中儀式内容與懺文都與傳爲梁武帝所作的《梁皇寶懺》頗相類似，聖凱：《中國漢傳佛教禮儀》，轉引自姚冰：《從〈太平經〉到〈九幽懺〉——簡論道教懺儀思想及其心理意義》，《四川師範大學學報（社會科學版）》二〇〇七年第四期，第三三—三七頁。考慮到梁武帝與茅山道教的地緣與人緣關係，陶弘景晚年道、釋并舉的宗教傾嚮，以及道、釋交涉的大背景，《九幽懺》應是茅山道士以固有的入靖首過傳統爲基礎，藉鑒佛教懺儀所創編而來，參見前引姚文。

② 劉大彬：《茅山志》，《道藏》第五册，第五六二—五六九頁。

③ 大觀元年（一一〇七）七月二十九日，徽宗在與宗師劉混康敕書後寫道："謹齋沐寫成密詞一通，托先生拜章奏達，即幸也。伺得天語，速具奏來。"參見劉大彬：《茅山志》，《道藏》第五册，第五六八頁。

④ 劉大彬：《茅山志》，《道藏》第五册，第五六一頁。

⑤ 《淳祐加封三茅真君誥》，劉大彬：《茅山志》卷四，《道藏》第五册，第五七二頁。

⑥ 劉大彬：《茅山志》，《道藏》第五册，第五七四頁。

⑦ 張大淳：《三茅真君加封事典》，《道藏》第三册，第三三九頁。

⑧ 《進封三茅真君聖號慶禮醮科儀》是齋儀"三時行道"或"早午晚三朝"中的一個儀式單元。雖然其儀式首尾的儀法節次被省略，但就其中"儀式如常至啓聖""齋意青詞，謹當宣奏""以今某朝行道"都可以論定，此段文字是三朝科儀中共用的一段儀文，并省略了"衛靈咒""發爐""復爐"等所有齋儀通用的儀文。對於齋儀中一日三朝儀式結構的論述可參見吕鵬志：《唐前道教儀式史綱》，第一四三頁。

⑨ 《慶禮設醮儀》是在齋儀"三時行道"之後設供醮祭神靈的儀式單元。文中所顯示的"初獻""亞獻""終獻""復爐"等儀法節次即是此意。

⑩ 《進封三茅真君聖號慶禮醮科儀》與《慶禮設醮儀》雖然在儀式結構上與傳統齋醮的朝儀、醮儀相同，但其科儀中高功法師的説文則係完全圍繞三茅真君的信仰展開。

⑪ 《九天三茅司命仙燈儀》，《道藏》第三册，第五七三頁。

經》[①]，并編訂篇幅達十卷的《太上靈寶朝天謝罪大懺》（下稱《朝天懺》）。[②]《朝天懺》每一卷朝禮聖位末尾都單獨開列一組“洞天福地嶽瀆仙官”聖位，其内容基本與宋代李思聰《洞淵集》所列[③]相吻合，并增益了酆都十二宫魔王冥官神。[④]蔣宗瑛的工作一方面表現了茅山教團對於懺儀的持續重視，另一方面也表現了對源出上清經的洞天福地仙官系統的繼承。

（三）文本的繼承與發展

1. 與《茅山志》的關係

在經典與儀式編纂之餘，元代茅山教團完成另一項重要的文化工程，即完成於天曆元年（一三二八）的《茅山志》[⑤]的編纂。對於這部《茅山志》的修纂，盧仁龍評價説：

> 《茅山志》與其它道教史籍相比，具有取材廣泛，體例謹嚴，叙事可信等特點，因而也就具有很高的史料價值。其中最突出的是它是繼陶弘景《真誥》之後，全面、準確叙述茅山宗歷史發展的一部經典作品。《茅山志》的内容從體裁上分可歸爲兩類，一是對茅山宗文獻的清理與分類，《誥副墨》《録金石》《金薤編》三門都是對茅山舊有文獻的逸録。一是在整理前代文獻基礎上進行叙述，其它九門大部分都是這類。這種以叙爲主，兼存文獻的安排，使茅山道近千年歷史及其各個方面的内容都得到了反映。[⑥]

在《茅山志·仙曹署篇》中，《真誥·稽神樞》及《周氏冥通記》等六朝上清文獻中所

① 《上清大洞真經》,《道藏》第一册，第五一二頁。

② 《朝天懺》共十卷，其中每卷“志心朝禮”節次的聖位自三清以後分列開列了北宋徽宗玉清和陽宫祀典的“四御”以及神霄法派的“九宸”；該懺每卷末尾都有贊頌一闋，題爲“冲妙先生燒香朝拜金闕上帝而獻頌曰”，按：冲妙先生即南宋末、元初的茅山上清第三十八代宗師蔣宗瑛，他曾因祈晴有功爲理宗所賞賜，并注《大洞玉經》十六卷，故基本可以推測目前所見《朝天懺》的版本年代上限爲北宋末，最終編訂應是在南宋末。《太上靈寶朝天謝罪大懺》,《道藏》第三册，第四六三頁。

③ 參見李思聰：《洞淵集》,《道藏》第二十三册，第八三八—八四〇頁。

④ 酆都之信仰出自《真誥·闡幽微》，趙益結合小林正美的研究，認爲《闡幽微》中所録關於酆都冥府的記載應是一部完整的《酆都宫記》。參見趙益：《〈真誥〉研究》,《六朝隋唐道教文獻研究》，第一二三頁。《朝天懺》卷八分别開列酆都冥府聖位三十二位，分别爲酆都大帝，七府定罪冥官、二十四獄考鬼靈官（二獄合一位）以及十二宫魔王。《道藏》第三册，第四九九—五〇〇頁。

⑤ 最新校訂版參見劉大彬編，江永年增補，王崗點校：《茅山志》，上海古籍出版社，二〇一六年。

⑥ 盧仁龍：《〈道藏〉本〈茅山志〉研究》,《社會科學戰綫》一九九二年第二期，第三二五—三三一頁。

記載的華陽洞天仙宫被以所屬宫府的範疇重新排列。其篇首曰：

> 華陽洞天三宫五府：曰易遷宫、含真宫、蕭閑宫，曰太元府、定録府、保命府、童初府、靈虚府。其太元、定録、保命，爲三茅君所治。易遷、含真，則女子成道者居之。餘宫府皆男真也。保命間用女宫。東海青童君一年再游，校此諸宫，覲見群輩。

可見，《茅山志》的編纂者不僅對《真誥》的文本十分熟悉，更對其中所記載的上清仙真譜系以及華陽洞天内的宫府僚屬職司有着明確且深刻的認識。换而言之，《茅山志·仙曹署篇》的編修已經遠遠超出了“山志”的範疇，而是一種神學意義上的總結與重構。但這種建構在當時的茅山或許是一種來自歷代師承與文本的共識。

《茅山志》的領銜總編爲四十五代宗師劉大彬，編輯爲張天雨，其修訂年代，按《茅山志》之記載，極有可能即是《三茅寶懺》作者（或者作者之師）的林大敷，他“火解”於《茅山志》開始編纂之前的一二九八年。《茅山志·仙曹署篇》與《三茅寶懺》中的聖位高度重合，且分類方法也十分近似。由此，無論兩者是否存在確鑿的呈遞關係，我們都可以認定兩者之間具有極爲緊密的關聯，或者至少共享同一份底本。這份底本或許是《真誥》及其他上清經的摘抄筆記，也或許是前代的山記。

2. 與《朝天懺》的關係

蔣宗瑛所編訂的《朝天懺》每一卷聖位末尾都單獨開列一組“洞天福地嶽瀆仙官”聖位，而《三茅懺》則將其中的茅山“華陽洞天”仙官進行了展開。兩者之間存在着文本形式（懺儀）與内容（洞天仙官）上的高度重叠。此外，我們還知道《三茅寶懺》與《茅山志》的編訂時間距離宗師蔣宗瑛（卒於一二八一年）的活動年代甚近，且林大敷與蔣宗瑛本人交游甚密。由此兩部懺儀之間必然存在着承繼關係。不同的是，《朝天懺》更像是爲大型齋醮而編纂敷用，其服務對象極可能是國家與皇室，因此也具有極强的普適性（其中的“洞天福地”遍布天下）。而《三茅寶懺》則利用了懺儀這一框架，將六朝上清經的神仙譜系化入其中，更好地與茅山本地的朝山進香法事相結合。所以文本與場所具有極强的契合度。通過茅山道衆在朝香之期拜禮《三茅寶懺》，茅君與洞天福地仙官得以盤桓於茅山的山水之間，庇護前來朝山的江南百姓，而不僅僅是停留於書本之上。此即懺儀開篇説文所言：

玆者，華陽日永，值三君游盼之辰；玉洞春融，當萬姓朝參之際。望雲峰而稽顙，瞻仙範以傾心。

總　結

（一）上清經的救度宏圖

《三茅寶懺》的十三組聖位雖然在一定程度上存在着次序及結構的錯亂，但我們仍能很明顯地看到編訂者在利用其對上清經派仙真信仰的系統知識有意地將衆多仙真進行有序排列，其背後是東晋時期上清經派對於既有神仙信仰的吸收、重組與系統化。編訂者排列十三組聖位的同時，也完成了一次對上清經派的經典降授、傳承脉絡以及救度計劃的系統性叙事：東晋時代楊、許的降真之會發生在茅山的金陵福地，衆多的經法真訣因此被降授，其信仰核心是通過這些上清經法在“陽九”“百六”的甲申之灾後能够過渡到由金闕後聖道君所治的壬辰太平之世度。爲了保證更多的人能够“度世”，由西城王君所統領的下教真人體系負責傳授經訣，而由青童君所統領的司命真君體系則負責考校。這也恰恰對應了茅山中降真的福地與考校的洞府。在這一下教上舉的動態過程中，茅山便成爲這一救度宏圖的一處重要站點。

（二）洞洞天内的選舉制度

小茅保命府、中茅定録府、大茅司命府的職司在不同的層面圍繞着生命個體的超越（即選仙）這一主題緊密展開，這是六朝上清經對種民觀念的進一步發展。其中的教授、察試、保舉、檢校、記名、遷拔等概念環環相扣，是一套邏輯清晰的選仙制度，并可能與魏晋選賢的“九品中正制”存在一定的内在聯繫。

（三）天然洞穴的宫府化

山洞是一種造化、孕育之所，是重啓神聖生命的大地“子宫”。道教的洞天是一處隔絶的彼世，同時也是“度化之所”，進入洞天的旅程即抵達終極體悟的路徑，傅飛嵐（Franciscus Verellen）强調“將洞天視爲過度與超越之地（轉化之母體）的統合觀點中即包含了從出生到再生、再到不死成仙的循環過程”[①]。這也正好能够與上述華陽洞天

① 傅飛嵐（Franciscus Verellen）著，程薇譯：《超越的内在性：道教儀式與宇宙論中的洞天》，載《法國漢學》叢書編輯委員會編《法國漢學》第二輯，清華大學出版社，一九九七年，第六五頁。

内仙官的選仙職司所對應。天然的洞穴被宫府化、職官化了，其孕育重生的神聖力量也由此被賦予了更爲具象的職官形象。[①]

（四）前代神仙的職官化

與此同時，我們看到了諸多“前道教”時代的神仙都被納入到洞天仙官的體系之中，如展上公（九宫左保司）、郭四朝（九宫仙翁玉臺執法郎）、唐公房（保命府丞）等。這些神仙與方仙傳統有着密切的關聯，有着脱離世俗社會與政治制度的内涵[②]，在《真誥》中却被編入另一套體制之中，爲大道的救度宏圖效力。與此相仿，我們在《稽神樞》中有關茅山地面自然山水元素的書寫中也看到了這一轉化的傾嚮，原本爲帝王與方士等小群體所獨享的山嶽在《稽神樞》中被賦予了“仙真度世及種民者”[③]。

（五）對前代傳統的繼承

《上清大洞真經》《朝天懺》《茅山志》等幾部大型經典文獻在大約同一時期、同一人群編纂，這使得《三茅寶懺》的編訂年代有了大致可以參照的坐標。《三茅寶懺》的編訂不僅僅是對於傳統的繼承，而是意在通過儀式進一步重構并顯揚茅山本地的宗教脉絡與傳統。再結合這一時期發生的“九老仙都君”玉印還山、吴全節請賜崇禧萬壽宫、趙孟頫題寫碑記、張伯雨玄洲唱和等歷史碎片，宋元之交的茅山可能曾出現過一次小規模的“文藝復興”。在此期間，茅山教團的有識之士開始集結上清經相關的文字資料，而這一舉動的背景是龍虎山天師開始統領道教，雷法道派開始在江南地區傳播開來。

附表一

序號	聖位名號	《位業圖》	《真誥》記述	其他神傳	事略
1	聖高祖得道太初茅真君	第四左位	闕考	《雲笈七籤》卷一一〇 《茅山志》卷五	茅濛，字初成，茅君高祖，師於鬼谷先生，長往華山
2	聖曾祖長平功侯茅真君	闕考	闕考	《雲笈七籤》卷一〇四 《茅山志》卷五	茅偃，字泰能，濛之第四子，爲秦昭王車騎校尉、長平恭侯

① 洞穴的宫府化的較早叙述亦可見於《列仙傳·邗子》:“時有犬走入山穴，邗子隨入。十餘宿，行度數百里，上出山頭。上有臺殿宫府，青松樹森然，仙吏侍衛甚嚴。”《道藏》第五册，第七五頁。

② 康儒博（Robert F. Campany）著，顧漩譯：《修仙：中國古代的修行與社會記憶》，江蘇人民出版社，二〇一九年，第八九—九一頁，第一〇〇—一〇一頁。

③ 陶金：《“洞天福地”原型及其經典闡釋——〈真誥·稽神樞〉中的聖地茅山》，載吕舟主編《2019年第一届洞天福地研究與保護國際研討會論文集》，第七一—七三頁。

序號	聖位名號	《位業圖》	《真誥》記述	其他神傳	事略
3	聖祖得信侯茅真君	闕考	闕考	同上	茅憲，字世倫，仕莊襄王，爲廣信侯，始皇時爲德信侯
4	聖父漢隱士茅真君	闕考	闕考	同上	茅祚，字彦英，憲第六子，不仕不學，志慕農桑
5	聖母漢仙許元君	闕考	闕考	同上	茅君之母
6	聖祖夫人嬪妃仙眷	闕考	闕考	闕考	闕考
7	祖師冲虚聖佑真應真君	第二左位	《運象篇》第一	《雲笈七籤》卷一〇四 《茅山志》卷五	茅盈，字叔申，祚之長子
8	祖師冲應德佑妙應真君	第四左／六中	《運象篇》第一	同上	茅固，字季偉，祚之次子
9	祖師冲慧仁佑神應真君	第六左位	《運象篇》第一	同上	茅衷，字思和，祚之幼子
10	白玉寶臺九靈太真元君	第二女真位	闕考	《墉城集仙録》卷一	西王母，厥緱氏，生於崑崙山東南之伊川，師元始天王。爲西城王君師，王君爲茅君師
11	句曲方丈臺昭靈李仙君	第二女真位	《運象篇》第三	《墉城集仙録》卷二	北元中玄道君李慶賓之女，治方丈臺第十三朱館中。興寧三年八月廿二夜降
12	句曲上真東宫衛仙君	第二女真位	《運象篇》第一	《墉城集仙録》卷五	楊君降真之會，有十夫人皆列位號而無傳記及歌吟之詞
13	句曲太真王仙君	第二女真位	闕考	《墉城集仙録》卷四	王母小女，名婉羅，字勃遂，居東嶽，事玄都太真王
14	句曲長陵杜仙君	第二女真位	《運象篇》第一	《墉城集仙録》卷五	楊君降真會十夫人之一
15	句曲中侯李仙君	闕考	《甄命授》第四	闕考	《太元真人傳》，題爲：弟子中侯仙人李遵字安林撰
16	句曲北嶽蔣仙君	闕考	闕考	闕考	疑爲：西嶽八靈道姥蔣仙君

續表

序號	聖位名號	《位業圖》	《真誥》記述	其他神傳	事略
17	句曲紫微左宫王仙君	第二女真位	《運象篇》第一	《墉城集仙録》卷三	王母第二十六女，諱清娥，字愈音，鎮羽野玄壟山
18	句曲滄浪雲林右英王仙君	第二女真位	《運象篇》第二	《墉城集仙録》卷三	王母第十三女，諱媚蘭，字申林，治滄浪山
19	句曲九宫真女協晨黄仙君	第五中位	《稽神樞》第二	《茅山志》卷一四	黄景華，漢順帝司空黄瓊之女，主易遷宫教領女仙
20	句曲太極中華右仙君	第二女真位	《運象篇》第一	《墉城集仙録》卷五	楊君降真會十夫人之一
21	句曲得道三郭真君	第五左位	《稽神樞》第三	闕考	郭四朝真人兄弟四人皆得道，此疑爲其三弟
22	句曲隱形杜仙君	第六山外其來	《稽神樞》第三	《雲笈七籤》卷一一一 《茅山志》卷一四	杜契，字廣平，京兆杜陵人，居大茅峰東，後去良常山
23	句曲北海太紫玄清仙君	第二女真位	《運象篇》第一	《墉城集仙録》卷五	楊君降真會十夫人之一
24	句曲北漢七靈右仙君	第二女真位	《運象篇》第一	《墉城集仙録》卷五	楊君降真會十夫人之一
25	句曲柳汧得道田真君	第六左位	《稽神樞》第三	闕考	叔田公，先居茅山雷平山北柳汧下，今謂田公泉
26	句曲蕭閑堂仙卿張真君	闕考	闕考	《周氏冥通記》卷二	張孝，字子安，滎陽梨井人
27	句曲紫清宫内妃傅仙君	第二女真位	《運象篇》第三	《墉城集仙録》卷二	王觀香，字衆愛，仙人王子喬妹，受書爲紫清宫内傳妃
28	句曲三元考較馮仙君	第二女真位	闕考	《墉城集仙録》卷二	馮雙禮珠，三元夫人，永和五年會西王母於小有清虚上宫
29	句曲受經上元王仙君	闕考	闕考	《漢武内傳》《墉城集仙録》卷二	太上道君弟子，曾爲漢武帝、中茅君、小茅君傳授經訣
30	句曲蓬萊左卿周仙君	第四左位	《稽神樞》第三	《雲笈七籤》卷一一一 《茅山志》卷十四	周太賓，秦時道士，有才藝，善鼓琴

續表

序號	聖位名號	《位業圖》	《真誥》記述	其他神傳	事略
31	句曲蓬萊右卿姜仙君	第四左位	《稽神樞》第三	《雲笈七籤》卷一一一 《茅山志》卷一四	姜叔茂秦孝王時封侯，與周太賓并居雷平山前
32	句曲朱陵北絶臺九華上嬪管仙君	第二女真位	《運象篇》第一	《墉城集仙録》卷五	楊君降真會十夫人之一
33	句曲歷代傳經傳籙大法宗師				
34	東嶽上真司命仙君	第二左位	《運象篇》第一	闕考	即大茅君
35	南嶽上真紫虚元君	第二女真位	《運象篇》第一	闕考	即魏夫人
36	西嶽八靈道姥蔣仙君	第二女真位	《運象篇》第一	《墉城集仙録》卷五	楊君降真會十夫人之一
37	北嶽上真司命山仙君	第二女真位	《運象篇》第一	《墉城集仙録》卷五	楊君降真會十夫人之一
38	上元仙人侍女真仙	第二女真位			
39	九宫仙翁玉臺執法郎郭真人	第五左位	《稽神樞》第三	《雲笈七籤》卷一一一 《茅山志》卷一三	郭四朝，燕人，居雷平山前，先治句曲，後補九宫左仙公
40	南極南嶽左仙翁太虚正赤真君	第二左位	《稽神樞》第四	《茅山志》卷一〇	赤松子，皇初平師，師黄老君，天帝四真人之師，太一之友
41	後聖上宰西極西城總真王仙君	第二左位	《運象篇》第三	《茅山志》卷一〇	王遠，字方平，治益州西城山，領太平下教二十四真人
42	金闕上相司命青華小道君	第二左位	《運象篇》第一	《茅山志》卷一〇	青童大君，治東海大方諸宫，以晋代降魏夫人家
43	後聖上保司命南極紫虚元君	第二女真位	《甄命授》第二	《墉城集仙録》卷五	王母第四女，諱華林，字容真，受書爲金闕上保司命
44	九宫左保司上宫展真君	第五右位	《稽神樞》第四	《雲笈七籤》卷一一一 《茅山志》卷十四	展上公，高辛氏時人，於雷平山前伏龍地種白李

續表

序號	聖位名號	《位業圖》	《真誥》記述	其他神傳	事略
45	蓬萊都水監宗元翊教貞白陶真人	闕考	闕考	《陶先生小傳》《華陽隱居先生本起録》	陶弘景，字通明，上清第九代宗師，梁武時號山中宰相
46	侍帝宸領五嶽司右弼真人	第二右位	《運象篇》第一	《神仙傳》	王子喬，治桐柏山
47	東華上佐司命楊真君	第二左位	《翼真檢》第二	《雲笈七籤》卷一〇六 《茅山志》卷一〇	楊羲，爲簡文相府時舍人，魏夫人弟子，上清第二代玄師
48	紫清上宫真妃安仙君	第二女真位	《運象篇》第一	闕考	安鬱嬪，字靈簫，金臺李夫人之女，學上清道成受太上書
49	東華玉妃淳于仙君	第二女真位	《協昌期》第二	闕考	東海青童君之妹，曾於含真臺女真張微子學服霧之法
50	青靈真人裴仙君	第三右位	《運象篇》第一	《雲笈七籤》卷一〇五	裴玄仁，右扶風夏陽人，師南嶽赤君，有弟子三十四人
51	北牖弟子中侯上仙范仙君	第二右位	闕考	闕考	范邈，字度世，曾名永。漢桓帝侍郎，撰魏夫人傳
52	小有洞天太素清虚真君	第二右位	《運象篇》第一	《雲笈七籤》卷一〇六	王褒，字子登，范陽襄平人，師西城總真王君，治王屋山
53	太虛上霄飛晨中央黄老君	第二左位	《甄命授》第一	《上清玉帝七聖玄紀迴天九霄經》	師太微天帝、太上道君，受書爲太極真人，爲赤松子之師
54	太元東霞扶桑上仙道君	第二左位	闕考	同上	太微東霞扶桑丹林大帝
55	太虛上真金臺李仙君	闕考	《運象篇》第一	《墉城集仙録》卷二	即是方丈臺昭靈李仙君
56	太和靈嬪上真左仙君	第二女真位	《運象篇》第一	《墉城集仙録》卷五	楊君降真會十夫人之一
57	太平金闕帝宸後聖玄元上道君	第二右位	闕考	《上清後聖道君列紀》	李弘元，字子光，顓頊時人，受書爲金闕後聖帝君，命總真王君總司下教二十四真人

續表

序號	聖位名號	《位業圖》	《真誥》記述	其他神傳	事略
58	太平下教二十四真人道君	闕考	闕考	闕考	馬明、張陵、陰生、王褒、墨翟、司馬季主，及洞臺清虚天七真人、八老先生等
59	紫陽左真人周仙君	第二左位	《運象篇》第一	《雲笈七籤》卷一〇六	周義山，字季通，治葛衍山金庭銅城
60	紫陽右真人范仙君	第三右位	闕考	闕考	范明期，受西梁颯飯
61	三官大理都尉李仙君	第六左位	《稽神樞》第四	闕考	李豐，字安國，馮翊人，魏尚書僕射尉，謀廢晋景王被殺
62	三元注禄注生注死一切神祇				
63	童初府蕭閑堂男官范仙君	第六地仙散位	《稽神樞》第三	《茅山志》卷一三	范叔勝，北地人，曾爲魏文帝黄門郎
64	童初府蕭閑堂女官李仙君	第六地仙散位	《稽神樞》第三	《茅山志》卷一三	李伯山，漢時白馬令李冲父。或積世有陰德
65	童初府蕭閑堂仙官王仙君	第六地仙散位	《稽神樞》第三	《茅山志》卷一三	王少道，王遯之子，漢時山陽太守
66	童初府方臺館男女仙官				
67	保命府第一女官明晨侍郎周仙君	第六右位	《稽神樞》第二	《茅山志》卷一三	周爰支，漢河南尹周暢之女，從南宫受化得仙，今在洞中
68	保命府第二女官明晨侍郎張仙君	第六右位	《稽神樞》第二	《茅山志》卷一三	張桃枝，漢司隸校尉朱寓季陵母，久在易遷，始爲侍郎
69	保命府第三女官明晨侍郎桂仙君	闕考	闕考	闕考	按《真誥》另有其人，故闕考
70	保命府第四女官明晨侍郎柳仙君	闕考	闕考	闕考	按《真誥》另有其人，故闕考
71	保命府承主災害樂真君	第六右位	《稽神樞》第三	《雲笈七籤》卷一一一	樂長治，茅君咸陽鄉里人，爲漢桓帝中書郎，晚受道
72	保命府承主生死唐仙君	第六右位	《稽神樞》第三	《茅山志》卷一三	唐公房，蜀人，奉事李八百

續表

序號	聖位名號	《位業圖》	《真誥》記述	其他神傳	事略
73	保命府主考主禄鄭仙君	第六右位	《稽神樞》第三	《茅山志》卷一三	鄭雉正，孟先生入室弟子
74	保命府理禁伯張仙君	第六右位	《稽神樞》第三	《雲笈七籤》卷一一一 《茅山志》卷一三	張玄賓，定襄人，魏武帝時舉茂才，今來華陽内爲理禁伯
75	保命府監生考察民間事李仙君	第六右位	《稽神樞》第三	《茅山志》卷一三	李整，河内人，得道初在洛陽山，近來入華陽中。
76	保命府王傅范徐四仙君	第六武解鬼帥	《稽神樞》第三	《茅山志》卷一三	王延、傅晃、范疆、徐衛，本道家祭酒。得下解法爲鬼帥
77	定録府左禁中監韓仙君	第六左位	《稽神樞》第二	《茅山志》卷一三	韓崇，字長季，毗陵人。少好道，今在洞中爲左理中監
78	定録府右理中監劉仙君	第六右位	《稽神樞》第二	《茅山志》卷一三	劉翊，字子翔，潁川人，度名東華，來在洞中爲右理中監
79	定録府九宫禁侯姚仙君	第六左位	《稽神樞》第二	《茅山志》卷一三	桃俊，字翁仲，錢唐人，在洞中兼北河司命，主水官考罰
80	定録府執法郎淳于仙君	第六右位	《稽神樞》第二	《茅山志》卷一三	淳于斟，字叔顯，會稽上虞人，主試有道者
81	司命府察試學道貫李嚴傅四仙君	第六地仙散位	《稽神樞》第二	闕考	貫玄道，河東人，周威王時 李叔升，涿郡人，漢元帝時 言城生，吴人，後漢劉聖公時爲武當郡尉 傅道流，北地人，漢靈帝殿中將軍
82	司命府太和靈妃上真左仙官	第二女真位	《運象篇》第一	闕考	楊君降真會十夫人之一
83	上清左卿仙侯太元廣德許真君	第二左位	《翼真檢》第二	《雲笈七籤》卷一〇六 《茅山志》卷一〇	許穆，字思玄，汝南平輿人，嗣上清第三代真師

續表

序號	聖位名號	《位業圖》	《真誥》記述	其他神傳	事略
84	上清侍宸右仙翁混化元一許真君	第二右位	《翼真檢》第二	《雲笈七籤》卷一〇六《茅山志》卷一〇	穆第三子也，諱翽，字道翔，嗣上清第四代宗師
85	上清大洞火浣紫軒林真人	闕考	闕考	《茅山志》卷一六	林大數，號紫軒，永嘉人，從玉海蔣宗師入山，火解
86	上清三洞四輔一切真人				
87	易遷宫含真臺主張仙君	第六女真位	《稽神樞》第三	《茅山志》卷一四	張徵子，漢昭帝將作大匠張慶女，得尸解法，先在易遷中
88	易遷宫得道仙官王仙君	第六女真位	《稽神樞》第三	《茅山志》卷一四	王進賢，晋武帝愍懷太子妃。洛陽亂，投河。今在易遷中
89	易遷宫受學女仙李仙君	闕考	闕考	《周氏冥通記》卷二《茅山志》卷一四	李飛華，淮陰人，來易遷中已九十四年，年可二十許
90	易遷宫領學仙妃趙仙君	第六女真位	《稽神樞》第三	《茅山志》卷一四	趙素臺，漢幽州刺史趙熙女，因陰德入易遷中，已四百年
91	易遷宫都司學陶仙君	第六女真位	《翼真檢》第二	《茅山志》卷一四	陶科斗，許長史妻，興寧中亡，即入易遷受學
92	易遷宫柳孫阮三仙君	闕考	闕考	《周氏冥通記》卷三《茅山志》卷一四	柳妙姬、孫芳華、阮惠香，學有功夫，得度方諸爲仙妃
93	易遷宫左右英二仙君	闕考	闕考	《周氏冥通記》卷二《茅山志》卷一四	王夫人，字太英，年二十許。劉夫人，字玄微，年二十許
94	易遷宫女仙竇仙君	第六女真位	《稽神樞》第三	《茅山志》卷一四	竇瓊英，竇武之妹，七世祖有陰德，故祚及於英身。
95	易遷宫女仙施仙君	第六女真位	《稽神樞》第三	《茅山志》卷一四	施淑女，山陽人，孫皓驃騎將軍施績女也
96	易遷宫女仙李仙君	第六女真位	《稽神樞》第三	《茅山志》卷一四	李奚子，李忠祖母，祖有陰德
97	易遷宫女仙張仙君	第六女真位	《稽神樞》第三	《茅山志》卷一四	張姜子，西州人，張濟妹也。張濟，後漢末董卓

續表

序號	聖位名號	《位業圖》	《真誥》記述	其他神傳	事略
98	易遷宫女仙韓仙君	第六女真位	《稽神樞》第三	《茅山志》卷一四	韓太華，漢將軍李廣利之婦。利因宿世功德，在南宫受化
99	易遷宫女仙劉仙君	第六女真位	《稽神樞》第三	《茅山志》卷一四	劉春龍，漢宗正劉奉先之女
100	易遷宫女仙鄭仙君	第六女真位	《稽神樞》第二	《茅山志》卷一四	鄭天生，鄧芝母。鄧芝，字伯苗，在蜀爲劉禪車騎將軍
101	華陽得道男女真仙				
102	半山土地黑虎大神				
103	諸司官將法部諸神				
104	洞天福地仙官聖衆				
105	隨來香火三界明神				
106	太歲城隍里域正神				
107	隨真下降一切聖衆				

附文一：

一九二四年本《三茅經懺》龍澤厚跋文

道書稱十大洞天，在三十六洞天之外。洞官潛通，真人往來，千里而近。天台赤城玉京洞爲第六大洞天，而句曲山茅山華陽洞，則第八大洞天也。山周遭數十里，界在金陵、金壇、丹陽、丹徒、句容數縣。宫觀千年，黄冠甚盛，始自西漢咸陽茅氏兄弟，定禄君、保命君居二茅、三茅峰治之，而大茅司命真君（民國甲子仲春奉道旨奉稱帝君）則總吴越之萬神，治天台赤城，歲以十二月二日、三月十八日，來游句曲，考校仙籍，默陟幽明。以故大江南北，至於杭嘉湖多郡邑人士，三春香會朝山，往王連檣百數十艘。予嘗讀《茅山志》，至唐陸天隨，元袁桶、張伯雨之詩文，而輒嘆此兩日，爲江浙兩省歷史一大事也。《志》載晋至元，自魏華存至劉大彬，爲宗師者四十五代，比於曲阜、廣信。則以三帝君之師上清經法籙之傳而然。中間梁陶貞白居山，著《真誥》，靈迹益光顯，歷陳、隋、唐、五代，宋頒玉印焉。顔魯公稱爲道教之宗，徇不愧矣。屢出神仙，福地洞天，名震寰宇，歲入山者，無慮數十萬人。有上清宗壇、天下宗庭，皆古迹之至可寶貴而宜保存者矣。其書在《道藏》三洞四輔，品位崇高，精蘊畢宣。亂後山中《道藏》無存，道士所常諷誦禮拜者，則所傳《三茅經懺》是也。其端有乾隆間南林蔣大治一序，亦不言其所由來，以予觀之，蓋鸞筆化筆乩沙示現者耳。然世亦不多見。求之杭州、南京、揚州經房，皆無之。久思爲校刻未果。每入山輒心動。辛酉春，游茅山後復住西湖，往往聞其人述前六十年，洪楊浩劫事至慘，有設醮爲會追悼之者。初賊至山焚宫觀，道士倉皇遯，惟印宫隱仙樓道者張鶴峰，密藏山穴，冀保全之。同治甲子，江南剋復，道士回山，覓失所在，乃默記而録出之。此其中字句，未必無訛脱，可知也。道門人才衰落，茅山尤甚，予詢九霄、元符、崇禧之宫，德佑、仁佑、玉晨、乾元、白雲諸觀，部必盡有此書，其道士未有略如張鶴峰之能背誦者，亦不必以此授其徒，亦并不悉刻板在何處。予甚慨之。頃出，携一册以授孫玉仙真君。真君即授門人諸素心付“謝文益”石印焉。時真君方籌備江浙兩省“祈禱和平聯合大會”，急需此經懺普利人天，不及細校，亦不及質乩仙考證明晰，以云惟快心意，則固有待耳。近者，山運復興，既設靈樞密府矣，陳磬裁、董忠仁又募建印宫三清大殿矣。而南京道院陶席三先生保晋，又慷慨爲玉晨觀高辛道場、乾元觀松風閣力圖興發，以復隱居先生之舊。將此册以與朝山香客及山中道士，鞭策精修，固亦勝因也已。若夫靈職之倫，修其天爵，抗心古，讀此獨未足以饜其志，則請更進求之上清法籙之傳，專精而饜飫之，以躋斯道於兩漢、魏、晋、宋、齊、梁、陳、唐、宋、元、明諸真師之上。真喔重光，三帝君之心印也。企予望之，馨香祝之。

大中華民國第一甲子四月初六日（一九二四年）

桂林　龍文心　敬識

武進　諸素心　拜書

附文二：

龍澤厚　又續跋文

讀《茅山志·三神紀》，三真君事迹詳矣，其《寶誥》相傳亦非一日矣，封號“上卿”二字上應有“東嶽”二字，何以不具載。今年二月十四日，常州清凉寺靈寶天尊降乩傳秘笈誥命，中有三茅司命帝君之稱，則是加封帝君矣，讀者自應於誦誥稱號之時改誦“真”字爲“帝”字。謹此奉告。又上年上海道院奉無極老祖加封茅濛爲肇化通玄神，茅偃爲元化顯玄神，茅熹爲初化光玄神，茅祚爲孕化靈玄神，茅盈爲司命太真神，茅固爲定録上真神，茅衷爲保命至真神，各道院均設位奉祀，是則又宜稱爲神君矣。孟子有言：大而化之之謂聖，聖而不可知之之謂神。《書》曰：乃聖乃神。古尊神字爲極，則尊神爲帝，似屬後起，抑與神與帝，二而一，一而二耶？抑舊派稱帝，新派稱神耶？附著於此，以與國中爲神學者共研之。

文心又書

（作者單位：清華大學建築設計研究院文化遺産保護中心）

《茅山志》編纂與史源考 *

何安平

内容摘要： 元代編成的《茅山志》是研究茅山道教最重要的文獻資料。劉大彬是編纂工作的主持者，也實際參與了部分内容，張雨負責了《茅山志》主體内容的編修，於泰定元年（一三二四）完成初稿，其後又有補充。《茅山志》的文獻來源複雜，本文通過按照篇目順序依次逐條考證的方法，基本理清了其史源，并在此基礎上指出了《茅山志》的主要特徵，强調不能簡單將其視作文獻彙編，要特别注意它的宗教建構屬性。

關鍵詞：《茅山志》；劉大彬；編纂；史源

茅山道教興起於東晋興寧年間，之後歷代傳承不絶，高道輩出，在中國道教史上占有極爲重要的地位。至元代，《茅山志》編成，此書是迄今爲止研究茅山道教最重要的文獻資料，《道藏提要》認爲“讀此可窺見元以前道教茅山宗之全貌，非徒山志而已”①，對其價值給予了充分肯定。

由於《茅山志》的重要性，學界對《茅山志》也有較多關注。首先是對其編著者的考辨，陳國符在《道藏源流考》中指出：“蓋此書實即張天雨所修，劉大彬竊取其名而已。此志詳審而有條理，非通常道士所爲。”②即他認爲真正的編者是張雨（又名天雨）。但也有學者反對，依舊堅持是劉大彬所修。③盧仁龍提出另一意見：“《茅山志》的修撰是劉大彬主其事，具體修撰者是張天雨。”④其次是對《茅山志》文獻價

* 本文係教育部人文社會科學研究青年基金項目（23YJCZH070）“唐五代道教史料編年輯考”階段性成果。

① 任繼愈主編，鍾肇鵬副主編：《道藏提要》，中國社會科學出版社，一九九一年，第二二八頁。

② 陳國符：《道藏源流考》（新修訂版），上海古籍出版社，二〇一四年，第一九九頁。

③ 孫王成：《元版〈茅山志〉的作者究竟是誰》，《中國道教》二〇〇一年第一期，第五四—五六頁；丁雪艷：《〈茅山志〉作者考》，《中國道教》二〇〇六年第四期，第三八—三九頁。

④ 盧仁龍：《道藏本〈茅山志〉研究》，《社會科學戰綫》一九九二年第二期，第三二五頁。

值的揭示，如朱越利《讀〈茅山志〉札記五則》[1]、馬秀娟《劉大彬〈茅山志〉研究》等。[2]再次是文本整理，王崗系統調查了《茅山志》現存的各版本，以嘉靖玉晨觀本爲底本進行了點校整理，質量頗高。[3]

判斷一部文獻的價值，考察其史料來源是非常關鍵的，上述研究對此略有涉及，特別是王崗在整理本校勘記中指明了部分内容的文獻依據，但因爲主旨是點校，史源考查并非目的，所以《茅山志》的絶大部分史源還有待清理，衹有在完成這一工作後，方能清楚地認識它的價值和特徵，以便更好地利用。

一、《茅山志》的編纂

《茅山志》原題編者是劉大彬，乃茅山四十五代宗師，陳國符等以爲他是竊取其名。此説欠妥，盧仁龍《道藏本〈茅山志〉研究》一文論證翔實，所説較爲可靠。其實此事本不難理解，猶如朝廷下令修書，修完上呈時，一般會由宰相領銜署名，宰相不一定參與實際工作，但在後來書目記載時往往歸於某宰相之下。《茅山志》編修時，劉大彬是本山宗師，署其名就類似於宰相署名，“竊取”之説恐太過。况且從《茅山志》序文看，劉大彬確實是規劃主持者，非徒挂名而已。至於主要修撰者是張雨，有其自述和薩都剌等詩可證，應屬實，見盧文，不贅述。

關於劉大彬的資料不多，衹《茅山志》有簡短傳記，知其號玉虚子，吴郡錢塘人。[4]另據一些詩文可補部分生平行事。《茅山志·上清品·王道孟》：“至大辛亥，請老而傳，乃命入室弟子劉大彬襲其教。”[5]即他在至大四年（一三一一）嗣教，其後曾入京面聖，見吴全節《延祐元年五月重祀茅山瑞鶴詩二首并序》：“至大庚戌秋，百餘鶴集大峰一宿，宗師劉君以其明年入覲，嘗圖以獻。”[6]皇慶元年（一三一二），賜號“洞觀微妙玄應真人”[7]。延祐三年（一三一六），朝廷爲三茅君加號，[8]當是因劉

① 朱越利：《讀〈茅山志〉札記五則》，《世界宗教研究》一九九八年第四期，第一二六—一三四頁。
② 馬秀娟：《劉大彬〈茅山志〉研究》，《宋史研究論叢》二〇一八年第一期，第三八八—四〇二頁。
③ 劉大彬編，江永年增補，王崗點校：《茅山志》，上海古籍出版社，二〇一六年。下引《茅山志》原文均出此版本。
④ 劉大彬編，江永年增補，王崗點校：《茅山志》卷七《上清品》，第二二二頁。
⑤ 劉大彬編，江永年增補，王崗點校：《茅山志》卷七《上清品》，第二二二頁。
⑥ 顧嗣立編：《元詩選二集》，中華書局，一九八七年，第一三四七頁。
⑦ 趙世延：《茅山志序》，載劉大彬編，江永年增補，王崗點校《茅山志》，第一頁。
⑧ 劉大彬編，江永年增補，王崗點校：《茅山志》卷二《誥副墨》，第一一三—一一四頁。

所請。延祐四年（一三一七），朝廷賜還九老仙都君玉印，自然由劉大彬掌管，《茅山志》中録有當時省札原文，詳細叙述了這一過程：

> 説將來在先亡宋徽宗時分，賜與本山元符宫宗師玉印一顆，上面刊着“九老仙都君”的篆文，更玉靶法劍一口，是與他代代宗師傳度法籙用底。印劍與龍虎山張天師的印劍一般。有至元十二年軍馬渡江時分，有翟宗師將玉印、玉靶劍藏了，在後不知着落。至元十六年，許宗師尋得玉靶劍了。延祐四年七月十八日晌午時分，見一個白面兔鼠走入宫裏法堂後磚石穴中，尋不見兔兒，衹見有印一顆，隨即刷洗，認辨得即係祖傳的玉印。爲那般上呈與俺集賢院文書來，後頭那裏建康路總管府將這印劍解赴行省。如今差官將到這裏，有那印劍，是他本宗祖來傳度法籙好事裏行用的。有怎生可憐見呵！將這印劍發回他本山宗師收掌，依舊好事裏行用。[①]

延祐五年（一三一八）正月，劉大彬奉皇命在茅山宗壇舉行金籙齋三晝夜；[②]泰定元年（一三二四），劉朝京師，見虞集，請其作《崇壽觀碑》；[③]泰定三年（一三二六）十月，奉命在茅山宗壇舉行金籙齋。[④]張雨《定風波》序：“玉虚宗師十月廿八日誕，丁卯九月閏，錦衣期頤之佳瑞也。”[⑤]再結合詞句“漆點方瞳雪覆眉”看，此時（丁卯爲泰定四年，一三二七）劉大彬已是高齡老人，天曆三年（一三三〇），又再次奉皇命在茅山宗壇舉行金籙齋三晝夜。[⑥]劉大彬任宗師止於何年，史無明文，目前發現時間最晚的文獻是《元劉仙翁冠劍虚室碣》，末署“至順癸酉上元日徒弟四十五代宗師劉大彬謹立”[⑦]，至順癸酉即元統元年（一三三三）。曾召南先生據《句容金石記》卷六《三清閣石星門記》指出，劉之後還有四十六代宗師王天符，[⑧]但表示此人生平事迹未見記載。劉、王二宗師何時交替，可據薩都剌《送王真人北上代劉宗師》一詩考知，此詩《元詩選》題下注“一作《送王習靈新授宗師朝京》”，詩爲：

---

① 劉大彬編，江永年增補，王崗點校：《茅山志》卷一五《金薤編》，第五〇六頁。
② 劉大彬編，江永年增補，王崗點校：《茅山志》卷二《誥副墨》，第一一一頁。
③ 李修生主編：《全元文》卷八八六，江蘇古籍出版社，一九九九年，第四四一—四四二頁。
④ 劉大彬編，江永年增補，王崗點校：《茅山志》卷二《誥副墨》，第一一二頁。
⑤ 張雨：《張雨集》，浙江古籍出版社，二〇一五年，第四三〇頁。
⑥ 劉大彬編，江永年增補，王崗點校：《茅山志》卷二《誥副墨》，第一一二頁。
⑦ 此由曾召南先生指出，見《明清茅山宗尋踪》，《宗教學研究》一九九七年第四期，第四八—五三頁。
⑧ 曾召南：《明清茅山宗尋踪》，《宗教學研究》一九九七年第四期，第四八—五三頁。

玉佩丁東下界聞，天風吹動碧霞裙。劉郎跨鶴游三島，王子吹笙到五雲。洞府夜光傳玉印，石壇月黑禮茅君。若逢天上吴夫子，應問丹砂煉幾分。[①]

王真人即王習靈，亦即王天符，習靈或是其字。從本詩的第二聯看，劉大彬應已去世，由王天符接任宗師，故北上入京。考薩都剌生平，至順三年（一三三二）三月至元統二年（一三三四）秋，他任江南諸道行御史臺椽史，在金陵，[②]有可能送王天符北上。劉大彬在元統元年上元日時還在世，則劉去世當在元統元年或二年，王天符任宗師及北上亦在此間。

劉大彬在書法上當有造詣，《元劉仙翁冠劍虚室碣》是篆書，《句曲山洞泉銘》《福鄉井銘》《弘道壇銘》俱由其作篆，[③]篆書應爲其所長。他的交游亦頗爲廣泛，道教中人如玄教大宗師吴全節、龍虎山天師張與材等，文士更多，如趙孟頫、虞集、趙世延、揭傒斯、元明善、吴善等。[④]

茅山在唐代已有志書，宋代又出現幾種，但都篇幅短小，如《宋史・藝文志》著録陳倩《茅山記》一卷、張隱龍《三茅山記》一卷和不知作者的《茅山新記》一卷，周必大《泛舟游山録》中多處引述有嘉祐中知句容縣陳倩校修《句曲山記》，即爲陳倩《茅山記》。又有四卷《茅山記》，當較前二者爲詳，但仍不足，故劉大彬《茅山志叙録》言："宋紹興二十年，南豐曾恂孚仲、昭臺道士傅霄子昂修《山記》四卷，所書山水、祠宇，粗録名號而已，考古述事，則猶略焉。"[⑤]

重新編修更詳細的山志，出於玄教大宗師吴全節的建議，見於他爲《茅山志》所作序文：

至大庚戌，予以祀事至茅山，因閲其山之舊志，遺闕甚多，嘗以語之四十四代宗師牧齋王真人。未幾，真人傳真，山志無所聞。後五年，復祀其山，又以語之嗣宗師劉真人。十又三年，爲泰定丙寅，天子用故事，醮其山，予實代禮，始獲睹其

① 顧嗣立編：《元詩選初集》戊集，中華書局，一九八七年，第一二二六頁。
② 參見周雙利：《薩都剌年譜》，《内蒙古民族師院學報（社會科學版）》一九八七年第二期，第一五—二四頁。
③ 劉大彬編，江永年增補，王崗點校：《茅山志》卷一三《録金石》，第四〇四頁。
④ 趙世延、吴全節爲《茅山志》作序；張與材有贈詩；趙孟頫應劉大彬請作《上清傳真圖》；虞集作《崇壽觀碑》；揭傒斯、元明善、吴善等均有送劉大彬還山詩，見《茅山志》卷一五《金薤編》。
⑤ 劉大彬編，江永年增補，王崗點校：《茅山志》，第一頁。

成書。凡十有五卷，自漢晋而下，及齊梁唐宋之書，搜括無遺。[①]

可知至大三年（一三一〇），吴全節已向四十四代宗師王道孟提出建議，但王不久去世，未及開始。後五年，即延祐二年（一三一五），吴全節再至茅山，又向時任宗師劉大彬提議，始開始實行，趙世延《茅山志序》言：“乃囑諸入室弟子，采集成書。”[②]劉之自序曰：“大彬登壇一紀，始克修證，傳宗經籙。又五載，而成是書。”[③]即是説，從其任宗師以來，經過十二年，大概到至治三年（一三二三），他纔完成茅山傳宗經籙的整理，《茅山志》卷六《道山册》應就是目録。泰定甲子（一三二四），書基本完成，請趙世延作序，[④]泰定三年（一三二六），吴全節至茅山，獲睹成書，次年作序，天曆元年（一三二八），劉大彬自作叙録。[⑤]

主要編修者張雨是著名的詩人和書法家，長於文辭、著述，虞集《崇壽觀碑》：“張君吴郡人，名天雨，内名嗣真，字伯雨，别號貞居。年二十，弃家入道，遍游天台、括蒼諸名山。吴人周大静，先爲許宗師弟子，得楊、許遺書。張君從而以爲師，悉受其説……所著《外史山世集》三卷，《碧岩玄會録》二卷，又《尋山志》十五卷，考索極精博云。”[⑥]其師承爲許道杞（茅山四十三代宗師）—周大静—張雨，是茅山道教嫡傳。張雨原在杭州開元宫，開元宫遭火灾燒毁後，於至治元年（一三二一）到茅山，“劉素奇其才，使主領崇壽觀”[⑦]。直到至元二年（一三三六），張雨纔離開茅山。張雨至山之時，劉大彬的經籙整理即將完成，其後五年中，他應當參與其中做了大量工作。另外，趙孟頫、虞集等教外文士也參與了山志的編纂。[⑧]全書初稿在泰定元年已成，劉大彬本年入京時，請趙世延作了序。[⑨]泰定三年，吴全節至山，終於看到了新編的山志，并於次年作序。之後當還續有修補，故劉大彬於天曆元年十二月二日纔作了《茅山志叙録》。但之後似乎還有補充，前已論證劉大彬去世當在元統元年或二年，繼任者爲王天符。《茅山志・金薤編》所收元詩除了與玉虚宗師劉大彬有關者，還有一集

① 劉大彬編，江永年增補，王崗點校：《茅山志》，第一頁。
② 劉大彬編，江永年增補，王崗點校：《茅山志》，第一頁。
③ 劉大彬編，江永年增補，王崗點校：《茅山志》，第一頁。
④ 劉大彬編，江永年增補，王崗點校：《茅山志》，第二頁。
⑤ 劉大彬編，江永年增補，王崗點校：《茅山志》，第三頁。
⑥ 李修生主編：《全元文》卷八八六，第四四二頁。
⑦ 劉基：《句曲外史張伯雨墓志銘》，《珊瑚木難》卷五，浙江人民美術出版社，二〇一九年，第三七一頁。
⑧ 盧仁龍：《道藏本〈茅山志〉研究》，《社會科學戰綫》一九九二年第二期，第三二七—三二八頁。
⑨ 劉大彬編，江永年增補，王崗點校：《茅山志》，第一頁。

虚宗師，如王理《贈集虚宗師朝京師》、凱烈拔實《往游茅山山中佳致非一但詩思遲遲未能道其萬一既還因嘗游之地追咏敬呈集虚宗師》《贈集虚宗師》、王謙《贈集虚宗師》、儲能行《贈集虚宗師》、金鑰《改至元己卯仲夏不雨南臺御史馳香命集虚宗師禱雨有感賦詩以述其事》，最後一首詩有句"貞一真人王集虚"，再結合《三星閣石星門記》中的署名"宣授冲素明道貞一真人嗣上清經籙四十六代宗師主領三茅山道教住持元符萬寧宫事王天符"[①]，可以確定以上幾首詩中的集虚宗師即王天符，集虚（子）當是其號。這説明在劉大彬去世後，至少《金薤編》仍有補修。補修者可能是張雨，張、王二人相識，張雨有寄王天符的《臨江仙》詞。

最後全書是由書法高妙的張雨寫定的，故明陳鎏《重刻茅山志序》曰："茅山有志，蓋前元四十五代宗師劉大彬所編，句曲外史張伯雨所書，可謂二妙。"[②]可惜原本元末終毁於兵火，未能流傳後世。

二、史源詳考

《茅山志》共有十二篇十五卷，即《誥副墨第一》《三神紀第二》《括神區第三》《稽古迹第四》《道山册第五》《上清品第六》《仙曹署第七》《采真游第八》《樓觀部第九》《靈植檢第十》《録金石第十一》《金薤編第十二》。篇名當是模仿了《真誥》，自然也參考了以往的方志，如《稽古迹》《録金石》《金薤編》等内容都是普通方志中常見的，但《茅山志》在體例上還是有特别之處，劉大彬在《叙録》中介紹了其次序和命名。下面按照順序依次考察其史料來源。

《誥副墨》所收詔敕書啓來源不一，漢代部分的《授茅君九錫玉册文》是《録金石》中《九錫真人三茅君碑文》的一部分，其内容和《雲笈七籤》卷一〇四《太元真人東嶽上卿司命真君傳》的有關部分基本相同，而據《茅山志》編者在《三茅君碑》陰後的説明："碑陰及兩旁遍刻齊、梁諸館高道姓名，略見《采真游》篇。石柱篆刻'自然弟子徐鍇敬謁華陽洞天'。唐宋刻題多漫缺矣。"[③]可知劉大彬時此石碑還存在茅山，故《玉册文》和碑文應都是據石刻録文的。齊梁詔誥部分，齊武帝詔敕和《隱居解官

---

① 楊世沅：《句容金石記》卷六，載新文豐出版公司編輯部編《石刻史料新編》第二輯第九册，新文豐出版公司，一九七九年，第六五一七頁。

② 劉大彬編，江永年增補，王崗點校：《茅山志》，第一頁。

③ 劉大彬編，江永年增補，王崗點校：《茅山志》卷一二《録金石》，第二九一頁。

表》取自《華陽陶隱居集》，梁武帝與陶弘景論書啓九通，見於《華陽陶隱居集》《法書要録》《墨池編》《書苑菁華》等，難以確定。陶弘景進《周氏冥通記》的啓和武帝的答詔，見於《華陽陶隱居集》和《周氏冥通記》，前者中文末都未署時間，但後者都有明確時間。《茅山志》所收武帝手詔有時間，陶弘景啓無。故可知《誥副墨》應是從《周氏冥通記》中摘録。唐代部分，前三份詔書分别是太宗、高宗、武后給王遠知的。太宗詔，編者自己已指出事見《舊唐書》本傳。另外二詔不見他書，應是據茅山石刻。其後的玄宗賜李含光先生敕書及李含光奏表，《茅山志》注指出"右敕書并表奏，唐貞元十四年刻石"[①]，所以也應是依據石刻。《大和禁山敕牒》也當是同樣情况。宋代部分和前代不盡相同，有來源石刻的，如《大中祥符敕禁山》，文末言："仍將此宣命指揮於宫觀門首及往來要路鎸石曉示知委。"[②]知當時即立石。《明肅劉太后賜朱宗師御札》《崇寧加封三茅君誥》情况類似，但不排除這些敕札可能保存到了元代。數量最多的是徽宗賜劉混康的敕書和詩，共有七十二通，劉混康曾請求刻石，但徽宗衹同意刻《還山詩》《慶成頌》，"自餘手詔等，不可上石"[③]。茅山保存有原件，笪净之在爲師父劉混康作的墓志中説："所賜御翰幾二百軸，龍章雲篆，飾以金碧，輝映岩谷。"[④]當包含以上敕書在内。這些敕和詩未有石刻，經歷了兩宋之際茅山的火灾，一直保留到了元代。其餘的詔敕是源於石刻還是原件，難以確知。至於元代的詔誥、金籙齋詞，自然是當時的原件。

《三神紀》是三茅君的傳記，以大茅君茅盈爲主。茅君傳最早見於《真誥》中，陶弘景注曰："李中候名遵，即撰《茅三君傳》者。"[⑤]又曰："凡此後紫書大字者，并《茅三君傳》所記也。《傳》既以寶秘，見之者稀。今謹抄取説山事，共相證顯。"[⑥]《隋書·經籍志》中記載有"《太元真人東鄉司命茅君内傳》一卷，弟子李遵撰"[⑦]，即爲陶弘景所言之《茅三君傳》。今《雲笈七籤》卷一〇四有《太元真人東嶽上卿司命真君傳》（後文簡稱《茅君傳》），[⑧]題中候仙人李道字安林撰，道當爲遵之訛，此傳

① 劉大彬編，江永年增補，王崗點校：《茅山志》卷一《誥副墨》，第六七頁。
② 劉大彬編，江永年增補，王崗點校：《茅山志》卷二《誥副墨》，第七七頁。
③ 劉大彬編，江永年增補，王崗點校：《茅山志》卷二《誥副墨》，第九〇頁。
④ 羊華榮：《〈宋葆真觀妙冲和先生贈太中大夫劉公幽廓記〉考釋》，《世界宗教研究》一九八八年第一期，第一四一—一四五頁。
⑤ 陶弘景：《真誥》卷八《甄命授第四》，中華書局，二〇一一年，第一二八頁。
⑥ 陶弘景：《真誥》卷一一《稽神樞第一》，第一九〇頁。
⑦ 《隋書》卷三三《經籍志》，中華書局，一九七三年，第九七九頁。
⑧ 張君房：《雲笈七籤》卷一〇四，中華書局，二〇〇三年，第二二五四—二二六二頁。

應與《隋志》所載爲同一書，但已非全本，不過還可能比較接近原貌。[①]《神仙傳》卷五中也有《茅君》一篇，[②]《太平廣記》卷一一引《集仙傳》有《大茅君》，[③]卷一三引《神仙傳》有《茅君》，[④]内容和《雲笈七籤》不同。此外，一些類書中也有茅君傳記的片段徵引。[⑤]將《三神紀》和以上幾種茅君傳對比可以看到，《三神紀》與之都有差異，不是簡單因襲某一種，[⑥]所以需要對各部分分别考察。

在開始部分，《三神紀》和《茅君傳》文字完全相同，但二者對秦始皇和歌謡的叙述順序不同，《茅君傳》還特别叙述了茅盈祖父嘉在秦的功業，這是《三神紀》和其他傳記所無的。

接下來是茅盈在恒山修道六年後，夢見太玄玉女告其尋西城王君，拜其爲師，齋戒三月，果見王君，執役十七年，又三年携之見西王母。這一部分各傳情節類似，但《三神紀》更加詳細。茅盈見西王母後自陳之言、王母解釋道經等内容，二傳也不相同，互有詳略。

繼而主要情節爲茅盈道成回家，父怒而杖罰，然杖折數段，父乃止。此處《三神紀》《茅君傳》《神仙傳·茅君》均同，但《茅君傳》此事到此爲止，《三神紀》《神仙傳·茅君》還有父親請其起死人的内容，《三神紀》又比《神仙傳·茅君》多出一段茅盈避諸侯所請的段落，不見他書。此時二弟俱爲顯官，茅盈將升仙而去，在家門前宴請鄉人，行前有告子弟語，這些情節《三神紀》《茅君傳》及《太平御覽》卷六六一《道部三·真人下》引《茅君傳》俱有，但《三神紀》最詳，《太平御覽》所引最略，且《三神紀》還有茅盈至茅山後的行爲和影響。

後二弟年邁，亦思修道，於是南下尋兄，冀有補益。茅盈於是授以修道之法、神丹、神方等，仙道成矣。此情節，《三神紀》《茅君傳》《神仙傳·茅君》均有，《神仙傳·茅君》簡單帶過，前二者較詳，但不同之處非常明顯，《三神紀》所載不見他

① 参見李豐楙：《〈漢武内傳〉研究——〈漢武内傳〉的著成及其演變》，《仙境與游歷：神仙世界的想象》，中華書局，二〇一〇年，第一八五頁。

② 胡守爲：《神仙傳校釋》卷五，中華書局，二〇一〇年，第一八二—一八四頁。

③ 李昉等：《太平廣記》卷一一，中華書局，一九六一年，第七九頁。

④ 李昉等：《太平廣記》卷一三，第八七—八八頁。

⑤ 熊明輯校《漢魏六朝雜傳集》（中華書局，二〇一七年，第一一一三—一一四六頁）對類書中的茅君傳記有全面輯録，本文引用據此，下不再出注。

⑥ 小南一郎曾指出："《茅山志》卷五中的茅盈傳記的内容不是後期的産物，可以推定其很多部分是由六朝時期的資料構成的，特别是在這類原始資料中《茅君内傳》占有重要部分。"見《中國的神話傳説與古小説》，中華書局，一九九三年，第三六四頁。

書。因二弟仙道已成，茅盈又啓王君以二弟爲地仙，又經過其他程序，茅固、茅衷分別被授予仙職。這一大段内容僅見於《三神紀》，當爲編者新補入者。

接下來，是茅盈受封爲"司命東卿上真君"的經過，這部分，《茅君傳》全録《九錫玉册文》，《三神紀》因《誥副墨》已收册文，故省略。不過，引用册文前《茅君傳》衹是簡單提及時間人物等，《三神紀》則詳細記述了來訪神仙，并有使者告茅盈之語，這些内容另見於《太平廣記・大茅君》和《太平御覽》卷六六九《道部十一・服餌上》引《太元真人茅盈内傳》，三者文字稍異，但《三神紀》因襲之迹顯然。

在授册後，《三神紀》有描寫王君、西王母爲茅盈設天厨的場景，《茅君傳》無此，《太平廣記・大茅君》有簡單叙述，但無仙歌。《三神紀》所引二仙歌，見於《漢武帝内傳》（文字稍異），是西王母命侍女安法嬰爲武帝所歌。因此李豐楙認爲《三神紀》模仿了《漢武内傳》。[①]

再之後是王君、西王母詣茅固、茅衷之宫，重點是上元夫人爲二茅君、三茅君傳授道要，篇幅很大，《茅君傳》無一語涉及，《太平廣記・大茅君》僅有幾句，《太平御覽》卷六七八《道部二十・傳授上》引《茅君傳》相對詳細，但比《三神紀》還是少很多内容。查考文獻，發現關於上元夫人的大部分内容都源自《漢武帝内傳》，《茅山志》編者將説話對象由漢武帝改爲了茅固、茅衷。在描述上元夫人的衣飾時，《三神紀》提到"服赤霜之袍，披青毛錦裘"[②]，《太平御覽》引《茅君傳》作"服赤霜之袍，披青錦裘"[③]，《漢武帝内傳》僅言"著青霜之袍"，説明《三神紀》此處當本之《茅君傳》，與《太平御覽》所引同源。但有"毛"一字之差，相較而言，《三神紀》可能更準確，因李白《上元夫人》有"裘披青毛錦，亦著赤霜袍"的詩句，可見李白所見爲"披青毛錦裘"，《太平御覽》或有漏字，也證明《三神紀》所據史源文獻之古老。其後《三神紀》中間論及《太霄隱書》的部分則不見今本《漢武帝内傳》，但《太平廣記》卷五六引自《漢武内傳》的《上元夫人》條内容是關於三茅君的，與漢武帝無關，所以其出處可疑，可能是誤注。又《太平御覽》卷六七八引《茅君傳》和《太平廣記・大茅君》中有關於《太霄隱書》的内容，不過仍然簡略，《三神紀》可能是綜合使用，在原基礎上又有增飾。

---

① 見李豐楙：《〈漢武内傳〉研究——〈漢武内傳〉的著成及其演變》，《仙境與游歷：神仙世界的想象》，第一八五頁。

② 劉大彬編，江永年增補，王崗點校：《茅山志》卷三《三神紀》，第一二九頁。

③ 熊明輯校：《漢魏六朝雜傳集》，第一一三八頁。

然後是茅盈與二弟告别及二弟惠澤茅山周邊，受到父老歌頌。此内容《三神紀》與《茅君傳》完全相同，但《茅君傳》至此結束，《三神紀》之後還有數百字，内容主要描述茅君“澤溉萬物，德加兆民”[①]，於是百姓在山中立廟，即白鵠廟。這些内容大體依據《真誥》，而有所鋪叙。

最後還有對茅君管轄的“地真”的介紹，文字與《真誥》中完全相同。文末對李冀的介紹比上列“地真”詳細，此人亦是西城王君弟子，爲左慈之師，《真誥》陶弘景注中有其名，無具體事迹。然《太平御覽》卷六七八引《登真隱訣》：“李翼，字仲甫，以七變法傳左慈，慈修之，以變化萬端。此經在《茅真人傳》後，道士以還丹方殊秘，故略出，别爲一卷。”[②]不過也很簡略，但提示其事迹可能出於《茅真人傳》；《茅真人傳》今已佚。

通過上文的分析，可以看出《三神紀》的文獻來源不是單一的，《茅山志》編者對多種文獻進行了綜合，而且還有創作成分在内，但主要依據應是題爲李遵撰的《茅君内傳》，與《雲笈七籤》本《茅君傳》當有不同。所以李豐楙指出《三神紀》與《雲笈七籤》本屬於不同的系統，另有所據。[③]然而究竟另有所據的是什麼？《三茅真君加封事典》提供了一些信息。該書有作於宋度宗咸淳三年（一二六七）的序文，作者張大淳，時爲茅山山門道正，文中稱：

> 茅君之仙踪顯迹，著於先秦古史，《續傳》已書其詳……丁卯春，《内傳》《續傳》幸甫就緒……[④]

由此可知，南宋度宗時，張大淳曾主持修撰過茅君的《内傳》《續傳》，於咸淳三年丁卯完成，《内傳》當即是李遵《茅君内傳》（内容上或有更動，不一定是原本），《續傳》應是對前者有修補，内容自然更爲豐富。此時距劉大彬主持修《茅山志》，時間還不足百年，且中間茅山也未經災患，流傳下來應非難事。編撰《茅山志·三神紀》時很可能就是利用了這兩種傳記，當然，編者或許也有補充。

《括神區》是對茅山地理的記述，但不是純粹的自然地理，而主要是道教神聖地

---

① 劉大彬編，江永年增補，王崗點校：《茅山志》卷三《三神紀》，第一三一頁。

② 王家葵：《登真隱訣輯校·佚文彙綜》，中華書局，二〇一一年，第一四二頁。

③ 見李豐楙：《〈漢武内傳〉研究——〈漢武内傳〉的著成及其演變》，《仙境與游歷：神仙世界的想象》，第一八五頁。

④ 《道藏》第三册，文物出版社、上海書店、天津古籍出版社，一九八八年，第三頁。

理，所以其内容在客觀記載外，更多的是宗教叙事，其文獻來源因此也多是教内文獻，引用最多的是《太元真人内傳》，即《茅君傳》。如第一條介紹句曲山，引《太元真人内傳》曰："江水之東，金陵之左右間，有小澤……盡是句曲之一山耳。"[①]第二條介紹華陽洞天，引《太元内傳》曰："大天之内，有地中之洞天三十六所……如地上之官府矣。"[②]然而此兩段文字不見於《雲笈七籤》卷一〇四《太元真人東嶽上卿司命真君傳》，也不見於其他茅君傳記，却見於《真誥·稽神樞》。而據陶弘景言，他編纂《稽神樞》即是從《茅三君傳》中"抄取説山事"[③]。説明其源頭還是《茅三君傳》。由此可證，劉大彬等編寫《茅山志》時所用之《内傳》并不是《雲笈七籤》本，前者内容比後者更爲豐富，很可能就是張大淳重新修過的《内傳》。此外，《茅山志》有不少内容出自《真誥》，有的明確標示，如介紹仙韭山、方山；有的是引定録君之言，未寫明出處，但對照可知出於《真誥》。也有采用《舊記》的，應該是劉大彬《茅山志叙録》中所稱的四卷《山記》。

《稽古迹》基本都來自《真誥》，《茅山志》編者又補充了少部分内容。

《道山册》是茅山所傳經籙，《道德經五千文》列於卷首，其次是《上清大洞寶經篇目》《上清大洞寶籙篇目》，以上二種應即是劉大彬所言自己"登壇一紀"纔完成的"傳宗經籙"[④]，是當時茅山道教經籙傳承的目録。其次是《衆真所著經論篇目》，除了《元始天王紀》等書，大多是陶弘景的著作。後有編者的兩行文字："右《道山册》一卷，古文真經相傳品目如上。雜著等書，采之隋唐《經籍志》，悉無存本。"[⑤]説明了篇目的來源。最後是鄭樵《通志·藝文略》茅山道書目，是對前者的補充。

《上清品》首先是《上清經籙聖師七傳真系之譜》，所列爲七位仙真，是上清經籙未降世之前的流傳過程。他們的傳記史料來源，有些在文中有提示，如玉晨大道君"有傳紀名《八素上經》，又曰《太上隱書金真玉光豁落七元八景飛經》"，玄元上道君"有傳紀名《靈書紫文》，一曰《五老寶經》，今《三天列紀》是也"，青童大君"有傳紀名《玉寶洞觀經》，一曰《雲林上玄品》"[⑥]。其餘四位也都有傳記傳世，元始天王見《雲笈七籤》卷一〇一《元始天王紀》，太微天帝見《雲笈七籤》卷一〇二《太微

① 劉大彬編，江永年增補，王崗點校：《茅山志》卷四《括神區》，第一三九頁。
② 劉大彬編，江永年增補，王崗點校：《茅山志》卷四《括神區》，第一三九——一四〇頁。
③ 陶弘景：《真誥》卷一一《稽神樞第一》，第一九〇頁。
④ 劉大彬編，江永年增補，王崗點校：《茅山志叙録》，《茅山志》第一頁。
⑤ 劉大彬編，江永年增補，王崗點校：《茅山志》卷六《道山册》，第一八四——一八五頁。
⑥ 劉大彬編，江永年增補，王崗點校：《茅山志》卷七《上清品》，第一八九——一九〇頁。

天帝君紀》，但内容均和《茅山志》不同，前者因爲均是直接引用《黄庭經》等書，可不論，後者大部分内容則見於《真誥》。王遠在《神仙傳》有傳，《茅山志》自然利用，此外又加入了與茅山有關者，應是據《真誥》等補入。王褒有魏華存撰《清虚真人王君内傳》，見《雲笈七籤》卷一〇六。此後從嗣上清第一代太師魏華存開始，屬於在人間的流傳，“華陽之傳始此”[①]。到劉大彬共四十五位宗師，傳記而外，每人都有贊，實爲泰定年間虞集所撰《四十五宗師贊》。[②]

（一）魏華存傳記在《隋書·經籍志》著録有《南嶽夫人内傳》一卷，不題撰者。《舊唐書·經籍志》有《紫虚元君南嶽夫人内傳》一卷，范邈撰，此爲後來各種魏華存傳記所本，該書至元代可能還有流傳，元明之際亡佚了。[③]現存可見的魏華存傳記主要是顔真卿《晋紫虚元君領上真司命南嶽魏夫人仙壇碑銘》、《太平廣記》卷五八《魏夫人》（出《集仙録》及本傳）、《歷世真仙體道通鑑》後集卷三《南嶽魏夫人》。《顧氏文房小説》本《南嶽魏夫人傳》即《太平廣記》本。《茅山志》的魏傳内容上不出以上幾種，衹是在文末加上了宋元祐封號和虞集的贊文，因此，難以判斷其依據爲何。

（二）楊羲生平信息最先見於《真誥》，陶弘景在《真胄世譜》中略有叙述，并言：“右楊君事大略如此，須傳出更記。”[④]説明陶弘景當時未見有楊羲傳記。唐代李渤《真系》有《晋茅山真人楊君》，即楊羲傳，是綜合《真誥》内容寫作的。《宋史·藝文志》著録《司命楊君傳記》一卷，當即是《正統道藏》所收《侍帝晨東華上佐司命楊君傳記》，内容不出《真誥》，因不見於隋唐書志，或爲宋人據《真誥》等撰作。《雲笈七籤》卷一〇六《楊羲真人傳》十分簡略，出《真誥》，《歷世真仙體道通鑑》卷二四《楊羲》則本之《真系》。《茅山志》楊羲傳從文字看，與上述諸傳均有部分差異，但對比叙事順序，則明顯與《真系》相同，故應是其史源，但其也參考了《真誥》。

（三）許穆信息見於《真誥》，《真胄世譜》有簡傳，《雲笈七籤》卷一〇六《許邁真人傳》中有許穆簡介，《仙鑒》卷二一《許穆》增加了後來的一些内容。[⑤]通過比較可知，《茅山志》主要利用了《真胄世譜》，并在中間用《真誥》其他内容做了補充。

---

① 劉大彬編，江永年增補，王崗點校：《茅山志》卷七《上清品》，第一九三頁。

② 劉大彬編，江永年增補，王崗點校：《茅山志》卷七《上清品》，第一九三頁。

③ 羅寧、武麗霞：《〈南嶽夫人内傳〉、〈南嶽魏夫人傳〉考》，載項楚主編《新國學》第五卷，巴蜀書社，二〇〇五年，第二一六頁。

④ 陶弘景：《真誥》卷二〇《翼真檢第二》，第三五五頁。

⑤ 參見陳國符：《道藏源流考》，第二九頁。

（四）許翽信息見於《真誥》，《真冑世譜》有簡傳，《真系》有《雷平山真人許君》，《雲笈七籤》卷一〇六《許邁真人傳》和《仙鑒》卷二四有簡介。[①]和許穆相同，許翽傳記也主要利用了《真冑世譜》，又用《真誥》進行補充。

（五至六）馬朗、馬罕傳，陳國符先生指出本《真誥・叙録》，[②]稍有不確，實本諸《真經始末》。馬罕傳末，還引有："《靈驗記》曰：'二馬有保經之功，没世之日，上帝命靈官持玉版召入金庭洞天，俱授仙卿之任。'"[③]似應指杜光庭《道教靈驗記》，但現存殘本無此内容，或爲佚文。

（七）陸修静在馬樞《道學傳》中有傳，但該書已佚，陳國符有輯本。[④]唐代有吴筠《簡寂先生陸君碑》，《真系》有《宋廬山簡寂陸先生》，《仙鑒》卷二四本《真系》。《茅山志》陸傳與以上均有不同，不是單純因襲某傳，而是在已有的基礎上重新叙述，并加入了新的内容，如"乃友陶淵明、僧慧遠於廬山"[⑤]，又言陸修静解化後，"時廬山諸徒屬共見霓旌藹然，下臨静室，聞空中有言曰：'上清監仙大夫降'"[⑥]。這些均爲以前傳記所無。另有對以前傳記的更改，即宋明帝生病，馬、吴、李三傳都稱陸修静爲其建塗炭齋，[⑦]而《茅山志》則言修金籙齋，[⑧]明顯是編者所改。

（八）孫游嶽本在《道學傳》中有傳，已佚。[⑨]《真系》有《齊興世館主孫先生》，《仙鑒》卷二四本《真系》。《茅山志》中孫傳儘管簡短，但有不少前傳没有的内容，如言孫"居仙都四十七年，不與世接"，又稱孫曾夢"茅君曰：'青華小童復降句曲汝弟子中，善護持之。'永明間，陶弘景入山，先生異其丰神超詣，且聞身有斗文，因省所夢曰：'青華小童，豈非斗中真人耶？'"[⑩]此均不知所本，或是《茅山志》編者據本山資料所創造。

（九）陶弘景的傳記很多，《梁書》《南史》均有傳，《雲笈七籤》卷一〇七分别

---

① 參見陳國符：《道藏源流考》，第三〇頁。
② 參見陳國符：《道藏源流考》，第三一頁。
③ 劉大彬編，江永年增補，王崗點校：《茅山志》卷七《上清品》，第一九七頁。
④ 見陳國符：《道藏源流考》，第四三一—四三三頁。
⑤ 劉大彬編，江永年增補，王崗點校：《茅山志》卷七《上清品》，第一九七頁。
⑥ 劉大彬編，江永年增補，王崗點校：《茅山志》卷七《上清品》，第一九七頁。
⑦ 分别見陳國符：《道藏源流考》，第四三二頁；《全唐文》卷九二六，中華書局，一九八三年，第九六五九頁；張君房：《雲笈七籤》卷五，第七五頁。
⑧ 劉大彬編，江永年增補，王崗點校：《茅山志》卷七《上清品》，第一九七頁。
⑨ 有佚文，見陳國符：《道藏源流考》，第四三九頁。生平考證，見同書第三六—三七頁。
⑩ 劉大彬編，江永年增補，王崗點校：《茅山志》卷七《上清品》，第一九八頁。

有南齊謝瀹《陶先生小傳》、梁陶翊《華陽隱居先生本起録》，《真系》也有陶傳，《太平廣記》卷一五《真白先生》出自《神仙感遇傳》，而賈嵩《華陽陶隱居内傳》最爲詳備。另有碑文、墓志等。《茅山志》是綜合諸傳重新寫作的，還特别提出參考了《周氏玄通記》。[①]

（十）王遠知生平最詳細的記載見《唐國師升真先生王法主真人立觀碑》（《茅山志》卷一二），其後《真系》《譚賓録》《舊唐書》《新唐書》《歷世真仙體道通鑑》均有傳。經過對比，知《茅山志》中王傳主要源自《舊唐書》卷一九二《隱逸列傳》，但也不是完全襲用，而是有所修正。《舊唐書》本傳稱“初入茅山，師事陶弘景，傳其道法。後又師事宗道先生臧兢”[②]。然而陳國符已經指出，陶弘景卒時王遠知纔九歲，故《立觀碑》未言師事陶弘景。[③]《茅山志》未沿襲《舊唐書》的錯誤，説明編者寫作本傳時，是仔細考訂過的。

（十一）潘師正有王適撰《潘尊師碣》、陳子昂《體玄先生潘尊師碑頌》、《真系》之《中嶽體玄潘先生》等傳記，兩《唐書》均有傳，但經比對，《茅山志》的潘傳與上述諸傳差異較多，如多出潘母口授《道德經》、劉愛道建議潘師正師事王遠知、書青符置湯中等情節，而這些内容恰見於《歷世真仙體道通鑑》卷二五《潘師正》。嚴一萍經與《三洞群仙録》引文核對，認爲趙道一是采自賈善翔《高道傳》，[④]而據研究，《高道傳》亡佚於明萬曆之後，[⑤]故《茅山志》編者是可能看到《高道傳》的，《歷世真仙體道通鑑》也比《茅山志》早，所以《茅山志》必是依據二者之一。

（十二）司馬承禎是唐代最著名的道士，玄宗曾親製碑文，現存傳記有衛憑《貞一先生廟碣》、兩《唐書》本傳、《真系》之《王屋山貞一司馬先生》、《歷世真仙體道通鑑》等。經比對，可知《茅山志》是據《貞一先生廟碣》改寫，但增入了司馬承禎至茅山撰寫《貞白碑陰記》一事。[⑥]

（十三）李含光在兩《唐書》中無傳，但有柳識《唐茅山紫陽觀玄静先生碑》、顔真卿《有唐茅山玄静先生廣陵李君碑銘》二碑存世，另《真系》有《茅山玄静李先

① 劉大彬編，江永年增補，王崗點校：《茅山志》卷七《上清品》，第一九八頁。
② 《舊唐書》卷一九二《隱逸列傳》，中華書局，一九七五年，第五一二五頁。
③ 陳國符：《道藏源流考》，第三八頁。
④ 嚴一萍輯校：《高道傳》卷一，載嚴一萍編輯《道教研究資料》第一輯，藝文印書館，一九七四年，第八頁。
⑤ 李静：《〈高道傳〉輯考》，《道教研究學報：宗教、歷史與社會》第九期，二〇一七年，第四一—七五頁。
⑥ 劉大彬編，江永年增補，王崗點校：《茅山志》卷七《上清品》，第二〇二頁。

生》。《茅山志》即據兩篇碑文改寫而來，但在文末加上一句："以左玄大夫贈正議大夫。"[①]此信息不見於其他傳記，且"左玄大夫"也不見於正史記載，當爲誤記，或爲後人補入，不可信據。

（十四）韋景昭傳記現僅存陸長源《華陽三洞景昭大法師碑》，《茅山志》史料源於此。

（十五）黄洞元在正史無傳，亦無碑文傳世，生平信息主要見於符載《黄仙師瞿童記》和溫造《瞿柏庭記》，另外《逸史》有《黄尊師》《瞿道士》《騾鞭客》等三則與其有關，《茅山志》當是綜合諸文獻而來，特别是前二種。

（十六）孫智清《茅山志》外無傳記存世，《茅山志》應是從《大和禁山敕牒》、李德裕贈詩等文獻中提取信息撰寫的，但也有不見於上述文獻的文字，不知所出。

（十七至十八）吴法通、劉得常的記載更鮮見，而且有些内容的真實性也值得懷疑，如言吴法通，"僖宗乾符二年，遣使受大洞籙，遥尊稱爲度師，賜先生號"[②]。似乎吴在此時地位十分崇高，但無其他材料可佐證，且杜光庭作於中和四年（八八四）的《歷代崇道記》竟無一字提及還在世的吴法通，其中或許有杜光庭出於個人原因而有意忽略，[③]但也不能排除此事有虚構的嫌疑。再者，僖宗在乾符二年時年僅十四歲，而且"冲年纘歷，政在宦臣"[④]，遥尊遠在茅山的吴法通似無必要。然而從劉得常傳記有很多細節、言語看，當也是有所本，衹是現在已不得其詳了。

（十九）王栖霞有徐鉉所撰《唐故道門威儀玄博大師貞素先生王君之碑》，[⑤]《茅山志》據此。

（二十至二十二）成延昭在（至順）《鎮江志》僅有簡單信息，[⑥]蔣元吉、萬保冲傳記不知所據。

（二十三）朱自英有《茅山第二十三代上清大洞國師乾元觀妙先生幽光顯揚之碑》這一詳細傳記，[⑦]《歷世真仙體道通鑑》卷四八也有傳，主要内容相同，其中奏章求嗣

① 劉大彬編，江永年增補，王崗點校：《茅山志》卷七《上清品》，第二〇三頁。

② 劉大彬編，江永年增補，王崗點校：《茅山志》卷七《上清品》，第二〇六頁。

③ 巴瑞特認爲杜光庭出於自身的原因將吴法通忽略的可能性更大，見《唐代道教——中國歷史上黄金時期的宗教與帝國》，齊魯書社，二〇一二年，第七八頁。

④《舊唐書》卷一九《僖宗紀》，第七三〇頁。

⑤ 李振中：《徐鉉集校注》卷一二，中華書局，二〇一六年，第四一二—四一四頁。

⑥ 俞希魯：（至順）《鎮江志》卷一九，《宋元方志叢刊》第三册，中華書局，一九九〇年，第二八七五—二八七六頁。

⑦ 劉大彬編，江永年增補，王崗點校：《茅山志》卷一三《録金石》，第三七一—三七六頁。

之事比碑文詳細，且注明了來源："見《聖政録》，茅山有碑。"[①]《上清品》即據此寫作。

（二十四）毛奉柔傳記僅見於《茅山志》，當是據本山文獻寫作。

（二十五）劉混康有蔡卞《茅山華陽先生解化之碑》[②]和笪净之《宋葆真觀妙冲和先生贈太中大夫劉公幽廓記》[③]兩篇詳細的傳記文獻，《茅山志》主要據此，但也有新的内容，如言劉混康被賜號"洞元觀妙法師"，是因他爲哲宗后孟氏以符取喉中之針，但記載有誤。[④]又言："紹聖四年，敕江寧府即所居潜神庵爲元符觀，别敕江寧府句容縣三茅山經籙宗壇與信州龍虎山、臨江軍閣皂山三山鼎峙，輔化皇圖。"[⑤]此記載僅見於此，不知何據。

（二十六）笪净之有蔡卞《冲隱先生墓志銘》，《上清品》大體據此，但文末加入了弟子俞希隱入青城山之事。[⑥]

（二十七至四十五）徐希和以後直至劉大彬，其他更早文獻中都無詳細的傳記，其史料來源應是本山的相關資料。

通過以上分析，可以看出，《上清品》的宗師傳記在南宋以前大部分都有文獻依據，但并不是直接取用，而是融合多種材料重新創作，其中還有僅見於此的歷史信息，衹是部分内容的真實性值得懷疑。北宋以後的部分，無史源可考，推測茅山可能在宗師制度形成後，本山存有諸宗師生平信息的記載，《茅山志》編者即據之寫作。[⑦]

---

① 趙道一：《歷世真仙體道通鑑》卷四八，《道藏》第五册，第三七八頁。

② 劉大彬編，江永年增補，王崗點校：《茅山志》卷一三《録金石》，第三八九—三九二頁。

③ 《劉混康墓志》拓本難尋，本文所據爲羊華榮《〈宋葆真觀妙冲和先生贈太中大夫劉公幽廓記〉考釋》（《世界宗教研究》一九八八年第一期）的録文。

④ 方誠峰《北宋晚期的政治體制與政治文化》（北京大學出版社，二〇一五年，第二四一頁）對此已有辨析。

⑤ 劉大彬編，江永年增補，王崗點校：《茅山志》卷七《上清品》，第二一〇頁。

⑥ 劉大彬編，江永年增補，王崗點校：《茅山志》卷七《上清品》，第二一二頁。

⑦ 據陳國符研究，茅山在唐或五代可能就有道藏經，見陳國符：《道藏源流考》，第一〇三頁。又據趙孟頫《隆道冲真崇正真人杜公碑》記載，杜道堅也曾入茅山"批閲《道藏》"（《全元文》卷五九八，第二七七頁），説明宋末茅山保存有《道藏》，而宋末元初茅山未遭戰火損壞，至劉大彬時當還能存留。因此茅山保存的相關文獻應該非常豐富，《茅山志》的編纂可能即以此爲基礎。

附：宗師傳記史源表

次序	姓名	史源文獻
第一代太師	魏華存	《紫虚元君南嶽夫人内傳》、《晋紫虚元君領上真司命南嶽魏夫人仙壇碑銘》、《太平廣記》卷五八《魏夫人》
第二代玄師	楊羲	《真誥》《真系》
第三代真師	許穆	《真誥・真胄世譜》
四代宗師	許翽	《真誥・真胄世譜》
五代宗師	馬朗	《真誥・真經始末》《道教靈驗記》
六代宗師	馬罕	
七代宗師	陸修静	《道學傳》、吴筠《簡寂陸先生碑》、《真系》，并加入了不知何據的新内容
八代宗師	孫游嶽	《真系》，并加入了不知何據的新内容
九代宗師	陶弘景	綜合諸陶傳，引用《周氏玄通記》
十代宗師	王遠知	《舊唐書》卷一九二《王遠知傳》
十一代宗師	潘師正	《高道傳》或《歷世真仙體道通鑑》
十二代宗師	司馬承禎	《貞一先生廟碣》
十三代宗師	李含光	《唐茅山紫陽觀玄静先生碑》《有唐茅山玄静先生廣陵李君碑銘》
十四代宗師	韋景昭	《華陽三洞景昭大法師碑》
十五代宗師	黄洞元	綜合諸文獻，特别是符載《黄仙師瞿童記》和温造《瞿柏庭記》
十六代宗師	孫智清	《大和禁山敕牒》、李德裕贈詩等
十七代宗師	吴法通	不詳所出，或據本山留存文獻
十八代宗師	劉得常	
十九代宗師	王栖霞	《唐故道門威儀玄博大師貞素先生王君之碑》
二十代宗師	成延昭	不詳所出，或據本山留存文獻
二十一代宗師	蔣元吉	
二十二代宗師	萬保冲	
二十三代宗師	朱自英	《茅山第二十三代上清大洞國師乾元觀妙先生幽光顯揚之碑》
二十四代宗師	毛奉柔	不詳所出，或據本山留存文獻
二十五代宗師	劉混康	《茅山華陽先生解化之碑》《宋葆真觀妙冲和先生贈太中大夫劉公幽廓記》，另據本山留存文獻
二十六代宗師	笪净之	《冲隱先生墓志銘》，有新内容增加

續表

次序	姓名	史源文獻
二十七代宗師	徐希和	應是本山保存的相關資料
二十八代宗師	蔣景徹	
二十九代宗師	李景和	
三十代宗師	李景映	
三十一代宗師	徐守經	
三十二代宗師	秦汝達	
三十三代宗師	邢汝嘉	
三十四代宗師	薛汝積	
三十五代宗師	任元阜	
三十六代宗師	鮑志真	
三十七代宗師	湯志道	
三十八代宗師	蔣宗瑛	
三十九代宗師	景元範	
四十代宗師	劉宗昶	
四十一代宗師	王志心	
四十二代宗師	翟志穎	
四十三代宗師	許道杞	
四十四代宗師	王道孟	
四十五代宗師	劉大彬	

《仙曹署》中“蒲先生”以前部分都來自《真誥·稽神樞》，另有出自《周氏玄通記》者也都標示出來了。“蒲先生”的介紹出自《洞仙傳》。[1]許邁的傳記較長，由兩部分構成，分别是《晋書》卷八〇《王羲之傳附許邁》和《雲笈七籤》卷一〇六《許邁真人傳》。[2]任敦的介紹有近二百字，《茅山志》編者指出《雲笈七籤》《赤城志》有傳，但《雲笈七籤》的傳引自《洞仙傳》，十分簡略，不足五十字，[3]《赤城志》不知具體所指，查考《嘉定赤城志》則無任敦信息。從諸書對《道學傳》的徵引，知其中有任敦傳，不過現存的佚文也無《仙曹署》中的内容，[4]不知是否依據全本《道學傳》[5]或

① 張君房：《雲笈七籤》卷一一〇引《洞仙傳》，第二三八九頁。

② 《晋書》卷八〇《王羲之傳附許邁》，中華書局，一九九六年，第二一〇六—二一〇七頁；《雲笈七籤》卷一〇六《許邁真人傳》，第二三一一—二三一三頁。

③ 張君房：《雲笈七籤》卷一一〇引《洞仙傳》，第二三九五頁。

④ 見陳國符對《道學傳》的輯佚，《道藏源流考》，第四二七—四二八頁。

⑤ 《道藏闕經目録》卷下著録《道學傳》，説明元代《玄都寶藏》中當有，《茅山志》編纂時是有可能見到的，且《道山册》就著録有《道學傳》二十卷。

是另有所本。最後一則是桃源黄尊師，即唐代的黄洞元，已注明出自《逸史》。

《采真游》爲南北朝至元代與茅山有關的高人隱士略傳，部分人物注出了文獻依據。吴綽條，“事見《龍城録》”①。薛彪之在《道學傳》中有傳，現存佚文與《茅山志》有部分相合，而同在《道學傳》的關於馮法先的佚文與《茅山志》完全不同，類似情况還有桓法闓、錢妙真，②可能另有所據。其中桓法闓條後又曰：“世有指《桓記》云：‘闓爲隱居執爨者。’宋道士賈善翔集《高道傳》，謬用其説。隱居書闓入山詩及隱居墓碑可表也矣。”③《桓記》應指《桓真人升仙記》，《茅山志》編者以其爲謬説，并發現《高道傳》亦沿用其誤，説明寫作此條時編者是綜合了多種文獻的，不是簡單沿襲。馬樞是《道學傳》作者，《采真游》録自《陳書》本傳。戴勝、褚雅事見《道學傳》佚文。孫文韜事迹不知何據，依其前後人物推測，可能也源自《道學傳》，但無佚文可證。自葛景宣到董道蓋，原是梁普通三年《九錫真人三茅君碑文》的碑陰題名，故信息非常簡略。王軌、龔道者、劉商之外的唐人事迹多有注明出處。王軌事迹的依據是《茅山志·録金石》收入的《桐柏真人茅山華陽觀王先生碑銘》。龔道者事見《太平御覽》卷四一《地部六》（未注出處），《景定建康志》記載與《御覽》同。劉商事迹出於《集仙傳》（《太平廣記》卷四六引）。其餘諸人是：王旻——《仙傳拾遺》、吴筠——《唐書》本傳、崔希真——《原化記》、崔芊——“事見唐史”④、夏侯隱——《仙傳拾遺》、周隱遥——“令狐楚爲之記，《仙傳拾遺》亦有傳”⑤、李玨——《續仙傳》、劉至孝——《道教靈驗記》。宋代人物有十六位，均未注明史源，個别有提示，如王筌，指出有張舜民所撰碑文，⑥楊希真，有沈育作《楊真人傳》，⑦這些文獻當爲《茅山志》所參考。其餘諸人均難以查考具體史源，即使在其他文獻有信息，如沈若濟又見《夷堅志》，但内容并不同，知也非所據，故推測《茅山志》編者另有保存在本山的文獻，因此這一部分史料價值頗高。元代僅有二人，情况應與宋代部分相同。

《樓觀部》是對茅山宫觀庵房歷史的記述，主要信息應來源於茅山的石刻，包括碑銘、賜額、詔敕等，也有來自正史、《太元内傳》、《稽神録》等的文字，有些還可能

① 劉大彬編，江永年增補，王崗點校：《茅山志》卷九《采真游》，第二四六頁。
② 《采真游》錢妙真事迹與《景定建康志》卷四五“燕洞宫”中部分信息相合，但也不同，《茅山志》或有參考，也可能二書有相同的文獻來源。
③ 劉大彬編，江永年增補，王崗點校：《茅山志》卷九《采真游》，第二四七頁。
④ 見於兩《唐書》的《韋渠牟傳》。
⑤ 令狐楚文爲《送周先生住山記》，見《全唐文》卷五四三，第五五〇六頁。
⑥ 劉大彬編，江永年增補，王崗點校：《茅山志》卷九《采真游》，第二五八頁。
⑦ 劉大彬編，江永年增補，王崗點校：《茅山志》卷九《采真游》，第二六〇頁。

是地方傳説，如稱秦檜死後鬼魂係茅山酆都等。[①]

《靈植檢》記載茅山出産的藥物和草木。藥物分爲兩部分。第一部分爲衹有仙人可求，如五種神芝，引自《太元内傳》，其他則出於《真誥》《周氏冥通記》，屬於道教傳説，并不實有。第二部分多是可以在茅山找到實物，文獻少部分出自《真誥》《清虚真人内傳》，其他大都來自陶弘景《本草》，即《本草經集注》。這些著名草木都是現實存在的，有古老的淵源，或稱許長史手植，或稱昭明太子植，當是依據茅山的傳統説法。

《録金石》篇幅較大，共有兩卷。此部分應該都是基於茅山當時所存石刻，如第一篇《九錫真人三茅君碑文》的碑陰題末尾有編者注曰："碑陰及兩旁遍刻齊梁諸館高道姓名，略見《采真游》篇。石柱篆刻'自然弟子徐鍇敬謁華陽洞天'。唐宋題刻多漫缺矣。"[②]可見編纂《茅山志》時確曾親見此碑刻。又如陶弘景《上清真人許長史舊館壇碑》，[③]《寶刻叢編》引《諸道石刻録》云："陶弘景撰，孫文韜書。天監十七年立。在玉晨觀。"[④]可見宋代尚存石刻。實際上，此碑一直到清代都還在，顧炎武曾見過，《金石文字記》曰："《上清真人許長史舊館壇碑》，陶弘景正書，天監十七年，今在句容縣茅山。"[⑤]而且雖然此碑有拓本傳世和文集本傳世，但衹有《茅山志》完整收録了碑陰記和二十多人的題名，可證《茅山志》中此碑也是據原石刻收録的。再比如顔真卿《有唐茅山玄静先生廣陵李君碑銘》，立於紫陽觀，據明人董斯張《吴興備志》言是南宋紹興七年（一一三七）五月十四日被大風折斷，霅溪沈作舟扶起并鎸名於後。[⑥]明代李詡還曾見到，到清代錢大昕時碑石已碎，其《游茅山記》："最後爲斗姥閣，訪顔魯公玄靖先生碑，已糜碎，尚存二十一片，道士不知寶愛，委諸糞土瓦礫之場，恐妙迹不復留人間矣。"[⑦]又莫友芝《郘亭書畫經眼録》言："明中葉茅山玉晨觀灾，玄静先

---

① 劉大彬編，江永年增補，王崗點校：《茅山志》卷一〇《樓觀部》，第二七一頁。

② 劉大彬編，江永年增補，王崗點校：《茅山志》卷一二《金石録》，第二九一頁。

③ 李静對此碑有詳細考證，見《〈許長史舊館壇碑〉略考》，《宗教學研究》二〇〇八年第三期，第一九〇—一九三頁。

④ 陳思：《寶刻叢編》卷一五，載新文豐出版公司編輯部編《石刻史料新編》第一輯第二十四册，新文豐出版公司，一九八七年，第一八三二四頁。

⑤ 顧炎武：《金石文字記》卷二，載新文豐出版公司編輯部編《石刻史料新編》第一輯第十二册，第九二一四頁。

⑥ 董斯張：《吴興備志》卷二五，《叢書集成續編》第四十九册，上海書店出版社，一九九四年，第七八七頁上。

⑦ 錢大昕：《潛研堂文集》卷二〇，鳳凰出版社，二〇一六年，第三一八頁。

生碑石遂如瓜剖豆分。”[①]可見此碑毁壞時間在明中葉，衹是具體時間未知。莫氏所見爲南宋拓本，“碑中‘先生門人中林子殷淑、遺名子韋渠牟嘗接采真之游’數語中，其‘生門人’三字符刻作‘門人中’，‘子韋’二字符刻作‘韋渠’，‘接’字符刻作‘采’”[②]。對照《茅山志》相對應的字句，與宋拓完全相同，[③]説明《茅山志》在收入此材料時，也是依據唐宋流傳下來的茅山刻石。至於宋元碑刻，時代愈近，刻石保存應更爲完好。可見，由於《録金石》中的文獻直接源自石刻，故《茅山志》雖編於元代，且録文時可能有文字差錯，但仍然具有很高的史料價值。

《金薤編》收録了自齊梁至元的與茅山有關的詩歌，有些可能來自文集，但也有源自石刻的，如唐代李德裕的四首詩，《寶刻叢編》引《集古録目》：“唐李德裕《遥傷孫尊師》詩三首、《寄題黄先生舊館》詩一首。後附秘書省校書郎裴方質八分。德裕時爲司空平章事，以會昌三年刻在茅山。”[④]此石刻元代可能還在，《茅山志》在四首詩後有一句文字“右四詩，石刻‘唐會昌癸亥年暮春十八日，秘書郎、上柱國裴質方書’”[⑤]可證。再如趙孟頫和張雨的《玄洲唱和》也曾刻石。[⑥]

三、《茅山志》的性質

《茅山志》的史源清楚後，容易讓人以爲這衹是一部文獻彙編，故需對其特徵再作補充説明，以瞭解其性質。其特徵主要有三點：

首先，道教神聖性突出，這一特點表現在全書的各個部分，尤其以《三神紀》《括神區》《上清品》《仙曹署》爲代表。《三神紀》是三茅君的傳記，重點在修道成仙的過程，是茅山神聖性的來源。《括神區》看似是對山峰水洞等自然地理狀況的記述，實際上從其篇名就能看出意圖所在，即對茅山洞天福地的展示。《上清品》是歷代宗師傳記，從魏華存開始都是實有其人，但部分傳記寫作上和史傳不同，其中往往加入道教神異的内容，如言第二代玄師楊羲，“興寧三年六月，感紫虛元君、紫微夫人、九華真妃

① 莫友芝：《郘亭書畫經眼録》卷二，中華書局，二〇〇八年，第二六九頁。
② 莫友芝：《郘亭書畫經眼録》卷二，第二六九頁。
③ 顔碑拓本有南宋殘本存世，日本雄山閣一九八二年出版的《李玄静碑》最爲精善。
④ 陳思：《寶刻叢編》卷一五，載新文豐出版公司編輯部編《石刻史料新編》第一輯第二十四册，第一八三三二頁。
⑤ 劉大彬編，江永年增補，王崗點校：《茅山志》卷一四《金薤編》，第四三一頁。
⑥ 劉大彬編，江永年增補，王崗點校：《茅山志》卷一五《金薤編》，第四八五頁。

降於家，講啰要道。自是清虚、清靈凡四十七真人數來降，或降長史山廨”[①]。第十二代宗師司馬承禎將去世，“忽謂近侍曰：‘吾已受職玄都，不復得住。’乃部署封檢，若將遠適。迨暮，有赤雲繚繞，摩地而來，雲上簫聲泠然。衆咸駭異，謂必上升，遽戾户，而已蜕形矣”[②]。第十六代宗師孫智清解化時，“衆見風雨中有大魚，金鱗玉鬣，師乘之，凌大峰而上”[③]。《仙曹署》是對華陽洞天神仙官僚和茅山仙人的介紹，道教特色之明顯無須多言。

其次，努力展現茅山傳承的延續性。《上清品》最爲典型，首列“上清經籙聖師七傳真系之譜”及其傳記，意在顯示上清經籙的神聖淵源，七傳而降世，從魏華存開始流傳人間，其後宗師相承，未有斷絶，直至四十五代的劉大彬。然而茅山宗師譜系是在北宋後期逐漸形成的，此前的部分是追溯建構而來，并非歷史事實。《茅山志》將其系統彙總叙述，構成了一種虚實相雜的茅山道教演變史。其他部分，如《樓觀部》叙述宫觀的興衰，《金薤編》編纂文人詩歌，都注重歷史過程，雖相對客觀，但也有表現茅山歷史悠久之意。

再次，皇權至上。這從《誥副墨》位於首篇即可看出。劉大彬在《叙録》中稱：“洎我皇元，混一區宇，世祖聖德神功文武皇帝首降明詔，召嗣宗師蔣君宗瑛詣闕。繇是釁朝大護其教。乃延祐三載，加號三君，改觀三峰，光掩前古。”[④]已表明皇權支持對茅山道教的重要性。將歷代詔敕置於首位，一方面是顯示茅山輝煌的歷史，另一方面也是在表明茅山自古以來就受到帝王和朝廷的尊崇，從而爲當下及以後能繼續受到官方庇護提供先例。對皇權的重視也表現在《上清品》的宗師傳記中，即宗師如受到皇帝徵召或受到褒獎賜號等，必會着重指出，甚至不惜編造，如記李含光死後以左玄大夫贈正議大夫，或者加入一些明顯錯誤的傳説，如稱劉混康曾爲哲宗皇后孟氏進符取針等。無非都是要説明他們受到帝王的崇敬，從而來抬高茅山道教的地位，這是主動承認皇權的至高無上。

總之，儘管劉大彬强調《茅山志》的編纂對“傳事訛謬，撰辭蕪惡……一無所取”[⑤]，而且也確實細緻嚴謹，但它不僅僅是文獻的彙集，更是茅山道教史的全面叙述，受編者立場、政治環境等因素的影響，宗教性質突出，其中有不少建構性的内容。

① 劉大彬編，江永年增補，王崗點校：《茅山志》卷七《上清品》，第一九三頁。
② 劉大彬編，江永年增補，王崗點校：《茅山志》卷七《上清品》，第二〇二頁。
③ 劉大彬編，江永年增補，王崗點校：《茅山志》卷七《上清品》，第二〇五頁。
④ 劉大彬編，江永年增補，王崗點校：《茅山志叙録》，《茅山志》第一頁。
⑤ 劉大彬編，江永年增補，王崗點校：《茅山志叙録》，《茅山志》第三頁。

結　語

綜合以上論述，可以認爲劉大彬是編纂《茅山志》的主持者，也實際參與了部分内容，張雨負責了《茅山志》主要内容的編修，虞集撰寫了《四十五宗師贊》，趙孟頫可能也有參與宗師傳記的寫作。全書的編寫最初是在玄教大宗師吴全節的建議下開始的，經劉大彬策劃實施，於泰定元年完成初稿，其後又不斷有補充，甚至劉大彬去世後、王天符繼任宗師時可能還在繼續，最終是由精於書法的張雨手書，然後纔逐漸流傳開去。《茅山志》的編纂吸收了前代方志的編寫經驗，但也結合了茅山作爲道教聖地的特殊性，因此有創新性，其性質不是簡單的資料彙編，而應將之看作是一部獨特的茅山道教史，也因此，書中的寫作有歷史書寫的特徵，建構性、宗教性明顯。然而即便如此，《茅山志》的文獻價值仍然很高，突出表現在其史料來源上。因爲它在廣泛收集正史、文集、筆記等（有些至今天已經散佚）常見文獻外，還充分利用了茅山歷代保存的獨有文獻，包括紙本和石刻，特别是采集了元代茅山尚存的大量碑刻，故尤其重要。

（作者單位：華中師範大學文學院）

明玉晨觀本《茅山志·三神紀》點校疑誤舉正

張晨坤　趙允嘉

内容摘要：明玉晨觀本《茅山志》較《道藏》本具有更高的版本價值和史料價值。上海古籍出版社出版了以明玉晨觀本爲底本的點校本《茅山志》，但此點校本所參考的他校資料不足，存有疑誤。本文以《茅山志·三神紀》爲例，對此點校本的修訂本舉正補漏二十四則。

關鍵詞：茅山志；茅君；點校

元代高道、上清派第四十五代宗師劉大彬主持編修的十五卷《茅山志》從多方面記録了歷代茅山地區的道教活動，是瞭解上清派歷史和茅山道教的重要文獻。《茅山志》影響深遠，僅在明代就出現了四種刊本，現今最爲常用的是《正統道藏》三十三卷本，而嘉靖二十七年至嘉靖三十年間（一五四八——一五五一）茅山玉晨觀刊刻本則鮮有學者提及。玉晨觀本在保存元代刊本原貌的基礎上，又增補了《明懿典》《録金石後卷》及《金薤編後卷》三卷明代茅山道教資料，相較《道藏》本具有更高的版本價值和史料價值，却一直未能得到學界重視。幸而上海古籍出版社於二〇一六年出版了王崗以此本爲底本點校整理的《茅山志》，并於二〇一八年再版修訂，一定程度上彌補了這一遺憾。但此點校本及其修訂本主要以不同版本對校，所參考的他校資料，尤其是教内文獻不够全面，難免漏校，致使疑誤。因此，本文參校教内外文獻并參考相關研究論著，對《茅山志·三神紀》舉正如下。

一

積德累仁，祚流百氏。（修訂本第一二一頁）

按：“氏”，《雲笈七籤》卷一〇四《太元真人東嶽上卿司命真君傳》、《歷世真仙體道通鑑》卷一六“茅盈”作“世”[①]，且“世”下有“誕縱明賢，繼踵相承”。揆諸文義，“世”較“氏”義勝，“氏”或係“世”之同音誤字。

二

高祖諱濛……以秦始皇三十年九月庚子，乘龍白日升天。（修訂本第一二二頁）

按:《雲笈七籤》卷一〇四《太元真人東嶽上卿司命真君傳》:“始皇三十年九月庚子，盈高祖父濛，於華山之中，乘雲駕龍，白日升天。”[②]《歷世真仙體道通鑑》卷一六“茅盈”大致引同。《史記集解》卷六引《太原真人茅盈内紀》曰：“始皇三十一年九月庚子，盈曾祖父濛，乃於華山之中，乘雲駕龍，白日升天。”[③]《通志》卷四、《天中記》卷五等書[④]引同。此宜出校，明其飛升之年兩説。《三神紀》下文：“曾祖偃，字泰能，濛之第四子。”是茅君曾祖另有他人，非爲茅濛，《集解》等所引非是。《雲笈七籤》卷一〇四《太元真人東嶽上卿司命真君傳》、《歷世真仙體道通鑑》卷一六“茅盈”：“盈曾祖父諱偃，字泰能，濛之第四子也。”[⑤]《仙苑編珠》卷中引《道學傳》：“茅濛，字初成，即三茅君之高祖也。”[⑥]并可爲證。

---

① 分别見《道藏》第二十二册，第七〇七頁；《道藏》第五册，第一九二頁。本文參考的《道藏》經均采用三家本《道藏》（文物出版社、上海書店、天津古籍出版社，一九八八年）。

② 《道藏》第二十二册，第七〇八頁。

③ 《史記》卷六，中華書局，二〇一四年，第三二一頁。

④ 鄭樵：《通志》卷四，文淵閣《四庫全書》本，第四二B頁；陳耀文：《天中記》卷五，文淵閣《四庫全書》本，第八三B頁。

⑤ 分别見《道藏》第二十二册，第七〇七頁；《道藏》第五册，第一九二頁。

⑥ 《道藏》第十一册，第三二頁。

三

祖諱憙，字世倫。（修訂本第一二二頁）

按：《雲笈七籤》卷一〇四《太元真人東嶽上卿司命真君傳》、《歷世真仙體道通鑑》卷一六“茅盈”作“盈祖父諱嘉，字正倫”[①]。

四

曾祖偃，字泰能，濛之第四子。仕秦昭王，爲舍人，遷車騎校尉、長平恭侯。祖諱憙，字世倫，仕莊襄王，爲廣信侯。始皇即位，以爲德信侯……司命君生於漢景帝中元五年丙申歲，二弟於戊戌、庚子歲。（修訂本第一二三頁）

仲弟即定録君，漢景帝時察孝廉，元朔元年舉賢良，拜五官郎。征和二年轉太子太傅，元鳳元年拜破胡校尉、武威太守。季弟即保命君。少以節行著名，隱華陰山。武帝建元三年，舉方正不就，徙梁國，爲孝王上賓。宣帝地節二年，遷洛陽令，轉拜西城校尉、上郡太守。元帝即位，拜五更大夫，轉西河太守。（修訂本第一二四頁至一二五頁）

按：明王世貞《讀書後》卷七《書〈三茅真君傳〉後》：“以李斯爲丞相，尚不得侯，而何以有長平侯偃、廣信侯熹也。戰國有號無謚，始皇不立謚，何以又有長平恭侯也。‘定録仲君，以景帝戊戌生至武帝元朔元年舉賢良、拜五官中郎將。’按，元年爲癸丑，仲君僅十五耳。是歲雖下郡國舉孝廉，不聞舉賢良也。西漢官無所謂五官中郎，其以上書拜郎中者，主父偃三人耳，不聞拜中郎也。‘征和二年轉太子太傅。’按，是歲爲癸丑，戾太子反，若在前，則與少傅石德及宮臣皆從誅，在後則不立太子設太傅也。‘元鳳元年拜破胡校尉、武威太守。’是歲爲辛丑時，不設破胡校尉官。‘保命季君以庚子生，武帝建元三年，舉方正不就。’按，是歲爲癸卯，君僅四歲耳。又云：‘游梁國，爲孝王上賓。’時孝王薨十餘年矣。宣帝地節二年，自洛陽令轉西城校尉，是歲爲甲寅，君年已七十五，然是時亦無西城校尉官也。‘元帝即位，

---

① 分別見《道藏》第二十二册，第七〇七頁；《道藏》第五册，第一九二頁。

仲君拜執金吾，季君拜五更大夫，轉西河太守。’按，是歲爲初元元年癸酉，仲君年九十五，季君亦九十三，不應上之官藉，令九卿二千石。有此壽俊，人主必當旌異史，必爲立傳，亦不應寂寂乃爾。且九卿年表，執金吾爲馮奉，世無所謂仲君也，亦不設五更大夫官。”[①]王世貞論《三茅真君傳》所言祖先仕履年代、官職頭銜與史籍記載不合（如前者之“五官郎”非後者之“五官中郎”），或不見史籍（如“五更大夫”），認爲是玄門作者“不通史學，猥加藻飾”。以上校記衹校事實而非文字之異同。

五

三君少稟異操，天才穎悟，矯志蕭抗，獨味清虚。（修訂本第一二二頁）

按：“三君”，原作“王君”，校者據《道藏》本改，均非是。《雲笈七籤》卷一〇四《太元真人東嶽上卿司命真君傳》、《太平御覽》卷六六一引《茅君傳》[②]作“盈”，與下文“嘗謂二弟曰：‘世……耳’”正相連接，“嘗謂二弟”承前省略主語“盈”。《歷世真仙體道通鑑》卷一六“茅盈”：“盈生於漢景帝中元五年丙申歲，少秉異操……”[③]主語亦爲“盈”。又揆諸下文，茅盈志向山林，一心向道，而二弟本耽於朝堂俗世，受盈影響方纔心向清虚。但證“三君”非是，“三”係衍文。《茅山志》行文多以“君”代“盈”，“王”字疑涉下文“王君”而衍。

六

夢見太玄玉女把玉札而携之曰：“西城有王君，得真道，可爲師。君子奚不往尋而受教乎？”（修訂本第一二二頁）

按：“携”，《歷世真仙體道通鑑》卷一六“茅盈”作“謂”[④]。《雲笈七籤》卷一〇四《太元真人東嶽上卿司命真君傳》、《歷世真仙體道通鑑》卷一六“茅盈”：

---

① 王世貞：《讀書後》卷七，文淵閣《四庫全書》本，第一二B—一三A頁。

② 分别見《道藏》第二十二册，第七〇七頁；《太平御覽》卷六六一，《四部叢刊》本，第4A頁。

③ 《道藏》第五册，第一九三頁。

④ 《道藏》第五册，第一九三頁。

“西城有王君，得真道，可爲君師，子奚不尋而受教乎？”[①]是“師君”二字誤倒，應據乙正，并斷爲“西城有王君，得真道，可爲君師，子奚不往尋而受教乎？”

七

心齋三月，沐浴向新。（修訂本第一二二頁）

按：《雲笈七籤》卷一〇四《太元真人東嶽上卿司命真君傳》、《歷世真仙體道通鑑》卷一六“茅盈”作“齋戒三月，沐浴向望”[②]。

八

母曰：“子心至到哉！吾昔師元始天王扶桑太帝君遺我要言，所謂玉佩金璫之道、太極玄真之經，實天人之殊珍，上帝之奇秘。汝今日願聞之耶？”言畢，敕王君解釋玄真之經，自敷《玉佩金璫》之文。復向説：“元始天王太帝君言……”（修訂本第一二三頁）

按：《雲笈七籤》卷一〇四《太元真人東嶽上卿司命真君傳》作“西王母曰：‘子心至矣！吾昔先師元始天王及皇天扶桑太帝君見遺以要言，汝願聞之邪？’於是口告盈以玉佩金璫之道、太極玄真之經。盈拜受所言，稽首而立。又告盈曰：‘……向説元始天王、太帝君……’”[③]《歷世真仙體道通鑑》卷一六“茅盈”引同[④]。是“元始天王”與“扶桑太帝君”實爲二神，應間以頓號。《太上玉佩金璫太極金書上經》有曰“元始天王與太帝君共乘碧霞流飆紫輦”[⑤]，亦可證。是“復向説”可校補爲“復［言］：‘向説元始天王、太帝君言……’”。

---

① 《道藏》第二十二册，第七〇八頁。

② 分别見《道藏》第二十二册，第七〇八頁；《道藏》第五册，第一九三頁。

③ 《道藏》第二十二册，第七〇八頁。

④ 《道藏》第五册，第一九三頁。

⑤ 《道藏》第一册，第八九六頁。

九

君父母尚存，父見怒曰："爲子不孝，不親供養，游走四方，吾當喻汝爲不生之子。"欲杖罰之。君長跪謝曰："盈受命，應當得道。道法遁世，事不兩濟。雖違遠供養，無旦夕之益，能使家門平安，父母老壽。盈已受聖師符籙，見營助者天丁之兵，不可打擊，恐三官考察，非小故也。"父意未釋，亦欲驗君情狀，示衆不惑。於是舉杖向君，杖即摧折，段段飛揚，穿柱陷壁。父悟不凡，乃止。君曰："向所啓，正慮如此。解后中人，即有所傷耳。"（修訂本第一二三至一二四頁）

按：《雲笈七籤》卷一〇四《太元真人東嶽上卿司命真君傳》："盈父母尚存，父見大怒：'爲子不孝，不親供養，尋逐妖妄，流走四方，吾當喻汝爲不生之子也。'欲杖罰之。盈長跪謝曰：'盈受命應當得道，道法世事，兩不相濟。雖違遠供養，無旦夕之益，能使家門平安，父母老壽。盈已受聖師符籙，見營助者以天丁之兵，見侍衛者以仙童玉女。今道已成，不可打擊，恐三官考察，非小故也。'父外信禮度未該，内秀道德玄域，意有未釋，故驗盈情狀，俾衆不惑。於是操杖向盈，適欲舉杖，杖即摧折，成數十段，段皆飛揚，如弓矢之發，中壁壁穿，中柱柱陷。父悟不凡，瞋意乃止。盈曰：'向所啓正慮如此，邂逅中人，則有所傷故耳。'"[①]《歷世真仙體道通鑑》卷一六"茅盈"同。[②]兩相比較，"道法遁世，事不兩濟"文義欠安，"道法世事，兩不相濟"義勝。《神仙傳》卷九"茅君"條："道成歸家，父母見之大怒，曰：'汝不孝，不親供養，尋求妖妄，流走四方。'欲笞之。茅君長跪謝曰：'某受天命，上天當應得道。事不兩遂，違遠供養。雖日多無益，今乃能使家門平安，父母壽老。其道已成，不可鞭辱，恐非小故。'父怒不已，操杖向之，適欲舉杖，杖即摧，成數十段，皆飛如弓激矢中壁，壁穿中柱，柱陷。父乃（正）【止】。茅君曰：'向所言正慮如此，邂逅中傷人耳。'"[③]《搜神記》卷二"三茅真君"："盈父母尚存，父惡其久出遠游，欲杖之。盈長跪曰：'盈已受聖師符籙，常有天兵侍衛，杖盈恐天兵相阻，盈罪愈加重也。'父欲驗其語，故杖之，杖輒折成數十段，如弓矢之

① 《道藏》第二十二册，第七〇八頁。
② 《道藏》第五册，第一九四頁。
③ 《神仙傳》卷九，《龍威秘書》本，第二—三頁。

發，中壁則壁穿，中柱則柱陷。父母始知其道成，乃止。盈曰：‘向所啓，正慮如此。’”[①]此處明顯改編自上引《神仙傳》《搜神記》。

十

至期，君門前數頃地忽自平，治青縑帳屋，屋下鋪白氈數重，容數百人坐。（修訂本第一二五頁）

按：“治”應屬上句讀。“平治”連文，整頓之義。《神仙傳》卷九：“至期，賓客并至，（太）【大】作宴會，皆青縑帳幄，下鋪數重白氈。”[②]亦可證。

十一

但見金槃玉杯、奇肴珍果，自至人前，光景翕赩，不可名狀。（修訂本第一二五頁）

按：《雲笈七籤》卷一〇四《太元真人東嶽上卿司命真君傳》、《歷世真仙體道通鑑》卷一六“茅盈”：“衆賓并集，爾乃大作主人，不見使人，但見金槃玉杯，自至人前，奇肴異果，不可名字。”[③]《搜神記》卷二“三茅真君”條：“衆賓并集，大作宴會。杳無使從，但見金盤玉杯自至筵前，美酒、奇肴異果，不可名狀。”[④]“奇肴珍果”下可據補“不見使人”四字，俾文義完備。

十二

我今此去，權停江水之東句曲之山。此山内有靈府，衆洞相通，真洞仙館也。

---

① 《道藏》第三六册，第二四四頁。

② 《神仙傳》卷九，《龍威秘書》本，第三頁。

③ 《道藏》第二十二册，第七〇九頁。

④ 《道藏》第三六册，第二四四頁。

按：據《真誥》卷一一引《茅三君傳》[①]、《茅山志》卷六引《太元内傳》[②]，可校補如下：我今此去，權停江水之東句曲之山。［江水之東，金陵之左右間有小澤，澤東有句曲之山是也。］此山［洞虚内觀，］内有靈府，［洞庭四開，穴岫長連，古人謂爲金壇之虚臺，天后之便闕，清虚之東窗，林屋之隔沓。］衆洞相通，［陰路所適，七塗九源，四方交達，］真洞仙館也。［山形似巳，故以句曲爲名焉。］

十三

於是各弃官還家，以日仄之年，修糟粕遺事，未有補益。（修訂本第一二六頁）

按：《雲笈七籤》卷一〇四《太元真人東嶽上卿司命真君傳》作"於是并各弃官還家，以日仄之年，方修盈糟粕遺事，不得口訣，未爲補益"[③]。《歷世真仙體道通鑑》卷一六"茅盈"同[④]。"糟粕"上當補"盈"字，"遺事"下當補"不得口訣"四字。下文"昔日歸家，修兄遺事，不受真訣，未獲其效"可證。

十四

君曰："……上清升霄大術，非老夫所學。"於是教二弟服青芽始生咽炁液之道，亦停年不死之法也。（修訂本第一二六頁）

按：《雲笈七籤》卷一〇四《太元真人東嶽上卿司命真君傳》："盈曰：'……其上清升霄大術，非老夫所學，今且當漸階其易行，以自支住。'於是并教二弟服青牙始生咽氣液之道，以住血斷，補焦枯，攝筋骨之益，亦停年不死之法也。"[⑤]《歷世真仙體道通鑑》卷一六"茅盈"同。[⑥]

---

① 《道藏》第二〇册，第五五三頁。
② 《道藏》第五册，第五八一頁。
③ 《道藏》第二十二册，第七〇九頁。
④ 《道藏》第五册，第一九四頁。
⑤ 《道藏》第二十二册，第七〇九頁。
⑥ 《道藏》第五册，第一九四——一九五頁。

十五

卿宜服王母回童散。（修訂本第一二六頁）

按：《太極真人九轉還丹經要訣》作“王母四童散”[①]，此方亦見於《雲笈七籤》卷七七[②]、《太上肘後玉經方》[③]、《太平御覽》卷六七一所引《上元寶經》[④]等，均作“四童”。“四”蓋係“回”之形近誤字。

十六

王君曰：“……今重賜玄水玉液丹，可使長齋而服之……”君使二弟清齋，服藥食芝畢，復相與心齋三月。（修訂本第一二七頁）

按：《太平御覽》卷六七二引《茅盈傳》：“王君賜玄水玉液、絳日丹芝，可使二弟齋戒三月而服之。”[⑤]應於“玄水玉液丹”後補“絳日丹芝”，方與“服藥食芝”前後照應。

十七

使者手授紫素之書，以付固、衷。紫素策文二，見《誥副墨》篇。受書訖，君敕二弟辭，還所治。（修訂本第一二七頁）

按：《雲笈七籤》卷一〇四《太元真人東嶽上卿司命真君傳》、《歷世真仙體道通鑑》卷一六“茅盈”俱載此紫書策文，《茅山志》卷一《誥副墨》篇亦有“太上遣賫

---

① 《道藏》第十九册，第一二頁。
② 《道藏》第二十二册，第五四六頁。
③ 《道藏》第十八册，第五一一頁。
④ 《太平御覽》，《四部叢刊》本，卷六六一，第三A頁。
⑤ 《太平御覽》，《四部叢刊》本，卷六七二，第五A頁。

紫素之書策中君文”“紫素策小君文”[①]。此處小字注稱“紫素策文二，見《誥副墨》篇”，意在避免重複收録二道紫素策文。據賀碧來（Isabelle Robinet）考證[②]，現有諸本《茅君内傳》中《茅山志·三神紀》所載最詳，但亦有此本略而他本詳者，不録二道紫素策文即屬其例。若以《茅山志·三神紀》爲底本校補復原《茅君内傳》，則應删小字注，并於“以付固、衷”下補録二道紫素策文如下：“《紫素文》曰：‘太上有命，天載真書。言咸陽茅固，家於南關，厥字季偉，受名當仙。位爲定録，兼統地真。使保舉有道，年命相關，勤恭所莅，四極法令，宫館洞臺，治丹陽句曲之山。固其勖之，動静察聞。’又曰：‘盈、固弟衷，挺業該清。雖晚反正，思微徹誠。斷馘六天，才穎標明。今屈司三官，保命建名。總括岱宗，領死記生。位爲地仙，九宫之英。勸教童蒙，開道方成。教訓女官，授諸妙靈。莅治百鬼，典崇校精。開察水源，江海流傾。封掌金穀，藏録玉漿。監植龍芝，洞草夜光。治于良常之山，帶北洞之口，鎮陰宫之門也。衷其勉之，動静以聞。’”

十八

授君九錫册文。九錫文，見《誥副墨》篇。位爲司命東卿上真君。文以紫玉爲版，黄金刻之。君伏受書署，再拜。（修訂本第一二八頁）

按：《雲笈七籤》卷一〇四《太元真人東嶽上卿司命真君傳》、《歷世真仙體道通鑑》卷一六“茅盈”俱載此九錫册文，《茅山志》卷一《誥副墨》篇有“天皇太帝授茅君九錫玉册文”，南宋道書《混元聖紀》亦有引。[③]此處小字注稱“九錫文，見《誥副墨》篇”，意在避免重複收録九錫册文。若以《茅山志·三神紀》爲底本校補復原《茅君内傳》，則應删小字注，并於“黄金刻之”下補録下文：“其文曰：‘惟盈虚挺遠朗，幽耽妙玄。爰自童蒙，散髪北山。静心林澤，積思求神。登峻履谷，艱尋師門。擲形絶崿，投軀萬津。丹誠率往，肆其天然。遂造明匠，乃授靈篇。剪髮祝詭，殘首截身。帶索自樂，不耻飢寒。所適惟道，所保以真。情昭上帝，感激太玄。

① 分别見《道藏》第二十二册，第七〇九頁；《道藏》第五册，第一九四頁；《道藏》第五册，第五五一頁。

② 見 Isabelle Robinet, *La révélation du Shangqing dans l'histoire du taoïsme*, Paris: École Française d'Extrême-Orient, Tome Second, 1984, pp.389-398。

③ 分别見《道藏》第二十二册，第七〇九—七一〇頁；《道藏》第五册，第一九五頁；《道藏》第五册，第五五〇—五五一頁；《道藏》第十七册，第八四三—八四四頁。

今敬授盈位爲太元真人，領東嶽上卿司命神君。君平心正格，秉操金石，丹心矯衆，栖神高映。故報盈以玉鉞、緑旌、八威之策，使盈徵伐源澤，折衝萬神（其一）。君寒凍林谷，味玄仰真，思激窮岫，啓心精誠。今故報盈以紫髦之節、藕敷華冠，使盈招驅萬靈，封山召雲（其二）。君弃家獨往，離親樂仙，契闊險巇，冬袒山川。今故報盈綉羽紫帔、丹青飛群。使盈從容霄階，携命玉真（其三）。君步驟深藪，足履危仞，心耽志尚，曾不惌憚。今故報盈以斑龍之輿、素虎之軿，盈浮晏太空，飛輪帝庭。（其四）君披榛併景，寒凌霜雪，心求明真，不戰不栗。今故報盈以曲晨寶蓋，瓊幃緑室。使盈游盼九宫，静神温密（其五）。君遠秀遁榮，無疲於心，潛形幽嶽，静思萬林。今故報盈以流金火鈴、雙珠月明。可以上聞太極，通音上清（其六）。君貞心高静，淫累不經，素挺浩映，内外坦平。今故報盈以錦旌綉幡、白羽玄竿。可以呼召六陰，玉女侍軒（其七）。君慈向觸物，陰德萬生，蠢動之毛，皆念經營。今故報盈以鳳鸞之簫、金鐘玉磬。可以和神虚館，樂真舞靈（其八）。君飢渴養神，艱辛求真，萬物不能致其惑，千邪不能毁其淳。今故賜盈紫琳之腴、玉漿金罌。可以壽同三光，刻簡丹瓊也（其九）。盈標領清玄，紫瑋八映，心暉重離，神曜太霞。實真人之長者，故以太元爲號。君九德既備，感積太微，天人虚白，不期同歸。今酬九事，以報往懷。盈心神方朗，四靈所栖。丹神啓焕，秉直不迴。正任全固，監無照微。今屈宰上卿，總括東嶽。又加司命之任，以領録圖籍。給玉童玉女各四十人，以出入太微，受事太極也。治宫赤城玉洞之府，盈其莅之，動静以聞。’”

十九

賜以四節燕胎流明神芝、長曜靈飛夜光洞草。（修訂本第一二八頁）

按：同頁下文續云：“食太極四節隱芝者，位爲真卿。食金闕燕胎玉芝者，位爲司命。食東宫流明金英，則有司録之任。食長曜靈飛夜光洞草，則當爲真伯，兼主總左右御史之任。”《太平御覽》卷六六九引《太元真人茅盈内傳》曰：“四使者告盈曰：‘食太極四節隱芝者，位爲真卿；食金闕燕胎玉芝者，位爲司命；食東宫流明金英者，位爲司禄；食長躍雙飛者，位爲真伯；食夜光洞草者，位爲主總左右御史之任。’”[1]故此處宜以頓號間隔，可改爲“四節、燕胎、流明神芝、長耀靈飛、夜光

① 《太平御覽》卷六六九，《四部叢刊》本，第四A頁。

洞草”。《上清道寶經》引《茅君内傳》：“金闕上聖命太極真人，使正一上玄玉郎王忠、鮑丘等，與茅盈四節、燕胎、流明神芝、長曜靈飛、夜光洞草，佩璽服衣，[正]冠北首。畢，四使者告盈曰：食太極四節隱芝者，位爲真卿；食金闕燕胎玉芝者，位爲司命；食東宫流明金英者，（泣）【位】爲司禄；食長曜靈飛者，位爲真伯；食夜光洞草者，位爲主總左右御史之任。”[①]亦可證。

二十

王母命諸侍女作樂，復歌《玄雲之曲》曰：“大象雖雲寥，我把九天户。披雲泛八景，儵忽適下土。空同□玄音，至靈不容冶。太帝□□□，□悟風塵苦。頤神三元中，納精玉闕下。遂乘萬龍椿，落凰盻九野。”又曰：“玄圃遏此臺，五城焕嵯峨。啓彼無涯津，泛此織女河。仰上升絳庭，下游日窟阿。顧盻八落外，指點九空遐。忽已不覺勞，豈悟少與多。撫璈命衆女，空遐忽已和。妙暢自然同，是爲玄雲歌。靈韶肆天韵，真音辭無邪。”（修訂本第一二八頁）

按：《無上秘要》卷二〇引《道迹經》：“大象雖云寥，我把九天户。披雲泛八景，儵忽適下土。大帝唱扶宫，何悟風塵苦。”[②]《漢武帝内傳》：“又命侍女安法嬰歌《玄靈之曲》，其詞曰：‘大象雖寥廓，我把天地户。披雲沉靈輿，儵忽適下土。空洞成玄音，至靈不容冶。太真噓中唱，始知風塵苦。頤神三田中，納精六闕下。遂乘萬龍椿，馳騁眄九野。’二曲曰：‘玄圃遏北臺，五城焕嵯峨。啓彼無涯津，泛此織女河。仰上升絳庭，下游月窟阿。顧眄八落外，指招九雲遐。忽已不覺勞，豈寤少與多。撫璈命衆女，咏發感中和。妙暢自然樂，爲此玄雲歌。韶盡至韵存，真音辭無邪。’”[③]明代王世貞《弇州四部稿》、馮惟訥《古詩紀》、梅鼎祚《古樂苑》等文獻所徵引《玄雲歌》與《漢武帝内傳》同，惟馮、梅引句“忽不覺心榮，豈吾少與多”稍異。[④]據上引互見重出之文，原文脱漏處或可補爲“空同成玄音，至靈不容冶。太帝唱扶宫，何悟風塵苦”。

① 《道藏》第三十三册，第七〇〇頁。

② 《道藏》第二十五册，第五二頁。

③ 《道藏》第五册，第四八頁。

④ 王世貞：《弇州四部稿》卷六六，文淵閣《四庫全書》本，第六A—B頁；馮惟訥：《古詩紀》卷一四一，文淵閣《四庫全書》本，第五B頁；梅鼎祚：《古樂苑》卷五一，文淵閣《四庫全書》本，第三B頁。

二十一

使詣希林，枝定三元籙。（修訂本第一二九頁）

按：《太平御覽》卷六七八引《茅君傳》作“使詣希林，校定三元之籙”[①]。“枝定”，文義未安，修訂本失校，“枝”蓋係“校”之形近誤字。

二十二

王母復敕侍女李方明出《玉佩金璫》、《太霄隱書》、《洞飛二景内符》，傳司命君。（第一三〇頁）

按：修訂本第一三〇頁“阿母《隱書》之妙，上真内經……此文妙矣，所謂《玉佩金璫》也”，《雲笈七籤》卷一〇四《太元真人東嶽上卿司命真君傳》“向説元始天王、太帝君言，是《太霄二景隱書》，玉佩金璫之文章也”[②]，可證“玉佩金璫”與“太霄隱書”實爲一書，即《道藏》中的《太上玉佩金璫太極金書上經》[③]。該經附有太極金書秘字三元九真陽符和太極金字玉文九真陰符，與前文“是《太霄二景隱書》，又有《陰陽二景内真符》，與本文相隨”合，二符也即茅傳中的《洞飛二景内符》。故此處當句讀爲“《玉佩金璫太霄隱書洞飛二景内符》”或“《玉佩金璫太霄隱書洞飛二景内符》”。

二十三

時父老歌曰：“茅山連金陵，江湖據下流。三神乘白鵠，各治一山頭。召雨灌旱稻，陸田亦復柔。妻子咸保室，使我百無憂。白鵠翔青天，何時復來游？”（修訂本第一三一頁）

① 《太平御覽》，《四部叢刊》本，卷六百七十八，第三B頁。

② 《道藏》第二十二册，第七〇八頁。

③ 《道藏》第一册，第八九六頁。

按：《雲笈七籤》卷一〇四《太元真人東嶽上卿司命真君傳》引此歌有異文“陸田苗亦柔”“使我無百憂”[①]。《歷世真仙體道通鑑》卷一六“茅盈”引此歌有異文“甘雨灌旱稻”“陸田苗亦柔”“使我無百憂”“白鵠翔青雲”[②]。《太平御覽》卷九一六引《太元真人茅君内傳》有異文“三神乘白鶴”“各在一山頭”“佳雨灌旱稻”“陸田亦復周”“妻子保堂室”“使我無百憂”“白鶴翔金穴”[③]。《海録碎事》引《三茅傳》有異文“江湖接下流”“三神爲白鶴”“各在一山頭”[④]。《古詩紀》“茅山父老歌”有異文“三神乘白鶴”“佳雨灌畦稻”“陸田亦復周”“妻子保堂室”“使我無百憂”。[⑤]

二十四

城生，吴人……後入太山交子小白陽山中，此所謂地真者也。（修訂本第一三三頁）

按：《道藏》本作“城生，吴人……後入太山友子小白陽山中，此所謂地真者也”。《真誥》卷一二“稽神樞第二”作“城生，吴人……今在太山支子小陽山中，此所謂地真者也”[⑥]。《真靈位業圖》“賈玄道、李叔勝、言成生、傅道流”條小字注“四人并隸司命，主察試學道者，在太山”[⑦]。“支子”，有附屬義，“交”“友”二字文義未安，或爲“支”之形近誤字。

（作者單位：西南交通大學人文學院）

① 《道藏》第二十二册，第七一〇頁。
② 《道藏》第五册，第一九六頁。
③ 《太平御覽》卷九一六，《四部叢刊》本，第六B頁。
④ 葉庭珪：《海録碎事》卷一三，文淵閣《四庫全書》本，第二三A頁。
⑤ 馮惟訥：《古詩紀》卷二〇，文淵閣《四庫全書》本，第一一A頁。
⑥ 《道藏》第二十册，第五六一頁。
⑦ 《道藏》第三册，第二七九頁。

道在瓦甓：“羅道人”磚考略

羅争鳴

内容摘要：“羅道人”磚是一塊形製簡單的題名磚，磚拓“羅道人”三個字背後有其重要的學術價值和文物價值。自從阮元《兩浙金石志》將其列爲“漢磚”以來，“羅道人”磚尤爲金石學家、書法家所看重。清代金石大家、書法家張廷濟曾謂此磚“極難得”，此後流傳較廣，坊間仍可見數種形製的磚硯、磚拓，題識文字也有多則。較早著録“羅道人”磚的是阮元的《兩浙金石志》。從“羅道人”三字的書法風格和“羅道人”的稱呼來看，“羅道人”磚當爲佛教初傳的東漢末至六朝間物。六朝時期，“道人”多指稱僧人，“羅道人”或爲六朝時期葬在江南的一位僧人，而非道士。“羅道人”磚影響深遠，其關涉早期佛教傳入中土及道教制度化形成的稱謂問題、書藝演變問題等。

關鍵詞：羅道人；磚拓；年代；身份

引　言

二〇二二年（壬寅）初，上海正處在疫情猖獗、封禁嚴苛的時期。每憶及此，壓抑陰霾之感，尚隱隱存焉。避疫閑居之際，同事丁小明教授潑墨揮毫，筆耕不輟。即在此間，小明教授持一磚拓見贈，并在拓紙四周，以别具一格的精美楷書記録了收藏過程和疫情期間贈而不行的各種無奈。現附録磚拓圖片，并過録其題識文字如下（圖一）：

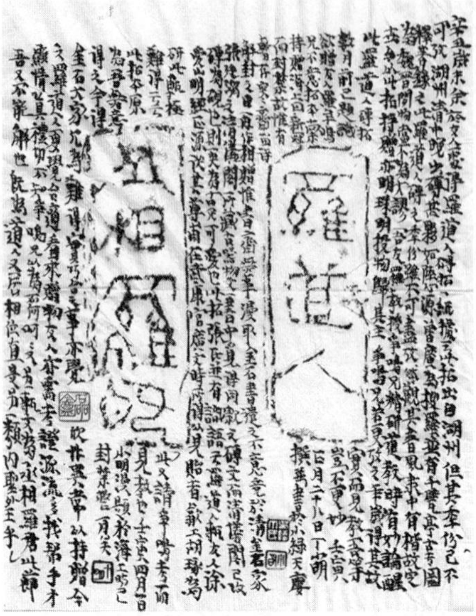

圖一　“羅道人”拓片

辛丑歲末，余於友人處得“羅道人”磚拓一紙。據云：此拓出自湖州，但其年份已不可考。湖州，清中晚出磚甚夥，如陸心源曾廣爲搜羅，并有《千甓亭古磚圖釋》著録之。此“羅道人”磚之年份雖不可盡考，然觀其書風，隸中有楷，故定爲魏晋間物，當不爲大謬。吾友羅教授争鳴兄精研道教，時有妙論醒世。今以此拓持贈，亦明珠明投，物歸其主。争鳴兄若更考之年歲，得其故實而見教吾等，豈不更妙！壬寅正月二十八日。丁小明撰并書於小緑天廔。

此“羅道人”磚拓，數月前已題識，欲贈友人羅争鳴兄，不意拓本尚未持贈，海上因新冠而封禁，故惟有暫存寒齋，留待解封之日再作相贈。惟書齋無事，漫取金石書遣之，不意竟於清金石家張廷濟之《清儀閣所藏古器物文》一書中覓得同款之磚文，而清儀閣已改磚爲硯也，則更爲古雅可愛也。此拓張氏并有識語云：“‘羅道人’磚，友人徐愛山明經正源從其尊甫，在武康官廣文時所得，以見貽者，歙工胡琢爲研。此磚極難得。”云云。此拓本原爲吾無意得之，今得金石大家允爲難得，實巧合之事，亦覺欣忭異常。以持贈今之“羅道人”，更覺合適。看來贈物友人，亦需考證源流，多找幫手，纔顯情真禮切。不知争鳴兄以爲如何？又，另一磚文爲“丞相羅君”，此節吾又不能解也。既爲道人，又居相位，直是另一類内聖外王乎？此又請争鳴考而見教也。壬寅四月一日，小明漫題於海上。時已封禁整一月矣。

這篇題識先後撰於壬寅年正月至四月間，雅致謹嚴而不失輕鬆詼諧。文中數次提起“羅道人”的季份和來路，關涉古代磚刻銘文研究的一些重要問題。作爲證經補史的金石學，至清代已臻輝煌，這時有一批學者另闢蹊徑，把目光轉移到古代磚瓦銘文上，有的不惜重金搜求，拓印成册。如吴延康（一七九九—？）的《慕陶軒古磚圖録》、陸心源（一八三四——一八九四）的《千甓亭古磚圖釋》《千甓亭磚録》等。這些拓片大多紋樣别致，字迹古雅，且保留大量古代紀元、地理、官制、姓氏、書藝變遷、文字演進、信仰民俗和社會經濟等重要的歷史文化信息，乃至藏家有識者以之爲“小物存大道”，或藉用《莊子》語謂“道在瓦甓”①。

“羅道人”磚雖然是形製簡單的題名磚，但這幾個字背後仍有其重要的學術價值和文物價值。清代金石大家、書法家張廷濟（一七六八——一八四八）曾謂此磚“極難得”②。此後，“羅道人”磚因人揚名於世，成爲後世“磚家”們搜集、拓印、研討的一塊名磚。文物市場也常見此磚身影，但這些市面上的“羅道人”磚，魚龍混雜，難辨真僞，相關討論也較爲隨意，故這裏藉小明教授所贈拓片對“羅道人”磚略考一二，以就正於方家。

一、“羅道人”磚的出土地點、類型與形製

古磚文根據製作方式，大致可以分爲刻畫磚文和模印範製磚文兩類。刻畫磚文又分爲濕磚坯上刻字的濕刻和成品磚上刻字的乾刻。刻畫磚文有特殊的刀筆形態，而模印磚文相對美觀柔和，别有韵味。東漢末年到南朝期間，沿長江兩岸的江南、西蜀一帶的磚室墓葬，多是這種模範壓製而成的磚文。③這種磚的文字和花紋造型，一般壓製在條形磚的側面，内容主要是程式化的吉祥語和紀年文字。馮登府（一七八三——一八四一）《浙江磚録》、陸心源《千甓亭古磚圖釋》《千甓亭磚録》等收録江南一帶的磚文，就

① 吴昌碩曾書篆體“道在瓦甓”，亦刻有“道在瓦甓”印章，具體可參見梅松：《道在瓦甓：吴昌碩的古磚收藏與藝術實踐》（生活·讀書·新知三聯書店，二〇一七年）一書。

② 張廷濟：《清儀閣所藏古器物文》（下），浙江人民美術出版社影印商務印書館涵芬樓本，二〇二〇年，第四〇四頁。

③ 胡海帆、湯燕編著：《中國古代磚刻銘文集》，文物出版社，二〇〇八年，趙超撰《序》第二頁及《凡例》第五頁。

多是模印而成的。新近出版的《漢魏六朝墓磚銘文輯録校釋》（一）[①]也收録了大量模印磚的銘文。

張廷濟《清儀閣所藏古器物文》著録“羅道人”磚，謂此磚係其友人徐愛山“從其尊甫在武康官廣文時所得”[②]。武康即今湖州市德清縣武康鎮。清中後期，湖州等環太湖的杭嘉湖地區出土大量帶有文字、花紋和造像的磚瓦，地方百姓不能識，竟取以築墻。文人士大夫發現其價值後，争購競收，一時間古磚奇貴，市井趨利者甚至盜古冢以求。這塊出土於湖州武康的“羅道人”磚，即屬於江南一帶模印而成的正文古磚。

較早著録此磚的當爲阮元（一七六四—一八四九）的《兩浙金石志》。阮元在浙江任職前後十餘年，任内招募學者文人編集撰述，大興文教。其間，阮元曾主持搜訪兩浙地區的金石文字，派工摹拓，嘉慶十年（一八〇五）成《兩浙金石志》一書。該書收録秦至元的石刻、碑文、造像、塔記、磚文、鐘銘等，其卷一就有“漢‘羅道人’磚”條：

> 右磚長四寸，厚一寸四分。文曰“羅道人”三字。陳氏（豫鐘）得於武康。[③]

阮元謂陳豫鐘（一七六二—一八〇六）得於武康，雖然得主與《清儀閣所藏古器物文》記載不同，但均謂得於“武康”。馮登府（一七八三—一八四一）的《浙江磚録》是在《兩浙金石志》等磚録基礎上成書的，也記載了“羅道人”磚，亦謂其“出武康”，但藏家不同，謂“蘇氏藏，今歸葛氏”[④]。“羅道人”磚爲模印磚，從阮元、張廷濟、馮登府等人的記載看，它們當爲同出一範，但得主和藏家各有不同的數塊古磚。

阮元的《兩浙金石志》還記載了“羅道人”磚的形製大小，即“長四寸、厚一寸四分”。按照清代工部營造尺式，一尺相當於三十二厘米，一寸三點二厘米。以此换算，“羅道人”磚長十二點八厘米，厚度爲三點六厘米，係典型的條狀磚。但是馮登府的《浙江磚録》載爲“長五寸，厚二寸三分”[⑤]。《浙江磚録》以“建初尺”爲衡量標

---

① 林昌丈：《漢魏六朝墓磚銘文輯録校釋》（一），厦門大學出版社，二〇二〇年。

② 張廷濟：《清儀閣所藏古器物文》（下），第四〇四頁。

③ 阮元主編：《兩浙金石志》卷一，浙江古籍出版社影印光緒十六年（一八九〇）本，二〇一二年，第六頁。

④ 馮登府輯：《浙江磚録》卷三，《歷代陶文研究資料選刊》上册，北京圖書館出版社影印道光間刻本，二〇〇五年，第二一〇頁。

⑤ 馮登府輯：《浙江磚録》卷三，第二一〇頁。

準[①]，或因標準不一導致了"羅道人"磚的形製記載有些出入。[②]

《兩浙金石志》《浙江磚録》雖然都記載了"羅道人"磚的形製大小，但没有圖像，而阮元的入室弟子張廷濟手自摹拓，保存了"羅道人"的拓片，如下圖：

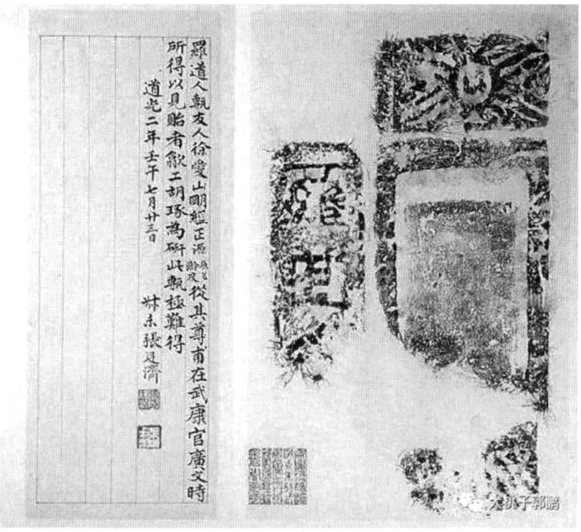

圖二　張廷濟手拓"羅道人"拓片

從圖片來看，清儀閣的"羅道人"磚拓字迹稍有殘損，"羅道人"三字拓片的右側還有兩張拓片，上下排在一起。目前，我們在文物交易網站上能看到不少"羅道人"磚硯的圖像。圖像真僞及是否爲張廷濟請歙工"琢爲研"的"羅道人"磚，我們不得而知，但結合這些圖片，尤其是文物收藏家郭鵬的收藏，仍可一睹"羅道人"磚的真容，現録郭鵬先生藏磚的圖片如下：

圖三　郭鵬先生藏磚

① 馮登府輯：《浙江磚録》卷三，第八頁。

② 部分圖片見於此網址：https://www.sohu.com/a/300677045_657027。

從以上“羅道人”磚的圖片可以看出，張廷濟《清儀閣所藏古器物文》的拓片右側上方圖片是磚的短側面花紋，下方是“琢爲研”的硯台拓片。“羅道人”三字模印在磚的長側面。

南宋乾道中，洪文惠以漢代五鳳磚琢爲硯，此後收藏家常有此癖，覽諸文獻，時見“改琢爲硯”的各種記載。“羅道人”磚被後世藏家改琢爲硯的還有其他案例，如今人魏暑臨先生曾藏一“羅道人”磚拓，有四人的題識文字，又補其本人的題識，謂《五家題“羅道人”磚拓本》[①]。從拓片題跋看，這是蔣經緯在會稽蘭亭見此“羅道人”殘磚，遂琢爲硯，并附題記於上端。這張“羅道人”拓片更爲清晰，且附花紋的拓片，圓形硯台的拓片也相當精美。

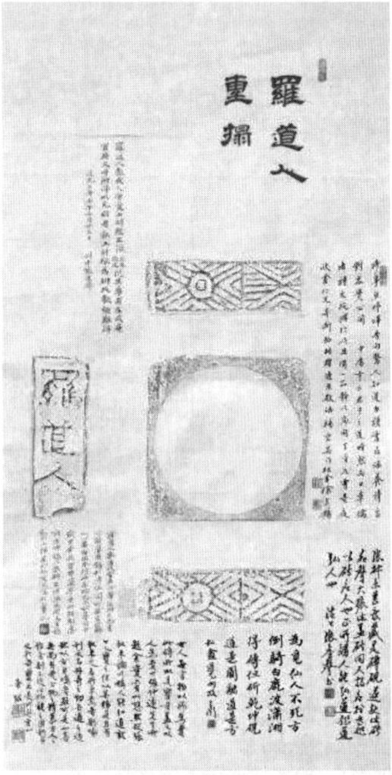
圖四　魏暑臨先生藏“羅道人”磚拓

小明教授所贈“羅道人”拓片左側，亦另存一拓片，其題記云：“另一磚文爲‘丞相羅君’，此節吾又不能解也。既爲道人，又居相位，直是另一類内聖外王乎？”此四字，小明教授識爲“丞相羅君”，後曾咨訪小明教授，以爲尚屬推測之論，是否準確，難以定奪。這四個字，僅中間的“相羅”較爲清晰，首尾兩字實難辨識，但首字或不可識爲“丞”。磚銘大多粗糙、古樸，多出自刑徒或下層百姓及僧道等方外之人的墓室，如貴爲“丞相”，當不會用此等磚銘。從字形看，“羅道人”的“羅”字與此也有一些差異，另外，著録“羅道人”磚文的《兩浙金石志》《清儀閣所藏古器物文》《浙江磚録》和現今的收藏圖片等，均未提及這四個字，此當爲另一磚文，故不深論。

二、“羅道人”磚書體、年代及“道人”身份

小明教授的題識文字以爲：“此‘羅道人’磚之季份雖不可盡考，然觀其書風，隸中有楷，故定爲魏晋間物，當不爲大謬。”從書法風格判斷古代器物文字的年代是常見的途徑和手法。小明教授以其精於書藝的學術功力定爲“魏晋間物”，實有其深刻的根據。然阮元《兩浙金石志》直接把“羅道人”磚放在漢磚一類，并云：“字體古勁，絶

① 相關文字發表於微信平臺“延堂尚雅”。

類《孔廟碑》。”[①]細審“羅道人”三字，確有此“古勁”之意。馮登府《浙江磚録》更謹慎一些，把“羅道人”磚列在卷三的“無年月磚”一類，但雙行小字注云：

> 以下雖無年月可考，審其體制，皆兩漢六朝之物，非後此所能製造也。[②]

另外，《浙江磚録》也提到“羅道人”三字的書法特徵似《孔廟碑》。《孔廟碑》是東漢隸書碑刻，全稱《漢泰山都尉孔君之碑》，延熹七年（一六四）立於魯縣孔廟。《孔廟碑》有篆書意味，横畫很長，左右開張，波磔分明，這一特徵，在“羅道人”磚文中也有所體現，現對比二者圖片如下：

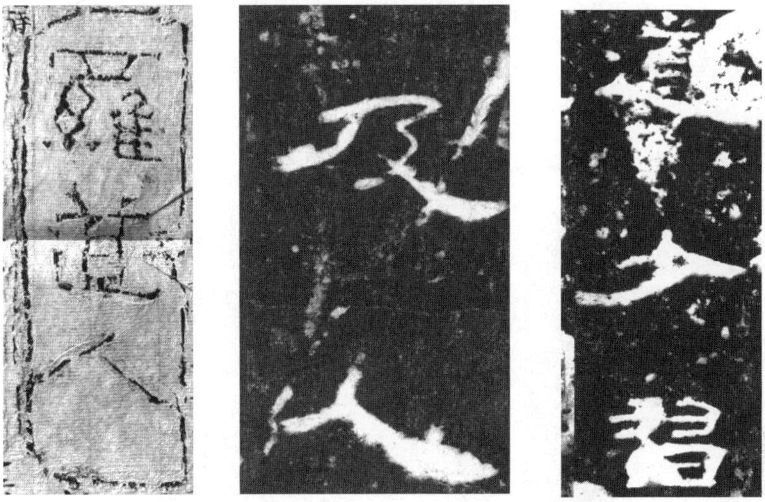

圖五　“羅道人”與《孔廟碑》字迹對比

“羅道人”的“人”字，與《孔廟碑》的“人”字筆意相近，“道”的“辶”字底有較明顯的波磔，“羅”在篆隸之間而有楷意。當然，總體來看，“羅道人”磚的三字，因模印手法的限制仍顯粗糙，且“磚多陶人所爲，或出於都料之官，或成於委巷之子”[③]，其精美程度無法與《孔廟碑》作比。但從“羅道人”三字的古樸和堅勁書風看，斷爲佛教初傳的東漢末至六朝間物，應屬無疑。另外，我們從“羅道人”的“道人”稱呼，也能佐證這一點。

馮登府《浙江磚録》在著録“羅道人”磚時，曾引用這樣兩條資料：

---

① 阮元主編：《兩浙金石志》卷一，第六頁。

② 馮登府輯：《浙江磚録》卷三，第二一〇頁。

③ 馮登府輯：《浙江磚録》，第七頁。

按《南齊書·顧歡傳》："道士與道人戰儒墨，道人與道士辨是非。"《南史·陶貞白傳》："道人、道士并在門中。"道人是沙門之稱，道士，羽士也。[①]

據《南齊書》和《南史》的記載，在東漢末至六朝時期，"道人"與"道士"絶不是一個模糊而不分彼此的稱呼，即"道人"指佛教的和尚，"道士"指求長生不死、白日飛升的羽人。佛教初傳中土，尚未扎根，於中土而言，和尚、僧人也是求道之人，爲了與源於"神仙方士"的"道士"相區别，故以"道人"稱之。葉夢得《避暑録話》亦云："晋宋間佛學初行，其徒猶未有僧稱，通曰道人，其姓則皆從所授學。"[②]《硯北雜録》云："南朝釋子皆稱道人，黄冠則稱道士。"[③]六朝指稱修煉神仙的人，教内除了常用"黄冠""大道弟子""三洞弟子"等稱呼，則用"道士"稱之。如東晋末期五斗米道的重要經典《女青鬼律》云：

不知道父母真名，故爲俗人。道士雖知黄書契令，不知二十四神人，故爲僞人。[④]

圖六　六朝時期"李道人"磚

① 馮登府輯：《浙江磚録》卷三，第二一〇頁。
② 葉夢得撰，徐時儀整理：《避暑録話》卷下，《全宋筆記》第二十七册，大象出版社，二〇一九年，第九七頁。
③ 黄叔琳撰：《硯北雜録》卷一三，《四庫全書存目叢書》影印清漢陽葉氏鈔本。
④《道藏》第十八册，文物出版社、上海書店、天津古籍出版社聯合影印，一九八八年，第二四五頁。

僧人受戒之後，都有法號，或曰法名，在法事壇場上，或僧人之間，一般都以法名相稱，"道人"是對僧人的一個身份通稱，但有時候，也有以法名加上"道人"的叫法，如謝靈運《郊居賦》注自謂"曇濟道人"，另外"慧琳道人""法略道人"等也常見。[①]可見及至六朝時期，"道人"指稱僧人是一個相當普遍的現象。以此，"羅道人"或爲六朝時期葬在江南的一位僧人，而非道士，這也間接説明了"羅道人"磚的年代亦在六朝之間。另外，六朝時期，江南佛塔建築多爲土木結構或全木結構，磚構塔多爲高僧墓塔。近年在南京江寧區胡村一南朝墓中發現墓室後壁單層或三層磚塔結構，或即高僧墓塔。[②]"羅道人"磚對這位羅姓僧人僅僅用"道人"的概稱，估計不是名鎮一方的高僧。此磚未必出自高僧墓塔，或即民間信士以普通人的喪葬方式瘗之的一般磚墓。六朝時期，又有一"李道人"磚存世，此磚有明確的紀年，即東晋"永和九年太歲在癸丑十月十日"[③]。此"李道人"與"羅道人"或爲前後同期的僧人墓磚。

檢各種文獻，我們發現北宋末也有一位"羅道人"，王庭珪（一〇七九—一一七一）和釋惠洪（一〇七一—一一二八）都有詩相贈，惠洪贈詩云：

蜕塵標韵矯翔鸞，鬢髮樓颼風露寒。
脱爲骨飛何日見，解衣沐浴萬人看。
肯來從我翛然住，皆説他人屈致難。
戲作猫聲行聚落，自忘身是晋郎官。[④]

《陝西通志》卷六五"釋道"的"道"類，也記載一位"羅道人"，云："羅道人，不知何許人。嘗游洛，交遇異人，得秘訣，預知休咎，劉延慶重之。靖康二年，忽大哭於市，别鄰里。及汴梁陷，二帝北行，乃哭之日也。"[⑤]此羅道人或即釋惠洪、王庭珪曾贈詩往來的同一人。[⑥]從以上記載可知，此北宋末的羅道人定是求神仙的道士，而"羅道人"磚的"羅道人"是僧人。以此也可看出，後世佛教信徒有了僧尼、和尚等固定稱呼後，"道人"一詞最終也用於指稱煉丹修命的"道士"。

---

① 復旦大學李猛副教授提供了關於僧人身份通稱"道人"及謝靈運《郊居賦》注的信息，特此説明。
② 賀雲翱：《六朝都城佛寺和佛塔的初步研究》，《東南文化》二〇一〇年第三期，第一〇六—一〇七頁。
③ 此磚亦爲收藏家郭鵬所藏，圖片見於 https://www.sohu.com/a/300677045_657027。
④ 惠洪著，周裕鍇校注：《石門文字禪校注》卷一二，上海古籍出版社，二〇二一年，第二〇一八頁。
⑤ 查郎阿修，沈青崖纂：《陝西通志》卷六五，清雍正十三年刻本。
⑥ 惠洪著，周裕鍇校注《石門文字禪校注》卷一二引《陝西通志》，以爲"或即此人"，第二〇一八頁。

三、“羅道人”磚的地位與影響

清中後期以來，古磚瓦文及畫像的搜集、著録和考訂，蔚然成風，磚録著作不下十幾種，儼然獨立於金石碑刻之學，成爲一專門學問。而在萬千瓦甓堆中，“羅道人”磚自從阮元《兩浙金石志》列爲“漢磚”以來，尤爲金石學家、書法家所看重。

如前引，張廷濟《清儀閣所藏古器物文》著録“羅道人”磚時，謂其“極難得”，這在張氏的一首古風體詩作中也有體現。嘉慶十三年（一八〇八）六月十九日，張廷濟爲一塊同樣製作於六月十九日的漢磚“做壽”。這塊漢磚製作於永寧元年（一二〇）六月十九日，距嘉慶十三年六月十九日整整過去了一千六百八十八年。[①]張廷濟面對這種歷史縱深感，詩興大發，遂作古風詩一首：

> 浮瓜削藕午置酒，八磚精舍爲磚壽。磚降庚申漢永寧，到今一千六百八十有九齡。想當陶旊時，定有精靈聚。昆吾埏泥，女媧團土。太乙火吹，雷公橐鼓。寶氣上燭天重九，六丁下視驚且走。帝謂淳于第一手，有虞陶後無出右。猶恐人間當塗典午兵燹不耐久，特付天吴揚侯靈胥海底守。右文稽古逢熙朝，龍堂奉出裹鮫綃。老漁爛醉眠不穩，怪底虹光生中宵。知余有古癖，掇贈古張宅。石友爲賦詩，宗工爲題額。“八磚精舍”扁，中丞儀徵夫子書。錦藉并香薰，摩挲閲晨夕。今日慶君覽揆辰，爲君招邀致古賓。建康太康元康咸和太和太元客俱至，潘吴戴徐俞萬并及蜀師羅道人。龐眉皓首心貌古，恍惚漢晋皆遺民。吾家稱觴共甥姪，村醪一杯甜如蜜。重爲告曰，磚兮磚兮，君之生也，金聲而玉質。維魚年豐夢大吉，莫化爲龍夜騰逸。歲歲年年壽君六月十九日，維願壽君之人各得君壽十之一。[②]

這是一首充滿詼諧幽默的“壽磚”詩，與黄丕烈的“祭書”異曲同工。從這首詩中我們也能看出張廷濟對古磚銘文的痴迷程度。在給“漢永和元年”磚做壽時，張廷濟用擬人化的手法，請出所藏的十四方珍貴古磚，順序是前六後八，即建康、太康、元康、咸和、太和、太元（六）；潘、吴、戴、徐、俞、萬、蜀師、羅道人（八）。張氏用

① 據梅松《道在瓦甓：吴昌碩的古磚收藏與藝術實踐》的判斷，此磚“永寧元年”或爲晋惠帝永寧元年（三〇一），而非漢安帝年號。見該書第二四頁。

② 潘衍桐編纂，夏勇、熊湘整理：《兩浙輶軒續録》卷一九，浙江古籍出版社，二〇一四年，第一一二〇頁。

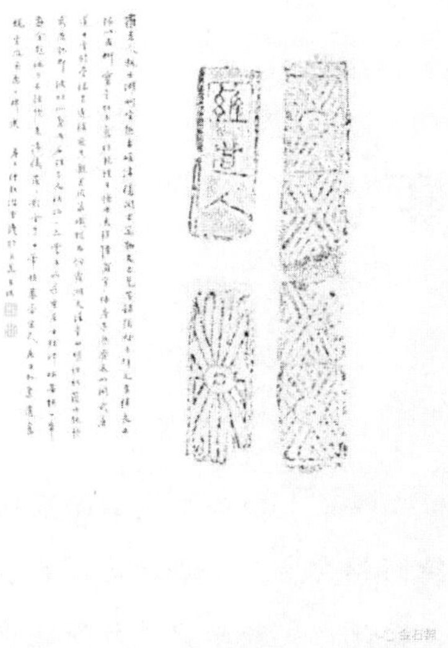

圖七 "羅道人"磚拓與谷卿先生題跋

擬人手法描寫這十四方古磚時，謂其"龐眉皓首心貌古，恍惚漢晋皆遺民"，詩作從藝術表現的角度確定了這些古磚的年代都在漢晋之間。張廷濟的齋號爲"八磚精舍"，與阮元的"八磚吟館"相呼應，據載張廷濟八磚爲："萬歲不敗""蜀師""太康二年""永寧元年""元康二年""吴氏""儒墓""萬因"八塊漢晋古磚。其中没有"羅道人"磚，但從這首壽磚詩，仍可以見"羅道人"磚在金石大家心目中的銘心之重。

二〇二〇年歲末，湖州市博物館舉辦了"千甓遺韵"的磚拓題跋藏珍及當代名家邀請展。在這次展覽上，"羅道人"磚拓再次引起廣泛關注。雖然磚拓的題跋仍以"羅道人"爲齊永明間武康道士[1]，但不影響"羅道人"磚紋和字體傳遞出的古雅和千年風韵。

結　語

從阮元到張廷濟，再到馮登府，"羅道人"磚著録有序，踪迹可尋。如今，此磚已成磚學界的一方名磚，各種拓本和改琢爲硯的"再生"品應該還會有新的發現。通過以上考述，疫情時期小明教授所贈拓片的美意，不僅是友人間的閑遣寬慰，更多的則是對"道在瓦甓"的探索和追求。"羅道人"磚關涉早期佛教傳入中土及道教制度化形成的稱謂問題、書藝演變問題等，其厚重的歷史感和史學價值，值得我們繼續做更深入的思考。

（作者單位：華東師範大學古籍研究所）

① 題跋作者爲谷卿先生，謂："舊傳抱樸子煉丹烏程，陸簡寂結廬吴興，齊永明間，武康道士重修崇福宫，後稱延真觀，道風盛熾，號爲烟霞洞天。徐愛山明經初獲此磚於武康，疑即彼時所製者。"可備一説。見如下網址：https://www.sohu.com/a/435006587_614377。

《南嶽小録》編纂考

李珂菁

内容摘要：《南嶽小録》是入衡道士李冲昭於唐天復二年（九〇二）撰寫而成的志書，是早期衡山山志與道教方志的代表作。此書的取材範圍相當廣泛，涵蓋地理書、石刻碑碣及道教典籍，不少早已亡佚的文獻得以保留下來，因此在文獻學與道教研究中，《南嶽小録》具有一定的學術價值。

關鍵詞：李冲昭；《南嶽小録》；山志；道教方志

唐末道士李冲昭編纂的《南嶽小録》是目前存世最早的衡山山志，對宋代以後的衡山山志如陳田夫《南嶽總勝集》産生了深遠的影響。不僅如此，由於該書以南嶽衡山的五大主峰、道教宫觀和得道仙人爲主要内容，包括了不少唐代南嶽道教的重要人物及事迹，《南嶽小録》又被視作最早的衡山道教方志，具有開拓性意義。當前學界有關《南嶽小録》的研究較少，僅有侯永慧《〈南嶽小録〉作者與刊刻者述略》[①]及張群的博士論文《南嶽山志研究》[②]做了專門考察，着重探討《南嶽小録》的成書時間、版本與内容，尚未關注此書的編纂過程特别是文獻來源，因此本文試圖圍繞《南嶽小録》的編纂這一論題展開更爲深入的研究，重申此書之於文獻學與地方道教史研究的重要性。

一、《南嶽小録》的成書過程

從《南嶽小録》中的《自序》來看，作者名爲“冲昭”[③]，具體姓氏不詳。《新唐

① 侯永慧：《〈南嶽小録〉作者與刊刻者述略》，《湖南科技學院學報》二〇一八年第一一期，第六四—六七頁。

② 張群：《南嶽山志研究》，博士學位論文，武漢大學，二〇一三年，第三七—三九頁。

③ 李冲昭：《南嶽小録并序》，《正統道藏》洞玄部譜録類虞八，涵芬樓影印本。

書·藝文志》、鄭樵《通志·藝文略》、焦竑《國史經籍志》、白雲霽《道藏目録詳注》、《四庫全書總目》等官私目録均著録了《南嶽小録》一卷，但所注作者名稱略有不同。其中《新唐書·藝文志》《道藏目録詳注》《四庫全書總目》寫作“道士李冲昭”[①]，僅《通志·藝文略》《國史經籍志》寫作“仲昭”[②]。朱彝尊認爲“《通志略》‘冲昭’作‘仲昭’”，屬“傳寫之訛”[③]，《四庫全書總目》贊同此説[④]。今人黄仁生、羅建倫則做了折中的選擇，即“李冲昭，一作仲昭”[⑤]。總之，《南嶽小録》的作者應是李冲昭，這一點是比較可信的。值得注意的是，清人李元度編纂的《南嶽志》卷一六“仙釋”又提到了另一種《南嶽小録》：“文政，南嶽僧也。嘗撰《南嶽小録》行於世。”[⑥]然而，釋文政是宋人而非唐人，他曾於熙寧七年（一〇七四）在南嶽勝業寺建立御書閣[⑦]，且《宋史·藝文志》僅著録了僧文政《南嶽尋勝録》一卷[⑧]，未有《南嶽小録》，疑李元度抄録錯誤。

關於李冲昭的身份與經歷，明人蔡汝楠翻閲《南嶽小録》後，表示“纂者乃唐人道流”[⑨]。此外，《新唐書·藝文志》、《道藏目録詳注》、莫友芝《藏園訂補郘亭知見傳本書目》、丁立中《八千卷樓書目》、陳鴻墀《全唐文紀事》均標注了作者李冲昭的道士身份。[⑩]據作者自叙，他本人早年入道，後跟隨師父來到南嶽衡山，在此定居修道，因而被後人稱作“南嶽道士”。在南嶽生活期間，李冲昭不僅尋訪當地靈迹，廣泛

① 分别見於歐陽修、宋祁撰，中華書局編輯部點校：《新唐書》卷五九，中華書局，一九七五年，第一五二三頁；白雲霽：《道藏目録詳注》卷二，清文淵閣《四庫全書》本；永瑢等：《四庫全書總目》卷七〇，中華書局，一九六五年，第六一七頁。

② 分别見於鄭樵撰，王樹民點校：《通志》，中華書局，一九九五年，第一五八三頁；焦竑輯：《國史經籍志》卷三，清粤雅堂叢書彙印本。

③ 王堯臣撰，錢東垣輯釋：《崇文總目輯釋》卷四，清粤雅堂叢書彙印本。

④ 永瑢等：《四庫全書總目》卷七〇，第六一七頁。

⑤ 黄仁生、羅建倫點校：《唐宋人寓湘詩文集》卷一九，嶽麓書社，二〇一三年，第八七七頁。

⑥ 李元度修纂，劉建平校點：《南嶽志》卷一六，嶽麓書社，二〇一三年，第五二三頁。

⑦ 劉摯撰，裴汝誠、陳曉平點校：《忠肅集》卷九《南嶽御書閣記》，中華書局，二〇〇二年，第二〇一頁。

⑧ 脱脱等撰，中華書局編輯部點校：《宋史》卷二〇四，中華書局，一九八五年，第五一五七頁。

⑨ 蔡汝楠：《南嶽小録原序》，清文淵閣《四庫全書》本。

⑩ 分别見於歐陽修、宋祁撰，中華書局編輯部點校：《新唐書》卷五九，第一五二三頁；白雲霽：《道藏目録詳注》卷二，清文淵閣《四庫全書》本；莫友芝撰，傅增湘訂補，傅熹年整理：《藏園訂補郘亭知見傳本書目》卷五下，中華書局，二〇〇九年，第三八五頁；丁立中編，曹海花點校：《八千卷樓書目》卷八，浙江古籍出版社，二〇一六年，第二一五九頁；陳鴻墀纂：《全唐文紀事》之《徵引書目》，中華書局，一九五九年，第一二頁。

搜集、整理相關記載，而且還翻閲古碑與典籍，拜訪長者，以窮盡衡山神異之事[①]，最終在這些材料的基礎上撰寫出《南嶽小録》這部以南嶽衡山道教宫觀與人物爲主要内容的山志。

那麽，李冲昭主要生活在什麽時期？他的生卒年是否可考？除《南嶽小録》中的《自序》與正文，目前并無更多記録李冲昭生平的文獻，因此，對李冲昭生活年代的考察必須從另一個關鍵問題入手，即《南嶽小録》的成書時間。《自序》末尾題云“時壬戌歲冬十月序”[②]，此處“壬戌歲”指代的具體年份尚不明確。《四庫全書總目·南嶽小録》提要稱：“案書中有咸通年號，當作於懿宗以後。序末所題壬戌歲，蓋昭宗之天復二年也。”[③]《南嶽小録》中出現的最晚的時間點是咸通十年（八六九）十月，當時朝廷下令准許衡州刺史張覿置辦九仙宫的宫額[④]，正處在懿宗李漼當政的時期。之後，唐朝有僖宗、昭宗等幾位皇帝依次當政，最終走向滅亡，其間僅有的壬戌年是天復二年（九〇二），由此我們可以推斷出李冲昭應在咸通十年以後纔開始撰寫，而《南嶽小録》最終成書於天復二年十月，當時李冲昭仍在世。有研究者認爲“李冲昭在咸通後不久即已離開南嶽，其序當是離開以後所補記”[⑤]，如此纔可解釋咸通十年至天復二年間記載缺漏的現象，但此説并無依據，《南嶽小録》未曾提及李冲昭離開衡山及補《自序》二事。

二、《南嶽小録》的取材

根據《自序》，我們已經得知前人撰寫的記録因遭受兵火[⑥]而散佚，衡山現存石刻碑碣以及《衡山圖經》《湘中記》等紙質文獻與從當地長者處獲取的信息，成爲李冲昭編纂《南嶽小録》時的主要取材對象。此外，從《南嶽小録》的正文來看，該書還與《五嶽真形圖》《福庭志》《五靈經》《上真記》《魏夫人傳》等道經文獻有關，總結如下：

---

① 李冲昭：《南嶽小録并序》，《正統道藏》洞玄部譜録類虞八，涵芬樓影印本。

② 李冲昭：《南嶽小録并序》，《正統道藏》洞玄部譜録類虞八，涵芬樓影印本。

③ 永瑢等：《四庫全書總目》卷七〇，第六一七頁。

④ 李冲昭：《南嶽小録》“九仙宫”條，《正統道藏》洞玄部譜録類虞八，涵芬樓影印本。

⑤ 侯永慧：《〈南嶽小録〉作者與刊刻者述略》，《湖南科技學院學報》二〇一八年第一一期，第六四頁。

⑥《道藏提要》認爲“兵火”指的是八七九年黄巢北上攻打永州、衡州，詳見任繼愈、鍾肇鵬主編：《道藏提要》（第三次修訂本），中國社會科學出版社，二〇〇五年，第二〇三頁。但據《南嶽小録》“九真觀”條記載，在乾元二年（七五九）王仙喬、薛季昌得道飛升後，九真觀曾“焚燒蕩然，雖重修舍宇，竟未完復”，此事發生在咸通之前，所以“戰火”可能指的不是黄巢之亂，或者説不衹是黄巢之亂。

表一　《南嶽小録》文獻來源

《南嶽小録》中的具體條目	文獻來源
叙嶽	《周禮》《五嶽真形圖》《福庭志》
五峰	《神仙傳》
真君廟	《五靈經》《上真記》
衡嶽觀	衡嶽觀碑
招仙觀	招仙觀碑
九真觀	九真觀碑
西靈觀	《圖經》
紫虚閣	《魏夫人傳》
斷石源	斷石源石刻
前代九真人	九仙宫碑
真君傳	《列仙傳》《山海經》
田先生寫真贊	田先生得道降真堂壁書

（一）地理書

《南嶽小録》取材於《衡山圖經》《湘中記》等地理書，但這兩種文獻早已散佚，無從得見原書。據《中國古籍總目》記載，《衡山圖經》僅一卷，作者不詳，應是唐時人，後爲清人陳運溶所輯[①]，今所見版本爲《麓山精舍叢書》輯本。陳運溶從《太平御覽》中輯出三條《衡山圖經》的佚文，其内容涉及潭州浮丘山、郴州静福山[②]，與南嶽衡山毫無關係。明萬曆朝的《湖廣總志》、嘉靖朝的《衡州府志》中亦有一條注明出自《衡山圖經》的文獻："（雲密）峰下有禹治水碑，下有壇，流水縈之，最爲勝絶。"[③]而《南嶽小録》對雲密峰及禹碑的描述與之類似："雲密峰，昔夏禹治水，登此峰，立碑紀其山高下丈尺，皆科斗文字。"[④]然而《南嶽總勝集》引徐靈期《衡山

① 詳見中國古籍總目編纂委員會編：《中國古籍總目·史部》第七册，中華書局，二〇〇九年，第三九一九頁。《中國古籍總目》稱《衡山圖經》爲唐人陳運溶所輯，但輯録者陳運溶并非唐人，是光緒癸未進士李夢瑩的門人，清末學者，著作有《湘城訪古録》《湘城遺事記》《麓山精舍叢書》等，此處應是《中國古籍總目》著録錯誤。

② 陳運溶輯撰：《麓山精舍叢書》，嶽麓書社，二〇〇八年，第一〇八頁。

③ 分别見於徐學謨纂：《（萬曆）湖廣總志》卷六，明萬曆十九年（一五九一）刻本；楊佩纂：《（嘉靖）衡州府志》卷二，明嘉靖刻本。

④ 李冲昭：《南嶽小録》"五峰"條，《正統道藏》洞玄部譜録類虞八，涵芬樓影印本。

記》曰“雲密峰有禹治水碑，皆蝌蚪文字，碑下有石壇，流水縈之，最爲勝絶”[①]，其表述與《衡山圖經》最爲接近，因此《衡山圖經》應參考了徐靈期的《衡山記》，我們暫且無法判斷《南嶽小録》此條文獻究竟是取材於《衡山圖經》還是更早的《衡山記》。相較之下，《南嶽小録》中的一條引文更有可能出自《衡山圖經》：“西靈觀，按《圖經》云：‘梁天監五年建置。’”[②]文中的《圖經》可能指的是《衡山圖經》，而且此佚文不見於他書，具有較高的輯佚價值。

《湘中記》，目前可見的輯本有《説郛》本、《五朝小説》本、《漢學堂知足齋叢書》本、《麓山精舍叢書》本、《玉函山房輯佚書補編》本等，今人劉緯毅[③]、鮑遠航[④]亦有輯佚。《南嶽小録》與《湘中記》中的部分文獻存在相似之處，比如《南嶽小録》有云“石廩峰，遠望如倉廩”[⑤]，而《南嶽總勝集》引《湘中記》云：“其峰（石廩峰）聳峙，遠望如倉廩之形。”[⑥]宋時《湘中記》尚未亡佚，《通志・藝文略》《崇文總目》《宋史・藝文略》均有著録[⑦]，因此《南嶽總勝集》應援引了《湘中記》原書。不僅如此，就現存文獻而言，《湘中記》無疑是最早記載衡山石廩峰的文獻，唐代文獻中僅有《南嶽小録》提及此峰，所以此處李沖昭極有可能直接抄録了《湘中記》中有關衡山石廩峰的記載。

（二）石刻碑碣

《南嶽小録》中的不少記載應是出自唐時存世的南嶽金石，比如九仙宫碑。其書“前代九真人”條下注“出《九仙宫碑》”[⑧]，足見李沖昭確有參考九仙宫碑碑文。除《南嶽小録》，《寶刻類編》記載了一處唐九仙觀碑：“蒲懷興，九仙觀碑，張文卓撰，貞觀十一年十月十五日梓。”[⑨]此碑在梓州，并非李沖昭提到的九仙宫碑。此碑原在九仙宫中，而九仙宫本是因南嶽九真人而得名，咸通十年官方同意地方置九仙宫額，

---

① 陳田夫：《南嶽總勝集》卷上“岣嶁峰”條，清嘉慶宛委别藏本。

② 李沖昭：《南嶽小録》“西靈觀”條，《正統道藏》洞玄部譜録類虞八，涵芬樓影印本。

③ 劉緯毅：《漢唐方志輯佚》，北京圖書館出版社，一九九七年，第一二四——一二六頁。

④ 鮑遠航：《羅含〈湘中記〉考——〈水經注〉徵引文獻研究之一》，《東南大學學報（哲學社會科學版）》二〇〇六年第二期，第九七——一〇一頁。

⑤ 李沖昭：《南嶽小録》“五峰”條，《正統道藏》洞玄部譜録類虞八，涵芬樓影印本。

⑥ 陳田夫：《南嶽總勝集》卷上“石廩峰”條，清嘉慶宛委别藏本。

⑦ 分别見於鄭樵撰，王樹民點校：《通志》，第一五七九頁；王堯臣：《崇文總目》卷四，清文淵閣《四庫全書》本；脱脱等撰，中華書局編輯部點校：《宋史》卷二〇四，第五一五三頁。

⑧ 李沖昭：《南嶽小録》“前代九真人”條，《正統道藏》洞玄部譜録類虞八，涵芬樓影印本。

⑨ 佚名：《寶刻類編》卷二，清粵雅堂叢書彙印本。

這一時間點十分接近李冲昭生活的年代，記載應較爲準確。可惜的是，九仙宫碑今已不存，原文已無從得知，我們僅能通過《南嶽小録》“前代九真人”條瞭解一下該碑的大致内容：

> 陳真人興明，居元陽宫，晋武帝大始元年三月一日上升。
> 胡浮先生，姓施，名存，居洞門觀西峰構虚閣，晋惠帝永康九年四月上升。
> 尹真人道全，居嶽觀溪，晋懷帝元嘉元年正月九日上升。
> 徐真人靈期，居上清宫，宋元徽二年九月九日上升。
> 陳真人惠度，居古玉清宫，齊武帝永明二年五月十三日上升。
> 張真人曇要，居招仙觀，齊延興元年七月三日上升。
> 張真人始軫，居九仙宫，梁天監三年七月十三日上升。
> 王真人靈輿，居中宫，梁天監十一年七月十三日上升。
> 鄧真人郁之，字玄寂，居洞門觀，梁天監十年十二月三十日上升。
> 又有雙襲祖、雙子辨二人，相次得道。[①]

可見，原本的九仙宫碑文應詳細記載了南嶽九真人的姓名、修煉場所與得道時間。值得注意的是，在南宋人陳田夫編纂的《南嶽總勝集》“九仙宫”條中，九仙宫碑并未被提及，而且書中關於南嶽九真人修煉場所、飛升時間的記載大多有别於《南嶽小録》“南嶽九真人”條，現列出表格以示區别：

表二 《南嶽總勝集》南嶽九真人修煉場所、飛升時間

姓名	修煉場所	升舉時間
陳興明	元陽宫	晋太康元年三月初一日★
施存	洞門觀	晋永康元年四月七日★
尹道全	尹道人庵★	晋懷帝元嘉元年三月九日★
徐靈期	上清宫	宋元徽元年九月九日★
陳惠度	玉清觀	永明三年五月十三日★
張曇要	招仙觀	延興元年七月初三日★
張如珍★	九真觀★	梁天監十三年十一月十八日★
王靈輿	中宫	天監十三年七月十二日★
鄧鬱之	洞真觀★	梁天監末十二月三十日★

注：不同於《南嶽小録》的地方使用“★”符號予以標識

---

① 李冲昭：《南嶽小録》“前代九真人”條，《正統道藏》洞玄部譜録類虞八，涵芬樓影印本。

這就表明陳田夫很可能没有親眼見過九仙宫碑，而後世文獻再未記載此碑，那麼碑刻應在五代北宋時就遭到損毁。

衡嶽觀碑與九真觀碑。《南嶽小録》"衡嶽觀"條有云："按舊碑，晋太康八年，徐真人靈期、鄧真人鬱之建置。"又云："唐貞觀二年，太宗重書額，請張天師惠朗度道士四十九人，爲國焚修。……其觀碑文，隋學士曹憲撰，今見存焉。"[①]曹憲生活在隋唐之交，太宗時仍在世，由此我們可以確定文中所謂"舊碑"很可能立於太宗重書衡嶽觀匾額之際，即貞觀二年（六二八）。依據李冲昭提供的有關"舊碑"的諸多信息，此碑可能較爲全面地叙述了衡嶽觀的發展史。然而，在《南嶽總勝集》中，陳田夫對衡嶽觀及觀碑的記載多不同於《南嶽小録》，集中體現在：第一，《南嶽總勝集》明確記載此觀"後因兵火摧毁"[②]，天祐初年纔得以重建，《南嶽小録》成書於天復二年，却未載録衡嶽觀被損毁一事；第二，陳田夫絲毫没有提及衡嶽觀碑，却給出了一些源自舊碑碑文中的信息，如太康八年（二八七）徐靈期、鄧鬱之建九真觀，人物、時間均一致；第三，《南嶽總勝集》着重説明衡嶽觀曾多次更名，其名稱在宋代以前依次是古王母殿、華藪觀、九真觀、衡嶽觀，而《南嶽小録》未有記載。二書有較大出入，這可能與衡嶽觀、九真觀的位置及道觀的重建有關。

在李冲昭所處的唐代末年，華藪觀、衡嶽觀、九真觀并不在同一位置上。這些道觀在《南嶽小録》中均有單獨條目，如"司天霍王廟"條記載華藪觀原在祝融峰上，隋時被廢[③]；"九真觀"條稱此觀在唐開元年間就已破落，乾元後又遭受戰火，"焚燒蕩然，雖重修舍宇，竟未完復"[④]，所以李冲昭未曾説明此觀的具體位置。值得注意的是，此條目稱"按碑文，晋太康中鄧真人建置徐真人祠"[⑤]，可見此觀亦有碑刻，碑文同樣叙述了九真觀的建立過程。而《藝文類聚》就收録了一篇由梁元帝蕭繹撰寫的碑文，名爲《衡山九真館碑》，應是李冲昭所指。碑文已不全，存留的文字并没有提及九真觀建立的時間與背景。[⑥]對此，《寶刻類編》有補充説明："梁蕭繹撰，貞觀七年七月立，潭。"[⑦]清人郭嵩燾推測此碑是"重立之碑"[⑧]，也就是説，李冲昭所見的九真

① 李冲昭：《南嶽小録》"衡嶽觀"條，《正統道藏》洞玄部譜録類虞八，涵芬樓影印本。
② 陳田夫：《南嶽總勝集》卷中"衡嶽觀"條，清嘉慶宛委别藏本。
③ 李冲昭：《南嶽小録》"司天霍王廟"條，《正統道藏》洞玄部譜録類虞八，涵芬樓影印本。
④ 李冲昭：《南嶽小録》"九真觀"條，《正統道藏》洞玄部譜録類虞八，涵芬樓影印本。
⑤ 李冲昭：《南嶽小録》"九真觀"條，《正統道藏》洞玄部譜録類虞八，涵芬樓影印本。
⑥ 歐陽詢輯：《藝文類聚》卷七八，宋紹興刻本。
⑦ 佚名：《寶刻類編》卷八，清粤雅堂叢書彙印本。
⑧ 卞寶第、李瀚章等修，曾國荃、郭嵩燾等纂：《（光緒）湖南通志》卷二六一，清光緒十一年（一八八五）刻本。

觀碑已非原碑，而是唐朝重立的新碑。之後，陳田夫在《南嶽總勝集》中亦分立“衡嶽觀”“九真觀”兩個條目，且於“衡嶽觀”條下載録“梁湘東王蕭緯撰”[①]《九真觀記》，這就表明宋時九真觀碑被重新立在衡嶽觀中。今人魏斌認爲“如果九真館基址本在別處，後人在衡嶽觀中見到《九真館記》碑，很容易誤認爲九真館與華藪館、衡嶽觀存在沿革關係”[②]。考慮到衡嶽觀、九真觀都曾被毁而後重建，二觀原本的位置已難以確定，而九真觀碑究竟是在衡嶽觀重建前還是重建後被挪至觀中，仍需進一步探討。

此外，《南嶽小録》還援引了招仙觀碑的部分文字。“招仙觀”條有云：“按舊碑文曰：‘肇基劉宋，分宇蕭齊。’”[③]此碑文字《南嶽總勝集》亦有載録，但陳田夫稱爲“舊記”而非“舊碑”，其徵引的文字相較《南嶽小録》有較大差異，多有文字訛誤[④]，也就是説陳田夫參考的并非原碑文，此時招仙觀碑很可能已經被毁。還有斷石源石刻，《南嶽小録》曰：“上有鐫字云：‘此有丹砂水，如乳而甘香。有人得掬飲之，可壽至千歲。’”[⑤]由此可見，該石刻描述了此地丹砂水有使人長生的神異功能。對於此石刻的内容，後世多有記載，如《南嶽總勝集》：“玉砂之水，如乳甘香，人得一啜，地久天長。”[⑥]所引文字略不同於《南嶽小録》，且四字一句，較爲工整，第二、四句押韵。乾隆朝的《衡山府志》亦有載録：“此有丹砂水，如乳甚甘香。有人得掬飲，壽可千歲長。”[⑦]刻文變爲五字一句。可惜的是，現已無從親見斷石源石刻，因而難以判斷哪一版本更符合實際情況。總之，李冲昭對諸多石刻碑碣的援引有助於今人瞭解這些早已消失在歷史長河中、少有人關注的金石的原貌，從而更好地認識南嶽衡山與道教之間的密切聯繫。

（三）道教典籍

《南嶽小録》中的不少條目與道教典籍尤其是《列仙傳》《神仙傳》等神仙傳記存在内容上的關聯，這一點李冲昭在自序中没有説明。徵引《列仙傳》的條目有“真君

① 此處人名蕭緯當屬訛誤，梁元帝蕭繹曾獲封湘東郡王，《九真觀記》應是蕭繹所作。
② 魏斌：《書寫“南嶽”——中古早期衡山的文獻與景觀》，載武漢大學三至九世紀研究所編《魏晋南北朝隋唐史資料》第三十一輯，上海古籍出版社，第一五九—一六〇頁。
③ 李冲昭：《南嶽小録》“招仙觀”條，《正統道藏》洞玄部譜録類虞八，涵芬樓影印本。
④ 陳田夫：《南嶽總勝集》卷中“招仙觀”條，清嘉慶宛委别藏本。
⑤ 李冲昭：《南嶽小録》“斷石源”條，《正統道藏》洞玄部譜録類虞八，涵芬樓影印本。
⑥ 陳田夫：《南嶽總勝集》卷上“金簡峰”條，清嘉慶宛委别藏本。
⑦ 饒佺修、曠敏本纂：《（乾隆）衡州府志》卷七，清乾隆二十八年（一七六三）刊刻清光緒元年（一八七五）補刻本。

傳”條，李冲昭注明《真君傳》的作者是“漢中壘校尉劉向”[①]，《道藏通考》證實此條出自《列仙傳》[②]，但并没有提及具體篇目。事實上，《真君傳》主要徵引了《列仙傳》第一篇《赤松子》，原文如下：

真君傳

漢中壘校尉劉向撰

赤松子者，神農時雨師也。服水玉以教神農，能入火自燒。數往昆侖山中，常止西王母石室中，隨風雨上下。炎帝少女追之，亦得俱去。至高辛時，復爲雨師焉。

王母者，神人之面，蓬髮戴勝，虎爪善嘯，岩居，名王母，在昆侖之墟焉。

贊曰：渺渺赤松，飄飄少女。接手翻飛，泠然雙舉。縱身長風，俄翼玄圃。妙達坎巽，作範司雨。[③]

《列仙傳 · 赤松子》原文如下：

赤松子

赤松子者，神農時雨師也。服水玉以教神農，能入火自燒。往往至昆侖山上，常止西王母石室中，隨風雨上下。炎帝少女追之，亦得仙俱去。至高辛時，復爲雨師。今之雨師本是焉。

眇眇赤松，飄飄少女。接手翻飛，泠然雙舉。縱身長風，俄翼玄圃。妙達巽坎，作範司雨。[④]

由此可見，《真君傳》與《列仙傳 · 赤松子》在内容上大致相同，但值得注意的是，《列仙傳 · 赤松子》没有《真君傳》中的第二段文字，即有關西王母的介紹。不僅如此，《真君傳》與《列仙傳 · 赤松子》篇末的贊文均與西王母無關。因此，《真君傳》

---

① 李冲昭：《南嶽小録》“真君傳”條，《正統道藏》洞玄部譜録類虞八，涵芬樓影印本。

② 原文如下：“The record also includes Chisong zi's biography by Liu Xiang and a colophon by Zhuge Huang to a portrait of Tian Liangyi.”詳見 Schipper, Kristofer, and Franciscus Verellen, *The Taoist Canon : A Historical Companion to the Daozang*. Chicago, University of Chicago Press, 2019, p.436.

③ 李冲昭：《南嶽小録》“真君傳”條，《正統道藏》洞玄部譜録類虞八，涵芬樓影印本。

④ 原題劉向：《列仙傳》卷上，《正統道藏》洞真部記傳類海下，涵芬樓影印本。

中涉及西王母的内容是李冲昭自己增衍的，而他所依據的另一種文獻應是《山海經》。《山海經・西山經》有云："西王母，其狀如人，豹尾虎齒而善嘯，蓬髮戴勝。"[①]又《大荒西經》云："西海之南，流沙之濱，赤水之後，黑水之前，有山，名曰昆侖之丘。……有人戴勝，虎齒，有豹尾，穴處，名曰西王母。"[②]《真君傳》對西王母外貌、習性、居所的描述基本與《山海經》相同，這就表示李冲昭在編纂《真君傳》時雜糅了《列仙傳》與《山海經》的記載。

徵引葛洪《神仙傳》的條目有"五峰"條，其言："（石廩峰）昔有洞門觀，胡浮先生常乘白豹游之。"[③]《三洞群仙録》引《神仙傳》曰："施存真人號浮胡先生，師黄蘆子，得《三皇内文》驅策虎豹之術，隱衡嶽石室山，每跨白豹出入，晋元康間白日騰升。"[④]可見《南嶽小録》有關施存乘白豹游南嶽的記載主要是參考了《神仙傳》一書。然而《神仙傳》的各版本如《漢魏叢書》本、《四庫全書》本，以及王仁俊《玉函山房輯佚書續編・神仙傳》均未有此條文獻。余嘉錫推測"葛洪之原書已亡，今本皆出於後人所掇拾"[⑤]。王卡亦指出："據梁肅《神仙傳論》，唐代《神仙傳》所載有一百九十人。今傳世《漢魏叢書》本僅九十二人，《四庫全書》本八十四人，皆非全帙。"[⑥]因此，這條見於《三洞群仙録》的文獻很有可能是葛洪《神仙傳》的佚文。

《南嶽小録》中有關魏夫人事迹的一些條目應是脱胎於《魏夫人傳》。比如"紫虚閣"條："《傳》云：'夫人自撫州乘龍飛來至此。夫人，晋太尉舒之女，諱華存，號上真紫虚元君。有台閣，儀像儼然。'又云：'晋咸和年於此修道。'"[⑦]此《傳》當是《魏夫人傳》，然而《魏夫人傳》文本衆多，不知李冲昭所據《魏夫人傳》究竟是哪一個文本。較早的魏夫人傳記是六朝時人所作的《紫虚元君南嶽夫人内傳》，《隋書・經籍志》著録了《内傳》，但未注明撰者。該傳見於《太平廣記》卷五八："魏夫人者，任城人也。晋司徒劇陽文康公舒之女，名華存。……位爲紫虚元君。領上真司命南嶽夫人，比秩仙公。"[⑧]但此《魏夫人傳》并没有提及紫虚閣，與南嶽衡山無關。唐代出現的魏夫人傳記還有顔真卿《晋紫虚元君領上真司命南嶽魏夫人仙壇碑銘》。在

---

① 郭璞注：《山海經》卷二，清文淵閣《四庫全書》本。
② 郭璞注：《山海經》卷一六，清文淵閣《四庫全書》本。
③ 李冲昭：《南嶽小録》"五峰"條，《正統道藏》洞玄部譜録類虞八，涵芬樓影印本。
④ 陳葆光：《三洞群仙録》卷一〇，《正統道藏》正乙部筵席十，涵芬樓影印本。
⑤ 余嘉錫：《四庫提要辨證》，湖南教育出版社，二〇〇九年，第一〇五二頁。
⑥ 胡孚琛主編：《中華道教大辭典》，中國社會科學出版社，一九九五年，第四一九頁。
⑦ 李冲昭：《南嶽小録》"紫虚閣"條，《正統道藏》洞玄部譜録類虞八，涵芬樓影印本。
⑧ 李昉等編：《太平廣記》卷五八，中華書局，一九六一年，第三五六—三五八頁。

魏夫人的身世與稱號上，這篇碑銘與前傳的叙述基本一致。[①]上述兩篇《魏夫人傳》所涉及的山脉均是安徽霍山而非湖南衡山。正如James Roboson所言，南嶽夫人魏華存本身與南嶽衡山并無關係，但因爲隋朝以後官方認定湖南衡山爲南嶽，有關魏夫人的事迹與場所也被“遷移”至衡山上，這一方面的早期嘗試便是李冲昭《南嶽小録》。該書將湖南衡山的紫虚閣及附近的石壇與魏夫人聯繫起來[②]，比如“紫虚閣”條。因此，“紫虚閣”條的確受到唐代流傳的各種《魏夫人傳》的影響，但更多的是出自李冲昭本人的創造。

徵引《元始上真衆仙記》的條目有“真君廟”條，該條引《上真記》曰：

> 太虚真人領南嶽司命，即炎老君也。潛山真人鮑君副治，霍山真人韓君佐治，金華真人黄君初平、天柱真人左君元放、南霍真人鄭君思遠、霍林真人許君暎、丹霍真人周君陽、紫虚元君魏夫人華存，并居佐命之曹，吴越楚蜀之會，皆當司察之。[③]

關於《上真記》，《雲笈七籤》卷一一四《墉城集仙録叙》有云：“昔秦大夫阮蒼、漢校尉劉向，繼有述作，行於世間。次有《洞冥書》《神仙傳》《道學傳》《集仙傳》《續神仙傳》《後仙傳》《洞仙傳》《上真記》，編次紀録，不啻十家。”[④]可見，《上真記》應與《神仙傳》等傳記一樣，屬於道教仙傳。《南嶽總勝集》引《上真記》曰：“祝融氏爲赤帝，治衡霍山，即衡嶽也。”[⑤]而《元始上真衆仙記》亦有類似表述：“祝融氏爲赤帝，治衡霍山。”[⑥]因此，《上真記》極有可能是《元始上真衆仙記》。

《元始上真衆仙記》是成書於南北朝的上清派神仙譜録，前半部分是葛洪的《枕中書》，主要叙述葛洪在羅浮山得玄都太真王口授《真書》《真記》，後半部分是《真記》，其内容與《真誥》《洞玄靈寶真靈位業圖》大體一致。《元始上真衆仙記》記載的衡山神仙體系，與“真君廟”條所記頗爲相似，現羅列如下：

---

① 詳見顔真卿：《顔魯公集》卷九，清文淵閣《四庫全書》本。

② James Robson, *Power of Place: The Religious Landscape of the Southern Sacred Peak(Nanyue南嶽) in Medieval China*, Harvard University Asia Center, 2009, pp.200-202.

③ 李冲昭：《南嶽小録》“真君廟”條，《正統道藏》洞玄部譜録類虞八，涵芬樓影印本。

④ 張君房編，李永晟點校：《雲笈七籤》卷一一四《墉城集仙録叙》，中華書局，二〇〇三年，第二五二五頁。

⑤ 陳田夫：《南嶽總勝集》卷上“金簡峰”條，清嘉慶宛委别藏本。

⑥ 《元始上真衆仙記》，《正統道藏》洞真部譜録類騰三，涵芬樓影印本。

> 赤松爲昆林仙伯，治南嶽山。
> 鮑靚爲地下主者，帶潛山真人，復五百年，當爲昆兵侍郎。
> 韓衆今爲霍林真人。
> 左元放今爲天柱真人。
> 鄭思遠住南霍，常乘虎豹白鹿，未有職事。
> 許映始爲霍林仙人。
> 魏夫人治南嶽山。[①]

稍有不同的是，《元始上真衆仙記》没有提及太虚真人與炎老君。據《洞玄靈寶真靈位業圖》記載，太虚真人是位列第二左位的南極南嶽真人左仙公太虚真人赤松子[②]。而差不多同時期成書的《太上洞玄靈寶五嶽神符》有“炎老君”的相關記載，但并未言明這位神靈的名諱：“南方泰嶽祇曰南衡，元氣上連熒惑之星，其山赤，太陽炎老君治其中，主夏氣，長萬物。”[③]不僅如此，《元始上真衆仙記》亦没有任何關於黄初平、周紫陽兩位真人的内容。黄初平或者皇初平的事迹較早見於葛洪《神仙傳》，此人與金華山有關。[④]周紫陽的事迹則見於《周氏冥通記》，這位真人管轄的并不是《南嶽小録》中提到的丹霍山，而是嶓塚山。[⑤]可以説，黄初平、周紫陽原本與南嶽衡山并無直接關聯。後來《南嶽總勝集》“真君觀”條同樣徵引了《上真記》[⑥]，没有提及黄、周兩位真人，但文本與《上真記》原文、《南嶽小録》引文有别，即潛山真人由鮑靚變成魏冲，天柱真人由左元放變成阮徽，增加了冲寂元君麻姑。如此，《元始上真衆仙記》極有可能經歷了一個文本演變的複雜過程，李陳二人所見版本與現存道藏本有較大差異，或者除《元始上真衆仙記》李冲昭還徵引了其他文獻，甚至黄初平、周紫陽與衡山之間的聯繫有可能是李冲昭本人虚構出來的。

此外，還有一些條目徵引了道教仙傳，但這些仙傳已經亡佚，今人未能得見，比如“田先生寫真贊”條，李冲昭稱此贊的作者是“蒙谷子諸葛黄”[⑦]。通過贊文的標題，

① 《元始上真衆仙記》,《正統道藏》洞真部譜録類騰三，涵芬樓影印本。
② 陶弘景 :《洞玄靈寶真靈位業圖》,《正統道藏》洞真部譜録類騰四，涵芬樓影印本。
③ 《太上洞玄靈寶五嶽神符》,《正統道藏》洞玄部神符類衣七，涵芬樓影印本。
④ 葛洪撰，胡守爲校釋 :《神仙傳校釋》卷二，中華書局，二〇一〇年，第四一—四二頁。
⑤ 陶弘景撰，王家葵校釋 :《周氏冥通記校釋》卷三，中華書局，二〇二〇年，第一八九頁。
⑥ 陳田夫 :《南嶽總勝集》卷中“真君觀”條，清嘉慶宛委别藏本。
⑦ 李冲昭 :《南嶽小録》“田先生寫真贊”條,《正統道藏》洞玄部譜録類虞八，涵芬樓影印本。

我們可以得知《田先生寫真贊》應是諸葛黄爲田良逸的一幅畫像所作的贊文。對此，成書稍晚於《南嶽小録》的《洞玄靈寶三師記》對此有明確記載，即唐龍朔年間，州刺史爲田良逸在嶽觀中建降真堂，田千乘、諸葛黄在堂壁上寫下述贊，"以旌玄德"[①]。原文現據《南嶽小録》抄録在下：

田先生寫真贊

蒙谷子諸葛黄撰

田先生，實衡之攸民，間世所出，天然真氣，生而知道，醇孝養親，得混朴自然之理。言貌不飾，裘褐垢弊。侯王禮重，我亦不榮，甿隸紿輕，我亦不陋。驅役鬼神，意往即至。一入衡嶽，逾五十年，九百門人，皆是軒冕，請爲法主，一作帝師是也，即先生之道，其可知也。儀形可質，圖寫存焉。自始及今，未有稱述，黄承其闕，序以贊云：

靈根獨秀，真人間生。仙非積學，道乃天成。汪汪德貌，落落神情。兹形如在，猶可作程。[②]

就内容而言，《田先生寫真贊》可以算作一篇以道士田良逸爲傳主的道教仙傳，這篇傳記贊頌田良逸的非凡出生、高貴品行、神通廣大及衆多門徒。相較於"田先生寫真贊"條，《洞玄靈寶三師記》[③]中的田良逸傳記有不少相似的細節，比如田良逸來自攸地，有着孝順父母、恬淡自適的品性，曾在衡山修道多年，廣收門徒，收劉玄靖爲徒等等。[④]因此，杜光庭有可能是在參考田先生降真堂中的《田先生寫真贊》真迹的基礎上，創作出了這篇以田良逸爲傳主的傳記。

除了仙傳，《南嶽小録》還參考了一些道經文獻，比如"真君廟"條徵引了《五靈經》："佐治者九人，從吏三百人，羽衛官三萬人，爲國家祈真請命之地。"[⑤]《南嶽總勝集》稱此經是唐開元五年（七一七）玄宗親製，并附原文："佐治者有九人，從吏

① 原題劉處静：《洞玄靈寶三師記》，《正統道藏》洞玄部譜録類有二，涵芬樓影印本。

② 李冲昭：《南嶽小録》"田先生寫真贊"條，《正統道藏》洞玄部譜録類虞八，涵芬樓影印本。

③ 《洞玄靈寶三師記并序》末云"庚辰中元日甲辰序"，原題"廣成先生劉處静撰"，應是杜光庭所撰。據《歷世真仙體道通鑑》卷四十《杜光庭》，我們可以得知杜光庭約生於八五〇年，卒於九三三年，其間的庚辰年有八六〇年、九二〇年，而八六〇年杜光庭僅十歲，不太可能完成此書，因此《洞玄靈寶三師記》應成書於九二〇年。

④ 原題劉處静：《洞玄靈寶三師記》，《正統道藏》洞玄部譜録類有二，涵芬樓影印本。

⑤ 李冲昭：《南嶽小録》"真君廟"條，《正統道藏》洞玄部譜録類虞八，涵芬樓影印本。

者三百餘人，翊衛衙官三百，爲國祈真請福之地。”[①]與《南嶽小録》所引不同。通過上述文獻，我們可以發現：第一，《五靈經》成書於七一七年，此時唐玄宗對道教抱有的態度主要是利用而非崇信[②]，究竟此經是否爲玄宗親製，有待考證；第二，在《南嶽總勝集》之後，後世再未有人提及《五靈經》，此經至少在南宋時仍存世；第三，李冲昭在援引《五靈經》時可能剪裁了原文，這在一定程度上能够解釋《南嶽小録》取材的多數文獻與原文之間存在較大差異的情況。在先前提及的“真君傳”“紫虛閣”“真君廟”等條目中，李冲昭均對原典做了部分修改，所以在輯録《衡山圖經》《五靈經》等書的佚文時，應對《南嶽小録》引文的可靠性保持懷疑。

三、《南嶽小録》的輯佚

自宋以來，《南嶽小録》一直得到元朝之外的歷代目録學家的關注，被《新唐書・藝文志》《崇文總目》《通志・藝文略》《遂初堂書目》《國史經籍志》《澹生堂藏書目》等重要官私書目著録[③]，可見此書并未失傳。正因如此，少有人專門考索《南嶽小録》的佚文，現輯出兩條。

其一，清人李元度編纂的《南嶽志》記載：

> 栖真觀：在岳廟左。西漢王、皮二真人卜築，中有金母殿。見《南嶽小録》，《志》失載。[④]

此條佚文不見於他書，且《南嶽小録》的現存諸多版本均未有涉及栖真觀、金母殿、赤城山的記載，可信度存疑。但《南嶽總勝集》記有西漢道士王谷神、皮玄耀前往南嶽衡山金母殿修道一事[⑤]，與佚文所述的内容高度吻合，這就證明第一條佚文確實與南嶽衡山有關，很有可能出自《南嶽小録》。

① 陳田夫：《南嶽總勝集》卷中“真君觀”條，清嘉慶宛委别藏本。

② 詳見卿希泰、詹石窗主編：《中國道教通史》第二卷，人民出版社，二〇一九年，第九九頁。編者認爲“玄宗崇道的高峰期是開元末至天寶初，其最高潮的上下限大約是開元二十九年（741年）至天寶三年（744年）”，而且玄宗早年“對道教祇是政治上的有意利用而已，并不相信神仙之説”。

③ 侯永慧：《〈南嶽小録〉作者與刊刻者述略》，《湖南科技學院學報》二〇一八年第一一期，第六五頁。

④ 李元度修纂，劉建平校點：《南嶽志》卷二〇，嶽麓書社，二〇一三年，第六七六頁。

⑤ 陳田夫：《南嶽總勝集》卷上“雲龍峰”條，清嘉慶宛委别藏本。

其二，雍正朝《浙江通志》、李元度纂《南嶽志》、民國時期《續修台州府志》均記載：

《南嶽小録》：赤城山下，别有洞臺，方二百里，魏夫人所居。[①]

從李元度所述“蓋南嶽夫人實治天台大霍山”[②]句來看，第二條佚文描述的對象是浙江天台山附近的赤城山而不是湖南衡山，此山曾有“南嶽”之稱，所以此佚文不太可能出自李冲昭《南嶽小録》。《浙江通志》《南嶽志》《續修台州府志》均認爲其與《南嶽小録》有關，其中《浙江通志》成書最早[③]，編纂者可能將曾擁有“南嶽”稱號的衡山與赤城山混淆，弄錯了這條文獻的具體出處，另兩種方志則受其影響，沿用這一錯誤的説法。

結　語

在編纂《南嶽小録》的過程中，李冲昭不僅翻閲了大量與衡山有關的地理志書、道教仙傳等紙質文獻，還着重參考了當時存世的諸多南嶽道教金石，較爲真實而全面地展現唐前與唐代衡山道教發展的具體情況。正因如此，早已亡佚的《衡山圖經》、九仙宫碑、衡嶽觀碑、九真觀碑、《田先生寫真贊》、《五靈經》等文獻得以保留部分内容，供後人輯佚，而與現行衆版本有别的“出自”《列仙傳》《神仙傳》《魏夫人傳》《元始上真衆仙記》的文獻除有益於版本研究，亦能在一定程度上體現出這位唐末入衡道士對道經的取捨與個人創造。

（作者單位：華東師範大學中國語言文學系）

① 分别見於嵇曾筠修，陸奎勳纂：《（雍正）浙江通志》卷二〇〇，清光緒二十五年（一八九九）浙江書局重刻本；李元度修纂，劉建平校點：《南嶽志》卷二六，嶽麓書社，二〇一三年，第八三六頁；喻長霖纂：《（民國）續修台州府志》卷六三，民國二十五年（一九三六）排印本。相較於前兩種文獻，《續修台州府志》未在開頭注明出處，而是在佚文後增“《通志》引《南嶽小録》”句。

② 李元度修纂，劉建平校點：《南嶽志》卷二六，嶽麓書社，二〇一三年，第八三六頁。

③ 從郭嵩燾撰寫的《重修南嶽志序》中，我們可以得知《南嶽志》成書於光緒九年（一八八三）。至於嵇曾筠《（雍正）浙江通志》，《四庫全書總目》稱其成書於雍正九年，而《（民國）續修台州府志》必然成書於民國時期，所以《浙江通志》當最早成書。

《仙苑編珠》考述

李　静

内容摘要：《仙苑編珠》三卷爲采摘各書仙道人物傳記之彙編。在仙傳當中，該書是第一部采用《蒙求》之體例者（此體後稱“編珠體”）。統計下來，該書所涉仙道人物總共三百餘人。然作者自序却稱“得一百三十二人”。從一百三十二到三百餘，人數有超過一半的差距。《四庫總目提要》已提出《仙苑編珠》正文實際所記與作者自序所言人數不相吻合的問題。本文試圖解答有關《仙苑編珠》所記仙道人數的問題，并對《仙苑編珠》之作者生平、版本著録、體例内容、文獻價值作一整體考察和評述。

關鍵詞：《仙苑編珠》；王松年；編珠體；《真境録》；朱國盛

《仙苑編珠》三卷，爲一采摘各書仙道人物傳記之彙編。在仙傳當中，該書是第一部采用《蒙求》之體例者，故這種體例後來也被稱作“編珠體”。全書所記神仙或得道者，時代從遠古迄於唐末五代，故該書可謂是宋前仙道傳記和道教研究資料的淵藪。

該書統計下來，所涉仙道人物總共三百餘人。[①]然作者自序中稱，“松年又尋《真誥》《樓觀傳》《靈驗傳》《八真傳》《十二真君傳》，近自唐梁以降，接於聞見者，得一百三十二人”[②]。從一百三十二到三百餘，有超過一半的差距。《四庫總目提要》已提出《仙苑編珠》正文實際所記與作者自序所言人數不相吻合的問題：“是書以古來聖帝明王并在仙籍，與後世修真好道者并數得三百餘人。……《通考》作二卷，又序文及《通考》所舉人數，皆與今書不符。或後人有所附益歟？”[③]然而這一問題，却并未

① 據筆者統計，具體數目爲三百二十七人。

② 王松年：《仙苑編珠·序》，《道藏》第十一册，第二一頁上。

③ 《四庫全書總目·仙苑編珠提要》，收於《仙苑編珠》附録，《四庫全書存目叢書》第二百五十八册，莊嚴文化，一九九五年，第二〇四頁。這裏所云的“通考”，指《文獻通考》，其中提到“取阮倉、劉向、葛洪所傳神仙，又取經記中梁以後神仙百二十八人”，参本文第三節。

得到學界之合理解答。同時,《仙苑編珠》一書的文獻價值也尚未引起足够之重視。

有鑒於此,本文將對《仙苑編珠》之作者生平、版本著録、體例内容作一整體考察,在此基礎上,試圖回答上述人數的問題,并對該書之文獻價值作一評述。

一、《仙苑編珠》作者王松年之生平及著作

在作者自序和卷中、卷下,都出現題署曰"天台山道士王松年撰"。故該書的作者爲王松年無疑。王松年,未見有傳,僅知其爲天台山道士。[①]關於王松年,《四庫全書總目》提到,"《文獻通考》作唐人,然書中有梁開成二年(九〇八)(筆者按:"開成"當爲"開平"之誤)事,則已入五代矣"[②]。據該書卷下"冲寂焚香"條,謝冲寂於梁開平三年二月清晨"乘雲而去"[③]。故該書當成於後梁開平三年(九〇九)之後。陳國符據此則考定作者爲五代或宋人。[④]

學界有人認爲王松年爲宋人。《中國近世道教的形成:净明道的基礎研究》一書譯者丁培仁在該書第一章注一三譯者按語中提及:"王松年,過去學者多以爲唐人或唐末五代時人。考此書題'天台山道士王松年撰';卷下'法善月宫'條稱'賈嵩有賦'。賈嵩宋人[⑤]。松年另撰有《上清天中真鏡録》三卷(已佚),即南宋初陳葆光《三洞群仙録》所引《真鏡録》(共五條)。據此推斷王松年當爲北宋天台山道士。"[⑥]這一觀點也得到學者許蔚的認同。[⑦]

然而《仙苑編珠》卷下"法善月宫"中爲"葉法善引唐玄宗游月宫"一事作賦的賈嵩,其實是唐人,而非宋代撰《華陽陶隱居内傳》三卷的賈嵩(號薜蘿孺子),[⑧]因此

① 釋傳燈(無盡):《天台山方外志》卷九《神仙考》(載白化文、劉永明、張智主編《中國佛寺志叢刊》第八一册,江蘇廣陵古籍刻印社,一九九六年,據一九二二年上海集雲軒鉛印綫裝本影印),張聯元:《天台山全志》卷八(《續修四庫全書》第七百二十三册,上海古籍出版社,一九九五年,據上海圖書館藏康熙刻本影印)均有收録唐五代及宋代的居天台山的道士名號及小傳,但二書均無王松年。

② 永瑢:《四庫全書總目》第五册,藝文印書館,一九六四年,第二九〇七頁下。

③ 《仙苑編珠》卷下,《道藏》第十一册,第四四頁上。

④ 見陳國符:《道藏源流考》附録一《引用傳記提要》,中華書局,一九六三年,第二三八頁。

⑤ 着重號爲筆者所加。下同。

⑥ 見秋月觀暎著,丁培仁譯:《中國近世道教的形成:净明道的基礎研究》第一章注一三譯者按語,中國社會科學出版社,二〇〇五年,第三七頁。

⑦ 參見許蔚:《斷裂與建構:净明道的歷史與文獻》第四章,上海書店出版社,二〇一四年,第一五九頁,注四。

⑧ 參見拙撰:《唐宋二賈嵩考辨》,《新國學》二〇二一年第一期,第一三二——一四三頁。

不能據“法善月宫”條提及“賈嵩”而判定王松年爲宋人。實際上有關王松年的生平資料甚少，故是否入宋，未可遽定。

關於王松年的著作，除了《仙苑編珠》，《通志略》道家類、《國史經籍志》著録王松年又撰有《上清天中真鑑録》一卷。[①]是書見於《道藏闕經目録》，作“上清天中真境録”，著録爲三卷。

上述《中國近世道教的形成：净明道的基礎研究》一書譯者丁培仁認爲該書即《三洞群仙録》所引《真鏡録》。筆者認爲不然。事實上，《三洞群仙録》所引爲《真境録》，而非《真鏡録》。《真境録》，全名《大滌真境録》，所記爲大滌山一境（大滌洞天真境）之山川風土人物，尤其是洞霄宫（位於浙江餘杭）之歷史及人物，故“境”不能寫作“鏡”。是書爲宋政和中唐子霞撰，不傳，然在後來宋鄧牧所撰《洞霄宫志》卷六却保留了一篇舊序，以“舊真境録後序”爲題，爲餘杭縣丞吴興成所作，作於宣和五年（一一二三），其中明確提到：“右大滌真境録，道士唐子霞撰，予借觀，愛其善叙事。而知宫金凝妙、副宫吴觀妙，諉予是正，予頗附益以所遺。”[②]唐子霞撰《真境録》雖然不傳，然内容多爲後來的宋鄧牧所撰《洞霄宫志》所取。檢今所見於《群仙録》中的引文，幾乎都能在《洞霄宫志》中找到相對應的内容。

綜上，王松年所撰爲《上清天中真鑑録》，而非宋人唐子霞所撰《真境録》（“境”不能寫作“鏡”）。但二書均已佚。既然《上清天中真鑑録》見於《道藏闕經目録》，而《道藏闕經目録》撰成時間，是在明正統十年（一四四五）編成《正統道藏》之時，對照元《道藏》而成[③]，則《上清天中真鑑録》當於明代編《道藏》時已經亡佚。

二、《仙苑編珠》之版本及著録

南宋以來著録此書者很多，而卷數則有一卷、二卷、三卷的差異。在宋元的書目中，《通志·藝文略》《玉海》《宋史·藝文志》都録爲一卷[④]，《郡齋讀書志》《文

---

① 鄭樵撰，王樹民點校：《通志二十略·藝文略第五》下册，中華書局，一九九五年，第一六一九頁；焦竑撰：《國史經籍志》卷四上，《續修四庫全書》第九百一十六册，據復旦大學圖書館藏明徐象樗刻本影印，第三九四頁上。

② 鄧牧：《洞霄圖志》卷六，《叢書集成初編》本，商務印書館，一九三六年，據《知不足齋叢書》本影印，第八九頁。

③ 陳垣：《南宋初河北新道教考》，《明季滇黔佛教考》下册，河北教育出版社，二〇〇〇年，第五九五頁。

④ 鄭樵撰，王樹民點校：《通志二十略·藝文略第五》下册，第一六一八頁。

獻通考》則著録爲兩卷[①]，《遂初堂書目》亦著録，而不題卷數[②]。明清的書目中，除明祁承㸁撰《澹生堂藏書目》曾著録一個一卷一册的本子[③]，清代的書目著録則爲二卷或三卷。《世善堂藏書目録》《鐵琴銅劍樓藏書目録》均著録爲二卷本，[④]《天一閣書目》《文選樓藏書記》均著録一個三卷的抄本。[⑤]《四庫總目提要》亦著録了一個三卷的"舊本"。

上述著録中的二卷本，筆者未見。現存版本筆者見到四種，分别是《道藏》本、明刻本及明抄本和清抄本。其中明刻本爲不分卷，或者説是一卷本；另外的三種，包括《道藏》本和明抄本、清抄本，均爲三卷本。但一卷本和三卷本，在内容上并無大異，一卷本衹是未分卷而已。宋代的書目著録則未見三卷，除了《郡齋讀書志》著録爲兩卷，均録爲一卷。有鑒於現存版本之間差别不大，比較定型，因此，元以後的書目所著録之二卷或三卷，很可能亦僅是分卷之差異，在内容上應無太大分别。

筆者所見第一種刻本爲《正統道藏》本（洞玄部記傳類），分三卷，有王松年自序，亦是最通行之本。《四庫全書》將《仙苑編珠》列入存目，《續修四庫全書》《四庫存目叢書》均收有該書，而均據《道藏》本影印。

第二種刻本爲明萬曆四十三年（一六一五）朱國盛刻本，不分卷，藏於國家圖書館。但在王松年序之頁上有兩方鈐印，一方爲"北京圖書館藏"，另一方則是"傅沅叔藏書記"，表明該北京圖書館的藏書原爲傅增湘收藏。檢傅增湘《雙鑑樓善本書目》曾著録兩種《仙苑編珠》的抄本，均爲二卷本，一爲袁氏貞節堂鈔本，單獨著録爲"仙苑編珠二卷"，稱是"袁氏貞節堂鈔本，有查氏子伊珍藏印"[⑥]。另一種著録在"道藏彙鈔十二種"下，稱"舊抄本，十行二十字，有'堇齋藏書'印"。該"道藏彙鈔十二種"包括了《十洲記》《録異記》《仙苑編珠》等十二

---

① 分别見晁公武撰，孫猛校證：《郡齋讀書志校證》卷一四《類書類》，第六七四頁；馬端臨撰，上海師範大學古籍所、華東師範大學古籍所點校：《文獻通考》卷二二五《經籍考五十二》，第六一九九頁。

② 尤袤：《遂初堂書目》"道家"類，《叢書集成初編》本，中華書局，一九八五年，第一八頁。

③ 祁承㸁撰，鄭誠整理，吴格審定：《澹生堂藏書目》下册《子部二・道家》，上海古籍出版社，二〇一五年，第五〇五頁。

④ 分别見陳第撰：《世善堂藏書目録》卷下，《叢書集成初編》本，中華書局，一九八五年，據《知不足齋叢書》本排印，第七〇頁；瞿鏞編，瞿果行標點，瞿鳳起覆校：《鐵琴銅劍樓藏書目録》卷一八《子部六》，上海古籍出版社，二〇〇〇年，第四七五頁。

⑤ 分别見范邦甸撰：《天一閣書目》卷三之二，上海古籍出版社，二〇一〇年，第三一九頁；阮元撰，王愛亭、趙嫄點校：《文選樓藏書記》卷一，第九八頁。

⑥ 傅增湘：《雙鑑樓善本書目》卷三《子部》，廣文書局，一九六九年，第一五七頁。

種道書，應均抄自《道藏》。另外，傅增湘《藏園群書經眼録》亦著録一個《仙苑編珠》的抄本，則云是“仙苑編珠三卷，唐天台山道士王松年撰，藍格寫本，十行二十一字，版心有‘袁氏貞節堂鈔本’七字”，又因“每卷有‘惟四’‘惟五’‘惟六’等字”，傅增湘認爲這一抄本出自《道藏》本。[①]從以上傅增湘的著録看，三種抄本中，有兩種抄本都是袁氏貞節堂抄本（但又有二卷和三卷的差别），第三種則爲《道藏》舊抄本。不過貞節堂抄本中三卷本，據其描述，應也是抄自《道藏》。袁氏指袁廷檮，清吴縣人，字又愷，號綬階或壽階，又曾名廷壽，室名貞節堂、三研齋、五研樓。[②]但是，上述三種抄本似都與印有“傅沅叔藏書記”的明刻本無關。筆者推測，該明刻本雖曾爲傅增湘收藏，傅却并未爲之撰寫題跋。

該明萬曆刻本前有二序，第一篇序爲朱國盛撰，第二篇序爲王松年自撰。松年序同《道藏》本。朱國盛序中述該書來歷，稱“趙榮禄《仙苑編珠》善本，乃王松年所撰，張伯雨所遺”。趙榮禄即趙孟頫（一二五四——一三二二）。在二序後有一則題記，爲趙孟頫所撰，稱此書乃至治元年（一三二一）得之於張伯雨（一二八三——一三五〇），與朱國盛序所述相合。檢該書正文開頭在《仙苑編珠》標題下有“松雪齋”三字，更表明着該書與趙孟頫（號松雪主人）的關係，故該書當出自趙孟頫無疑。該刻本後又有二跋，其中第二篇跋文題署曰“孟頫志”，當出自趙孟頫，曰“此篇乃唐高士王松年所撰。尚取阮倉、劉向、葛洪所傳神仙，更取經記中梁以後神仙若干人，比事屬辭，效蒙求體，俾後學不失進修之功云”。第一篇跋文，題署曰“許宣傳”，曰：“百王之後，三古之前，成真得道，何啻億千。未顯經傳，難尋簡編，輒隨所見，比韵成篇。仰塵聖鑒冀。”許宣則生平不明[③]。

因此，此明刻本《仙苑編珠》當最早源自張伯雨，至治元年趙孟頫得之於張，後則輾轉爲朱國盛所得。朱國盛（？——一六四五），字敬韜，號雲來，又號澄觀道人，松江府華亭人。明萬曆庚戌三十八年（一六一〇）韓敬榜進士。早年爲官，頗有政聲，尤其表現於天啓年間漕儲參政任上對南河的治理，其疏浚通濟新河，使大運河得以暢通的情況記載於《明史·河渠志》[④]。朱本人則撰有《南河志》。但崇禎二年（一六二九）朱

① 傅增湘:《藏園群書經眼録》第三册，新華書店北京發行所，一九八三年，第九一〇頁。

② 参見曹曉帆:《清代蘇州萬卷藏書家的抄書活動及其功績》,《圖書情報工作》二〇〇六年第六期，第一四三頁。

③ 按，該刻本朱國盛序曾提及:“善乎許都仙之爲教，曰净明忠孝，而學首明德，本先孝悌。”這裏的“許宣”，或即許遜，如此，則這裏的“許宣”跋文，爲扶乩所得。

④《明史》，嶽麓書社，一九九六年，第一二三六頁。

則因攀附閹黨而去職，回鄉閑居，未曾再出仕。生平見清初鄒漪《啓禎野乘二集》所收《朱太常傳》。[1]

朱國盛（或其後人）將此趙孟頫本《仙苑編珠》刊刻。朱國盛序文最後云“萬曆乙卯澄觀道人朱國盛書於拜山齋”，故刻板之年在萬曆四十三年後。在序文最後有朱國盛的三枚鈐印，分别爲“朱國盛印”“澄觀子”“庚戌御士”。最後一枚鈐印合乎朱國盛爲萬曆庚戌年韓敬榜進士之事。另正文開頭又有“孫士昌刻”四字，當爲刻書者姓名。按此明刻本雖然不分卷，但内容基本同於《道藏》本。

筆者所見兩種抄本，均藏於國家圖書館。第一種抄本一册三卷，當抄於明代（下簡稱“明抄本”），抄者不明，前有王松年序（序文内容同《道藏本》），後有抄校者跋一篇：“《仙苑珠編》，簡而不雜，但楮墨有限，未免遺漏太多。暇日築一室於蒼松白石間，披閱道藏，再爲補葺，統名曰‘蕊闕仙班’，則予之大願也。丙午十月十二立冬後一日書於晙壽堂之東廠。”此抄校者身份待考。此明抄本，内容亦基本同《道藏》本。

第二種抄本亦三卷，分成二册，當爲清初抄本，前亦有王松年序一篇，内容同《道藏》本。序文之前有題記，云：“《仙苑編珠》三卷，宋天台山道士王松年著。舊抄本，二册。自序：‘四字比韵，箋注於下，一百三十二人。’有‘沈’‘香上禪居’‘寐叟’‘海日樓’鈐密。海日樓舊藏。道家。”此題記當爲藏者自記。按其中提到“海日樓舊藏”，而檢該本確有上述與沈曾植相關的藏書印，故此抄本曾爲沈曾植所藏。但沈氏當非最早收藏者。查每卷開頭均有“聚星堂藏書”印，然印中有點污；故沈曾植之前應曾爲聚星堂（乾隆時書肆）所收藏。另外，卷中開頭還有“堇齋藏書”印，堇齋乃富察昌齡[2]之號，故或亦曾爲富察昌齡收藏。該清抄本與《道藏》本亦無大異，而僅有一些文字上的筆誤或異體字。

三、《仙苑編珠》之體例及内容

《仙苑編珠》這部書首次采取了唐李瀚（一作“翰”）《蒙求》的體例。序文自稱：“伏以誥傳文繁，卒難尋究，松年輒學《蒙求》，四字比韵，撮其樞要，箋注於

① 鄒漪：《啓禎野乘二集》卷六，《四庫禁毁書叢刊》史部第四十一册，北京出版社，二〇〇〇年，據清康熙十八年（一六七九）金閶存仁堂素政堂刻本影印，第一八二頁下至一八三頁下。另朱國盛生平考證亦可參見張則桐：《晚明家樂班主朱雲來考略》，《浙江藝術職業學院學報》二〇一五年第二期，第二三—二七頁。

② 昌齡，號謹齋，富察氏，傅鼐之子，妻爲曹寅妹。

下，目爲《仙苑編珠》。”[①]檢全書三卷，共一百五十五個條目，每個條目均以一對四字韵語作爲標題，每標題下包括兩條（偶爲一條），内容乃采編自其他書籍的仙人或道士的故事。在仙傳當中，正因該書第一次采用《蒙求》體例結構成書，故這種體例後來也被稱作“編珠體”。南宋初紹興間成書的陳葆光《三洞群仙録》，也是采取這種體例，而增帙到二十卷。

關於該書的内容，該書所記始於有道之初（見“大道自然”條引《道德經》），終於後梁開平三年（九〇九）謝冲寂冲天（見“冲寂焚香”條引《靈驗傳》）。故雖卷帙不多，却仍可作通史觀。

關於該書所記仙道人物，全部統計下來，有三百餘人。而作者自序稱：“《抱朴子》云：秦大夫阮倉所記，有數百人；劉向撰《列仙傳》，止於七十一人；葛洪復撰《神仙傳》，有一百一十七人。松年伏按《登真隱訣》及《元始上真記》《道學傳》，自開闢以來，皆是聖帝明王作神仙宗，爲造化祖。何者？如盤古爲元始天王，天皇氏爲扶桑大帝，伏羲氏爲青帝，祝融氏爲赤帝，軒轅氏爲黄帝，少昊氏爲白帝，顓頊氏爲黑帝；至於高辛、唐虞、夏禹、周穆、漢文，并在仙籍。松年又尋《真誥》《樓觀傳》《靈驗傳》《八真傳》《十二真君傳》，近自唐梁以降，接於聞見者，得一百三十二人。”[②]另外，《玉海》稱“自唐以來一百二十八人”，《郡齋讀書志》稱“取阮倉、劉向、葛洪所傳神仙，又取傳記中梁以後神仙百二十八人”[③]，此二書與松年自序所述人數有四人的差異。《文獻通考》延用了《郡齋讀書志》的説法。《文獻通考》卷二二五《經籍考五十二》：“鼂氏曰：……取阮倉、劉向、葛洪所傳神仙，又取經記中梁以後神仙百二十八人。”[④]

《四庫總目提要》已提出這一仙道人數不相吻合的問題：“是書以古來聖帝明王并在仙籍，與後世修真好道者并數得三百餘人。……《通考》作二卷，又序文及《通考》所舉人數，皆與今書不符。或後人有所附益歟？”[⑤]

關於四庫館臣的問題，首先應注意《總目提要》提到序文及《通考》所舉人數“與

① 《道藏》第十一册，第二一頁上。

② 《道藏》第十一册，第二一頁上。

③ 分别見王應麟：《玉海》卷五八，京都：株式會社中文出版社，一九八六年，據康熙二十六年（一六八七）刊本影印，第八頁下；晁公武撰，孫猛校證：《郡齋讀書志校證》卷一四《類書類》，第六七四頁。

④ 馬端臨撰，上海師範大學古籍研究所、華東師範大學古籍研究所點校：《文獻通考》卷二二五《經籍考五十二》第十册，第六一九九頁。

⑤ 《四庫全書總目·仙苑編珠提要》，收於《仙苑編珠》附録，《四庫全書存目叢書》第二百五十八册，第二〇四頁。

今書不符”，其實《通考》所述均來自《郡齋讀書志》，所以這一問題不是到《通考》纔出現，而是固已有之；其次，《總目提要》所關注的人數的差别，主要針對的并不是序文和《通考》之間的四人的差異，而是《通考》（一百二十八人）、序文（一百三十二人）與實際上全書總數三百餘人的差異。

在四庫館臣看來，序文作一百三十二人，《通考》作一百二十八人（來自於《郡齋讀書志》），而實際上全書是三百餘人，所以猜測後人有所附益。但是顯然這種猜測毫無根據。而且從一百三十二人（或一百二十八人）到三百餘人，這樣大的差别，也不能簡單地用“後人附益”來解釋。在筆者看來，有此疑問是因爲未理解序文與《郡齋讀書志》的計算邏輯。

從序文看，由於王松年已將《列仙傳》《神仙傳》所收傳數羅列於前，故後面所謂“松年又尋”《真誥》等書，“得一百三十二人”，當不包括《列仙》《神仙》所録。另外，序文又曰，“松年伏按《登真隱訣》及《元始上真記》《道學傳》，自開闢以來，皆是聖帝明王作神仙宗，爲造化祖”，故所謂的聖帝明王轉化而成的“神仙宗祖”，如序文所列舉的“如盤古爲元始天王，天皇氏爲扶桑大帝，伏羲氏爲青帝，祝融氏爲赤帝，軒轅氏爲黄帝，少昊氏爲白帝，顓頊氏爲黑帝；至於高辛、唐虞、夏禹、周穆、漢文”，也不包括在後面所謂的一百三十二人中。因此，從“松年又尋”開始所列舉的傳記及其人物，纔是被計算的範圍（不過需要注意的是，雖然這裏提及了《真誥》《樓觀傳》《靈驗傳》《八真傳》《十二真君傳》等等，但這裏應該衹是概舉[①]）。

據筆者統計，將大道（第一條“大道自然、混沌之先”）、聖帝明王（包括盤古、天皇氏、伏羲氏、軒轅氏、顓頊氏、高辛、虞舜、夏禹、周穆王、漢文帝等）排除，也將引自《列仙》《神仙》的仙傳排除，實際得出仙道人數爲一百二十八人，也就是《玉海》和《郡齋讀書志》所提出的人數，後來亦爲《文獻通考》所沿襲。那麼，爲什麼王松年自序中會提出一百三十二這個數目呢？筆者推測，有這樣的可能：在與羊權和楊羲相關的條目中[②]，還有三女仙，即降羊權的萼緑華，以及降楊羲的九華真妃和紫微夫人；另外，在盱烈一條中還提到盱母[③]，如果加上這四位女仙，就是一百三十二人了。

① 然檢該書，引《真誥》二十一條，有二十一人；《樓觀傳》二十六條，共二十五人，《靈驗傳》十二條十二人；《八真傳》當指《張道陵傳》《于吉傳》《葛仙公傳》《王君傳》《魏夫人傳》《蘇君傳》《周君傳》和《裴君傳》，共八傳八人；《十二真君傳》十二條，十二人；以上按所謂“松年又尋”之後所提各書，共得七十八人。故所謂的“松年又尋”所提及的書，應該是概舉。

② 參《仙苑編珠》卷下“道輿得詩”條，同卷“楊君獲棗”條。

③ 參《仙苑編珠》卷下“盱烈藥神”條。

當然，這一點也僅是猜測。

這樣算下來的一百三十二人，若加上《仙苑編珠》所引《列仙傳》的六十一人，《神仙傳》的一百一十一人，則全書所提及人物則在三百人以上，數目是非常可觀的。

由於不明白王松年在序文中的計算人數的原則，後來的著録者和研究者都有誤解。如《文選樓藏書記》稱，“是書纂上古迄唐、梁以降修真學道者三百三十二人”。這裹的三百三十二人中的第一個“三”字顯然是錯誤的。可是，根據校記可知，《藏書記》的原文其實是“二”（“二”實則也不對，應當是“一”），“三”是據山大本改來的。其改動的依據便是《四庫總目》，是因爲“《四庫總目》亦稱得三百餘人”[①]。這樣的問題，便是没有搞明白三百餘人和一百三十二人之間的差别其實是計算原則不同造成的。

四、《仙苑編珠》之文獻價值

至於《仙苑編珠》的文獻價值，雖然該書引書的數目并不算多，總共衹有《道德經》《莊子》《列子》《列仙傳》《神仙傳》《道學傳》《真誥》《登真隱訣》《十二真君傳》《靈驗傳》等三十二種，但值得留意的是，由於各傳引文都比較簡略，故所引條數就頗爲可觀。如《列仙傳》引六十一條，涉及六十一人的傳記（其中“稷丘進諫、武帝還宫”條，雖有兩個小標題，但引文僅一條，涉及稷丘公一傳）；《神仙傳》引一百一十一條（其中“九鼎王長七試趙升”，算一條），不過其中有六條不能確定出《神仙傳》，分别是“張桑雄黄”“巢許桂英”“商丘桃膠”“青烏九精”“離婁竹汁”“白兔黄精”條。但即便不算這六條，引《神仙傳》也有一百零五條之多，涉及一百零六傳，一百一十一人（長陵三老、商山四皓各作爲一個群體，而各算作一傳）。

故從引《列仙傳》和《神仙傳》二傳的情況看，雖然每條引文均簡略，考慮到所引條數却相當多，仍具有極大保存古籍原貌的價值，特别在保存傳主名單上，功勞尤著。特别是《神仙傳》，在輯佚和考證時應用該書作參考。

另外，有三種書《樓觀傳》《十二真君傳》及《靈驗傳》，均已亡佚，乃因該書徵引方可得知書之大概。如該書引《樓觀傳》二十六條，共二十五人（其中宋倫、杜冲各在兩條中出現，而“馮長遇彭”“彭宗師杜”兩條包括了馮長、彭宗、杜冲三人傳記）。《樓觀傳》久佚，雖然有元代朱象先所撰《終南山説經臺歷代真仙碑記》（以下

① 阮元撰，王愛亭、趙嫄點校：《文選樓藏書記》卷一，第九八頁。

簡稱《碑記》），記載唐代尹文操撰《樓觀先師傳》（即《樓觀傳》），從尹軌到田仕文共收三十人。然并没有宋前的《樓觀傳》的版本流傳下來，而且畢竟《碑記》是經過了朱象先的整理的。該書却引有二十五人，從而可知唐代《樓觀傳》之大略。倘將該書二十五人名單與《碑記》所引對比，該書缺少的有傳主李翼、王子年、王延，但該書所提到的稱出自《樓觀傳》的焦曠，却不見於《碑記》。故《碑記》應還是經過後來的整理，故有可待考證的空間。

這種情況還有《十二真君傳》，恰如《樓觀傳》，乃因該書而可知唐代所謂十二真君的名號和簡略事迹。

除此還有《靈驗傳》，若非該書幾乎失去踪迹。而該書存十二人的傳記，人各一事，均未見他處有引《靈驗傳》，故功莫大焉。李劍國據該書述《靈驗傳》於《唐五代志怪傳奇叙録》中。

此外，該書還引《道學傳》八條，涉及八人傳記；《登真隱訣》四條，涉及七人傳記（其中三茅弟兄、二許子父各涉及三人及兩人）；《真誥》二十一條，涉及二十一人傳記。

值得一提的是，該書卷中"廣信小白"條引有一條出自《登真隱訣》的内容，王家葵《登真隱訣輯校》失輯。原文爲："趙廣信，魏時居剡小白山……《登真隱訣》云：受服氣法，守玄中之道，七十八年後，合九華丹一服，太一遣雲駕下迎，在東華宫。"①

同樣，《仙苑編珠》卷中"許邁山林"條，有引自《道學傳》的内容，因夾在引《真誥》的兩條内容之間，而爲陳國符《道學傳輯佚》失輯。原文爲："《真誥》云：許邁小名阿映。《道學傳》云：志在往而不返，故自改名遠游。弱冠詣郭璞，筮告曰：'君元吉自天，宜學升遐之道。'乃師鮑靚。後與同志東游名山，餌木斷穀，能閉氣千息。初止桐廬新城臨安，所在作樓閣，開後門，上山采藥，經月不返。每言：'映好山林，猶魚得水也。'《真誥》云，師王世龍，服玉液，朝腦精也。"②

結　論

本文開頭提出了《四庫總目提要》提到序文（一百三十二人）及《通考》

① 《仙苑編珠》卷中，《道藏》第十一册，第三四頁下至第三五頁上。
② 《仙苑編珠》卷中，《道藏》第十一册，第二九頁中至下。

（一百二十八人）所舉人數與全書實際統計出的總數三百餘人（本人統計爲三百二十七人）有差異的問題。經筆者對序文的分析，認爲作者的統計應當是將《列仙傳》《神仙傳》所已包括人物及開闢以來的聖帝明王所轉化而來的仙道人物排除在外的結果。從這一原則，經過對書中所記仙傳人物的統計，得出與《郡齋讀書志》（及《文獻通考》）、序文基本相同的數目結果，即一百二十八人或一百三十二人（加上四位女仙）。

另外，據上節所述，《仙苑編珠》一書雖然篇幅僅得三卷，却具有非常重要的文獻輯佚價值。不僅如此，《仙苑編珠》在道教歷史上的地位和影響還值得提出以下數點：

第一，全書所記神仙或得道者三百餘人，時間跨度上從遠古迄於唐末五代，故也是五代之前仙道傳記和道教研究資料的淵藪。

第二，《仙苑編珠》仿《蒙求》體，又命名爲《編珠》，這種體例由此又有了“編珠體”之别名。因此可以説，《仙苑編珠》在仙傳當中開創了“編珠體”這一重要體例，南宋初年陳葆光的二十卷巨著《三洞群仙録》顯然受其影響。

第三，《仙苑編珠》對有史以來迄於撰書之前的神仙傳記之概貌作了一個彙總和總結。學界向來重視杜光庭在蜀所作仙傳之纂述，而同時代的王松年在浙江天台山，沈汾（一作玢）在南唐所撰《續仙傳》，均爲仙傳整理或纂述，然或因編撰之規模、作者之名氣均不如杜光庭，向來不爲學者注意。但考慮到當時之分裂局面，不同地區的仙傳整理和新撰，實則均有保存典籍之功，且有互補之效。

第四，松年自序中對書中所記修道成仙者的統計，將“聖帝明王”排除在外，顯然是有意去除仙傳人物的神話色彩，而更重視普通人修道成仙的例子，顯示出關注凡常人等修道實踐的發展趨向。

（作者單位：澳門城市大學人文社會科學學院）

道教金丹派南宗三祖薛式及其《還丹復命篇》考論

張曉東

内容摘要： 薛式生平和籍貫的有關記載存在諸多争議，“紫賢”當爲薛式道號，而非佛教法號。薛式籍貫當是陜州鷄足山，遇師地點當是鄜縣青鎮，卒年當是紹熙二年（一一九一）。《還丹復命篇》存世版本主要有《正統道藏》本、《諸真玄奥集成》本、《道藏輯要》本、《道貫真源》本四種，諸本内容基本相同，個别字句有異。《丹經極論》收有《還丹復命遺篇》七絶四首則爲今本所無。《還丹復命篇》的内丹思想主要體現在强化内丹學“崇陽抑陰”的觀念；揭示内丹修煉精化氣、氣化神的過程；强調内丹修煉時同志道侣的重要性；用道教内丹學統合儒釋道三教四個方面。《還丹復命篇》的文藝特徵主要體現在創造性地模仿了《悟真篇》的篇目結構；善用比喻修辭描寫内丹修煉過程；善於化用文學意味較强的佛教禪宗詩語；在前人基礎上發展出了“三三七七”體内丹詩歌四個方面。《還丹復命篇》的後世影響主要集中於金丹派南宗一系。

關鍵詞： 薛式；薛道光；薛紫賢；《還丹復命篇》；内丹詩歌

薛式是道教金丹派南宗三祖，對南宗宗派傳承有着重要貢獻。目前學界關於薛式的研究成果集中在兩個方面：一是對薛式生平和著作的簡單介紹，代表成果如徐兆仁《張伯端及其後學考論》[①]、蓋建民《道教金丹派南宗考論：道派、歷史、文獻與思想綜合研究》[②]，其中蓋建民、劉雪濤《金丹派南宗前三祖北地行迹考辨》[③]對薛式在長安附

① 徐兆仁：《張伯端及其後學考論》，《史學月刊》二〇〇六年第十期，第九六—一〇三頁。

② 蓋建民：《道教金丹派南宗考論：道派、歷史、文獻與思想綜合研究》，社會科學文獻出版社，二〇一三年，第一一八—一二〇、四〇八—四一〇頁。

③ 蓋建民、劉雪濤：《金丹派南宗前三祖北地行迹考辨》，《世界宗教研究》二〇二一年第四期，第一〇四—一一五頁。

近同官縣開福寺參訪佛法，後又在常州紅梅閣修煉内丹之事考證頗詳；二是關於《悟真篇》薛式注解是否存在的討論，自元人戴起宗否定薛注存在後，歷代關於薛注是否存在的争論便未停止，現在學界已經基本得出了薛注存在的結論，代表成果爲楊立華《〈悟真篇〉薛注考》[①]。總的來説，目前學界關於薛式的研究較爲有限，還有諸多疑難問題没有解决，尤其缺少對其存世著作《還丹復命篇》的專題研究。

一、薛式主要生平事迹考述

薛式（一〇七八至一一九一），一名道光，一名道源（一作原），字太原（一作源），號紫賢，一號毗陵，陝州鷄足山人，曾爲佛門僧人，後拜南宗二祖石泰爲師，得授金丹大道，是爲金丹派南宗三祖，著有《還丹復命篇》傳世，又曾注有張伯端《悟真篇》，後者已難窺見原貌。薛式生平資料主要見於《悟真直指詳説三乘秘要》所收宋人元王真一《薛紫賢事迹》以及元人趙道一《歷世真仙體道通鑑》卷四九《薛道光傳》，二者所叙薛式事迹大致相同，後世薛式傳記多依此二者而來。關於薛式生平的記載尚有許多争議，現分别考述如下。

其一，薛式名號“紫賢”的争議。薛式早年曾出家爲僧，與其他南宗祖師的經歷不同。元王真一《薛紫賢事迹》載：“（薛式）嘗爲僧，法號紫賢。雲游長安，留開福寺，參長老修嚴。嚴與道眼因緣，金鷄未鳴，如何後這音響。又參僧如環，如何是超佛祖之啖，糊餅圓陀陀地。聞桔槔頓有省悟，有頌曰：軋軋相從響發時，不從他得豁然知。桔槔説得無生曲，井底泥蛇舞柘枝。二老然之。自爾頓悟無上秘密圓明真實法要，機鋒迅速，宗説兼通，且復雅志金丹道養。”[②]根據這段記載，薛式似乎爲僧人時已號紫賢。明人伍守陽《仙佛合宗語録·雜問答三條》亦言：“道光禪師，陝府鷄足山下人也，初爲僧，號紫賢。”[③]然而檢索諸種《高僧傳》[④]，僧人法號極少用“紫”字，倒是道士道號喜用“紫”字，金丹派南宗道士尤其如此，如張伯端號紫陽、白玉蟾號紫清、蕭廷芝號紫虚，所以“紫賢”應該是薛式道號，而非佛教法號。《（萬曆）常州府志》

---

① 楊立華：《〈悟真篇〉薛注考》，《世界宗教研究》二〇〇〇年第二期，第八六—九三頁。

② 翁葆光：《紫陽真人悟真直指詳説三乘秘要》，《道藏》第二册，文物出版社、上海書店、天津古籍出版社，一九八八年，第一〇二四頁。

③ 伍守陽：《仙佛合宗語録》，《藏外道書》第五册，巴蜀書社，一九九四年，第七六七頁。

④ 如南朝釋慧皎《高僧傳》、唐釋道宣《續高僧傳》、宋釋贊寧《宋高僧傳》、明釋明河《補續高僧傳》、明釋如惺《大明高僧傳》。

卷一五《薛道光傳》載："光乃稽首，盡得張紫陽金丹之秘，號紫賢，弟子稱爲毗陵祖師。"[①]此處對薛式名號的記載更爲合理。

其二，薛式遇師時間的争議。關於薛式遇師石泰的經過，元王真一《薛紫賢事迹》敘之甚詳："崇寧丙戌歲冬，（薛式）寓郿縣青鎮，聽講佛事，適遇鳳翔府扶風縣杏林驛人石泰字得之，年八十五矣，緑發朱顔，神宇不凡，夜事縫紉。道源密察焉，心因異之，偶舉張平叔詩曲。石攫然曰：識斯人乎？曰：吾師也。遂將語着於平叔者……源聞石泰説是語已，稽首皈依，請因受業，卒學大丹，及復受得口訣真要，且戒往通邑大都，依有德有力者可即圖之。道源遂來京師，弃僧伽梨，幅巾縫掖，和光同塵，混於常俗，覬了此事。"[②]崇寧丙戌即崇寧五年（一一〇六）。然薛式《還丹復命篇自序》云："宣和庚子歲，得至人口訣曰：大道之祖，不出一氣……由是方知大道不繁，須逢至人授之口訣，始能造於真際耳……僕聞不疑，依法行之，果躋聖域。"[③]此處所言遇師時間則爲宣和庚子（一一二〇），而非崇寧丙戌，未知孰是。且薛式自序没有明言所遇至人名號，是否就是石泰亦難確定。

其三，薛式遇師地點的争議。元王真一《薛紫賢事迹》認爲薛式遇師地點在郿縣（今寶鷄市眉縣）青鎮，其後陕西地方志多延此説。《（宣統）郿縣志》卷一七《薛道源傳》注云："青鎮即清湫鎮。"[④]今眉縣無清湫鎮，唯槐芽鎮有清湫村，當即其地。而江蘇地方志則多認爲薛式遇師地點在常州，如《（萬曆）常州府志》卷一五《薛道光傳》載："（薛式）嘗爲僧於毗陵水田寺，雅好金丹導養，宋徽宗丙戌冬遇石杏林。"[⑤]然而常州地方志未見有關水田寺的記載，唯清代《廣群芳譜》卷二四《梅花》載："常州水田寺有紅梅閣，相傳一禪師住寺中，黄冠薛道光訪之，相約出神同往廣陵觀伽藍會，見紅梅甚開，各執一枝。歸，薛道光即從袖中取出，禪師則不能。蓋師所出者陰神，道光所出者陽神也，後人遂以是名其閣云。"[⑥]這裹《廣群芳譜》實則套用了張伯端出陽神的故事，其主人公應該爲張伯端，而非薛式。且紅梅閣并不在水田寺，而是在常州薦福寺。《（成化）重修毗陵志》卷二五《宫室志》載："紅梅閣在薦福寺，

① 劉廣生修，唐鶴徵纂：《（萬曆）常州府志》，明萬曆四十六年（一六一八）刻本。
② 翁葆光：《紫陽真人悟真直指詳説三乘秘要》，《道藏》第二册，第一〇二四—一〇二五頁。
③ 薛式：《還丹復命篇》，《道藏》第二十四册，第一九一頁。
④ 沈錫榮纂修：《（宣統）郿縣志》，《陕西省郿縣志》第二册，成文出版社，一九六九年，第四六二頁。
⑤ 劉廣生修，唐鶴徵纂：《（萬曆）常州府志》，明萬曆四十六年（一六一八）刻本。
⑥ 汪灝等：《廣群芳譜》，上海書店，一九八五年，第五八七頁。

宋爲貢士試院，舊傳薛道光與張平叔修煉於此，嘗著《悟真篇》一卷行世。”①而且提到薛式修煉於薦福寺的文獻，多會聯繫到金丹派南宗初祖張伯端，甚至明言薛式曾在薦福寺遇師張伯端。《（萬曆）常州府志》卷一五《張伯端傳》載：“（張伯端）嘗至常州，與薛道光遇於薦福寺，遂闡發真詮，爲律詩八十一首，名曰《悟真篇》，紅梅閣廢址即其著書處也。”②清人于琨《常州重建圓妙觀碑記》亦言：“相傳張紫陽真人游此，欲度薦福僧薛紫賢，所著有《悟真篇》行於世，薛亦修煉於此得道。”③然而薛式元豐元年（一〇七八）方纔出生，張伯端元豐五年（一〇八二）已經仙逝，故薛式在薦福寺遇到張伯端不可信。綜合以上各種説法，其一爲薛式在郿縣青鎮遇石泰；其二爲薛式在常州水田寺遇石泰；其三爲薛式在常州薦福寺遇張伯端。經過上面的分析，常州并無關於水田寺的記載，且薛式不可能遇師張伯端，故薛式水田寺和薦福寺遇師的説法不太可信，而在郿縣青鎮遇師石泰的説法較爲可信。

其四，薛式仙逝時間的争議。元王真一《薛紫賢事迹》落款爲“政和歲次乙未中秋日”④，政和乙未（一一一五）薛式尚未仙逝，所以《薛紫賢事迹》未見薛式卒年的記載。就現存文獻來看，《歷世真仙體道通鑑》卷四九《薛道光傳》最早記載了薛式仙逝的情景：“紫賢道成，壽一十四歲，於光宗紹熙二年九月初九日尸解，作頌云：鐵馬奔入海，泥蛇飛上天。蓬萊三島路，元不在西邊。明年，沙道昭復見紫賢於霍童山。”⑤這裏“壽一十四歲”有誤，薛式不可能衹活十四歲，應作“壽一百十四歲”⑥。根據以上文獻所載，薛式卒於紹熙二年（一一九一），駐世一百一十四歲，故薛式當生於元豐元年（一〇七八）。⑦然而另一種記載認爲薛式“紹興中尸解”⑧。因爲“紹興”與“紹熙”形近，我們認爲“紹興”當爲“紹熙”之誤。其一，《歷世真仙體道通鑑》成書於元代，而

① 卓天錫修，孫仁增修，朱昱纂：《（成化）重修毗陵志》，《中國地方志集成·善本方志輯》第一編第四十五册，鳳凰出版社、上海書店、巴蜀書社，二〇一四年，第三一八頁。

② 劉廣生修，唐鶴徵纂：《（萬曆）常州府志》，明萬曆四十六年（一六一八）刻本。

③ 于琨修，陳玉璂纂：《（康熙）常州府志》卷三六《藝文志》，《中國地方志集成·江蘇府縣志輯》第三十六册，鳳凰出版社、上海書店、巴蜀書社，二〇〇八年，第八一四頁。

④ 翁葆光：《紫陽真人悟真直指詳説三乘秘要》，《道藏》第二册，第一〇二五頁。

⑤ 趙道一：《歷世真仙體道通鑑》，《道藏》第五册，第三八五頁。

⑥ 明王圻《續文獻通考》卷二四三《仙釋考·薛道光》、《（萬曆）常州府志》卷一五《薛道光傳》、《（雍正）陝西通志》卷六五《薛道光傳》等文獻皆作“壽一百十四歲”。

⑦ 清蕭智漢所輯《月日紀古》卷九《九月·初六日》載薛道光“壽一百十四歲，於宋光宗紹熙二年九月六日”尸解去，此“九月六日”當爲“九月九日”之誤。

⑧ 明王圻《續文獻通考》卷二四三《仙釋考·薛道光》、《（萬曆）常州府志》卷一五《薛道光傳》、《（乾隆）武進縣志》卷一〇《薛道光傳》等文獻皆言“紹興中尸解”。

且其《薛道光傳》明言“光宗紹熙”，不會存在形近而誤的可能。但是現存“紹興”説的文獻最早爲明代，不如元代《歷世真仙體道通鑑》可靠，而且所涉文獻僅言“紹興中尸解”，没有明言是否爲宋高宗紹興年間，故“紹興”之説很可能爲宋光宗紹熙之誤。其二，南宗二祖石泰仙逝於紹興二十八年（一一五八），如果南宗三祖薛式也仙逝於紹興年間（一一三一至一一六二），那就與其師石泰幾乎同時仙逝，甚至更早於其師石泰。而如果薛式仙逝於紹熙二年，則晚於其師石泰三十餘年，應當更爲可信。又南宗四祖陳楠仙逝於嘉定六年（一二一三），一説嘉定四年（一二一一），衹有按照薛式仙逝於紹熙二年來算，石泰、薛式、陳楠師徒的年齡分布纔能更爲合理。薛式仙逝後第二年（即紹熙三年），沙道昭復見薛式於霍童山，這僅是道教傳記的一種叙事模式。

二、薛式的籍貫與著述考略

薛式的籍貫有陝府鷄足山和閬州兩説。陝府鷄足山説最早見於元王真一《薛紫賢事迹》和趙道一《歷世真仙體道通鑑》卷四九《薛道光傳》，後世地方志如《（萬曆）常州府志》卷一五和《（雍正）陝西通志》卷六五《薛道光傳》亦持此説，故陝府鷄足山説是較爲通行的説法。宋人洪邁《容齋隨筆》卷四“府名軍額”條載：“陝州無府額，而守臣曰知陝州軍府事，法令行移，亦曰陝府。”[①]清人顧祖禹《讀史方輿紀要》卷五《歷代州域形勢五》“陝州”條載：“陝州，漢弘農郡地。後魏曰陝州，隋唐因之。天寶初曰陝府，亦曰陝郡。”[②]同書卷八《歷代州域形勢八》更是直言：“陝府即陝州。”[③]由此可知，陝府乃指陝州（今河南三門峽市），非指今陝西省地區。[④]陝州確有

① 洪邁著，孔凡禮點校：《容齋隨筆》，中華書局，二〇〇五年，第四八頁。

② 顧祖禹：《讀史方輿紀要》，中華書局，一九五五年，第二一八頁。

③ 顧祖禹：《讀史方輿紀要》，第三五七頁。

④ 在後世文獻傳抄過程中，確實存在將“陝府”誤爲“陝西”的情况。如《（康熙）常州府志》卷二九《薛道光傳》、《（乾隆）武進縣志》卷一〇《薛道光傳》均載薛式爲“陝西鷄足山人”，《（宣統）郿縣志》卷一七《薛道源傳》載薛式爲“陝之鷄足山人”。我們認爲“陝府”不當爲“陝西”。其一，《（雍正）陝西通志》和《（乾隆）鳳翔府志》中的《山川志》均未見鷄足山的記載，僅《册府元龜》卷二五《帝王部·符瑞第四》載唐德宗貞元十五年（七九九）七月“鳳翔府鷄足山慶雲見”，後此條記載被抄入《（雍正）陝西通志》和《（乾隆）鳳翔府志》中的《祥異志》，因此陝西境内是否存在鷄足山不能遽然確定，即使存在也應該是一座不甚知名的小山，不太可能是薛式傳記中的鷄足山。其二，《（康熙）常州府志》《（乾隆）武進縣志》和《（宣統）郿縣志》成書時間過晚，所載不足爲信。况且陝西地方志《（雍正）陝西通志》就明言薛式爲“陝府鷄足山人”，如果薛式真是陝西鳳翔府鄉賢，《（雍正）陝西通志》似不當如此疏忽。其後《（乾隆）鳳翔府志》卷七《薛道光傳》僅言薛式爲“鷄足山人”，删去了“陝府”二字；《（宣統）郿縣志》卷一七《薛道源傳》則言薛式爲“陝之鷄足山人”，使“陝”之含義模棱兩可，故後二書似有與陝州争奪鄉賢之意，

道教名勝鷄足山，該山因形如鷄足而得名。《明一統志》卷二九《河南府・山川》載："鷄足山在陝州城西南二里，上有虎岩洞，臨河，宛如鷄足。"①而且其上有諸多神仙遺迹。《（嘉靖）河南通志》卷六《山川志》載："鷄足山在陝州西南三里，上有虎岩洞，又有神仙觀、河上公祠。"②《（光緒）陝州直隸州志》卷一《輿地・山川》載："摩岩洞在州西南鷄足山腰，相傳鐵拐李仙成道處。"③我國境内有多處名爲鷄足山者，且以雲南賓川縣鷄足山較爲知名，乃是佛教聖山，傳爲佛陀弟子迦葉看守佛衣處，事見《（天啓）滇志》卷二《山川・大理府》、《（康熙）大理府志》卷五《山川・賓川州》"鷄足山"條，遂有記載認爲薛式爲雲南鷄足山人。清人沈大成《學福齋集》卷一四《〈悟真篇三注〉跋》即云："鷄足山在滇南之大理，内典飲光大師奉佛入定，以俟慈氏下生處也。而元王真一所載始末云'陝州之鷄足山'，非其地矣。"④沈氏之説僅爲臆測，無甚文獻依據。

就現存文獻來看，閬州説最早見於白玉蟾所述《静餘玄問》，《歷世真仙體道通鑑》卷四九《薛道光傳》亦言薛式"一云閬州人"⑤。白玉蟾《題張紫陽、薛紫賢真人像》則云："泰，邠州人也，事成游毗陵，授之於蜀僧道光。"⑥這裏"蜀僧"説可以作爲閬州説的間接證據。然而閬州説在後世并不常見，就我們的檢索情況來看，僅清人蕭智漢所輯《月日紀古》卷九《九月・初六日》載："薛道光，號紫陽，閬州人。"⑦薛式號"紫賢"而非"紫陽"，從此已見蕭智漢此書之粗疏。以上即是證明薛式爲閬州人的僅存文獻。閬州是唐宋時期的行政區劃，據宋人王象之《輿地紀勝》卷一八五《閬州》所載，閬州宋代屬於利州路（今四川東北部一帶），下轄閬中、南部、新井、蒼

然而文獻依據并不充分，故而記載的時候語義含糊。至於《（康熙）常州府志》《（乾隆）武進縣志》言薛式爲"陝西鷄足山人"，則很可能是對前代《（萬曆）常州府志》卷一五《薛道光傳》"陝府鷄足山人"的誤抄，其後《（光緒）武進陽湖縣志》卷二九《薛道光傳》甚至誤抄爲了"陝西人"。綜上，并無可靠文獻證明薛式爲陝西鷄足山人。

① 李賢等：《明一統志》，《（景印）文淵閣四庫全書》第四百七十二册，臺灣商務印書館，一九八五年，第七二七頁。

② 鄒守愚修，李濂纂：《（嘉靖）河南通志》，明嘉靖三十五年（一五五六）刻本。

③ 趙希曾纂修：《（光緒）陝州直隸州志》，清光緒十七年（一八九一）刻本。

④ 沈大成：《學福齋集》，《續修四庫全書》集部第一千四百二十八册，上海古籍出版社，二〇〇二年，第一六八頁。

⑤ 趙道一：《歷世真仙體道通鑑》，《道藏》第五册，第三八四頁。

⑥ 白玉蟾：《白真人集》卷七，《道藏精華》第十集之二，自由出版社，一九九〇年，第九五九頁。

⑦ 蕭智漢：《月日紀古》，《四庫未收書輯刊》第一輯第二十七册，北京出版社，二〇〇〇年，第二九〇頁。

溪、奉國、新政、西水七縣。[①]然檢索閬州及四川相關地方志，并未發現有關薛式活動的記載。而且白玉蟾作有《師祖鷄足紫賢真人贊》，即白玉蟾也認爲薛式曾隱修於鷄足山，然閬州所轄七縣未見有關鷄足山的記載。據《（雍正）四川通志》卷二四所載，四川有文獻記載的鷄足山有兩處，一在富順縣（宋屬梓州路），一在新寧縣（宋屬夔州路），這二者均不在閬州地區。結合以上論述，我們認爲薛式爲閬州人的可能性不大，而以其籍貫爲陜州鷄足山更爲可靠。

薛式内丹修煉有成以後，曾注有《悟真篇》（已佚），并著有《還丹復命篇》。元王真一《薛紫賢事迹》叙述薛式注《悟真篇》之事頗詳："豈患學仙道流，得遇平叔詩曲，隨其所見，致有差殊。而意之所疑，又須輾轉，心生迷謬，莫能曉悟，孰從而語之《參同》哉……於是慨然首爲訓釋，條達宗旨，通玄究微，開蒙發昧，人可率解。""道源因以推廣其意爲注解，明白真要，洞闡玄微，法事悉備，表裏焕然，餘藴無所藏矣。"[②]薛式的《悟真篇》注解早已散佚，現存《悟真篇三注》雖有題名薛式的注解，却是翁葆光注和少量薛式注的混合體，與薛式的《悟真篇》原注差異很大。《還丹復命篇》一書至今尚存，而且有多種版本流傳於世。其一爲《正統道藏》本，題紫賢真人薛道光撰，見收於《正統道藏》太玄部；其二爲《諸真玄奥集成》本，題紫賢真人薛道光撰，紫霞山人涵蟾子輯，見收於《諸真玄奥集成》卷三；其三爲《道藏輯要》本，題紫賢真人薛道光著，見收於《道藏輯要》奎集；其四爲《道貫真源》本，題紫賢真人毗陵薛式道光撰，四峰山人元真子董德寧輯，見收於董德寧所輯《道貫真源》叢書，後被收入丁福保所輯《道藏精華録》、蕭天石所輯《道藏精華》第一集之四。《還丹復命篇》諸本内容和結構相同，僅個别字句有異。據薛式《還丹復命篇自序》落款，該書寫成於靖康元年（一一二六）。宋末元初俞琰《席上腐談》卷下載："宋有陳希夷《指玄篇》八十一詩，劉海蟾《還金篇》亦十四詩……張平叔《悟真篇》，薛道（按：缺'光'字）《復命篇》……陳默《崇正篇》，李長元《混元篇》諸書，惟《悟真》《復命》有注。"[③]據此可知，《還丹復命篇》曾有注本傳世，此注本未見他書記載，恐流傳不廣，當早已散佚。《還丹復命篇》是薛式現存的唯一著作，對於研究薛式内丹思想具有重要價值。今存諸本《還丹復命篇》均收有《丹髓歌》。然而《歷世真仙體道通鑑》卷四九《薛道光傳》載："（薛式）乃注解《悟真篇》，作《復命篇》及《丹

① 王象之著，李勇先點校：《輿地紀勝》，四川大學出版社，二〇〇五年，第五三七九—五三八五頁。
② 翁葆光：《紫陽真人悟真直指詳説三乘秘要》，《道藏》第二册，第一〇二五頁。
③ 俞琰：《席上腐談》，《（景印）文淵閣四庫全書》第一千零六十一册，第六一三頁。

髓歌》行世。”[①]據此可以推測，《丹髓歌》曾獨立於《還丹復命篇》流傳。今《丹髓歌》也確有獨立於《還丹復命篇》的版本，《修真十書·雜著指玄篇》卷七即單獨收有《丹髓歌》。[②]

此外，《丹經極論》還收有《還丹復命遺篇》，見於《正統道藏》洞真部方法類，內含七言絶句四首、五言律詩一首，其中五律一首（“受得真仙訣”）亦見今本《還丹復命篇》，而七絶四首則爲今本所無。現録七絶四首如下，以補今本《還丹復命篇》之缺：

壇自三層十二樓，八方和合土爲尊。丁公全藉黄婆力，南北相吞制魄魂。
守一壇中已絶塵，一爻看過一爻成。此心却似糠灰火，静坐時聞滴漏聲。
須將神水灑坤宫，先舉西來後合東。要知大道希夷理，太陽移在月明中。
玄牝之門切要知，幾人下手幾人稀。君還不信長生理，但去桑間看梅梨。[③]

以上詩歌均未見於今本《還丹復命篇》。唯“守一壇中已絶塵”一詩與今本“火候抽添思絶塵，一爻看過一爻生。陰文陽武依加減，一顆還丹火裏成”[④]前兩句相似，實則并非同一首詩歌。以上所録四首詩歌應確爲薛式作品，宋末元初俞琰《周易參同契發

① 趙道一：《歷世真仙體道通鑑》，《道藏》第五册，第三八五頁。

② 今人潘雨廷認爲《丹髓歌》的作者爲石泰（《道藏書目提要》第一六〇條《〈丹髓歌〉提要》，上海古籍出版社，二〇一七年，第一六七頁），依據爲《修真十書》本《丹髓歌》後附石泰《後序》。但是《修真十書》本《丹髓歌》明確題爲薛道光所著，且其他文獻亦未見石泰著有《丹髓歌》的記載，僅以所附石泰《後序》否定薛式《丹髓歌》的著作權，似乎難成定論。另外，宋末元初俞琰《周易參同契發揮》卷一和《吕純陽真人沁園春丹詞注解》均引《丹髓歌》作“白紫清《珠玉集·丹髓歌》云”，潘雨廷遂言：“若玉吾（按：俞琰字玉吾）視《還源篇》《丹髓歌》等皆白玉蟾所作，亦可備一説。”《珠玉集》即《群仙珠玉集》，歷史上有兩書名爲《群仙珠玉集》。其一爲《群仙珠玉集》一卷（已佚），見載於宋人陳振孫《直齋書録解題》卷一二《神仙類》，乃白玉蟾所編的南宗内丹文獻合集。其二爲《群仙珠玉集成》四卷（現存），見收於《四庫全書存目叢書》子部第二百六十册，《四庫全書總目》卷一四七子部道家類存目有載，該書未題輯者名號，亦未檢索到《丹髓歌》，所録詩文亦不限南宗，故和《群仙珠玉集》一卷本并非同書。俞琰所言《珠玉集》當指《群仙珠玉集》一卷本，乃輯録南宗諸祖丹道經典而成，如俞琰《周易參同契發揮》卷二尚引有“《珠玉集·還源篇》云”。既然是輯録南宗諸祖丹經而成，則《群仙珠玉集》亦當有薛式作品，那麼“白紫清《珠玉集·丹髓歌》”是指白玉蟾所輯《群仙珠玉集》收有薛式《丹髓歌》，而非《丹髓歌》的作者爲白玉蟾。綜前所述，在没有確切反證的前提下，我們依然認爲《丹髓歌》爲薛式作品。

③ 佚名：《丹經極論》，《道藏》第四册，第三四八頁。

④ 薛式：《還丹復命篇》，《道藏》第二十四册，第一九二頁。

揮》卷五在注解“陽禀陰受，雄雌相須”一句時即引曰：“《復命篇》云：要知大道希夷理，太陽移在月明中。”[①]明代《性命圭旨》第三節口訣《蟄藏氣穴衆妙歸根》亦引曰：“要知大道希夷理，太陽移在月明中。此薛紫賢《復命篇》中之口訣也。”[②]明人陽道生《真詮》卷下《凝神入氣穴》亦言：“《復命篇》曰：太陽移在月明中。”[③]這些引用均爲上録第三首絶句。此外，宋人董思靖《道德真經集解》卷一注解“谷神不死，是謂玄牝”一章時也引曰：“薛道光云：玄牝之門切要知，幾人下手幾人疑。君還不信長生理，但去霜間看接梨。”[④]董思靖所引爲上録第四首絶句。目前學界研究成果一般認爲《丹經極論》約成書於南宋。[⑤]從《丹經極論》的輯録以及董思靖、俞琰等人的引用來看，《還丹復命篇》早期的篇目構成與今本有異，這説明《還丹復命篇》經歷了一個篇目增減的成書過程。但因現存史料有限，具體增減過程則無法得知。

三、《還丹復命篇》的内丹思想特徵

今本《還丹復命篇》共由詩歌九十一首組成（其中《丹髓歌》算作三十四首），曾是金丹派南宗指導内丹修煉的秘傳口訣，詩歌内容幾乎涉及内丹修煉的各個方面，正如薛式《還丹復命篇自序》所言：“辯藥物采取，五行相殺，主客先後，刑德圖訣，抽添運用，火候斤兩，無不備悉。”[⑥]作爲道教金丹派南宗三祖，薛式的内丹思想與張伯端、石泰一脉相承。同時，薛式又能結合時代和自身情況，推動南宗内丹思想向前發展。今以張伯端《悟真篇》和石泰《還源篇》爲參照對象，論述《還丹復命篇》的内丹思想特徵如下。

其一，强化内丹學“崇陽抑陰”的觀念，并提出“至陽”和“純陽”的概念。在道教内丹學的語境之内，“陰”與“陽”是一組相對的概念，一般認爲先天爲陽，後天爲

---

① 俞琰：《周易參同契發揮》，《道藏》第二十册，第二一九頁。

② 佚名：《性命圭旨》，《藏外道書》第九册，第五五二頁。

③ 陽道生：《真詮》，《藏外道書》第十册，第八五九頁。

④ 董思靖：《道德真經集解》，《道藏》第十二册，第八二六頁。

⑤ 蕭登福《正統道藏提要》推測此書成於宋代（文津出版社，二〇一一年，第二三三—二三四頁），任繼愈、鍾肇鵬《道藏提要》（中國社會科學出版社，一九九一年，第一六八—一六九頁）、潘雨廷《道藏書目提要》（第一八七—一八八頁）和丁培仁《增注新修道藏目録》（巴蜀書社，二〇〇八年，第四四五頁）則推測此書成於南宋。

⑥ 薛式：《還丹復命篇》，《道藏》第二十四册，第一九一頁。

陰，内丹修煉的本質便是消陰扶陽，最終由後天返還先天。作爲道教内丹學的集大成之作，《悟真篇》已提出了"消陰""剥陰"的觀念："煉成靈質人難識，消盡陰魔鬼莫侵。欲向人間留秘訣，未逢一個是知音。""謾守藥爐看火候，但安神息任天然。群陰剥盡丹成熟，跳出樊籠壽萬年。"[①]《悟真篇》甚至明言"陽極陰消"乃是内丹成熟的標志："玄珠有象逐陽生，陽極陰消漸剥形。十月霜飛丹始熟，此時神鬼也須驚。"[②]金丹派南宗初祖張伯端《悟真篇》之後，二祖石泰《還源篇》未論及扶陽消陰之事，直至三祖薛式《還丹復命篇》方纔强化了此觀念。如其所言："虎髓龍精氣象全，依法修來火候煎。直待陰消成至寶，便知平地隱神仙。"[③]《還丹復命篇》還在崇陽抑陰觀念的基礎上，進一步提出了"至陽""純陽"的概念："受得真仙訣，陰中煉至陽。地雷潛動處，星斗共商量。""飲了靈丹藥，純陽自在人。洞明常寂照，蓬島鎮長春。""九轉煉成十月胎，純陽無陰命不死。"[④]"至陽""純陽"概念的提出是崇陽抑陰觀念的總結和升華，對於指導南宗内丹修煉乃至完善内丹理論均有重要意義，對於後世内丹學"陽神飛升"説的提出亦當有啓發作用。

其二，揭示内丹學精化氣、氣化神的修煉步驟。道教内丹修煉的核心步驟爲煉精化氣、煉氣化神、煉神還虚。張伯端《悟真篇》中的丹詩多用内丹隱語寫成，很少在詩歌中明言精氣神三者，更没有明確揭示精氣神三者的轉化過程。石泰《還源篇》中的部分丹詩則語義明白，已能直言精氣神對内丹修煉的重要性："惟留神與氣，片餉結玄珠。""真精與元氣，此是大丹基。"[⑤]尤其認爲神氣融合是内丹修煉的關鍵："以神歸氣内，丹道自然成。""無中生有物，神氣自相侵。"[⑥]至於精氣神三者之間的轉化情況，石泰《還源篇》則没有進一步的描述。薛式《還丹復命篇》在其師石泰的基礎上，一方面繼續提倡精氣神爲内丹修煉的根本："精氣之無本，神靈共一家。但能擒五賊，自可結三花。""歸根復命復元真，氣入四肢精養神。神氣若還俱不散，混同塵世一閑人。"[⑦]另一方面則明確揭示了内丹修煉的基本步驟，即人身精氣神三者之間的逐步轉化："昔日遇師親口訣，祇要凝神入氣穴。以精化氣氣化神，煉作黄芽并白

① 王沐：《悟真篇淺解》，中華書局，一九九〇年，第二〇、二二頁。
② 王沐：《悟真篇淺解》，第七九頁。
③ 薛式：《還丹復命篇》，《道藏》第二十四册，第一九三頁。
④ 薛式：《還丹復命篇》，《道藏》第二十四册，第一九一、一九二、一九五頁。
⑤ 石泰：《還源篇》，《道藏》第二十四册，第二一二、二一三頁。
⑥ 石泰：《還源篇》，《道藏》第二十四册，第二一三、二一四頁。
⑦ 薛式：《還丹復命篇》，《道藏》第二十四册，第一九一、一九三頁。

雪。"[①]這裏已經明言了煉精化氣、煉氣化神兩個内丹修煉的核心步驟，爲後世構建精化氣、氣化神、神還虚的修煉步驟打下了堅實基礎。雖然薛式尚未言及"煉神還虚"的修煉環節，但其在道教内丹學史上的重要貢獻不容忽視。

其三，强調内丹修煉過程中同志道侣的重要性。早期的内丹經典很少見到有關同志道侣的論述，張伯端《悟真篇》和石泰《還源篇》即未涉及相關論説，南宗最早有關同志道侣的强調來自薛式《還丹復命篇》："達士方爲侣，真仙正合宜。幾年雲水上，懷抱有誰知。""我今收得長生法，年年海上覓知音。不知誰是知音者，試把狂言着意尋。""幾年勤苦覓仙儔，不做神仙未肯休。緣合自然成大道，豈教凡輩覓踪由。""要藉五行生旺，須明陽盛陰衰。三人同志謹防危，進火工夫仔細。"[②]至於内丹修煉爲何需要同志道侣，主要有兩個方面的原因。一方面可以爲内丹修煉者提供衣食，保證内丹修煉者不被外事打擾，如宋末元初著名道教學者俞琰《周易参同契發揮》卷六"離氣内榮衛"條注曰："蓋以大藥未成，難當寒暑，於一年之内四季要衣；真氣未完，而尚有饑渴，於一日之内三餐要食……周天火候，須用一片功夫，不可間斷，必得同志有力者爲之保護、供給、服事，俾免饑寒困苦之竊其氣，乃可以專志修煉也。"[③]另一方面可以爲内丹修煉者提供及時的提示和指導，防止在修煉過程中出現偏差，如元代著名内丹家陳致虚《上陽子金丹大要》卷一《虚無・金丹大要序》云："大修行人，已得師傳，先結丹友……蓋得知音道侣，乃相規檢，匡其不逮，以共成道。"[④]内丹修煉對於同志道侣的重視或許受到了外丹燒煉的影響。外丹燒煉費時、費力、費財，對於鼎器、藥材、火候的要求非常苛刻，僅憑一人之力難以統籌各個方面，所以外丹燒煉需要同志道侣數人。如漢唐之際《黄帝九鼎神丹經訣》卷二〇《明合丹忌諱敗畏訣》言："藥精煉畢，炭物并足，以開除日齋百日，同志契誓不過三人，試釜知密，方可舉火。"[⑤]又如唐人金陵子《龍虎還丹訣》言："然夫修丹之士，須揀名山良地，精擇同志，衹可與三兩人，多恐心志不同，損藥累功。"[⑥]薛式將外丹燒煉所需的同志道侣移接到了内丹修煉之上，有效地推動了内丹修煉形式和程序的發展。薛式對内丹修煉同志道侣的重視，也影響到了南宗其他内丹修煉者，如南宗

① 薛式：《還丹復命篇》，《道藏》第二十四册，第一九四頁。
② 薛式：《還丹復命篇》，《道藏》第二十四册，第一九二、一九三頁。
③ 俞琰：《周易参同契發揮》，《道藏》第二十册，第二三七頁。
④ 何建明：《〈上陽子金丹大要〉校注》，《陳致虚學案》，齊魯書社，二〇一一年，第一一九頁。
⑤ 韓吉紹校釋：《黄帝九鼎神丹經訣校釋》，中華書局，二〇一五年，第二九六頁。
⑥ 金陵子：《龍虎還丹訣》，《道藏》第十九册，第一一一頁。

四祖陳楠《金丹詩訣》即云："若無同志相親賞，時照爐中火候非。"[①]

其四，以道教内丹學統合儒釋道三教。三教融合是宋代以來思想界的基本趨勢，道教内丹學尤其是三教融合的有力推動者，南宗初祖張伯端便以提倡三教合一知名，清雍正帝甚至敕封其爲"大慈圓通禪仙紫陽真人"，事見《（雍正）浙江通志》卷二〇〇《張用誠傳》。張伯端三教合一的思想主要體現在其《悟真篇自序》，所謂"豈非教雖分三，道乃歸一。奈何後世黄緇之流，各自專門，互相非是，致使三家宗要，迷没邪歧，不能混一而同歸矣"[②]。三教之中，張伯端尤重溝通佛道兩家："及乎編集既成之後，又覺其中惟談養命固形之術，而於本源真覺之性，有所未究。遂玩佛書及《傳燈録》，至於祖師有擊竹而悟者，乃形於歌頌詩曲雜言三十二首。"[③]其後，石泰《還源篇》則未曾論及三教合一，爲了突出金丹大道的優越性，甚至對儒釋學説多有否定："儒家明幻理，釋氏打頑空。不識神仙術，金丹頃刻功。"[④]薛式《還丹復命篇》則繼承了《悟真篇》三教合一的思想，如其《還丹復命篇自序》云："常思仲尼窮理盡性以至於命，釋氏不生不滅，老氏升騰飛舉。由是聖人之意，不可一途而取之。""嘗聞奥旨混於六經書史之間……昔鄒魯之士、縉紳先生多能明之，近世不復有矣。"[⑤]這種三教融合的思想還表現在薛式的内丹詩歌之中，如其《西江月》言："太上三清真境，三皇五帝規模。瞿曇老氏仲尼徒，經史深藏妙素。間有真人出世，來明赤子玄珠。蟾光終日耀昏衢，滿目黄芽顯露。"[⑥]薛式早年曾出家爲僧，後還俗修煉道教内丹，故其能深通三教義理，這是其融通三教的基礎。

四、《還丹復命篇》的文學藝術特徵

今本《還丹復命篇》全書均由詩詞組成，是一部典型的道教内丹詩歌集，兼具宗教思想和文學藝術的雙重價值，所以我們有必要討論其文藝特徵，以便全面認識這部特殊的内丹學著作。現將《還丹復命篇》主要文藝特徵歸納如下。

第一，模仿《悟真篇》的篇目結構，并且進行一定程度的創新。今本《還丹復命

① 陳楠：《翠虚篇》，《道藏》第二十四册，第二一〇頁。
② 王沐：《悟真篇淺解》，第二頁。
③ 王沐：《悟真篇淺解》，第四、一〇頁。
④ 石泰：《還源篇》，《道藏》第四册，第六一〇頁。
⑤ 薛式：《還丹復命篇》，《道藏》第二十四册，第一九一頁。
⑥ 薛式：《還丹復命篇》，《道藏》第二十四册，第一九三頁。

篇》除了薛式自序，實由五言律詩十六首、七言絶句三十首、《西江月》詞九首以及其他七言絶句二首和《丹髓歌》三十四首組成。然而薛式《還丹復命篇自序》云：“依師口訣，輒成五言一十六首，以表二八一斤之數；七言絶句三十首，以應三十日之大功；續添《西江月》九首，以應九轉之法。”[①]也就是説五言律詩十六首、七言絶句三十首、《西江月》詞九首實爲《還丹復命篇》的主體部分。這一篇目結構和《悟真篇》十分相似，正如張伯端《悟真篇自序》所云：“僕既遇真筌，安敢隱默，罄所得成律詩九九八十一首，號曰《悟真篇》。内七言四韵一十六首，以表二八之數。絶句六十四首，按諸周卦。五言一首，以象太乙。續添《西江月》一十二首，以周歲律。”[②]無論是詩歌體裁如五言律詩、七言絶句、《西江月》詞，還是詩歌篇數如“二八一斤之數”，都可以看到《還丹復命篇》所受《悟真篇》的影響。宋人陳振孫《直齋書録解題》卷一二《神仙類》載：“《還丹復命篇》一卷，毗陵僧道光撰，亦擬《悟真》詩篇。”[③]從《還丹復命篇》的篇目結構和詩歌内容來看，信非虛言。當然，《還丹復命篇》并非《悟真篇》的複製品，其在模擬《悟真篇》時亦有一定程度的推陳出新。就其篇目結構來分析，五言律詩十六首“以表二八一斤之數”，二八之數沿襲於《悟真篇》，用以表示修煉所需足量藥物，即八兩真陽（元氣），八兩真陰（元神），合成一斤（十六兩）内丹，其中斤兩之名僅爲比喻。而七言絶句三十首“以應三十日之大功”，三十之數乃《悟真篇》所無，用以表示修煉所需周天火候。道教内丹學用周易卦象隱喻修煉事宜，周易六十四卦中的乾坤表示鼎器、坎離表示藥物，剩餘六十卦表示火候次第。六十卦中進陽火和退陰符各用一卦表示，於是六十卦被分解成了三十次周天循環，所以用三十之數表示周天火候圓滿。《西江月》詞九首“以應九轉之法”，九之數亦爲《悟真篇》所無，用以表示内丹修煉九轉功成。道教以單數爲陽，偶數爲陰，九爲最大的陽數，且九爲金的成數，金代表先天純陽，即九爲純陽之數。無論道教内丹還是外丹，均認爲仙爲純陽之體，故所修丹道亦以九爲限。結合以上論述，《還丹復命篇》在《悟真篇》的基礎上，以頗爲精巧的篇目結構安排，巧妙地表現了作者的内丹思想。

第二，善於運用比喻的修辭手法描寫内丹修煉，增强了内丹修煉詩歌的文學性和可讀性。如薛式將内丹修煉的過程比喻爲春日耕作：“邇來活計不勝清，一畝沙田手

① 薛式：《還丹復命篇》，《道藏》第二十四册，第一九一頁。
② 王沐：《悟真篇淺解》，第四頁。
③ 陳振孫著，徐小蠻、顧美華點校：《直齋書録解題》，上海古籍出版社，二〇一五年，第三四九頁。

自耕。晴雨共資春氣力，不愁苗稼不滋生。”[1]如果這首七言絶句不是出自内丹宗師之手，則完全可以當作一篇優美的文學詩歌來讀。從道教内丹學的視角來看，這裏的沙田象徵着人們身體裏的丹田（即鼎爐），晴雨和春氣則象徵着内丹修煉所需的藥物（即元神和元氣），而沙田所産的苗稼便象徵着生成的内丹（也即黄芽）。再如，薛式將内丹修煉中元氣的出現比喻爲秋露的産生：“一物浮浮渾有無，堪迎秋露滴真珠。烟花柳陌頭頭是，穢濁馨香任所需。”[2]秋露乃金秋時節夜間陽升之時所産，正暗示着人體一陽來復時先天元氣的到來，二者還有一個共同的特徵即“無中生有”。薛式秋露之喻深刻影響了其弟子陳楠。如陳楠《水調歌頭・贈九霞子鞠九思》云：“奪取天機妙，夜半看辰杓。一些珠露，阿誰運到稻花頭？便向此時采取，宛如碧蓮合蕊，滴破玉池秋。”陳楠《鵲橋仙・贈蟄虚子沙道昭》亦云：“紅蓮含蕊，露珠凝碧，飛落華池滴滴。”[3]由此足見陳楠對薛式秋露之喻的認可。爲了更好地描寫自己的修煉體驗，薛式甚至使用了博喻的修辭方式，這在内丹詩歌中顯得頗爲獨特。如薛式的《丹髓歌》寫道：“煉丹不用尋冬至，身中自有一陽生。龍飛赤水波濤涌，虎嘯丹山風露清。初時有如雲出洞，次則有如月在潭。又似金蠶如玉笋，好將火候煉三三。嬌如西子離金閣，美似楊妃下玉樓。日日與君花下醉，更嫌何處不風流。”[4]薛式這裏連用一系列事物比喻一陽生時的元氣，以雲出洞、月在潭喻元氣之形，以似金蠶、如玉笋喻元氣之狀，以西施離閣、楊妃下樓喻元氣之態，將先天元氣産生時的身心感覺生動地傳達了出來。

第三，善於化用文學意味較强的佛教禪宗詩語。薛式早年曾經出家爲僧，故有深厚的佛學修養，對於禪宗語録和公案故事較爲熟悉，所以喜於在内丹詩歌中化用禪宗詩語，以此增加内丹詩歌的文學性和哲理性。且如下面這首詩歌：“一二三四五，南辰對北辰。虎龍含碧玉，金木孕珠珍。雲散家家月，花開處處春。幾多雲外客，盡是世間人。”[5]這首詩歌的前半首爲普通的内丹詩歌，而後半首則可以看作頗爲優美的文學詩歌，其中“雲散家家月，花開處處春”兩句尤具禪意，乃化用禪宗詩語而來。《五燈會元》卷一五青原下九世《文殊真禪師法嗣》“瑞州洞山曉聰禪師”條和《智門祚禪師法嗣》“明州雪竇重顯禪師”條已有類似詩句，前者所謂“師曰：六月雨淋淋，寬

① 薛式：《還丹復命篇》，《道藏》第二十四册，第一九三頁。
② 薛式：《還丹復命篇》，《道藏》第二十四册，第一九三頁。
③ 陳楠：《翠虚篇》，《道藏》第二十四册，第二〇八頁。
④ 薛式：《還丹復命篇》，《道藏》第二十四册，第一九四頁。
⑤ 薛式：《還丹復命篇》，《道藏》第二十四册，第一九一頁。“虎龍含碧玉”一句，原文作“虎龍含碧王”，實誤，今據《諸真玄奥集成》本改。

其萬姓心。曰：恁麽則雲散家家月，春來處處花”[①]，後者所謂“師曰：馬無千里謾追風。曰：恁麽則雲散家家月”[②]。洞山曉聰（？——〇三〇）和雪竇重顯（九八〇——〇五二）均爲北宋初禪宗大師，相傳南宗初祖張伯端即曾參悟過雪竇禪師的《祖英集》（見張伯端《讀雪竇禪師祖英集》一詩），可見薛式這兩句詩歌的創作亦受到了以上禪宗詩語的影響，這也十分符合薛式由佛教禪宗轉修道教内丹的身份特徵。有了這種文學意味較强的禪宗詩語點綴，遂爲平淡無奇的詩境增添了靚麗色彩。同時，這些充滿文學意味的禪宗詩語，也是内丹修煉體驗的一種表現形式。

第四，在前人“三三七”句式的基礎上，發展出了“三三七七”體詩歌。“三三七”句式在文學詩歌中比較常見，就道教内丹詩歌來看，早在北宋初高象先的《金丹歌》便已開始使用，南宗初祖張伯端《贈白龍洞劉道人歌》《石橋歌》更是大量出現。至於“三三七七”句式則很少見到文學詩歌和内丹詩歌使用，而薛式《丹髓歌》却用這種句式創作了二十八首詩歌，進而發展出了“三三七七”體詩歌，即每首詩歌均由“三三七七”二十個字構成。《丹髓歌》除了前六首是七言絶句，其後二十八首均爲“三三七七”體詩歌，足見此種詩歌在《丹髓歌》中的占比。這也使得《丹髓歌》成爲了頗具特色的内丹組詩。此外，現存諸本《還丹復命篇》均將《丹髓歌》看成三十四首詩歌，其實從三十四首詩歌内容和韵脚的關聯程度來看，《丹髓歌》又可看作一首氣韵流暢的長篇歌行。如《丹髓歌》其中一段曰：“烏無形，兔無影。烏兔衹是日月精，烏兔交時天地永。牛無角，馬無蹄。馬牛衹是乾坤髓，乾坤運用坎和離。龜無象，蛇無迹。龜蛇衹是陰陽形，二氣交會混爲一。龍無翼，虎無牙。龍虎本來同一體，東鄰即便是西家。”[③]這本是《丹髓歌》中的四首詩歌，讀起來却渾然一體，《丹髓歌》中的其他詩歌亦是如此。如果我們以一首長篇歌行來看待《丹髓歌》，則“三三七七”體式的使用極大增强了詩歌節奏感，更加有利於《丹髓歌》在道教内外的誦讀和傳播。“三三七”句式和“三三七七”體式都與七絶關係密切，“三三七”句式多用於七絶變體“六七七七”，其中“六七”便指“三三七”，相當於將七絶首句隔斷一字；而“三三七七”體式則相當於將七絶前兩句均删去四字，故其所營造的詩歌節奏張力實强於“三三七”句式。張伯端的道教内丹思想曾受到過高象先的影響[④]，則張伯

---

① 釋普濟：《五燈會元》，《佛藏輯要》第二十三册，巴蜀書社，一九九三年，第三六七頁。

② 釋普濟：《五燈會元》，《佛藏輯要》第二十三册，第三六九頁。

③ 薛式：《還丹復命篇》，《道藏》第二十四册，第一九四頁。

④ 羅争鳴：《高象先〈金丹歌〉及其與〈悟真篇〉之關係考論》，《古典文獻研究》二〇二一年總第二四輯（上），第二八一—二九六頁。

端"三三七"句式的使用和高象先亦不無關係；而薛式又是張伯端的再傳弟子，其《還丹復命篇》對《悟真篇》多有繼承，則薛式"三三七七"體式的創作與張伯端亦不無聯繫，從中我們可以看到薛式"三三七七"體式的演進歷程。

五、《還丹復命篇》的後世影響

薛式《還丹復命篇》的影響主要在道教内部，尤其集中於金丹派南宗一系。南宗四祖陳楠是薛式的嫡傳弟子，其《羅浮翠虚吟》云："道光禪師薛紫賢，付我歸根復命篇。指示鉛汞兩個字，所謂真的玄中玄。"[①]"歸根復命篇"所指即當爲《還丹復命篇》，可見陳楠内丹思想乃以《還丹復命篇》爲根基，這從前文所言陳楠繼承薛式"秋露"之喻亦可看出。南宗五祖白玉蟾則是薛式再傳弟子，其不但曾寫過《紫賢真人贊》、畫過《紫賢真人像》[②]，而且在所作内丹詩歌中化用過《還丹復命篇》的詩句。如其《贈趙縣尉》言："半斤雷火燒紅杏，一滴露珠凝碧荷。錦帳中間藏玉兔，寶瓶裹面養金鵝。"[③]"露珠"之喻已如前文所言，《還丹復命篇》乃其出處。"金鵝"之喻亦出自《還丹復命篇》："真丁公，真黄婆。丁公運火煉金花，黄婆瓶裹養金鵝。"[④]"金鵝"是内丹學頗爲知名的妙喻，用以指代修煉者體内所結之丹，元代内丹家李道純《清庵瑩蟾子語録》卷一《答問録》有解。南宋末蕭廷芝是白玉蟾再傳弟子（師爲彭耜），在南宗後學之中著述頗豐，其《金丹大成集》多引薛式詩語，可見亦頗重視薛式《還丹復命篇》。元初李道純亦爲白玉蟾再傳弟子（師爲王金蟾），其著作《中和集》《道法會元》《清庵瑩蟾子語録》也有對薛式詩語的引用，然而數量不如蕭廷芝多，而且多未明言出處。[⑤]此外，薛式乃張伯端再傳弟子，又曾注解張氏《悟真篇》，故後世《悟真篇》注解也很看重《還丹復命篇》，如《修真十書》本《悟真篇（集注）》、《悟真篇注

---

① 陳楠：《翠虚篇》，《道藏》第二十四册，第二〇五頁。

② 《紫賢真人贊》見《白真人集》卷七，原題作《師祖鷄足紫賢真人贊》（《道藏精華》第十集之二，第九八三頁）。《紫賢真人像》今已無傳，説見元人夏文彦《圖繪寶鑒》卷四"葛長庚"："嘗畫祖師張平叔、薛道光及自己像。"

③ 白玉蟾：《白真人集》卷五，《道藏精華》第十集之二，第七四七—七四八頁。

④ 薛式：《還丹復命篇》，《道藏》第二十四册，第一九五頁。

⑤ 如《中和集》卷三："祖師云：煉丹不用尋冬至，身中自有一陽生。"《道德會元》卷下："爲君明説破，衆水總朝西。夜來混沌攧落地，萬象森羅總不知。"《清庵瑩蟾子語録》卷一《答問録》："師（按：指李道純）曰：井底泥蛇舞柘枝，窗間明月照梅梨。作麼生會？"這些詩句均出自《還丹復命篇》，但是李道純未言明出處。

疏》元人戴起宗疏、清人董德寧《悟真篇正義》等亦多引薛式詩語。

《還丹復命篇》還對南宋内丹道士夏元鼎有較大影響。首先，夏元鼎曾經與師友共同研習薛式《還丹復命篇》。如其《水調歌頭·人身藏宇宙》小序云："甲申燈夕，雲水唐介然來謁，願問金丹大道，且舉張平叔、薛道光諸丹經以質難。意初未釋，凡辨問數十條，乃噤不語，垂首悵然而去。"[①]唐介然未知何人，生平資料無存。其次，夏元鼎《悟真篇講義》卷一"虎躍龍騰風浪粗"一詩注解引有薛式《還丹復命篇》，所謂"道光曰：面南看北斗，定裹采真鉛者是也"[②]。《還丹復命篇》原詩作"北斗南辰下，眉毛眼睫邊。灰心行水火，定息見真鉛"[③]。最後，夏元鼎在其内丹詞集《蓬萊鼓吹》中多次化用薛式《還丹復命篇》。如夏元鼎《水調歌頭·采取鉛須密》云："采取鉛須密，誠意辨妍媸。休教錯認，奪來鼎内及其時。"《還丹復命篇》原詩作"采取須教密，誠心辯醜妍。事難尋意脉，容易失寒泉"，"二氣本因兒産母，奪來鼎内及其時。夫歡婦合黄金室，一載胎生一個兒"[④]。再如夏元鼎《水調歌頭·要躡天仙步》云："要躡天仙步，金丹是法身。不知謂氣，須還識後自然真。"《還丹復命篇》原詩作"人有最靈物，依稀在北辰。不知將謂氣，識後自然真"[⑤]。又如夏元鼎《西江月·萬里擔簦訪道》云："罔象求珠易得，離明契后難言。五金八石是虚傳，争似陽修陰煉。"《還丹復命篇》原詩作"咽津納氣固形全，須藉乾坤真汞鉛。至道不繁人自昧，五金八石是虚傳"[⑥]。所以夏元鼎當對《還丹復命篇》頗爲熟悉，《還丹復命篇》對夏元鼎内丹思想影響較大。

《還丹復命篇》對宋元之際内丹道士趙友欽、陳致虚師徒亦有較大影響，趙友欽《仙佛同源》和陳致虚《上陽子金丹大要》對《還丹復命篇》多有引用。趙友欽和陳致虚之所以如此推重薛式《還丹復命篇》，除了道教内丹理論前後一貫性，還有以下兩個值得關注的特殊原因。其一，對薛式由佛入道、佛道兼修背景的認可。趙友欽和陳致虚均主張佛道合一、仙佛同源，正如《四庫全書總目》卷一四七子部道家類存目《〈諸真

① 夏元鼎：《蓬萊鼓吹》，載吴訥編《百家詞》，天津市古籍書店，一九九二年，第一三三七頁。
② 夏元鼎：《紫陽真人悟真篇講義》，《道藏》第三册，第三四頁。
③ 薛式：《還丹復命篇》，《道藏》第二十四册，第一九一頁。
④ 夏元鼎：《蓬萊鼓吹》，載吴訥編《百家詞》，第一三三五頁。薛式：《還丹復命篇》，《道藏》第二十四册，第一九二頁。
⑤ 夏元鼎：《蓬萊鼓吹》，載吴訥編《百家詞》，第一三三六頁。薛式：《還丹復命篇》，《道藏》第二十四册，第一九二頁。
⑥ 夏元鼎：《蓬萊鼓吹》，載吴訥編《百家詞》，第一三三八頁。薛式：《還丹復命篇》，《道藏》第二十四册，第一九二頁。

元（玄）奧集成〉提要》所言："其（按：指趙友欽）《仙佛同源》一篇，繁稱博引，謂仙佛皆有入室求丹之事。再傳爲陳致虛《金丹大要》，其發明《仙佛同源》之義尤詳。"[①]故趙、陳二人的主張正好與薛式的親身實踐完全吻合。其二，對薛式重視同志道侶這一觀點的認可。趙友欽和陳致虛以陰陽雙修丹法知名於世，此種丹法極易招致外界誹謗，所以尤其注重尋求同志道侶，需要有財有力者作爲外護。趙友欽《仙佛同源·知音道侶第二》言："知音道侶之説，其義不二，惟高明之士默識心通可也。其中惟清净眷屬，同志一心，最爲難得，乃知古之仙佛俱有賴於道侶，方能成道。是以二十六祖辭國王云：'願王於最上乘無忘外護。'鼓山與薛紫賢俱有'十年湖海'之句。"[②]陳致虛《上陽子金丹大要》卷二《上藥·精氣神説》亦言："因知是氣無其力者，必不得之。紫陽真人乃依馬處厚之力，王冲照（按：當爲'熙'）乃得韓富公之力。石杏林授薛紫賢云：可往通邑大都，依有力者爲之。是知此氣每好潛藏，無力者安能得之？"[③]正是由於趙友欽和陳致虛對薛式的極力推崇，加之《悟真篇三注》薛注（實多爲翁注）的廣爲流傳，以至於後世亦將薛式所傳丹法歸入陰陽雙修派。

（作者單位：安徽大學徽學與中國傳統文化研究院）

---

① 永瑢等：《四庫全書總目》，中華書局，一九六五年，第一二六三頁。

② 涵蟾子編：《諸真玄奥集成》卷八，《四庫全書存目叢書》子部第二百六十册，齊魯書社，一九九五年，第三一二頁。

③ 何建明：《〈上陽子金丹大要〉校注》，《陳致虛學案》，第一四〇——一四一頁。

全真祖師遺迹上的宮觀建設考論

韓占剛

内容摘要：在丘處機西行之後，尤其是尹志平、李志常掌教期間，全真道徒在全真祖師遺迹上大規模興建宮觀。如劉蔣故庵上的終南祖庭重陽宮、南時村活死人墓遺迹上的重陽成道宮、王重陽遇仙之地的甘河鎮遇仙宮、王重陽仙逝之地的開封朝元宮，以及馬鈺與王重陽相遇之地的牟平玄都宮、緣起於馬鈺的昆嵛山東華宮、四真論志的秦渡鎮志道觀、丘處機終老之地的燕京長春宮等。這些祖師遺迹上的宮觀建設，大多伴隨着全真祖師宗教叙事的建構，它們不僅將全真祖師的傳道事迹進一步“物化”，而且還加强了各宗系全真道徒們的宗教認同，有利於全真道團的發展。除了在祖師遺迹上建設宮觀，金元時期還存在一種以祖師名號命名道觀的現象，并且這兩者間還存在一些重叠。比如，祖師遺迹上的重陽宮、長春宮、東華宮就是以相關祖師的名號來命名的。所以，以祖師的名號給宮觀命名，也可以説是在祖師遺迹上建設宮觀的延伸。

關鍵詞：全真祖師；宮觀；叙事；宗教認同

全真道徒在祖師遺迹上興建宮觀，最早源於馬鈺在劉蔣故庵上所建造的終南祖庵。繼馬鈺之後，在早期全真道内還興起了一股興建宮觀的熱潮。大定二十八年（一一八八），丘處機在赴金世宗之召時，曾途經河南修武縣。當時，他對門人説道：“在所道院，武官爲之冠，濱都次之，聖水又次之。”[①]這裏提到的三個道觀分别是劉處玄在萊州武官莊建立的靈虚觀、丘處機弟子在丘處機栖霞故居建造的濱都觀，以及王處一在昆嵛山聖水岩建造的玉虚觀。明昌二年（一一九一），丘處機東歸栖霞，“乃大

① 元好問：《懷州清真觀記》，載陳垣編纂，陳志超、曾慶瑛校補《道家金石略》，文物出版社，一九八八年，第四七一頁。按：栖霞濱都觀的營建情况詳見姬志真撰寫的《濱都重建太虚觀記》（王宗昱編：《金元全真教石刻新編》，北京大學出版社，二〇〇五年，第一二一一三頁）。

建琳宫，敕賜其額曰太虚，氣象雄偉，爲東方道林之冠”[①]。可見，丘處機在東歸之後，又繼續營建濱都觀，并獲敕額“太虚”。根據早期全真道觀的興建情况，趙衛東先生曾概括道：“以昆嵛山爲中心時期是全真道的初創時期，這時候全真道由昆嵛山向登、萊、寧海三州擴展；而劉處玄的靈虚觀、王處一的玉虚觀與丘處機的太虚觀鼎立時期是全真道由登、萊、寧海三州向山東全省擴展的時期。”[②]這一論斷可以説是很獨到的。

丘處機西行覲見成吉思汗之後，全真道獲得了空前的大發展。秦志安曾在《金蓮正宗記》的序中描述當時全真道的繁盛局面：“人心歸嚮者，如百川赴海而莫之能禦也，牧豎蕘童咸知稽首，東夷西戎皆咏步虚，家家談道德之風，處處講希夷之説，懶衣髽髻雲連乎道路之間，琳宇瑶壇星布乎山澤之下，自軒轅以來，教門弘盛未有如今日者。”[③]由此可見，隨着全真道的繁盛，大量的全真宫觀也開始“星布乎山澤之下”。姬志真在《長春真人成道碑》中更是贊揚丘處機的功績道：“道之所在，物自歸之，和氣横流，無遠不至，崇修宫觀，建立門庭，敬圖象外之尊，敷暢玄中之教，指天真而開徑路，濟苦海而作舟航，登之者必通，行之者必至，凡有足者，皆欲及其於道也，此真人所以闡化群迷維持正教也。”[④]由此可見，丘處機對全真道宫觀的興建用力頗多，取得的成就也頗大。對於這一時期全真道宫觀建設的特點，吴光正曾指出道：“在這一立觀度人的浪潮中，全真教特别注意在祖師、宗師活動區域興建宫觀，在遺迹崇拜的基礎上建構宗教聖地。”[⑤]

與全真教門大開之後的實際需要（大力修復、興建宫觀）相適應，至丘處機掌教時期，尤其是丘處機西行之後，全真道所宣導的修行思想也開始轉變。而最遲至尹志平掌教時期，全真道所宣導的修道思想就已經有了非常明顯的轉變。對於這種“教門法度更變不一”的事實，當時的全真掌教尹志平曾對弟子們解釋道：“《易》有云：‘隨時之義大矣哉。’謂人之動静，必當隨時之宜，如或不然，則未有不失其正者。丹陽師父以無爲主教，長生真人無爲有爲相半，至長春師父，有爲十之九，無爲雖有其一，猶存而勿用焉，道同時異也。”[⑥]對於這種轉變，以及尹志平所作之解析，張廣保先生給予了

① 陳時可：《長春真人本行碑》，載李道謙編集《甘水仙源録》卷二，《道藏》第十九册，第七三四頁。
② 趙衛東：《金元全真道教史論》，齊魯書社，二〇一〇年，第二八四頁。
③ 秦志安編撰：《金蓮正宗記》，《道藏》第三册，第三四四頁。
④ 陳垣編纂，陳志超、曾慶瑛校補：《道家金石略》，第五八八頁。
⑤ 吴光正：《金元道教文學史》，北方文藝出版社，二〇二四年，第一九二頁。
⑥ 段志堅編：《清和真人北游語録》卷二，《道藏》第三十三册，第一六六頁。

非常中肯的評價，以爲尹志平"事中煉心"的大修行原則，創造性地將全真道徒的各種塵俗勞作與心性修煉相關聯。"按照這一原則，整個世界對於全真道徒而言就是一個大道觀，而他們一生應接的各種行爲都是修道之舉，關鍵在於其心中不能有執着之念。經過這樣一番義理梳理，尹志平就將出世與入世、無爲與有爲、真界與俗世打成一片，這無疑會極大地調動全真教徒入世修行、接待應緣的熱情，它對於全真教宫觀勢力的擴張起到重要的推動作用。"①

需要説明的是，雖然在全真祖師遺迹上建造宫觀是從金末開始的，但是大規模的重修與興建是在元初完成的。姬志真的《濱都重建太虚觀記》曾明確記載道："戊申七月，嗣教宗師承朝旨，凡師真遺迹，命革爲宫。"②由此可以推測，在全真祖師遺迹上興建宫觀的高潮，大約發生在李志常掌教期間。

一、劉蔣故庵上的終南祖庭

王重陽東行之前曾在關中傳道，雖然取得了一些收穫，却没有達到他的預期。最終，他燒毁了劉蔣村的茅庵，開始了東行傳道之旅。此後，王重陽在山東度化全真七子，建立"三州五會"，爲全真道的發展奠定了根基。王重陽的修行之地劉蔣故庵，在全真道徒的辛苦經營下，最終成了冠甲一方的終南祖庭——重陽宫。

（一）終南祖庭的初興

大定三年（一一六三），王重陽離開了南時村的活死人墓，前往劉蔣村與和玉蟾、李靈陽一道結庵修行。大定七年（一一六七），王重陽又一把火燒毁了茅庵。大定十年（一一七〇）正月，王重陽在開封仙逝。不久之後，馬鈺帶領丘處機等人西行入關，并在王重陽早年的修行之地劉蔣村結茅而居。在爲王重陽守喪三年之後，"四子"在秦渡鎮的真武廟言志分别。馬鈺"復歸劉蔣構一廣庭，爲環居之所，書'祖庭心死'，以表其顔。庵爲祖庭，自此始也"③。馬鈺修整劉蔣村的王重陽故庵，其實正應了王重陽《望蓬萊》詞所道"存基址，决有後人修"之語。毫無疑問，馬鈺應該熟悉王重陽的詩詞。所以，他的修庵之舉其實是奉了王重陽的"遺命"。至於馬鈺當年營建的祖庭規

① 張廣保：《尹志平學案》，齊魯書社，二〇一〇年，第二六頁。

② 王宗昱編：《金元全真教石刻新編》，第一三頁。

③ 李道謙編集：《甘水仙源録》卷一，《道藏》第十九册，第七二九頁。

模，從尹志平的追憶中可見一斑。此即《清和真人北游語録》所載："至於建祖堂，亦止三間。其基址頗高爽。"①

受"牒發"事件的影響，大定二十二年（一一八二），馬鈺被迫東歸山東故里。大定二十三年（一一八三）十二月，馬鈺仙逝於山東萊陽的游仙宫。馬鈺仙逝後，其弟子昭然子宋明一從山東返回了終南祖庭。大定二十六年（一一八六），宋明一前往龍門洞請丘處機回終南祖庭。陳時可的《長春真人本行碑》曾記載道："道既成，遠方學者咸依之，京兆統軍夾谷公奉疏請還祖師之舊隱。師既至，構祖堂輪奐，餘悉稱是，諸方謂之祖庵，玄風愈振。"②至此，祖庭的興建已經初具規模，但不久之後又遭受了金政府的重大打擊。

明昌元年（一一九〇）十一月，金政府"以惑衆亂民"爲由，"禁罷全真及五行毗盧"③。迫於壓力，明昌二年，丘處機返回了老家山東栖霞。丘處機東歸之後，終南祖庭主要由馬鈺的弟子陳知命、吕道安、畢知常等人掌管。明昌六年（一一九五），終南祖庭因爲没有敕額被没收入官。此即："乙卯朝省罷無敕額，庵院悉没於官，祖庭亦在其數。自是門庭蕭索，道侣散逸。"④由此可見，這一次終南祖庭遭受的衝擊非常大。承安二年（一一九七），八十一歲高齡的前任庵主陳知命忽然拍了拍現任庵主吕道安的背説："公緣法甚大，將來此庵爲觀之日，度道士數百人爲門弟子。是時吾道大弘，公適當其時，善自保愛，吾其歸矣。"⑤交待完了此事之後，陳知命便仙逝了。最終，在丘處機、王處一以及吕道安、畢知常等人的共同努力下，此次的祖庭危機纔得以解除。《終南山祖庭仙真内傳》的畢知常傳詳細記載此事的經過道：

> 承安丁巳，先生往海上謁諸宗師，長春以所有之資傾囊盡付，及親作疏文，俾先生化導諸方，爲重建計。明年春先生上燕都，玉陽時應命闕下，召吕道安至燕，買祖庭爲靈虚觀。仍保賜先生通真大師號，令副知觀事。與吕偕西歸祖庭，道風爲之再新。⑥

---

① 段志堅編：《清和真人北游語録》卷二，《道藏》第三十三册，第一六二頁。按：馬鈺在詩詞中也有提到營建祖庭的情况，以及他在祖庭住環堵修行的情景。

② 李道謙編集：《甘水仙源録》卷二，《道藏》第十九册，第七三四頁。

③ 脱脱等撰：《金史》卷九章宗本紀，中華書局，一九七五年，第二一六頁。

④ 李道謙編：《終南山祖庭仙真内傳》卷中《吕道安》，《道藏》第十九册，第五三一頁。

⑤ 李道謙編：《終南山祖庭仙真内傳》卷中《陳知命》，《道藏》第十九册，第五三〇頁。

⑥ 李道謙編：《終南山祖庭仙真内傳》卷中《畢知常》，《道藏》第十九册，第五三二頁。

獲得金廷“靈虚觀”的敕額之後，終南祖庭在金朝纔正式合法化。《終南山祖庭仙真内傳》的吕道安傳還詳細記載終南祖庭在此後一段時間内的規模道：“先生西歸祖庭，因緣復振。不數載買度爲道者，皆以先生爲師，僅三百人，買額爲觀在陝右者數十區。”[①]可知在此後不長的一段時間内，祖庭就有了很大的發展。另外，根據禹謙的《終南山重陽萬壽宫碧虚楊真人碑》可知，在此次厄難後的祖庭興復中，馬鈺的弟子楊明真也發揮了重要作用。[②]

總之，在馬鈺、丘處機、王處一等早期全真道大宗師，以及祖庭幾任庵主的共同營建之下，昔日的劉蔣故庵逐漸成了全真道的祖庭。對於終南祖庭的營建，應該也是全真道徒在祖師遺迹之上建立宫觀的最早例子，此後則逐漸形成了一種傳統。

（二）終南祖庭在入元之後的重建

正大三年（一二二六），終南祖庭毁於金元之際的戰火中。在此次亂中，馬鈺的弟子宋明一堅守祖庭，并付出了生命的代價。《終南山祖庭仙真内傳》的宋明一傳記載此事道：

> 明昌辛亥長春仙仗亦東游，先生受法旨，充祖庭尊宿，自後凡入道者，令先生爲引度師。至正大丙戌，北兵下秦川，民庶驚擾，避地南山。道衆俱入澇谷，先生獨不肯往。衆勸之行，先生曰：“吾之宿債，安所逃乎？汝輩可行，吾獨於此守之。”不數日邏兵卒至，靈虚殿宇悉爲灰燼，先生亦被害。[③]

從全真道徒不惜以生命捍衛，可見祖庭在他們心目當中具有不可褻瀆的神聖性。金朝滅亡之後，祖庭所在的關中地區歸蒙元所有。天興三年（一二三四），馬鈺的徒孫無欲子李志遠抵達燕京。在時任全真掌教尹志平的安排之下，李志遠前往關中興復祖庭。《終南山祖庭仙真内傳》的李志遠傳詳細記載此事道：

> 時清和尹君掌教，委師入秦興復祖庭，授以提點陝西道門之職。啓行之初，贐

① 李道謙編：《終南山祖庭仙真内傳》卷中《吕道安》，《道藏》第十九册，第五三一頁。

② 詳見王宗昱編：《金元全真教石刻新編》，第七〇—七二頁。對於楊明真参與興復祖庭之事，張廣保曾做過一些考辯。（詳見張廣保：《全真教的創立與歷史傳承》，中華書局，二〇一五年，第三〇—三一頁。）

③ 李道謙編：《終南山祖庭仙真内傳》卷中《宋明一》，《道藏》第十九册，第五三一頁。

> 黄金一笏以爲創始之資。過趙過魏，公侯郊迎，饋財幣者不可勝計，悉歸祖庭興建之用。京兆總管田德燦督佐官就河中相迓，以府城佑德觀居之。時關中甫定，暴恨相煽，劉蔣之側，了無人迹，師率衆懇築，以創其業。[①]

從這段記載可知，在經歷金元易代的戰亂之後，原本已經初具規模的終南祖庭徹底成了廢墟。不久之後，尹志平又應京兆總管田德燦的邀請，親自前往終南，主持祖庭的重建工作。《終南山祖庭仙真内傳》的尹志平傳詳細記載此事的經過道：

> 師以玄化大行歸功於重陽祖師，乃留意於終南祖庭。冬，京兆總管田德燦遣官偕無欲李公馳疏來請，雅與師意合。丙申春正月始達終南，規度兆域。初，重陽祖師修道於劉蔣村，既成，火其庵而東，貽詩有後人復修語。先，大定間，丹陽、長春二宗師已嘗建立，值天興劫火焚毀殆盡。至是師賡之，亦有繼祖來修之什。於是剪蕪平丘，築垣架屋，而草創之。又若樓觀宗聖宫，終南之太平，炭谷之太一，驪山之華清，太華之雲臺，諸宫遺址，悉擇四方緣重耆德付之，俾任興復之責。[②]

嘉熙二年（一二三八）正月，尹志平在燕京長春宫將全真掌教之位傳給了李志常。李志常掌教之後，繼續大力營建終南祖庭。《終南山祖庭仙真内傳》的李志常傳道："三月赴闕，以教門事條奏，首及終南山靈虚觀，係重陽祖師煉真開化之地。得旨改稱重陽宫，敕洞真於君住持，主領陝右教事。以白雲綦公、無欲李公輔翼之，大行營建。"[③]至此，王重陽當年修行的劉蔣村道庵，終於完成了由"祖庵"到"靈虚觀"再到"重陽宫"的轉變。據《終南山祖庭仙真内傳》記載，在馬鈺弟子洞真子于善慶[④]的主持興建下，"不十載間，雄宫杰觀星羅雲布於三秦之分矣，其祖庭制度爲海内琳宫之冠。師以甘河祖師遇真之地，建遇仙宫以彰靈迹。又於西虢磻溪長春煉化之所，分命門人千指，創長春成道宫，以報教育之德"[⑤]。可見，在大力興建終南祖庭的同時，全真道徒們還以此爲核心，修建了衆多的"下院"宫觀。其中有不少道觀都是在全真祖師的遺迹之上建成的。黄志冲的《終南山重陽萬壽宫創建下院玉陽觀記》還明確述説"下

① 李道謙編：《終南山祖庭仙真内傳》卷下《無欲真人》，《道藏》第十九册，第五四一頁。
② 李道謙編：《終南山祖庭仙真内傳》卷下《清和真人》，《道藏》第十九册，第五三三頁。
③ 李道謙編：《終南山祖庭仙真内傳》卷下《真常真人》，《道藏》第十九册，第五三六頁。
④ 按：除了師事馬鈺，于善慶還曾參學過丘處機、譚處端、王處一、劉處玄、崔羊頭、李靈陽等高道。
⑤ 李道謙編：《終南山祖庭仙真内傳》卷下《洞真真人》，《道藏》第十九册，第五三八頁。

院”與終南祖庭的關係道：“今崇義村玉陽觀者，乃重陽宮之别業，揆當時創造之意，不過謂祖庭實天下教門之所望，若非壯其本根而茂其枝葉，則何以感動人心之歸嚮？下院之興，所以扶植祖庭之基業者也。”[①]由此可見，下院的興建主要是爲了“扶植祖庭之基業”。而從李道謙的《終南山清陽宫玄通凝素大師孫公道行碑》可知，起建下院以輔助祖庭也是出於尹志平的號召。該碑道“歲丙申，關中撫定。冬，清和宗師前來終南，祀香祖庭。丁酉春，自秦還燕，告諸門下尊宿，可各於終南起建道院，以助興建祖庭之力，以報祖師開化之德”[②]。在尹志平的號召之下，丘處機門下的冲虚真人楊志謹命弟子孫志久前往關中。孫志久在“劉蔣之東南七里許曰仕馬村創業締構”，用了大約十年的時間創建了“清陽觀”，并且，還“於觀四周，開耕土地，增置水輪，每歲所獲，用度羡餘盡奉祖庭，以助營繕之費”[③]。由此可見，終南祖庭在蒙元時期的重修，可以説幾乎動用了關中全真道的全部力量。并且，重新興復的祖庭重陽宫，已經逐漸成了衆多陝西全真道教宫觀的核心，所以其影響力比之以往也大了許多。

早期的全真掌教與多位全真高道，比如馬鈺、丘處機、王處一，以及馬鈺、丘處機的弟子們，之所以不遺餘力地興建終南祖庭，除了王重陽在詩詞當中的“遺訓”，更多還是因爲重陽宫承載了全真道的絶大部分“底藴”——終南祖庭既是全真教的根本所在，也是各宗系全真道徒們獲得共同宗教認同的重要紐帶。通過重陽宫的興建，全真弟子們不僅强化了祖師王重陽的修行事迹，而且還以一種虔誠的宗教精神將其物化，并不斷地傳承下去。這對於王重陽叙事的建構與傳承無疑起到了非常重要的推動作用。通過在祖師遺迹上興建宫觀的方式，全真道徒們將祖師的宗教精神與修行事迹非常具體地物化了，既神化了祖師，又促進了教團的發展。比如，孟攀鱗的《十方重陽萬壽宫記》（一二四九）就稱贊王重陽：“西别終南，焚弊廬以知後事。”[④]上引《終南山祖庭仙真内傳》的尹志平傳在提到尹志平主持修復終南祖庭時也曾提到：“初，重陽祖師修道於劉蔣村，既成，火其庵而東，貽詩有後人復修語。”可見王重陽《望蓬萊》詞中所道“存基址，決有後人修”影響深遠，成了全真道徒興建重陽宫所奉的祖師“遺命”。至於促進教團的發展，從終南祖庭逐漸成爲陝西全真道宫觀的核心就可見一斑。

另外，鄧文原的《孫公道行之碑》曾記載道：“壬辰，提舉大重陽萬壽宫。宫自甲

① 《重陽宫志》編委會：《重陽宫志》，三秦出版社，二〇一二年，第六七四頁。按：該碑於一二五八年立石，現存陝西重陽宫。
② 劉兆鶴等編著：《重陽宫道教碑石》，第一一三頁。
③ 劉兆鶴等編著：《重陽宫道教碑石》，第一一四頁。
④ 劉兆鶴等編著：《重陽宫道教碑石》，第五八頁。

午營構，歷歲五十有九，而殿閣壇宇訖未完美，至公而圖繪黝堊，陶甓墁□之工，悉增舊觀。”[①]按此記載可知，全真道徒對於終南祖庭的重建持續了很久。從一二三四年開始，至一二九二年孫德彧“提舉大重陽萬壽宮”，歷經五十九年依舊没有徹底完工。在孫德彧提舉重陽宮之後，重建工作方纔落幕。

二、活死人墓的重陽成道宮與甘河鎮的遇仙宮

甘河遇仙是王重陽人生的重要轉折點。此後，他纔正式開啓了修行傳道的生涯。而初入道時，王重陽又曾在活死人墓修行多年。所以，這兩處遺址具有非常重要的意義。在這兩處祖師遺迹上，也有兩座重要的宮觀建立，即遇仙宮與重陽成道宮。

（一）王重陽早期修行之地的活死人墓重陽成道宮

南時村的活死人墓是王重陽早年的修行之地。在活死人墓遺迹上營建重陽成道宮，主要是馬鈺徒孫圓明子李志源等人努力的結果。此事緣起於馬鈺的弟子全陽子周全道。據全真高道馮志亨的《重陽成道宮記》記載：

> 正大初，全陽真人周全道清明自豳來，致祭於劉蔣祖師之塋，忽念及祖師修煉變化成道之地，不可使之蕪没，胸中慨然起修葺之心，弗克自已，若有神使之然者。俄一人請齋，問之，知其爲此庵道士，遂與之俱來庵中。道衆乞藉光揚之力，周異其密與己契，乃欣然許之。復曰：“我以後當居此。”[②]

金哀宗正大初年，周全道已經是八十餘歲的高齡。從該記載可知，在他此次游訪活死人墓遺迹之前，就已經有道士在此結庵。雖然《重陽成道宮記》没有詳細記載，但來此結庵的道士有可能就是全真道徒。周全道有心與此地的道衆一起光揚祖師遺迹，奈何他年事已高，再加之金末的動亂環境，所以此事不得不以擱淺告終。據李道謙《終南山全陽真人周尊師道行碑》記載，正大五年（一二二八）十月十七日，周全道在臨化前將弟子李志源召來，殷切地叮囑他道：“終南南時村活死人墓，祖師開化煉真之地，吾欲增葺

① 陳垣編纂，陳志超、曾慶瑛校補：《道家金石略》，第七八七頁。
② 陳垣編纂，陳志超、曾慶瑛校補：《道家金石略》，第五二六頁。

以彰仙迹，奈世態如此，不可强爲也。他日升平之後，汝輩各當勉力，以成吾志。”[①]

圓明子李志源没有辜負師命。金元易代的戰亂剛一結束，他就開始籌劃在活死人墓營建重陽成道宫。李道謙的《終南山圓明真人李練師道行碑》詳細記載道：“甲午歲，關輔略定，練師念及終南南時村活死人墓乃重陽祖師煉真之地，曩者全陽意欲葺居，以彰仙迹，適丁金季之亂，不克肯構，即遣門人王志瑞等西歸耕占。”[②]端平三年（一二三六）冬，圓明子李志源至燕京長春宫拜謁。據《圓明真人李練師道行碑》記載，時任全真掌教尹志平對他説道：“吾嚮詣長安祀香祖庭，見公遣人創製南時勝迹，吾就名與重陽成道觀矣。然此非細故，公儻不親臨，恐莫能濟。”[③]在尹志平的督促下，不久之後，圓明子李志源親自前往終南營建重陽成道宫。《圓明真人李練師道行碑》道：“戊戌冬，京兆總管田德粲差官持疏往迓練師，即日命駕，率百衆西還，大行起建。由是道緣益弘，門徒翕集，不數年殿宇壯麗，與宗聖、上清、遇仙諸宫相甲乙。”[④]《重陽成道宫記》還詳細記載了圓明子李志源營建該宫的規模：

> 所爲殿者三：曰無極，曰襲明，曰開化。爲堂者五：曰三師，曰靈官，曰瞻明，曰朝徹，曰虚白。齋厨庫厩，方丈散室，簷霤户牖，金碧丹雘，粲然一新。下院蛇留全陽觀、王郭村修真觀，及常住物業，别刻之石。或有偏而未舉之處，周全陽門徒張志古等，思及先師正大初赴齋之時，“我以後當居此”之一言，謂是天意默定，不可以違，乃糾得千餘指，同誠戮力，日增月績，以爲國家祝壽祈福之所。[⑤]

繼圓明子李志源之後，張志谷繼續完善重陽成道宫的“偏而未舉之處”。張志谷，道號純和子，亦是周全道的弟子。由此可知，重陽成道宫的營建主要是周全道弟子及徒孫共同努力的結果。

（二）王重陽遇仙之地的甘河鎮遇仙宫

王重陽四十八歲在甘河鎮遇仙之後纔踏上了修行之路。所以，此地不僅是王重陽修

① 李道謙編集：《甘水仙源録》卷四，《道藏》第十九册，第七五三頁。
② 李道謙編集：《甘水仙源録》卷七，《道藏》第十九册，第七七九頁。
③ 李道謙編集：《甘水仙源録》卷七，《道藏》第十九册，第七七九頁。
④ 李道謙編集：《甘水仙源録》卷七，《道藏》第十九册，第七七九頁。
⑤ 陳垣編纂，陳志超、曾慶瑛校補：《道家金石略》，第五二六頁。

行的起點，也是全真道興起的“甘水仙源”。但是相對於重陽成道宫來説，有關甘河鎮遇仙宫創建的材料相對較少。《重陽萬壽宫下院甘谷口遇仙觀碑》先是叙述了王重陽在甘河鎮遇仙的往事，接着又交待了遇仙觀的創建情况：

> 往年洞真宗師即遇真之地，大建琳宫，以表仙迹。天樂真人復請當代名公巨儒題咏，咸以杰句發揮之□而今□後，地之靈益昌，境之勝益奇矣。惟兹甘峪口遇仙觀，祖庭重陽宫之别業也。林疏土肥，可耕可種，藉石臨水，可濯可湘，境寂氣清，可居可樂。是役也，創始於劉志真，斷成於謝道一，卒功於青適宜，若夫替替襄襄，則衆人之力也。何以言之，本宫自興復以來，因緣甚大。當時又於宫之四周分置下院，無非爲國家祈福祝壽，固祖庭之基業，此前人創立之意也。中統辛酉，劉志真者師闢此地而居之，斧荆□，焚茅筏，以□以築，不憚艱苦。既而謝道一且來，遂相與竭力耕田，伐木陶□，徒有所贍。[①]

從這段碑文可知，于善慶、李道謙、劉志真、謝道一等人都曾參與過甘河鎮遇仙宫的建設。嘉熙二年正月，李志常擔任全真掌教，命于善慶主持營建祖庭重陽宫。在于善慶的主持下：“不十載間，雄官杰觀星羅雲布於三秦之分矣，其祖庭制度爲海内琳宫之冠。師以甘河祖師遇真之地，建遇仙宫以彰靈迹。”[②]作爲重陽宫的重要“下院”，甘河遇仙宫正是在這一時期建立。但是根據其他的材料來看，于善慶在一二三八年到一二五〇年之間對甘河鎮遇仙宫的營建，應該衹是初步的草創，并没有形成很大的規模。

比如，李道謙曾請李鼎撰寫《終南山甘河鎮遇仙宫詩序》。該序的寫作時間是“元世祖中統辛酉歲上元日”（一二六一年正月十五）。考慮到正月十五這一時間的特殊性，李道謙“請當代名公巨儒題咏”的時間很可能在景定元年（一二六〇）的下半年。上引《甘谷口遇仙觀碑》記載：“中統辛酉，劉志真者師闢此地而居之，斧荆□，焚茅筏，以□以築，不憚艱苦。”可知，直至劉志真在景定二年（一二六一）繼續營建遇仙宫時，該宫附近還很是荒蕪，并没有形成多麽大的規模。劉志真的生平事迹不詳。馬鈺弟子王丹桂在其《草堂集》中曾作有一首名爲《長思仙·贈平州劉志真》的詞。考慮到馬鈺一系弟子是興復終南祖庭的一大主力，所以劉志真很可能是馬鈺一系的弟子（有可

① 陳垣編纂，陳志超、曾慶瑛校補：《道家金石略》，第五四四—五四五頁。

② 李道謙編：《終南山祖庭仙真内傳》卷下《洞真真人》，《道藏》第十九册，第五三八頁。

能是王丹桂的弟子）。[①]另外，繼劉志真之後營建遇仙宫的謝道一、“青適宜”，很可能也是馬鈺一系的弟子。經過劉志真等馬鈺一系弟子的營建，遇仙宫的規模擴大了不小，已經成了重陽宫之下的一所大型宫觀。這一點，從他們在“宫之四周分置下院”就可見一斑。

鄧文原的《孫公道行之碑》還曾記載：“公念道有統紀，若於李、穆、王諸師請叙增封號，用敦報本，作甘河橋，以昭金正隆間祖師遇仙之所。”[②]由此可見，在遇仙宫建成之後，全真掌教孫德彧還曾在甘河鎮建造“甘河橋”（也可能是在原址的基礎上重修），以彰顯祖師王重陽的遇仙遺迹。

三、王重陽仙逝之地的開封朝元宫

王重陽帶“四子”西行之後，於大定十年正月在開封仙逝。王鶚的《栖雲真人王尊師道行碑》道：“初，重陽真人西歸，挈丹陽輩四子傳道於汴之逆旅。主人王氏不禮，反謗毁之，重陽曰：‘吾居之地，他日當令子孫卜築於此。’主人以爲狂。未幾，重陽登仙，後六十有四年，汴降，師挈其徒迹其地，不十數年，殿宇壯麗，氣壓諸方，識者知重陽之言始驗。”[③]王重陽大定十年在開封仙逝，其後六十四年，即天興二年（一二三三），當時蒙古已經攻下了開封。所以，王志謹來開封修建朝元宫的時間應該是在天興二年。另外，許有壬的《龍德宫記》道：“長春法系之弟曰太古真人郝公，太古傳盤山真人王公。歲乙未，長春以汴之重陽觀實真君升舉之地，命盤山入汴主之。肇建大朝元宫，構築規制之大，甲江北諸宫觀。”[④]丘處機於正大四年（一二二七）仙逝，所以“歲乙未”祇能是指大定十五年（一一七五）。但是王志謹在大定十五年還尚未出生，不可能受丘處機之命去開封營建朝元宫，《龍德宫記》中“歲乙未”的記載應該有誤（不知是否爲“癸未”之誤）。

此外，許有壬的《上清儲祥宫記》又提供了一些關於此事的細節：“長春以汴重陽觀故基，實主教重陽真君升化之地，命栖雲主之。營建幾三十年，是爲朝元宫。”[⑤]由

① 張廣保先生曾道：“遇仙觀是由全真弟子劉志真所建，屬於于善慶門下。”不知何據。詳見張廣保：《全真教的創立與歷史傳承》，第四二頁。

② 陳垣編纂，陳志超、曾慶瑛校補：《道家金石略》，第七八八頁。

③ 陳垣編纂，陳志超、曾慶瑛校補：《道家金石略》，第五六三頁。

④ 陳垣編纂，陳志超、曾慶瑛校補：《道家金石略》，第七八〇頁。

⑤ 陳垣編纂，陳志超、曾慶瑛校補：《道家金石略》，第七八〇頁。

"汴重陽觀故基"之句可知，在丘處機命王志謹去興建之前，該地就已經有過"重陽觀"。之所以會有此"故基"之説，應該是金代的重陽觀毁於金元易代之際的戰火。許有壬的《上清儲祥宫記》還明確説王志謹營建朝元宫的時間將近有三十年之久。所以，王志謹營建開封朝元宫的具體時間應該是從一二三三年一直到一二六三年。也就是説，從王志謹五十六歲到開封起，一直到八十六歲仙逝，他一直都在營建朝元宫。另外，程巨夫的《徐真人道行碑》還記載道：

> 初，重陽入梁，主太寧坊王氏，嘗曰："吾後必宅是。"金亡，其地爲墟。後六十四年，志謹即之爲宫，廣袤七里，賜名朝元。工未竟而志謹傳之姬志真，志真傳之李志居，志居傳之師。師躬畚鍤，率夫役，勤力而勞心，早作而夜休，克潰於成，壯麗甲四方。①

由此可見，王志謹仙逝時朝元宫的營建并没有結束。緊接着，其弟子姬志真、李志居、徐志根又先後主持了朝元宫的營建。所以，朝元宫是王志謹與其幾位弟子至少三十多年努力營建的結晶。也正是由於王志謹師徒多年的經營，朝元宫纔成了王志謹一系的大本營。

至於王志謹與丘處機之間的交往，以及他受丘處機之命營建朝元宫的説法，其實還可以通過一些材料考訂大概。比如，時間較早的王鶚《栖雲真人王尊師道行碑》曾記載王志謹的一些相關事迹："逮廣寧仙蜕，隻影西來，壞衲破瓢，首蓬面垢，行不知所之，止不知所爲，人役之笑而往，人辱之拜而受，韜光晦迹，未有識其爲道者。尋值兵饑，盗賊蜂起，民皆潛匿，師遭執縛，將殺而烹之，神色不變，言辭慷慨，略無懼容，群盗知其異人而釋之。亂甫定，從長春真人北游燕薊，徜徉乎盤山西澗之石龕，草衣木食，若將終身焉。"②由"（王志謹）從長春真人北游燕薊"可知，王志謹與丘處機在燕京曾有過一段時間的交往，但僅僅據此無法確定他們交游的具體時間。王鶚的《重修天長觀碑銘》還記載道："聖代龍興，玄風大振，長春應聘還，命盤山栖雲子王志謹主領興建。"③可見，丘處機西行歸來之後還曾命王志謹重修燕京會仙坊的天長觀。

---

① 陳垣編纂，陳志超、曾慶瑛校補：《道家金石略》，第七一三頁。

② 陳垣編纂，陳志超、曾慶瑛校補：《道家金石略》，第五六二頁。

③ 王宗昱編：《金元全真教石刻新編》，第一一〇頁。按：該碑《元一統志》題爲"元貞二年翰林學士承旨王鶚撰"。這一時間應該有誤。王鶚（一一九〇—一二七三），字百一，曹州東明人，《金史》卷一百六十有傳。金哀宗正大元年（一二二四）狀元，授翰林應奉。中統元年（一二六〇）任翰林學士承旨。

據李志常的《長春真人西游記》可知，興定四年（一二二〇）二月，丘處機帶領十八位弟子經過燕京，本想在此等待成吉思汗歸來之後再行觀見，但在成吉思汗的催促下又於興定五年（一二二一）二月繼續西行。[①]而從姬志真的《盤山栖雲觀碑》[②]可知，王志謹的弟子張志格等人於興定四年就已經到達盤山并開始謀劃營建，興定五年春，王志謹“承本州同知許公議請”來住持盤山。所以，王志謹隨丘處機北游燕薊的時間應該是在興定四年丘處機途經燕京之時。而關於王志謹興建開封朝元宫之事，王鶚的《栖雲真人王尊師道行碑》與姬志真的《盤山栖雲觀碑》記載較早，并且均認爲此事發生在丘處機仙逝之後，但這兩種碑銘都没有提到王志謹是奉丘處機之命修建朝元宫。從姬志真的《盤山栖雲觀碑》還可知，丘處機西行歸來之後王志謹與之交往密切，并且王志謹還曾受丘處機之命修建燕京的天長觀。所以，許有壬在《龍德宫記》中認爲王志謹是受丘處機之命修建朝元宫應該也是有所依據的。如此看來，丘處機仙逝之後王志謹南下傳道度人、興修道觀，很有可能是聽從了丘處機的安排。考慮到直至丘處機仙逝的正大四年金朝還尚未滅亡，丘處機不可能授命王志謹去開封修復朝元宫，但丘處機西行逗留燕京期間或西行歸來之後很有可能向王志謹提到過日後興復朝元宫的事。如果更精確一些，此事很有可能發生在丘處機西行後命王志謹主領修復燕京天長觀期間。

四、七真遺迹上的宫觀建設

七真遺迹上的宫觀建設也有很多，其中比較重要的有馬鈺與王重陽相遇之地的牟平玄都宫、四真論志的秦渡鎮志道觀、緣起於馬鈺的昆崳山東華宫、丘處機終老之地的燕京長春宫等。此外，在七真遺迹上建造的宫觀，還有丘處機遺迹上的磻溪長春成道宫、隴州龍門洞玉宸宫，譚處端遺迹上的洛陽長真庵，劉處玄遺迹上的洛陽長生觀，郝大通遺迹上的東平上清萬壽宫、真定太古觀等。

（一）馬鈺與王重陽相遇之地的牟平玄都宫

大定七年，在范明叔花園中的怡老亭内，馬鈺遇到了遠道而來的王重陽。兩人一見如故，言談甚歡，之後馬鈺便邀請王重陽去馬家住庵。東山老人高暐撰寫的《重建玄都宫記》，先是追述了馬鈺與王重陽相遇的經過，然後又非常詳細地記載了玄都宫的創建

① 詳見李志常編撰：《長春真人西游記》卷上，《道藏》第三十四册，第四八一—四八三頁。
② 陳垣編纂，陳志超、曾慶瑛校補：《道家金石略》，第四六五頁。

始末。[①]根據高暐的記文以及其他材料可知，至元十九年（一二八二）范明叔將范園施給了馬鈺，玄都宫即草創於此時。馬鈺東歸之後的時間并不長，况且時常外出傳道，在此居住的時間應該不會很長。至元二十年（一一八三）十二月，馬鈺在萊陽的游仙宫仙逝。明昌二年十月，丘處機回到了山東栖霞。泰和六年（一二〇六），丘處機曾來“玄都宫”暫住，并且想要擴建。所以便命門人丘志堅買來了觀額，并正式將其命名爲“玄都觀”。之後，丘處機又回到了栖霞，把擴建玄都觀的工作交給了弟子丘志堅、盧志淳、牟志進等人。經過丘處機弟子們的多年營建，玄都觀已經初具規模，不久之後又毁於貞祐年間的戰亂。在此次戰亂之後，崇真大師王志辛、崇玄大師姜志鈞、崇明大師隋志純等人又對玄都觀進行了修繕。金亡之後，丘處機的弟子清真大師于德遠、通真大師張德真、洞玄大師劉德永等人，“共率同心之友，重興儲祉之庭”。此次重修，他們還得到了當地官民的贊助，即“名宦顯仕，大賈富商，各輸帑藏之豐□”。經過這次的大規模重修之後，玄都觀的“殿宇雲房，齋庖寮舍，門垣庫庾，燦然一新”。淳祐八年（一二四八）秋，全真掌教李志常又奉旨改玄都觀爲玄都宫。

從玄都宫的營建歷史來看，馬鈺初建玄都宫是爲了紀念與祖師王重陽的相遇，丘處機擴建玄都宫除了因爲這裏是祖師遺迹，還因爲這裏是馬鈺的“故居”，丘處機的弟子們努力營建玄都宫則是秉承丘處機的師命。可以説，這在無形中形成了一種師徒相繼的傳統，而全真祖師的事迹也在這種傳統中不斷得到强化。由此也形成了一種良性的迴圈，促進了全真教團的團結與發展。

（二）四真論志的秦渡鎮志道觀

大定十四年（一一七四），在爲王重陽守喪之後，丘劉譚馬曾在秦渡鎮言志分别。《七真年譜》記載此事道：“八月，丹陽、長真、長生、長春於鄠縣秦渡鎮真武廟月夜共坐，各言其志，丹陽鬥貧，長真鬥是，長生鬥志，長春鬥閑，翼旦乃别。”[②]此後，“四子”分頭修行傳道，馬鈺留守終南，丘處機西去磻溪，譚處端、劉處玄則去了洛陽一帶。

早在金末，陝西的全真道徒就在秦渡鎮的“四真”遺迹上營建了“志道觀”。俞應

---

① 王宗昱編：《金元全真教石刻新編》，第一〇一一一頁。按：《金元全真教石刻新編》題名爲《玄都觀碑》，《重建玄都宫記》之名據《昆崳山志》改。該書道：“碑原在牟平城南范園内，已佚，殘碑頭現存牟平區博物館，螭首，額有篆書，‘重建玄都宫記’，及王重陽畫像。”（《昆崳山志》編纂委員會：《昆崳山志》，山東省地圖出版社，二〇一二年，第四六一頁。）

② 李道謙編撰：《七真年譜》，《道藏》第三册，第三八三頁。

卯的《鄠縣秦渡鎮重修志道觀碑》記載此事道："於興定間，有景慕四真之事者，依真武堂經營宫室以奉香火，恩例賜額爲志道觀。值金祚將終，民多凶暴，觀宇灰燼。"[①]入元之後，志道觀"廢址尚存，荆榛堙塞"，洞真於善慶命門人駱志通重新修繕。《重修志道觀碑》詳細記載此事道："一日，洞真真人於君道經秦渡，載瞻故基，慨然有過河洛思禹之心，對羹墻見堯之感。遂命門人駱志通鳩工事材，構殿宇，聚徒衆，恢拓乎宗師之迹，增光乎玄教之風，使一祖四宗之德業，爲可大可久之基。"[②]

另外，元代大德年間，志道觀還有過一次大規模的興建，并且前後持續了大概三十年之久。此次大規模修建之後，志道觀可能還改名爲了"四真堂"。《大元重修四真堂記》一文記載了此事道："大德間，清真居士梁公，興召公甘棠之思，於稚柳之南，拓地而祠焉，庀工訖事，像以四真。敦請神峰牛君以主，以君環居數稔，徒侶方集，會天陽宗師召致京師，而觀事索然。清真老矣，復能窮誠竭力，大加修葺，以復其未竟之功。俾四方雲朋霞友，往來食息，知所鐵慕，及四真所以造道之端，開教之由，昭昭乎著於百世之下而不泯者，公之力也。"[③]

從志道觀的幾次修建來看，全真道徒的目的很明確，就是爲了彰顯"四真"當年在此"言志道别"的往事，讓祖師的事迹能够永傳不朽。這跟他們請社會名流撰寫祖師碑銘以及不斷編撰祖師傳記的目的是完全相同的。所以，"志道觀"可以説是"四真"事迹的進一步物化，是構建全真祖師叙事的重要基石。

（三）緣起於馬鈺的昆崳山東華宫

東華宫號稱全真道的東祖庭，在全真道發展史上具有舉足輕重的地位。該宫的建設更是涉及馬鈺、王處一、丘處機、郝大通等多位全真祖師，以及他們的不少徒子徒孫。馬鈺宗教叙事的建構，全真道祖師譜系的發展，也與該宫密切相關。焦養直的《寧海州紫府洞白石神像記》，詳細回顧了東華宫的早期歷史道：

> （昆崳）南一峰曰紫金，最爲奇秀。千仞矗起，是蓋昆崳絶勝處也。大定壬寅，丹陽馬真人西來，愛其風土清曠，遂藉茅白玉臺下而居焉。是爲契遇庵。一旦，行視紫金峰帝君故宅，嘆曰："靈都真境實此地。"於是始營焉。閲月告成。

① 李道謙編集：《甘水仙源録》卷九，《道藏》第十九册，第七九五頁。
② 李道謙編集：《甘水仙源録》卷九，《道藏》第十九册，第七九五頁。
③ 陳垣編纂，陳志超、曾慶瑛校補：《道家金石略》，第七九五頁。

謂古仙東華嘗栖於此，因以東華名之。居無何，庵前數松忽反青爲白。師曰：松之白也，殆爲我乎？明年癸卯，師果脱去。其徒明惠等繼正之。是時，聚徒已四十人矣。貞祐末，山東大亂，道侶散亡，庵亦隨廢。丙子，文登天寶宫扈慶真繼葺之。甲申，丘長春又買田以增給之。是後由庵而觀而宫，皆朝命也。慶真殁，道寬等相承整飭。雖弘麗之制未能全復其故，昔人所謂焕若神明、頓還舊觀者，亦將有俟於他日也。[①]

由此可知，大定二十二年馬鈺東歸之後，先是在昆崳山紫金峰建了“契遇庵”，然後又在紫金峰的“帝君故宅”建了“東華庵”。東華庵前的松樹突然枯死的現象，被馬鈺解釋爲預示着自己將要歸真。這一宗教神話事件，被全真道徒納入了金元時期的許多馬鈺傳記，成了構建馬鈺宗教叙事的重要基石。據于懷瑾的《昆崳紫金峰東華庵全真社之記》記載，在馬鈺仙逝之後不久，東華庵還發生了馬鈺顯異事件。[②]藉助馬鈺仙逝之後的顯異事件，道衆在東華庵建立了全真社。值得懷疑的是，這篇記文當中的馬鈺顯異事件，在金元時期的馬鈺傳記中并未出現。這裏提到的馬鈺顯異詩作，在馬鈺傳世的詩文集中也不見收録。所以，此事很可能是東華庵道衆對馬鈺所作的宗教神化。事實上，馬鈺也做過類似的神化王重陽的工作，這從他寫有多首神化王重陽的詩詞就可見一斑。并且，馬鈺所建構的王重陽神話還産生了不小的影響，除却在當時道衆、信衆中的影響，不少内容還被金元時期的王重陽傳記所吸收，一直影響至今。所以，東華庵道衆所作的神化馬鈺的工作，其實正是繼承了馬鈺“以神道設教”的傳統。

另外，據焦養直的《寧海州紫府洞白石神像記》可知，馬鈺仙逝後其弟子又對東華庵進行了營建。但是貞祐年間山東大亂，東華庵的道衆因而散亡，東華庵也隨即廢弃。至貞祐四年（一二一六），文登天寶宫的扈慶真又繼續修葺。正大元年（一二二四），丘處機西行之後“又買田以增給之”。此後，東華庵又逐漸升爲東華觀、東華宫。關於扈慶真，光緒《文登縣志》卷四有記載道：“貞祐之兵，山東大亂，宫遂廢。王玉陽命其徒扈慶真復葺之。”[③]所以，東華庵在金末的創建與修復凝聚了馬鈺、王處一、丘處機三位全真祖師的心血，他們的弟子們更是付出了許多艱辛。

① 王宗昱編：《金元全真教石刻新編》，第四三頁。按：《金元全真教石刻新編》對該文後作有小注道：“光緒《文登縣志》卷四稱此碑作於大德九年。”所以，該文很可能作於一三〇五年。

② 詳見《昆崳山志》編纂委員會：《昆崳山志》，第四五七頁。

③ 轉引自趙衛東：《金元全真道教史論》，齊魯書社，二〇一〇年，第三七七頁。

繼扈慶真、王道寬的整飭之後，王志謹的徒孫清貧子李道元又在大德年間大規模興建東華宫。張仲壽的《抱元真静清貧李真人道行碑》記載此事道："大德之壬寅歲，清貧下山迤南，鑿石爲椁，安厝畢，復立碑紀其事。至東華宫，竭力興蓋，開石洞，取玉石，於萊州鑱五祖七真等法身一十七尊，竭坐洞中。供案瓶爐，皆石爲之。復采玉石，建立五碑，記修建等事。以碑爲壁，作石樓閣。乃起三殿兼齋厨，鑿石爲山門石欄杆，功緣畢集。"[①]此外，鄧文原的《大東華宫紫府洞記》還補充了李道元營建東華宫的許多細節，該記文道：

> 大德甲辰，主是山者李道元，顧瞻巨石如峰之趾，根從雲蟠，勢凌空浮，孤起峻峙，巉岩磊砢，若太古欲判，人謀鬼謀。時至冥會，始運椎鑿。堅礦未化，則又規以爐炭，鼓以橐籥。烈火所燃，石理迎解，易若朽壤。呀然而空穴開，泠然而陰風生。乃斫白石爲五祖七真像祠其中，期與兹山不朽。……先是庚子歲，王道寬始拓宫之故基而新之。武道彬、蕭道固等纘其遺規，鳩工掄材，百役具舉，而洞卒成於道元也。……道元又嘗試爲石址，高逾丈，縱廣二百尺有奇，其上爲長闌，爲三門，皆輂巨石加礱琢。若白石像，則處士王秉道等樂善競勸，用克底於成。[②]

從張仲壽的《抱元真静清貧李真人道行碑》以及鄧文原的《大東華宫紫府洞記》可知，李道元是在大德八年（一三〇四）入主東華宫的。此後，他在東華宫開鑿了紫府洞，并且還鑿刻了五祖七真等身法相安置在洞中。而在李道元入主東華宫之前的大德四年（一三〇〇），王道寬已經"拓宫之故基而新之"，武道彬、蕭道固等人更是"鳩工掄材"，爲東華宫的修建做了很多準備工作。東華宫的修建至此并没有結束。在開鑿了紫府洞之後，李道元又於延祐四年（一三一七）十一月"開朝陽洞"，并於次年夏"建石殿奉太上，迎聖像安奉之"[③]。延祐七年（一三二〇）三月，李道元在臨化前特意囑咐弟子修建東華宫前的石橋。李道元的弟子耿道清尊依師命，托鉢南游，化得五千餘貫中統鈔，"依師所措，建石橋，高四十尺，長一百二十尺，闊一十二尺，欄杆俱備"[④]。此外，耿道清還在東華宫營建玉皇閣，修建工程直至他辭世之後纔完

① 《昆崳山志》編纂委員會：《昆崳山志》，第四六二頁。
② 王宗昱編：《金元全真教石刻新編》，第四四頁。
③ 《昆崳山志》編纂委員會：《昆崳山志》，第四六三頁。
④ 《昆崳山志》編纂委員會：《昆崳山志》，第四六三頁。

成。[1]此時已經將近元末，東華宫的營建也算告一段落。

隨着東華宫的興建，全真初祖東華帝君的形象也逐漸建構完畢。[2]總之，東華宫在金元時期的興建，涉及馬鈺、王處一、丘處機三位全真祖師，最終大成於郝大通一系的全真高道。東華帝君被納入全真祖師譜最早可追述到王重陽與七真，尤其是七真當中的馬鈺、王處一。另外，早期的東華庵在構建馬鈺宗教叙事上也發揮了重要的作用。

（四）丘處機終老之地的燕京長春宫

北京白雲觀的歷史可追溯到唐玄宗時代。該觀源於開元年間的玄元皇帝廟，初名天長觀。開元十七年（七二九），唐玄宗應百官之請將自己的生日八月初五定爲“千秋節”。天寶七載（七四八），又改“千秋節”爲“天長節”。觀名“天長”，蓋取“天長地久”之意。至唐宣宗、懿宗時，天長觀有過重修。其後，天長觀一直傳承不絶。金海陵王遷都燕京之後，天長觀毁於火灾。金世宗時又大規模重修。大定十四年三月，天長觀重修完畢。“是月既望，天子暨皇太子率百執事，款謁修虔，遂命爲道場三日夜以慶成。”[3]大定十九年（一一七九）秋九月，金世宗又命文臣撰寫碑銘，詳細梳理了天長觀的歷史興衰：

> 臣謹按《圖經》及舊碑，蓋肇迹唐玄宗開元中，命之曰天長，頗極壯麗。歲久不葺，頹圮滋甚。至咸通七年，盧龍軍節度使張允伸繕而新之。五季及遼，咸所嚴奉。國朝正隆之季，政役繁興，簿領充牣，著籍之用，多貯其中。或有橐奸者狙火之，數百年之締構，一昔而燼。物不終否，時若有待，聖天子受命即位，歲方五稔，而功成治定，薄海内外，悉臣悉主，官修其方，民遂其業，工精其能，德澤洋溢，符瑞衆至，百廢具起。萬機之暇，游心玄妙，大定七年秋七月二十三日，乃詔

---

① 崔佐的《東華宫玉皇閣記》（一三四三）記載道：“在昔，本宫提點耿道清既以修營殿宇完且美矣，一日謀於衆曰：人爲萬物最靈貴者。天地之間，惟上帝玉皇至尊至大，爲人之太宗也，可不立而祀焉？古云豺獺尚知報本，而况於人乎！於是立誠不辭辛苦跋涉之勞，規化工需。乃去宫之北東華洞之上，一石屹然峭兀，高約數十尺。旁有萬松鎖翠，百世騰春，尤爲鍾秀。謀爲其上，且平且寬，可建石閣爲玉皇之閣。鳩工劈石，營謀未遂，道清羽化而登仙矣。繼有山主殷志和，提點韓道徽、董道安，虔心輸力，纘志承修。有忠翊校尉本縣達魯花赤大都驢本縣洪水寨宋雲用，睹其工役煩多，費用乏少，各施中統鈔二千貫而助其緣。是以閲期年方備舉。閣既完成，仍命匠氏以白玉石刻爲聖像，安於其座。及皆落成，仰瞻弗勝。”（王宗昱編：《金元全真教石刻新編》，北京大學出版社，二〇〇五年，第六〇頁。）

② 詳見韓占剛：《再探全真初祖東華帝君的形象建構》，《宗教學研究》二〇二四年第一期，第六七—七三頁。

③ 《宫觀碑志》，《道藏》第十九册，第七一六頁。

復興。以今户部尚書張仲愈、勸農使張僅言董其役，且命勿亟。自經始迄於落成，凡八年。[①]

該碑接下來還詳述了天長觀重修之後的規模，這裏就不再贅述。從碑文的記載來看，此次長觀的修復工作是很細緻的，金世宗甚至還特意强調要負責的官員不要操之過急。因此，重修工作持續了八年之久。據王鶚的《重修天長觀碑略》記載，泰和二年（一二〇二）正月十五日，天長觀因爲再次失火而“焚毁殆盡”[②]。泰和三年（一二〇三）十二月，金章宗將天長觀改名爲太極宫，所以這一年天長觀可能又有過重修。[③]金帝多次重修的天長觀在金朝也扮演了重要的角色，這裏不僅舉辦過一些皇家齋醮，而且還是皇帝召見高道的重要場所，就連《大金玄都寶藏》也是在這裏編撰完成的。另外，金帝曾在天長觀召見過王處一、丘處機、劉處玄等全真祖師，所以全真道與天長觀的關係并非始於丘處機西行歸來之後，而是開始於金世宗時期。

正大元年，丘處機西行歸來，二月初一在縉山（今北京延慶區）秋陽觀作醮。“燕京行省金紫石抹公、宣差便宜劉公以下諸官，遣使者持疏懇請師住大天長觀，許之。”正大元年二月二十五，成吉思汗的聖旨傳來，“教神仙好田地内愛住處住”[④]。正大元年仲夏，“行省金紫石抹公、便宜劉公再三持疏，請師住持大天長觀”[⑤]。此後，燕京地方長官還將天長觀附近的許多田地劃歸道院所有，丘處機也開始命弟子修復營建。《長春真人西游記》記載此事道：“師自受行省已下衆官疏以來，憫天長之聖位殿閣、常住堂宇，皆上頽下圮，至於窗户階砌，毁撤殆盡。乃命其徒日益修葺，罅漏者補之，傾斜者正之。斷手於丙戌，皆一新之。又創修寮舍四十餘間，不假外緣，皆常住自給也。”[⑥]由此可知，正大三年丘處機師徒已經將破敗不堪的天長觀初步修復。此時天長觀的規模并不大，大概衹有四五十間房舍，并且修復天長觀也没有依靠“外緣”，主要是靠他們自己的力量完成的。所以，此時的全真道依舊保持着初創時的清净教風。

正大四年五月二十五日，丘處機的弟子王志明從秦州帶來成吉思汗的聖旨：“改北宫仙島爲萬安宫，天長觀爲長春宫，詔天下出家善人皆隸焉。且賜以金虎牌，道家事一

---

① 李養正編著：《新編北京白雲觀志》，宗教文化出版社，二〇〇三年，第六四三頁。
② 《金史》章宗本紀記載：“賜天長觀額爲太極宫。”脱脱等：《金史》卷一一，第二六二頁。
③ 李志常編撰：《長春真人西游記》卷下，《道藏》第三十四册，第四九六頁。
④ 李志常編撰：《長春真人西游記》卷下，《道藏》第三十四册，第四九六頁。
⑤ 李志常編撰：《長春真人西游記》卷下，《道藏》第三十四册，第四九七—四九八頁。
⑥ 李志常編撰：《長春真人西游記》卷下，《道藏》第三十四册，第四九八頁。

仰神仙處置。”[①]將天長觀改名爲長春宫，標志着這座宫觀徹底打上了丘處機的烙印。正大四年七月九日，丘處機仙逝於長春宫。此後，尹志平“易其宫之東甲第爲觀，號曰白雲”[②]。正大五年三月，尹志平又號召徒衆在白雲觀構建了“處順堂”。正大五年七月“九日子時後，設靈寶清醮三百六十分位，醮禮終，藏仙蜕於堂”[③]。在丘處機之後，長春宫成了全真道的核心宫觀。在元代號稱“堂下”的長春宫，與陝西的重陽宫、山西的永樂宫、山東的東華宫等并列爲全真道的幾大祖庭之一。

長春宫毁於元末的戰火，明代將其改稱爲白雲觀，并以白雲觀爲中心多次重新修復。從金代的天長觀，到蒙元的長春宫，再到明清以後的白雲觀，這座宫觀始終都深刻烙印着丘處機的痕迹。與丘處機相關的宗教叙事，也正是依托長春宫的輝煌而不斷被構建與完善。并且它們二者之間還形成了共生的關係，一起傳承不息。歷經明清、民國乃至於今，該觀的地位依舊非凡，丘處機的相關叙事也傳承不斷、嬗變不絶。

小 結

在丘處機西行之後，尤其是尹志平、李志常掌教期間，全真道徒們在全真祖師遺迹上大規模興建宫觀。其中，在王重陽遺迹上營建的宫觀主要有四處，即劉蔣故庵上的終南祖庭重陽宫、南時村活死人墓遺迹上的重陽成道宫、王重陽遇仙之地的甘河鎮遇仙宫，以及王重陽仙逝之地的開封朝元宫；重陽成道宫與甘河遇仙宫屬於祖庭重陽宫的下院。在七真遺迹上建造的宫觀主要有馬鈺與王重陽相遇之地的牟平玄都宫、緣起於馬鈺的昆崳山東華宫、四真論志的秦渡鎮志道觀、丘處機終老之地的燕京長春宫等。其中，東華宫、長春宫還與重陽宫、永樂宫一道并列爲元代的幾大全真祖庭。這些祖師遺迹上的宫觀建設大多伴隨着全真祖師叙事的建構，它們不僅將全真祖師的傳道事迹給進一步“物化”，而且還加强了各宗系全真道徒們的宗教認同，有利於全真道團的發展。

除了在祖師遺迹上建設宫觀，金元時期還存在一種以祖師名號命名道觀的現象。比如，周德恰的《浚州長春觀栖真堂》就明確記載道：“北城之陽，觀名長春，建於國

---

① 陳時可撰：《燕京白雲觀處順堂會葬記》，《甘水仙源録》卷九，《道藏》第十九册，第七九六頁。
② 李志常編撰：《長春真人西游記》卷下，《道藏》第三十四册，第四九九頁。
③ 陳垣編纂，陳志超、曾慶瑛校補：《道家金石略》，第七九六頁。

初，實取我明應真君之號。”[①]金末開封的丹陽觀、真定的太古堂也是如此。[②]另外，在祖庭重陽宫的衆多下院之中也有許多以全真七子名號命名的道觀，如丹陽觀、長真觀、長生觀、長春觀、玉陽觀、太古觀等等。[③]其實在祖師遺迹上興建宫觀與以祖師的名號命名宫觀，兩者間是存在一些重叠的，比如祖師遺迹上的重陽宫、長春宫、東華宫就是以相關祖師的名號來命名的。所以，以祖師的名號給宫觀命名，也可以説是在祖師遺迹上建設宫觀的延伸。至於全真道徒以祖師名號命名宫觀的原因，從王志謹的弟子宋志瑩創建滎河栖雲觀的情況可知一二。段成己的《創修栖雲觀記》記載道："栖雲盤山之號，師取以名觀，示不忘本也。" 由此可見，全真道徒以祖師名號命名宫觀的主要原因，大概正是爲了表示他們的"不忘本"之意。

（作者單位：河北工程大學文法學院）

① 詳見《終南山祖庭仙真内傳》卷下《無欲真人》，以及元好問所撰《太古堂銘》。

② 詳見《重陽宫志》編委會：《重陽宫志》，第七三—七五頁。

③ 王宗昱編：《金元全真教石刻新編》，一三五頁。

宇文所安英譯杜甫《朝獻太清宫賦》獻疑
——兼論賦中的道教因素

吴　楊

内容摘要：杜甫的《朝獻太清宫賦》重現了玄宗於天寶十載（七五一）朝獻老子的盛大儀式。其中徵引和化用了衆多道教典故，但相關研究歷來較少。宇文所安先生英譯《杜甫詩》首次提供了對該賦的帶注釋英譯，具有重要的研究參考價值。本文針對英譯中的不足做了補充和修正，以揭示該賦所用道教經典的多種源頭與化用手法，并從《朝獻太清宫賦》個案出發，提出應先區分文學作品中引用道教典故的性質，比較分析原始含義與化用意義，纔能準確理解道教因素在杜詩中的性質。

關鍵詞：杜甫；朝獻太清宫賦；宇文所安；道教

天寶十載（七五一）正月，玄宗接連舉行了朝獻老子、享廟、郊祀天地的盛大儀式。爲此，杜甫向玄宗獻《朝獻太清宫》《朝享太廟》《有事於南郊》三賦，盛贊儀式的恢宏，歌頌玄宗的治德。三者因獻賦的性質，歷來評價不高，深入研究亦較少。①宇文所安先生（Stephen Owen）英譯《杜甫詩》（*The Poetry of Du Fu*）於二〇一六年在德國

① 如馬積高評價三賦“缺乏獨創性……僅有少量佳句”（見所著：《賦史》，上海古籍出版社，一九八七年，第二九一頁）。柯睿（Paul Kroll）認爲其語言浮誇、過猶不及（turgid and overdone）（“Significance of the fu in the history of Tang poetry,” *Tang Studies* 18/19 (2000-2001): 92）。相關研究主要集中在杜甫獻賦時間的討論，包括 William Hung, *Tu Fu: China's Greatest Poet* (1952; rept. New York: Russell and Russell, 1969), 67；蕭滌非《杜甫研究》，山東人民出版社，一九五六年，第二〇頁；張忠綱：《杜甫獻三大禮賦時間考辨》，《文史哲》二〇〇六年第一期，第六六—六九頁；傅璇琮、陶敏編：《新編唐五代文學編年史初盛唐卷》，遼海出版社，二〇一二年，第五九二頁；曾祥波：《現存五種宋人年譜考辨》，《文學遺産》二〇一六年第四期，第九五—九六頁。也有少量研究涉及本文的主題《朝獻太清宫賦》，將在下文中的杜詩道教因素考辨部分討論，此處不贅。

知名學術出版機構德格魯伊特（De Gruyter）出版，位列該社“中國人文文庫”（Library of Chinese Humanities）之首。書分六册，最後一册收録了對杜甫七篇賦的英譯。該書不僅爲英文世界的讀者提供了一個譯本，而且由於精湛的翻譯和對關鍵概念的注釋，對研究者也具有重要的參考價值。《朝獻太清宫賦》爲三大禮賦之首，除了漢代大賦、儒家禮書，賦中還徵引、化用了一定數量的道教典故。此點尚未被傳統評釋及包括英譯在内的現代注譯所正確理解，而由此造成的可商榷之處，也是該賦的難點所在。所以，我不揣淺陋，嘗試對英譯進行補充和修正，并由此展開論述，進一步思考如何認識杜甫詩文中的道教因素這個重要問題。

一、英譯正文商榷[①]

（一）題目：朝獻太清宫賦

英譯：A Dawn Presentation at the Temple of Supreme Clarity

譯者將“朝”讀爲zhāo，譯“朝獻”爲“發生於清晨的祭獻”，誤。按，天寶九載（七五〇），玄宗下詔稱“承前有事宗廟皆稱告享。兹乃臨下之辭，頗虧尊上之義，静言斯稱，殊爲未允。自今以後，每親告享太清、太微宫改爲朝獻”[②]。“朝獻”儀式將道教尊神老子體認爲皇室現世祖先，以隋代唐初祠祀老子的醮儀儀式關鍵因素融入太廟享禮，又加入了大量儒家儀式音樂、動作和器具因素，是一種儒道混合的新型儀式。[③]玄宗改告享爲朝獻，是通過突出儀式中的朝禮因素來尊崇老子，非關儀式時間。

（二）行一五至二八：虚閶闔，逗蚩尤，張猛馬，出騰虬，捎熒惑，墮旄頭，風伯扶道，雷公挾輈。通天台之雙闕，警溟漲之十洲。浩劫礌砢，萬山颼飅。欻臻於長樂之舍，嵬入乎昆侖之邱。

英譯：(The king) opens the Heavenly Gates, halts the Chiyou Banners, arrays the fierce horses, sends forth the leaping krakens, brushes by the Bewilderment Star, brings down Maotou,

---

① 參見仇兆鰲：《杜詩詳注》，中華書局，一九九七年，第二一〇五—二一一二二頁。孫微注釋：《朝獻太清宫賦》，載蕭滌非主編《杜甫全集校注》，人民文學出版社，二〇一四年，第六一三一—六一六五頁。二者所代表的傳統評注與現代注釋是該部分最主要的參考資料。

② 《唐會要》卷二三《緣祀裁制》，上海古籍出版社，二〇〇六年，第五一七頁。

③ 參見吴楊：《唐代長安太清宫的儒道儀式》，載葉煒主編《唐研究》第二七卷，北京大學出版社，二〇二二年，第二〇七—二四三頁。

The Earl of Winds protects the way, the Thunder Lord bears up the yoke. He goes through to the twin turrets of Mount Tiantai, the way is cleared to the ten isles of the Dark Flood. Vast stairs of heaped stone, ten thousand mountains, whistling gusts. In a flash he reaches the lodge of Changle Palace, looming on the hill of Kunlun.

此一大段想象玄宗及其隨從向太清宮進發，進而抵達該處之過程。

“虛閶闔，逗蚩尤”，描述天門開啓，引展旗幟，隊伍開拔。英譯“逗”爲“停止”（halt），且以玄宗爲主語，不確。當從孫注，以“逗”爲“露出”之義。

“捎熒惑，墮旄頭”，英譯爲“拂過熒惑，又使旄頭落下”。脚注中，譯者從仇注，以熒惑爲火星，因其位於南方，故指玄宗向南行；以旄頭爲置於隊伍最前方的特殊旗號。[①]孫注略同。按，如將旄頭理解爲導夫先路的旗幟，那麼其墜落顯然不符合朝獻隊伍順利前行的整體語境。仇注云“墮旄頭，肅前驅”，邏輯亦不清楚。此處杜甫想象是作爲惡星的熒惑和旄頭被玄宗雍肅之車駕所震懾。據《史記·天官書》，“熒惑爲勃亂，殘賊、疾、喪、饑、兵”[②]。旄頭即二十八宿之一的昴星。《漢書·天文志》云，“昴曰旄頭，胡星也，爲白衣會”[③]。白衣即喪服。與二者聯繫的動詞，“捎”有殺、芟之義；“墮”讀許規切，義爲損毀、敗壞。此句大意爲，玄宗車駕驅除了乖勃的妖星熒惑，又墮損着喪亂的胡星旄頭。類似的手法，杜甫在《魏將軍歌》中也曾使用，詩云“星躔寶校金盤陀，夜騎天駟超天河。欃槍熒惑不敢動，翠蕤雲旓相蕩摩”，描寫將軍身跨寶馬，夜巡天河。懾於其威武，凶亂的彗星和火星都不敢稍有動作。[④]該句也與上句中的“猛馬”“騰虬”呼應，因爲二者代指隨從侍衛玄宗左右的軍人武士。

“浩劫礧砢，萬山颼飀。欻臻於長樂之舍，嵬入乎昆侖之邱”，英譯“浩劫”爲大階梯（vast stairs），“長樂”爲長樂宫中之房舍（lodge of Changle Palace），忽視了杜甫所化用的道教典故。關於“浩劫”，仇注兩引《度人經》“惟有元始浩劫之家，部制我界”及《廣韵》“浩劫，宫殿大階級也”，不加裁斷。孫注亦同。英譯則顯然襲用後説。按，《廣韵》卷三“晧”部“浩”條、卷五“業”部“劫”條均無以“浩劫”爲“宫殿階梯”的解釋。南宋《增修互注禮部韵略》卷五“業”部“劫”條最早有此説，

① Stephen Owen, *The Poetry of Du Fu* 6 vols (Berlin: De Gruyter 2016), 6: 243, n.7.

② 《史記》卷二七《天官書》，中華書局，一九五九年，第一三一七頁。

③ 《漢書》卷二六《天文志》，中華書局，一九六〇年，第一二七八頁。

④ 管見所及，薛愛華（Edward Schafer）似乎最早指出這點，見所著 *Pacing the Void: T'ang Approaches to the Stars* (Berkeley: University of California Press, 1977), p.130.

時代偏晚。仇注所引《度人經》是，但條理不明。中古時期，道教徒藉鑒佛教術語，以“劫”指代極久遠的時間。劉宋時成書的古靈寶經《靈寶無量度人上品妙經》（下文簡稱《度人經》）將諸天分爲欲界、色界、無色界。三界之上復有大羅天，爲主神元始天尊居所。經中無色界魔王歌曰：“三界之上，眇眇大羅。上無色根，雲層峨峨。唯有元始，浩劫之家。部制我界，統承玄都。”[①]贊頌元始天尊歷經茫茫之劫而不變的特性。

其次，英譯同仇注，以漢長樂宫釋“長樂之舍”。不過“舍”與“宫”之制度、規模均不相侔，此説不妥。按，“長樂舍”亦爲元始天尊教化之處或居所。劉宋時成書的《靈書度命妙經》云；“元始天尊答曰：汝見真文在光中不？此文以龍漢之年出於此土。時與高上大聖玉帝撰十部妙經，出法度人，因名此土爲大福堂國長樂之舍，靈音震響，澤被十方。”[②]同爲古靈寶經之一的《五煉生尸妙經》曰，天尊“時於長樂舍香林園中，教化七千二百四十童子”[③]。唐代道經《海空智藏經》卷十亦稱“天尊欲隱神光，還於玉京長樂舍中不動之地”[④]。朝獻的致禮對象爲老子，杜甫化用此等道教典故，有將老子與元始天尊混同的意圖。這也與官方朝獻儀式對老子的體認一致。

（三）行九八至一〇三：煬帝終暴，叔寶初襲。編簡尚新，義旗爰入。既清國難，方睹家給。

英譯：Emperor Yang ended in violent tyranny, Chen Shubao had first taken succession of the throne. The historical records had just been renewed, then banners of righteous revolt entered. Once the troubles of the dynasty were cleared up, he looked to the provision of households.

譯者從仇注，將“國難”解釋爲太宗發動玄武門之變，掃除建成、元吉之事。[⑤]按，“國難”意指國家的危難，程度很高。在杜甫獻賦之前或稍後的用例中，或指隋末

---

① 《靈寶無量度人上品妙經》，《道藏》第一册，文物出版社、上海書店、天津古籍出版社，一九八八年，第五頁中欄。

② 《太上諸天靈書度命妙經》，《道藏》第一册，第七九九頁下欄。

③ 《太上洞玄靈寶滅度五鍊生尸妙經》，《道藏》第六册，第二五九頁下欄。

④ 《太上一乘海空智藏經》，《道藏》第一册，第六八九頁中欄。

⑤ Owen, *The Poetry of Du Fu*, 6: 251, n.7.

群雄并起[①]；或指韋後臨朝稱制[②]；或指安史之亂[③]。此處最有可能指韋後篡謀唐室，而非玄武門之變。原因有三：其一是未見以“國難”指太宗誅殺建成、元吉的實例；其二，李建成、李元吉從未威脅唐室統治，這與“國難”的本義不符；其三，玄宗是發動唐隆之變，誅殺韋氏的元功。詩人在歷叙漢隋間分裂戰亂之後，以與玄宗直接相關的政治事件爲結尾，更符合獻賦頌聖之根本目的。

（四）行一一二至一二一：仡神光而谽閜，羅詭異以戢孴。地軸傾而融曳，洞宫儼以嶷岌。九天之雲下垂，四海之水皆立。鳳凰威遲而不去，鯨魚屈矯以相吸。掃太始之含靈，卷殊形而可挹。

英譯：Surging up, divine light rived open, arraying weird wonders, teeming in numbers. Earth’s axis-pole tilted and stirred in motion, this grotto-palace, solemn and towering. Clouds of the highest heaven hung down, the waters of the encircling ocean all stood up. The Phoenix came circling from afar and did not leave, the leviathan moved with nimble swiftness and sucked it in. A full sweep of spirit-beings contained in the Primal Beginning, rolling out strange forms that could be drawn in.

首先是一個小問題。英譯將地軸翻譯成單數，似乎將其理解爲地球自轉所圍繞的軸綫（earth’s axis-pole）。在杜甫之前的作品中，對地軸存在兩種解釋。漢緯書《河圖括地象》云：“昆侖者，地之中也。下有八柱，柱廣十萬里，有三千六百軸，互相牽制。名山大川，孔穴相通。”[④]據此，地軸有三千六百之多，是複數的；因其勾連着垂直狀的地柱，則必然又是水平的。地軸互相牽制，就像名山大川一樣由孔穴互通，那麽也當處於静止狀態。另一種觀點認爲地軸是單個、垂直、運動着的，以木華的《海賦》爲

① “高祖謂之曰：‘隋氏失馭，天下沸騰。吾忝以外戚，屬當重寄，不可坐觀時變。晋陽是用武之地，士馬精强，今率驍雄，以匡國難。卿將家子，深有智謀，觀吾此舉，將爲濟否’”，《隋書》卷五九《任瓌傳》，中華書局，一九七三年，第二三二三頁。

② “玄宗有討平韋氏之功，意久不定。成器辭曰：‘儲副者，天下之公器，時平則先嫡長，國難則歸有功’”，《舊唐書》卷九五《李憲傳》，中華書局，一九七五年，第三〇一〇頁。“鎮國太平公主。若華分景，穠李流芳，以同氣之親，鍾先朝之愛。忠孝行己，仁明絶倫。才無不周，識無不綜。頃夷國難，爰戴朕躬，大義動天，懇誠貫日。氛祲已廓，每聽鳴謙之詞；井田未優，復聞辭貴之請”，唐睿宗：《太平公主加實封制》，載宋敏求編《唐大詔令集》卷四二，中華書局，一九八三年，第二〇四頁。

③ “天寶末，玄宗幸蜀郡，特遷蜀郡大都督府長史、劍南節度。（崔）圓素懷功名，初聞國難，潛使人探國忠深旨，知有行幸之計，乃增修城池，建置館宇，儲備什器”，《舊唐書》卷一一八《崔圓傳》，第三七二九頁。“是月，安禄山死……迴紇遣葉護太子領四千騎助國討賊，子儀與葉護宴狎修好，相與誓平國難，相得甚好”，《舊唐書》卷七〇《郭子儀傳》，第三四五一頁。

④ 《太平御覽》卷三六《地部》，中華書局，一九六二年，第一七一頁。

代表："於是鼓怒，溢浪揚浮。更相觸搏，飛沫起濤。狀如天輪，膠戾而激轉；又似地軸，挺拔而争迴。"[①]賦中的地軸應如何理解呢？在杜甫名篇《冬日洛城北謁玄元皇帝廟》中，詩人用一大段描述洛陽玄元皇帝廟中所繪壁畫，云："畫手看前輩，吴生遠擅場。森羅移地軸，妙絶動宫墻。五聖聯龍衮，千官列雁行。冕旒俱秀發，旌旆盡飛揚。"壁畫的主題是唐高祖、太宗等五位皇帝及扈從隨侍的衆多官員拜謁老子。隊伍紛然羅列，其行進就像把地軸摇動了。那麽，此處的地軸更可能符合第一種解釋，即複數、水平、静止的。

關於此段的性質，清人張遠稱"此段叙唐廓清海宇，禎符畢集"[②]。張溍言"此段言唐室崛興，治化所感"[③]。仇注曰"唐興政治，畢集禎符，見神靈之宜降"。孫注云"唐朝大治，祥瑞畢集"。英譯可能參考了這些説法，也以此段爲"唐初建政"（Tang founding）而發[④]。但是，這種解讀有兩點未洽之處。首先，此段承"既清國難，方睹家給"而來，如上文證明，"國難"云云爲詩人歌頌玄宗撥亂反正之治，已無關於唐初。更重要的是，唐代官方對於祥瑞的類别和名目，均有詳細與嚴格的規定。《唐六典》記載，應現祥瑞有大、上、中、下四類，類中各有十數或數十種物。如大瑞包括景星、慶雲、黄星真人、河精、麟、鳳、鸞、比翼鳥、同心鳥、永樂鳥、富貴、吉利、神龜、龍、騶虞、白澤、神馬、龍馬、澤馬、白馬朱騣之類，周匝、角端、獬豸、比肩獸、六足獸、兹白、騰黄、騊駼、白象、一角獸、天鹿、鼈封、酋耳、豹犬、露犬、元珪、明珠、玉英、山稱萬歲、慶山、山車、象車、烏車、根車、金車、朱草、屈軼、蓂莢、平露、萐莆、蒿柱、金牛、玉馬、玉猛獸、玉瓮、神鼎、銀甕、丹甑、醴泉、浪井、河水清、江河水五色、海水不揚波之類。[⑤]除了鳳凰，上述引文中出現的其他重要意象，如"地軸""洞宫""天雲""海水""鯨魚"等，從未被唐代官方認可爲祥瑞。

我們認爲，此段實際上化用了六朝道書《太上老君開天經》（下文簡稱《開天經》）中老子分判天地、萬物生成之場景。《開天經》是中古早期最重要的道教宇宙論經典之一，將老子直接視爲宇宙本體及宇宙生成的動力。爲清楚説明杜甫化用經典的來源和手法，請先將經文中相關段落引用如下：

---

① 《文選》卷一二，影印胡克家重刻宋淳熙本，中華書局，一九七七年，第一八〇頁。

② 《杜詩會粹》卷二四，哈佛大學圖書館藏康熙戊辰刊本，第六 A 頁。

③ 聶巧平點校：《讀書堂杜工部文集注解》卷一，齊魯書社，二〇一四年，第三〇頁。

④ Owen, *The Poetry of Du Fu*, 6: 253, n.2.

⑤ 陳仲夫點校：《唐六典》卷四《禮部尚書》，中華書局，一九九二年，第一一四頁。

太初之時，老君從虚空而下，爲太初之師。口吐《開天經》一部四十八萬卷，一卷有四十八萬字，一字闊方一百里，以教太初。太初始分别天地，清濁剖判。溟涬洪蒙，置立形象。安竪南北，制正東西。開暗顯明，光格四維上下。内外表裏，長短粗細，雌雄白黑，大小尊卑，常如夜行。太初得此老君開天之經，清濁已分，清氣上升爲天，濁氣下沉爲地。三綱既分，從此始有天地，猶未有日月。天欲化物，無方可變，便乃置生日月在其中，下照暗冥。太初時雖有日月，未有人民，漸始初生，上取天精，下取地精，中間和合，以成一神，名曰人也。天地既空，三分始有。生生之類，無形之象，各受一氣而生：或有樸氣而生者，山石是也；動氣而生者，飛走是也；精氣而生者，人是也。萬物之中，人最爲貴。太初一治至於萬劫。人民之初，故曰太初。是時唯有天地日月人民，都未有識名。太初既没，而有太始。太始之時，老君下爲師，口吐《太始經》一部，教其太始置立天下九十一劫。九十一劫者，至於百成。百成者，亦八十一萬年。太始者，萬物之始也，故曰太始。流轉成練素，象於中而見。氣實自變，得成陰陽。①

上引片段位於經文首部，詳細地描寫了宇宙生成前後最早出現的太初、太始二階段之特點。其大意是：老子存在於宇宙生成之前，經歷萬劫之後，初次教授太初《開天經》。太初因而剖判天地清濁，在混沌中置立粗略的形象，東西南北的方位開始造成，從晦暗中生出光亮來，照耀於上下四方。人也在此時受天地之精而生。此後太始出現，從老君受《太始經》。以《列子・天瑞》篇爲代表的世俗宇宙論認爲，太始是“形之始也”。與之不同，《開天經》稱“太始者，萬物之始也”。在流動變遷之中，太始化生出白絹一樣的東西，物象於其中顯現。②

在所引賦文中，杜甫幾乎是若出一轍地改寫了《開天經》段落。“仡神光而谽閜，羅詭異以戢孴”，言混沌初開，神光突閃，對應着老君以《經》教授太初之時，“開暗顯明，光格四維上下”。此後，《經》言“清濁已分，清氣上升爲天，濁氣下沉爲地”，賦文三至八句便重點描摹天地始判的情形。“地軸傾而融曳，洞宫儼以巇岌”，説的是仙人所居之洞宫雖已高峻屹立，但地軸傾斜擾動、尚未平衡。“九天之雲下垂，

① 《太上老君開天經》,《道藏》第三十四册，第六一八A頁。下劃綫爲作者所加。

② 薛愛華對《開天經》有一帶注釋的翻譯（“The Scripture of the Opening of Heaven by the Most High Lord Lao,” *Taoist Resources* 7. 2 (1997): 1-20）。其中，他將“象”理解爲天象。我們認爲，這裏是呼應上文“内外表裏，長短粗細，雌雄白黑，大小尊卑”，即在太初之時，雖有天地日月人，但物象不明。衹有當這些物體舒展於太始化生的白絹之上時，它們的物象纔顯現出來。

四海之水皆立。鳳凰威遲而不去，鯨魚屈矯以相吸”，摹狀天地將分而未分的瞬間——雲似下垂，海水皆立；天上雲中之鳳鳥離地尚近，若被海中鯨魚所吸。“掃太始之含靈，卷殊形而可挹”，即在繼太初而起的太始之時，含靈之萬物盡以殊形畢現。《開天經》中，太始將萬物之形象顯現於白絹之上。杜甫則一方面用“卷”字暗指此絹，又進而形容這些物像已如此活潑生動，由單面向立體發展，似能被引挹起來。此段與《開天經》的相關描寫絲絲入扣，化用却不着痕迹，展現了詩人卓越的文學技巧。

（五）行一四二至一四四：天師張道陵等，洎左玄君者，前千二百官吏，謁而進曰：……

英譯：The Celestial Master Zhang Daoling and others, from the Mysterious Lord on the left, one thousand two-hundred ［Daoist］ officials in front, greeted the Emperor and advanced, saying:......

譯者認爲張道陵指代玄宗周圍的“道士之備顧問者”（Daoist advisors）[①]，不確。此節想象玄宗於天庭朝見老子，張道陵、左玄君、千二百官吏等是當場的神靈。對於左玄君、千二百官吏，英譯、孫注皆未有説明。仇注引“《雲笈七籤》朝真儀：左玄真人在左、右玄真人在右”，是。按，《雲笈七籤》卷四五《秘要訣法》第九有“五等朝儀”，載天師道信徒想象自身上對太上道君悔過祈福時左右玄真人即爲脅侍太上的神靈。二真人的經典出處可能是古靈寶經之一的《智慧定志通微經》。經言元始天尊“憶其禀受之始，理有可哀，即遣侍臣，召左玄真人、右玄真人”[②]，二真人即天尊敷衍經教最重要的對象。此外，數字“千二百”在中古時期的道教中有重要的象徵意義。中古時期天師道最重要的上章儀式當中，祭酒需要參考記載神將吏兵信息的手册，稱之爲《千二百官儀》；“千二百官吏”則是出現在這些神將吏兵的合稱。

二、賦中道教因素的徵引與化用

以上諸端，或涉及政事，或有關語義，但更多的是有關對道教經典的理解。關於杜甫與道教的關係，從較早開始便有兩種意見。其一以蕭滌非、馮至爲代表，認爲儒家是杜甫的思想底色，佛道等宗教思想雖然存在，但時間短，影響小，衹是支流[③]；另一種

① Owen, *The Poetry of Du Fu*, 6: 255, n.7.

② 《太上洞玄靈寶智慧定志通微經》，《道藏》第五册，第八八八頁下欄。

③ 蕭滌非：《杜甫研究》，第五〇頁；馮至：《杜甫傳》，百花文藝出版社，一九九九年，第三六頁。

以郭沫若爲首，認爲杜甫對道教存有很深的信仰，老而愈篤，至死不變[①]。二者的主要分歧，即杜甫是否真正具有道教信仰，這一直延續到了較近的相關研究中。如莫礪鋒認爲，杜甫思想中所占的位置以儒學爲主體，其他的或是世界觀不成熟前的浪漫幻想，或衹是知識上的興趣。詩人對宗教的態度平正寬容，所以詩中使用佛道典故，除了與主題有關，主要因爲這些典故在語言、比喻、想象上具有獨特之處。[②]鐘萊茵針對郭文，從杜甫求仙訪道的自主性、《三大禮賦》等具體作品等五個方面加以反駁，認爲詩人絶無宗教信仰。[③]徐希平對此問題有一系列論文。他認爲儒家思想在杜甫精神世界中占有主體地位，但其中也有道教觀念意識的長期存在；而且還需注意道教帶給詩人的積極影響，如“性情的真率、狂放、崇尚自然以及詩歌藝術的斑斕多彩”[④]。事實上，如何看待唐詩中宗教因素的存在，是作者宗教信仰的切實反映，還是一種表達夢境與想象的文學手法，國外學者也存在類似的歧見。如同樣是李白研究的資深學者，宇文所安主張李白從未服膺過道教的義理，對煉丹術也未曾真正措意[⑤]；而柯睿認爲李白是正式受籙的道教徒，衹有具備道藏文獻知識，纔能深入理解大部分李白的詩歌[⑥]。

那麽，文學作品中的道教因素是否爲作者信仰的反映呢？一方面，仙藥、仙人、仙居等因素確在杜詩中大量存在；另一方面，它們在具體作品中不僅隨着語境各具意義，而且很多在時代世俗人士身上也共有常見，不足以完全證明詩人的宗教信仰。在這點上，有一些思考可資他山之石。柏夷（Stephen Bokenkamp）從一個古靈寶經獨有的詞匯“碧落”入手，先考察該詞在道經中的含義，再細緻地梳理唐代各期詩人使用該詞的情況。在這些詩歌中，“碧落”既有符合其經典含義的用法，也出現過扭曲、誤解、活用等變化。[⑦]深澤幸一綜合地考察過杜甫衆多詩文中的道教因素。在其重點分析的《前殿中侍御史柳公紫微仙閣畫太乙天尊圖文》中，深澤氏認爲杜甫不僅對道教體系有整體的

---

① 郭沫若：《李白與杜甫》，《郭沫若全集·歷史編》，人民文學出版社，一九八二年，第四一一頁。

② 莫礪鋒：《杜甫評傳》，南京大學出版社，一九九三年，第二七三—二七九頁。

③ 鍾來茵：《再論杜甫與道教》，《首都師範大學學報（社會科學版）》一九九五年第三期，第四六——五二、八〇頁。

④ 徐希平：《杜甫與道家及道教關係再探討——兼與鍾來茵先生商榷》，《杜甫研究學刊》一九九九年二期，第一—八頁；《杜文札記一則——杜甫〈前殿中侍禦史柳公畫太乙天尊圖文〉試解》，《杜甫研究學刊》二〇〇〇年第一期，第四七—四九頁；《李杜思想與創作受道教文化影響之表現及其意義》，《杜甫研究學刊》二〇〇七年第二期，第四九—六一頁。

⑤ Stephen Owen, *The Great Age of Chinese Poetry: The High Tang* (New Haven: Yale University Press, 1981), p.140.

⑥ Paul W. Kroll, “Review of Biographie d'un taoïste légendaire: Tcheou Tseu-yang, by Manfred Porkert,” *Chinese Literature, Essays, Articles, and Reviews* 3/1 (1981): 163.

⑦ Stephen Bokenkamp, “Taoism and literature: the ‘Pi-lo’ Question” *Taoist Resources* 3.1 (1991): 57-72.

理解，而且其深廣程度遠邁同儕。詩人道教知識的來源則是形成於六朝而盛於唐的道教上清派。[①]兩位學者的工作對理解道教與文學的關係有兩點比較重要的啓發。其一，詩人個體的信仰不應作爲理解作品的唯一依歸，作品本身和讀衆的多樣性也同樣重要。其二，杜甫所師所學者包羅甚廣，但并未局限於前人之窠臼，而是有極强的化用能力。[②]在分析其作品中的道教因素時，如能找到一個切實的道教經典源頭，則不僅可以在一個更確定的意義上談道教文學，而且能更從容地分析詩人對這一資源的轉化和運用，從而在不同層面找到道教和文學的聯繫。

上面第二點更值得申説。道教研究領域中，學者對“道教”的定義尚未有統一認識，分歧較大[③]，這可能使得其他領域較難藉鑒。雖然作爲文學史書寫之對象的“道教文學”已在興起，但似乎尚未取得公認定義與標準，較近仍有治中國文學的學者指出，“道教”的指嚮與内涵均相對不確定，對道教如何影響詩人生平，從而對其詩歌作品做出合理解釋，還是處於需要不斷深化的狀態。[④]在這裏我們無意爲“道教文學”提供新的定義，而是要在柏夷、深田的思路之下，嘗試回答一個與本文主旨更密切的問題：賦中所引道教文獻有何特點，在道團内部處於何種位置，詩人又是如何將其化用的？理由是，中古早期形成的道教三洞經書是最早的道教聖典群（canon），用“文”來形容元氣的初始形狀，以及此後由神人將之譯成爲人間的經書。因此道典既有宗教神聖性，又是理解可知的“道”的載體。在人神溝通方面，道教也發展出發達的書面表達系統，教俗人士廣泛參與其中。[⑤]這些特性使得道典與世俗之“文”區隔變小，世俗文人也能通過

① 深澤幸一：《杜甫與道教》，《詩海撈月——唐代宗教文學論集》，王蘭、蔣寅譯，中華書局，二〇一四年，第七七頁。

② 蕭滌非：《杜甫研究》，第八〇—八二頁；杜仲陵：《讀杜卮言》，巴蜀書社，一九八六年，第七二—八二頁；Owen, *The Great Age of Chinese Poetry: The High Tang*, pp.184-185。

③ 司馬虛（M. Strickmann）從“道士”入手，定義其爲“承認張道陵歷史地位、崇拜大道而非俗神、進行秘傳實踐的人，也就是天師道及其追隨者”。席文（N. Sivin）分作宗教性的道教與哲學性的道教，前者“用儀式崇拜大道、及其衍生與化現，有明確和限定性的傳承，派别可以不同但承認張道陵作爲道教的真正創立者”。柏夷認爲在教義上，道教承認元氣對人類産生直接或間接的影響，直接的影響多通過其神格“老子”産生，間接的則最明顯地表現爲體内神。較近的一種爲李福（Gil Raz）提出，定義標準更多元，包括：一、將“道”視爲充斥於宇宙間的最大力量；二、人類可以通過儀式接近於“道”；三、産生了譜系，以秘密的手段傳授等；四、在這些譜系中的人反對那些不崇拜“道”的宗教實踐；五、有一定末世論的傾嚮，與那些單純追求長生久視的宗教傳統不同。

④ 錢志熙：《李白與神仙道教關係新論》，《中國高校社會科學》二〇一五年第五期，第六七頁。

⑤ John Lagerwey, “The Oral and the Written in Chinese and Western Religion,” *Religion und Philosophie in Ostasien (in honour of Hans Steininger)*, ed. by G. Naundorf, K.H. Pohl, H.H. Schmidt (Wùrzburg: Kônigshausen & Neumann, 1985), pp.302-322.

經書而深入瞭解道教内部的義理、實踐等，進而含英咀華，欣賞審美。因此，追溯杜甫引用道典，判斷其類别與原始意涵，纔能準確找到詩人與道教的聯繫。

爲此，我們首先區分不同性質的道教經典：第一類是在教團内部秘傳的經圖符籙及儀式手册。它們通過嚴格的傳授儀式在師徒之間流傳，有些甚至是三洞四輔的核心部分，也是取得道教法位的必要條件。第二類是以道教神仙、方術、神話爲主題的文獻。它們可能有道教秘傳的淵源，却在唐代社會上廣泛流播，已經成爲世俗文化的一部分。第三類是處於二者之間的文獻，如《道德經》爲世人慣見熟讀的書籍，但同時也是道教法位制度下太清法位所傳授的首要經書。如以此標準來衡量，便可發現《朝獻太清宫賦》所引道教文獻有極强的特殊性，即無論第一還是第二類道教文獻，杜甫不僅熟悉，還能深知個中肯綮，明徵暗引并巧妙化用。以下試分别説明之：

1.賦中有關秘傳道教經典的化用

這一部分包括《度人經》以及道教儀式知識。

從宋齊時期高道陸修静改革傳授儀式之後，《度人經》便一直保持道教靈寶法位核心經典的地位。在現存中古時期《度人經》的重要注者中，李少微、成玄英、薛幽栖等均活躍於唐前期，且積極參與社會活動。除了本賦，杜甫《前殿中侍御史柳公紫微仙閣畫太乙天尊圖文》（下文簡稱《畫太乙天尊圖文》）也有“浩劫之家”一語，説明他對此經有相當的熟悉程度。在《度人經》的原始語境中，重點描寫了有關元始天尊化現生成的若干漫長的時“劫”。據稱元始天尊先在“龍漢”之時出現，與梵氣混而不分，無形無名。此後劫至“延康”，元氣開始顯出。在“赤明”之時，元氣、始氣分現，天地進而分别，天尊因而有形，從天文中錘煉靈寶經文。後至“開皇”，得名元始天尊，將經文分授三十二天天人。“浩劫之家”元始天尊上居大羅天，下有三十二天環繞，與時間相始終而不變。如南齊高道嚴東注：“浩劫者，浩浩無數也。元始之道，經無數之劫，常居大羅之天也。”唐代薛幽栖稱：“元始則元始無終，既湛然常存，故云浩劫之家也。”[①]杜甫的理解完全符合經典含義。

此外，賦中所云“浩劫礧砢，萬山颼飀”，對該詞有重要的化用。“浩劫”本來形容時間之漫長，詩人却接之以形容委積衆多之貌的“礧砢”，把無形的時間比喻成有形之物；“萬山”本爲有形的山體，而“颼飀”却是形容風凛冽之貌，則杜甫又將有形之物無形化。這樣錯綜的手法，想象玄宗既穿越無數之劫，又穿過萬重之山，是時間與空間的雙重移動。“浩劫礧砢”之前一句已出現風伯、雷公等神靈侍衛車駕，反映出朝獻

① 《元始無量度人上品妙經四注》卷三，《道藏》第二册，第二三五頁上欄。

隊伍的超自然性，這在《離騷》中已有先例；同段描述車駕過天台之山、海中十洲，也不失爲追迹《遠游》和游仙詩的傳統。但將時間因素加於玄宗的朝獻之旅，是詩人在準確理解道典原始含義之上的創造。

第二是關於道教朝儀的知識，確切地説，是有關朝儀中所出現神靈的知識。道教儀式知識是中古時期道教師徒授受的重要内容。朝儀與章儀、齋儀、醮儀、傳授儀并列爲該時期道教的五大儀式類型。在記載“五等朝儀”的《雲笈七籤・修真儀》中，該儀式的實踐者自稱“正一盟威弟子”，説明出自正一傳統。上節已指出，從“左玄君”“千二百官吏”同時出現來看，杜甫明顯引用了“五等朝儀”。不過，詩人將最高神靈由太上道君改爲老子，將静態地侍從道君的“左玄君”“千二百官吏”改爲向老君報告的天庭臣屬，從而在原始儀式場景中加入了動態的因素，想象他們和第一代天師張陵共同出現在玄宗朝見老子的當場。道教朝儀的基本原理建立在想象的官僚制度之上。杜甫的化用符合這一原理，而且對於神靈位次的安排也與道教義理符合，想象出一座圍繞老子和玄宗而展開的萬神殿。

2.賦中有關一般流傳之道教文獻的化用

這一類文獻有《開天經》與老子化胡傳説。

在中古早期，已有至少兩種佛教材料提到過《開天經》，説明其流布範圍不僅局限於道團内部，在社會上也産生了一定影響。[①]經文的原始語境爲描述老子化成宇宙的最初兩個階段，賦文大義與之基本相同。該片段之所以未造成突兀之感，是得益於詩人的改造之功。經文中衹有簡單的分判清濁之情節，杜甫不僅增廣成約十句的篇幅，在細節上呈現動静交融、天地初分的殊態，又加入爲唐代社會熟悉的仙境意象，如洞宫、鳳鳥。最後，詩人并未忘記提示讀者，這樣一個雄峻瑰奇的場景并非出自無關緊要的想象，而是出現在宇宙生成的第二階段“太始”之前。

該節氣勢雄奇，是賦中最爲傳統評論矚目的部分。《容齋四筆》“有美堂詩”條云：“東坡在杭州作《有美堂會客詩》，頷聯云：‘天外黑風吹海立，浙東飛雨過江來。’讀者疑海不能立。黄魯直曰，蓋是爲老杜所誤。因舉三大禮賦《朝獻太清宫》云‘九天之雲下垂，四海之水皆立’以告之。二者皆句語雄峻，前無古人。”[②]蔡絛盛贊該句“萬舞淩亂，又似乎春風壯而江海波，其語皆磊落驚人”[③]。方回也以

① Franciscus Verellen, “Taishang laojun kaitian jing,” Kristofer Schipper and Franciscus Verellen ed, *The Taoist Canon: A Historical Companion to the Daozang,* vol.1 (Chicago: The University of Chicago Press, 2004), p.108.

② 《容齋四筆》卷二，《容齋隨筆》，中華書局，二〇〇五年，第六四六—六四七頁。

③ 《西清詩話》卷中，載張伯偉編《稀見本宋人詩話四種》，浙江古籍出版社，二〇〇二年，第一九七頁。

“壯”“奇”與之高度評價[①]。

這些對詩歌語言風格的評價誠然準確中肯，但未注意到該段在賦文中的位置和作用。杜甫歷叙漢隋間的戰亂、灾荒、僭越之主後，以歌頌户豐家給、執乎正統的玄宗之治結束（行六三至一〇七）。此功業感應老子顯現（行一二二至一三九）。詩人改寫《開天經》的一段正位於二者之間。以老子顯現直接上承玄宗之感，在邏輯上并無不妥。那麽爲何將此段加入呢？很有可能，這仍然是出於强調老子的永恒性之動機。玄宗曾明確下詔，稱老子“湛然常在，爲道之宗”[②]，即老子的神性安然恒在。在下文老子以“素發漠漠，至精濃濃”的具體形象出現之前，杜甫將叙述的原點置於宇宙初始的時刻，不僅拉長了老子在時間中的存在長度，從而肯定其“湛然常在”的特性，而且以老子神顯上接其開天闢地，還突出了老子在時間中來去自如的神奇。

除了《開天經》，杜甫還化用了老子化胡的故事。在描述太清宫的外觀時，詩人説“斷紫雲而竦墻，撫流沙而承霤”，其中便用到了兩則有關老子的典故。《列仙傳》最早提到，尹喜於函谷關候望見有紫氣浮關，後來老子果然乘青牛而過。[③]流沙則指代老子西度化胡。成書於二五五年的《大道家令戒》是最早記載這一傳説的教内文獻。西晋王浮開始以此主題造《化胡經》。此書南北朝時增衍至十卷，其中便明確有“經歷流沙”一語。[④]高宗時《化胡經》雖被下旨焚毁，但并未徹底禁絶。[⑤]杜甫用此兩個典故，誇耀宫墻的高聳就像伴隨老子出現的摩天紫雲，屋檐的廣邁就像老子西化流沙的遥遠路途。以老子本身的典故描寫舉行崇祀老子的場所，不僅恰當，化用也十分自然。

綜上所述，《朝獻太清宫》一賦引用了豐富多樣的道教文獻，既有教内秘傳的經書儀文，也有廣泛流布在唐代社會中的一般經典。其中既有原封不動的引用，如“長樂舍”，但更多的是加入了詩人或明或暗的改造和化用。這些改造和化用建立在準確理解道典原文的基礎之上，是遵循原典的邏輯進行的，如“浩劫”的時間性，“太始”爲天地生成後萬物始生的階段等。可見，準確錨定道教典故出處，繹清原始語境，不僅有助於厘清所處段落章節的具體含義，而且對加深理解詩人高超的創作技巧也不可或缺。

---

① 《瀛奎律髓》卷一七，臺灣商務印書館影印文淵閣《四庫全書》本第一千三百六十六册，第二〇四頁。

② 《唐大詔令集》卷七八《追尊先天太皇德明興聖皇帝等制》，中華書局，二〇〇八年，第四四二—四四三頁。

③ 《史記》卷六三《老子傳》司馬貞《索引》，第二一四一頁。

④ 王卡整理點校：《老子西升化胡經序説》卷一，載張繼禹主編《中華道藏》第八册，華夏出版社，二〇〇四年，第一八七頁中欄。

⑤ Timothy Barret, *Taoism Under the T'ang: Religions and Empire During the Golden Age of Chinese History* (London: Wellsweep, 1996), p.32.

餘　論

在《進三大禮賦表》中，杜甫將自己定位爲賣藥於都市的隱逸之士，偶然與聞國家大禮，慕染皇風而準備出仕。[①]賦中所體現思想仍以贊揚唐朝盛業，歌頌玄宗治德爲主。但《朝獻太清宫賦》不僅在内容上將朝獻儀式崇道的主題酣暢發揮，而且在表達方式上也展現出豐富的想象力和高超的化用技巧。詩人對道教經典的熟悉對此貢獻良多。誠然，《朝獻太清宫賦》整體更接近漢大賦的風格，詩人用大量詞藻來鋪陳禮具的奢華，隨扈之盛容，但他或在這些傳統中巧妙地加入新的元素，或完全創造出未有文學史先例的場景。

有學者歸納了宗教與文學的聯繫，包括"彼此共鳴的某種契合，如想象力，人類心靈深處的情感、信仰、審美，人類個體的性格，群體的共同訴求"[②]。在《朝獻太清宫賦》中，杜甫的由道教而致的創新是主要通過想象力體現出來的。但如上文所揭示，這些創新并不是無源之水，而是源於對道教經典的準確理解。詩人的化用自然延展在道教典故的原始語境之下。杜甫詩文中化用道教典故者爲數尚多，在數量和代表性上，是否有超出本賦所徵引的範圍，值得繼續深入探究。

（作者單位：西南交通大學人文學院）

---

① 韓立平：《杜甫"賣藥都市"辨》，《文學遺産》二〇一一年第五期，第一四〇頁。

② 蔣振華：《以宗教爲切入點的新世紀中國古代文學研究——基於問題、現象與方法的思考》，《文學評論》二〇一八年第一期，第八四頁。

金兆蕃與《晚晴簃詩匯》道詩卷編纂考論

楊娜娜

内容摘要：新見金兆蕃致曹秉章信札中記載了《晚晴簃詩匯》道詩編纂的諸多細節，通過將其與張元濟信札等相關材料進行梳理論證，可以發現《晚晴簃詩匯》道詩編纂的具體時間在一九二九年二月至五月間，并且經歷了由一卷至兩卷的過程，這一過程是由金兆蕃根據張元濟提供的《道家詩紀》完成的。通過《晚晴簃詩匯》與《道家詩紀》相關内容的對比，基本可以還原金兆蕃編纂道詩的過程，并從中反映出金兆蕃儒家本位的編纂傾嚮以及《晚晴簃詩匯》選録道詩"清修自守"的原則。

關鍵詞：金兆蕃；《晚晴簃詩匯》；《道家詩紀》；編選傾嚮

《晚晴簃詩匯》是在徐世昌組織下由衆多學者編選而成，其書成於衆手，選録標準不一，但作爲目前規模最大的一部清詩總集，它不僅保存了大量的清代詩歌文獻，其中所附人物小傳及詩話更是清詩研究中不可忽視的重要材料。目前學界針對《晚晴簃詩匯》已多有闡發，如王利偉《〈晚晴簃詩匯〉底本研究》[①]主要對今本《晚晴簃詩匯》與《晚晴簃詩匯》編纂所用之底本進行了對比研究；潘静如《〈晚晴簃詩匯〉的編纂成員、續補與别纂考論》[②]《〈晚晴簃詩匯〉編纂史發覆——兼論清遺民與徐世昌等北洋舊人的離合》[③]二文對《晚晴簃詩匯》的徵詩過程與具體編纂人員多有闡發；陸瑶《〈晚晴簃詩匯〉研究》[④]在詳細考證《晚晴簃詩匯》編纂人員的同時，對其編選理念與原則等多有分

① 王利偉：《〈晚晴簃詩匯〉底本研究》，博士學位論文，中國科學院大學，二〇一七年。

② 潘静如：《〈晚晴簃詩匯〉的編纂成員、續補與别纂考論》，《中國典籍與文化》二〇一六年第二期，第一一九—一二五頁。

③ 潘静如：《〈晚晴簃詩匯〉編纂史發覆——兼論清遺民與徐世昌等北洋舊人的離合》，《蘇州大學學報（哲學社會科學版）》二〇一八年第二期，第一五一—一五七頁。

④ 陸瑶：《〈晚晴簃詩匯〉研究》，碩士學位論文，蘇州大學，二〇一三年。

析論述。這些研究對我們深入瞭解與利用《晚晴簃詩匯》大有幫助，但是這些研究均建立在《晚晴簃詩匯》的整體編纂之上，鮮有深入具體內容以還原文本形成的過程，更没有利用當時具體編纂人員金兆蕃、曹秉章等相關日記、信札中所載的細節性材料。筆者以《晚晴簃詩匯》道詩卷爲依據，通過梳理新發現金兆蕃、曹秉章及張元濟之間往來信札中的諸多細節，在進行文本對比的基礎上，以期還原《晚晴簃詩匯》兩卷道詩的編纂過程。

《晚晴簃詩匯》道詩兩卷（卷一九三、一九四）選録道士七十八人，體例一依前卷，每位道士下附人物傳記，部分附有詩話，選詩少則一首，多則達十四首。此七十八家相較於總數之六千一百五十九家，數量雖不甚可觀，但對保存清代羽流之詩，查考清代道士本事及進行清代道教詩歌研究亦彌足珍貴。由於清代道教發展受到嚴格限制，道士詩歌亦未能引起廣泛關注，故大多流傳不廣。徐世昌曾言："釋者詩尚易物色，道家者流亦須搜羅數家，以備一格。"[①]直接透露出《晚晴簃詩匯》編纂道詩時材料的匱乏，而最終《晚晴簃詩匯》能够呈現出兩卷道詩，并附有小傳與部分詩話，這一過程可謂不無曲折。現根據具體編纂人員金兆蕃、曹秉章、張元濟等相關信札中的材料，就《晚晴簃詩匯》中道詩的編纂時間、過程及編纂傾嚮進行論述。

一、《晚晴簃詩匯》道詩的編選時間

上海圖書館藏金兆蕃[②]稿本《〈晚晴簃詩匯〉目録》[③]止於第一八二卷，與今本《晚晴簃詩匯》二百卷相比，缺少閨秀詩十卷、方外詩七卷、屬國詩一卷。按：《晚晴簃詩匯》最初於一九二九年由退耕堂刊行，一九三一年重刊，一九八八年此重刊本又經中國書店影印而得以大量流通，也即今天所見之版本。實際上，一九二九年初刊本僅可視爲樣本，以便内部人員校閲審查之用，并未流通，也不足二百卷之數。[④]一九二九年至一九三一年，《晚晴簃詩匯》又經大量删改、增補、校閲，纔最終完成。《徐世昌日記》一九二九年一月二十三、二十四日中載"閲新刻《晚晴簃詩匯》

① 付幸整理：《徐世昌手札中所見〈清詩匯〉資料》，載徐世昌著，傅卜棠編校《晚晴簃詩話》附録二，華東師範大學出版社，二〇〇九年，第一五三九頁。

② 按：金兆蕃（一八六九—一九五一），字籛孫，號藥夢老人，浙江秀水（今屬嘉興市）人。金兆蕃是《晚晴簃詩匯》重要的編纂人員之一，在編纂過程中主要負責對收集來的詩集進行初選，并擬寫傳記與詩話。詳見陸瑶：《〈晚晴簃詩匯〉研究》，碩士學位論文，蘇州大學，二〇一三年。

③ 金兆蕃：《〈晚晴簃詩匯〉目録》，稿本。

④ 此問題前人已進行過專門研究，參見潘静如：《〈晚晴簃詩匯〉編纂史發覆——兼論清遺民與徐世昌等北洋舊人的離合》，《蘇州大學學報（哲學社會科學版）》二〇一八年第二期，第一五一—一五七頁。

樣本"[①]，也説明此時《晚晴簃詩匯》樣本剛剛刊印完成。又一九二九年五月十五日曹秉章[②]致徐世昌信札載："現在編出，擬即送沅叔[③]發繕者，《閨秀》《道士》《釋子》《屬國》四種，共十八卷。光緒朝詩，雖以書衡[④]多所補選，實已早交沅叔。"[⑤]説明至一九二九年五月十五日，《閨秀》《道士》《釋子》《屬國》四種十八卷剛編好，尚未刻印，因此一九二九年初所刊樣本當無閨秀、方外（道士、釋子）、屬國三種詩，這也説明上海圖書館所藏金兆蕃稿本《〈晚晴簃詩匯〉目録》所反映的即一九二九年《晚晴簃詩匯》初刊本的目録，而《晚晴簃詩匯》道詩最終編纂完成於一九二九年五月中旬。

就道詩的選取一事，金兆蕃曾致信曹秉章：

> 《詩匯》屬國類中，《琉球詩傳》既無從借補，勢不能不與朝鮮、安南併卷。前函擬將《閨秀》匀作十一卷，未知公與書老以爲何如？頃在滬，晤菊生同年，談及《詩匯》道家祇有一卷，渠處收藏道家詩多種，謂尚可補收。因從借閲，容即選録寄奉，如可擴爲二卷，即以補數亦無不可。[⑥]

從這封信札中可知，《晚晴簃詩匯》編纂道士詩之初，本擬一卷（今本二卷），原因當與前文所述道士詩歌材料匱乏有關，但信中透露金兆蕃似乎從張元濟（字菊生）處新得道詩材料，故有將《晚晴簃詩匯》道詩部分擴爲兩卷的打算。查張元濟相關材料，知一九二九年二月張元濟有信致金兆蕃：

> 籛孫吾兄同年：今晨造訪，因已近午，道遠亟欲歸寓，不獲久談，甚悵悵也。既歸，檢得張雲槎道人所輯《道家詩紀》，屬於國朝者凡兩册六卷。又抄其所自爲詩，

---

① 徐世昌：《徐世昌日記》第二十三册，北京人民出版社，二〇一三年，第一一四三七頁。

② 按：曹秉章（一八六四—一九三七），字理齋，浙江嘉善人。曹秉章爲徐世昌門人，晚晴簃詩社社員，是徐世昌主編《晚晴簃詩匯》與《清儒學案》兩書的主要助手，在兩書編纂過程中各處初編稿件往來，通信交流及具體的人事協調與統籌等事宜均由其總務。

③ 沅叔，即傅增湘（一八七二—一九四九），字潤沅，號沅叔。一九二二年，徐世昌下臺，次年《晚晴簃詩匯》的主要編纂人員從總統府的晚晴簃遷至傅增湘的藏園。傅增湘本人亦爲晚晴簃詩社社員，在《晚晴簃詩匯》編纂過程中主要負責最終的刻書事宜。

④ 按：書衡，即王式通，字書衡，山西汾陽人。本文所引信札中的"書老"亦指王式通。王式通是《晚晴簃詩匯》的重要編纂人員之一，其間主要負責審閲初編稿件，并對其進行潤色。

⑤ 李立民整理：《〈清儒學案曹氏書札〉整理》，中國社會科學出版社，二〇一六年，第六頁。

⑥ 丁小明、柳和城整理：《新見近現代名賢尺牘五種》，鳳凰出版社，二〇一九年，第五六頁。

曰《補梅居士詩選》（一册，抄）；有先乎張者，曰賀炳，有《雲濤散人集》一册；與張同時者曰趙蓮，有《畫梅廬吟稿》一册。抄之數子皆海鹽道流。海鹽道流多能詩，有總集曰《方壺合編》一册。書凡五種，都六册，今呈覽。不審有可采録否？顯微闡幽，是在賢者。張元濟　十八年二月八日即戊辰十二月廿九夕[①]

張元濟信中的“十八年”即一九二九年，具體日期是二月八日，此與前文所推斷的道士詩的編纂時間正相符合。由張元濟信札知，金兆蕃在一九二九年二月八日拜訪張元濟，提及囿於材料，《晚晴簃詩匯》編纂道詩僅一卷，故有向張元濟尋求材料之意。張元濟當日即檢得五種道士詩集，即别集張謙《補梅居士詩選》、賀炳《雲濤散人集》、趙蓮《畫梅廬吟稿》，總集《道家詩紀》《方壺合編》，慷慨以復。

一九二九年適值張元濟任職於商務印書館主持刊印《道藏》，其處當有相關豐富的道教文獻，并且海鹽地區羽士衆多，自明中後期以來道士組成的文社雅集不絶如縷，詩集亦多有行世者，而張元濟向來留心收集鄉賢文獻，因此其能如此迅速地將五種道士詩集寄上亦在情理之中。金兆蕃在收到張元濟的材料後很快便完成了選録，在向曹秉章寄送選録稿的信中言：

玉研先生大鑒：奉正月十九日手教敬悉……得道士詩，弟録出五十五人，得詩一百三十餘首，手鈔奉覽。弟處僧道詩目未取回，其中必有前已入選者，無從追憶，敬乞書老審定，另函請轉交爲托。[②]（五九）

又：於初八日寄書，并附補選道士詩，計早邀/惠鑒。道士詩原止一卷，此次補選，除去重複，排比時代，約略可析爲二卷。[③]（五五）

信五五中言“於初八日寄書，并附補選道士詩”，當即指信五九。又信五九中“奉正月十九日手教”，知這封附有道詩的信當寫於正月十九不久之後的初八日，即公曆一九二九年三月十八日。從信的内容看，金兆蕃從張元濟提供的材料中選録五十五人，得詩一百三十多首，并且通過年代排比，足以將原擬之一卷擴爲兩卷。金兆蕃此次補

---

① 張人鳳整理：《張元濟全集》第二卷，商務印書館，二〇〇七年，第四八九—四九〇頁。

② 丁小明、柳和城整理：《新見近現代名賢尺牘五種》，第五七頁。按：文中所引信札後的序號爲本書整理者所加，爲行文方便，一併附上。

③ 丁小明、柳和城整理：《新見近現代名賢尺牘五種》，第五五頁。

選的五十五家，詩一百三十餘首，幾乎占今本《晚晴簃詩匯》道詩（共七十八家、詩一百九十九首）的三分之二，即使金兆蕃所選没有全部收入今本《晚晴簃詩匯》中，所獲也頗爲豐厚。因此可以説今本《晚晴簃詩匯》所收録的道士詩很大程度上來自張元濟提供的五種道士詩材料。

通過以上對《徐世昌日記》、金兆蕃致曹秉章信札及張元濟相關信札的梳理與分析可以得知，今本《晚晴簃詩匯》道詩編選時間在一九二九年二月至五月間，其間經歷了從一卷到二卷的增補過程，而張元濟所提供的五種材料是此次補選的關鍵。

二、《晚晴簃詩匯》道家詩文本的編纂過程
——以《道家詩紀》爲中心

由前所述，金兆蕃此次對道士詩的選録是通過張元濟寄去的五種材料完成的，并且這一選定基本由金兆蕃一人完成，再交給曹秉章審閲，因此將今本《晚晴簃詩匯》道士詩與張元濟提供的五種材料相對比，不僅可以理清金兆蕃此次補選具體選録了哪些道士及詩作，還原《晚晴簃詩匯》道詩的編纂過程，同時也能反映出金兆蕃等人編選道士及其詩歌的原則與理念。

張元濟所提供的三種别集爲張謙《補梅居士詩選》、賀炳《雲濤散人集》、趙蓮《畫梅廬吟稿》，此三家均入選今本《晚晴簃詩匯》。《道家詩紀》是清中葉海鹽道士張謙所纂的一部歷代道詩總集，時間“最遲當從兩漢開始，直至清嘉慶、道光前後”[①]，該書每位道士之後附有人物小傳與名爲“小瀛洲仙館詩話”的詩歌品評。《方壺合編》是由蕭應櫆輯録的一部明清時期海鹽地方道士的詩歌總集，收録道士三十二家，其中收録清代道士二十四家，每位詩人下均有人物傳記，但本書雖題名蕭應櫆輯録，張謙亦參與其中，書中所録二十四家清代道士均見於張謙的《道家詩紀》，内容亦多重複[②]，因此金兆蕃在從總集中選録時更多地參考張謙的《道家詩紀》，并且《道家詩紀》人物傳記與詩話并存的體例也爲金兆蕃在給《晚晴簃詩匯》擬寫傳記與詩話時提供了便利。筆者通過對比《晚晴簃詩匯》道士詩與《道家詩紀》“國朝”部分相關内容，可以確定金兆蕃從《道家詩

① 羅争鳴：《張謙及其稿本〈道家詩紀〉再探》，《學術論壇》二〇一三年第八期，第五二—五六頁。

② 按：《方壺合編》由清人蕭應櫆選定，張謙是參與校訂的人員之一，關於二書之間的關係，前人已有討論，參見夏勇：《論清代方外文學總集的概貌與特徵》，《河北科技師範學院學報（社會科學版）》二〇一二年第一期，第二〇—二四頁。夏勇：《清詩總集研究（通論）》，博士學位論文，浙江大學，二〇一一年。

紀》中選録五十二家，現列舉如下：

徐穎[①]、**俞桐**、**郭長彬**、陳嘉宣、楊通幽、劉宗玉、吴人逸、夏時、唐觀復、夏霖、韓承晋、朱景文、翟翥緌、**沈清正**、金鼎、馮敬可、宋昭明、王彰、梁清格、**王陽舒**、**惠遠謨**、**施遠恩**、張雲龍、陸自逸、董白、貝本恒、**李芳**、劉敏、張世達、吉潮、繆鶴鳴、**李柱**、嚴克真、周望、錢凝烟、隋鵬、曹志道、張遠、鍾正修、俞中楷、吴浩、**張復純**、仰蘅、**徐本衷**、陳敬、潘鴻、柳漁、王芳洲、王毓、吴教一、**黄合初**、許湘。

此五十二家加上賀炳、張謙、趙蓮三家，正與金兆蕃信札中所言“録出五十五人”相合，其中除去加黑的十五家，其餘均無詩話。由上一節知，金兆蕃向曹秉章呈上道詩選稿的時間爲一九二九年三月十八日，時距張元濟寄送材料（一九二九年二月八日）僅一個多月的時間。考慮到金兆蕃此期正參與編纂《清儒學案》，[②]其能在月餘的時間内選出五十五家，并順利地撰寫各家小傳與十五家詩話，這與《道家詩紀》取材便利不無關係。另徐世昌在編纂《晚晴簃詩匯》過程中曾言：

> 前閲過各卷中，有雜引他序甚多而無本社詩話者，請叔衡斟核，或采他人之文，補作詩話。[③]

金兆蕃爲這些道士撰寫小傳，尤其十五家詩話時，充分利用了徐世昌所言“采他人之文”的方法，將《道家詩紀》中各家材料的一部分直接歸入各家之中，另一部分則通過轉述、合併、概括等方式，稍作改動作爲《晚晴簃詩匯》各家的内容。如俞桐的詩話：

表一　《晚晴簃詩話》與《道家詩紀》中的俞桐詩話對比

	《晚晴簃詩話》	《道家詩紀》
詩話	秋亭以病入道，隱於畫。餘事成詩，取自然，不求工也。趙秋谷每賞之。[④]	小瀛洲仙館詩話曰：秋亭以病入道，隱於畫。詩，其餘事，取自然，不求工者也。趙秋谷每賞之。[⑤]

① 按：徐穎，所處時代由明入清，《道家詩紀》歸入《明紀》。

② 按：金兆蕃上述所引信札中多有與曹秉章討論編纂《清儒學案》的細節，如上引信五五“弟已將《楊袁圃》《潛庵》兩案悉遵閏老所示”，又信五九“《學案》供書稚威允可先借，書目檢查，弟所分各家，内有書者十得七八”，等等。

③ 傅幸：《淺議民國總統徐世昌〈弢師手札〉》，《首都博物館論叢》二〇一三年第二七輯，第三六八—三七三頁。

④ 徐世昌著，傅卜棠編校：《晚晴簃詩話》，第一四五三頁。《晚晴簃詩話》爲傅卜棠等從《晚晴簃詩匯》中輯出，單獨整理成本，本文所引詩話部分，均出此本。

⑤ 張謙：《道家詩紀》，載《上海圖書館未刊古籍稿本》編輯委員會編《上海圖書館未刊古籍稿本》第六十册，復旦大學出版社，二〇〇八年，第一〇三頁。

《晚晴簃詩匯》僅將小瀛洲仙館詩話中語氣詞“者”刪去，又將“詩，其餘事”，轉換成“餘事成詩”而作爲“本社詩話”，且二書中俞桐名下均收録《舟行》一首，因此毫無疑問《晚晴簃詩匯》此條詩話出自《道家詩紀》，但《晚晴簃詩匯》中并未注明，如不加以比較，便可能誤認爲是本書之創造了。“采他人之文”能够很快地完成詩話，但如上述若直接取他書詩話以作“本社詩話”，難免有拾人牙慧之嫌，因此金兆蕃在撰寫詩話時更多地取人物傳記以作詩話，如李柱的傳記與詩話：

表二 《晚晴簃詩話》與《道家詩紀》中的李柱傳記、詩話對比

	《晚晴簃詩話》	《道家詩紀》
傳記	李柱，字擎蒼，號赤城，海鹽人	柱，字擎蒼，號赤城。海鹽人。工詩善醫，好雲游。常居吕冢廟，徙水仙張甫均祠，後入天臺山，不知所終
詩話	赤城工詩善醫，居吕冢廟，徙水仙祠，後入天台山，不知所終。縣人張鼎中鉉與交契，中鉉六十，赤城賦詩爲壽。中鉉有《松巖詩稿》九集，編什甚富，附見其名於此①	小瀛洲仙館詩話曰：按張松巖先生《丙午詩序》云：赤城李道者，乃紅杏社友也。乙巳臘月三日自吕冢歸，住水仙張甫均祠，把晤間，袖出雲游諸作，云：是年與同里吴汝璞蕙分、陳俊穆堂、沈逢泰静庵和松年②六十初度云云。松巖後作絶句懷之云：“浩氣難舒漫作歌，世人目我是詩魔。閑時得飽陳紅飯，路入山陰去换鵝。”松巖名鼎，字中鉉，本邑仙翁橋人，著《松巖詩草》九集。今藏於意釣山房陳健齋震省處③

《晚晴簃詩匯》將《道家詩紀》人物傳記中字號籍貫之外的部分删去“好雲游”“常”“張甫均”七字直接入“本社詩話”，又將小瀛洲仙館詩話中所載李柱爲好友張松巖作詩爲壽事加以概括爲“縣人張鼎中鉉與交契，中鉉六十，赤城賦詩爲壽”。小瀛洲仙館詩話中“松巖名鼎，字中鉉，本邑仙翁橋人，著《松巖詩草》九集。今藏於意釣山房陳健齋震省處”，當爲張謙按語，金兆蕃又一併加以歸納入詩話。同時《晚晴簃詩匯》與《道家詩紀》均載李柱詩《十月見桃花》一首，可見《晚晴簃詩匯》李柱詩話出自《道家詩紀》無疑。

又道士王陽舒：

① 徐世昌著，傅卜棠編校：《晚晴簃詩話》，第一四六二頁。

② 按：結合上下文意，“年”字當爲“巖”字之誤。

③ 張謙：《道家詩紀》，載《上海圖書館未刊古籍稿本》編輯委員會編《上海圖書館未刊古籍稿本》第六十册，第一六〇頁。

表三　《晚晴簃詩話》與《道家詩紀》中的王陽舒傳記、詩話對比

	《晚晴簃詩話》	《道家詩紀》
傳記	王陽舒，號春湖	陽舒，自號春湖道士。不知何許人。偶寓鍾祥元佑宮。寒暑一衲，夜則趺坐。性嗜酒，醉即吟，吟甚敏，贈以金帛，笑而不受。一日飄然而去，不知所之[①]
詩話	春湖嘗居鍾祥元祐宮，寒暑一褐衣，嗜酒醉，即爲詩。或贈以金帛，笑不受，一日竟去，不知所之[②]	無

《道家詩紀》中王陽舒無詩話，《晚晴簃詩匯》取其傳記部分，删去“不知何許人”“夜則趺坐”“吟且敏”三句，再將其餘部分變換説法作爲“本社詩話”。此舉可能是出於《晚晴簃詩匯》中小傳内容實在過於簡略，故將《道家詩紀》傳記部分以作詩話。有時即使《道家詩紀》有詩話，《晚晴簃詩匯》也會捨其詩話取其傳記部分以作詩話。如道士施遠恩：

表四　《晚晴簃詩話》與《道家詩紀》中的施遠恩傳記、詩話對比

	《晚晴簃詩話》	《道家詩紀》
傳記	施遠恩，字魯瞻，法名冲暐。仁和人，吴山長生房道士	遠恩，字魯瞻，號兩山，法名冲暐。浙江仁和人。十歲出塵，相依族叔允文於吴山長生房爲道士。雍正壬子應選，詣京師，侍大光明殿妙正真人左右。世宗憲皇帝賜題，賦詩稱旨，授龍虎山提點。十餘年歸故山，嘗與鄭板橋、侯夷門、厲樊榭、杭大宗、吴西林、張滌岑諸名流結詩社唱和。乾隆丁亥冬羽化，年六十有九。著《環山房詩鈔》
詩話	魯瞻雍正壬子應選，詣京師，侍光明殿妙正真人左右。世宗賜題，賦詩稱旨，授龍虎山提點，十餘年歸故山，與鄭板橋、侯夷門、厲樊榭、杭大宗、吴西林諸名流酬唱。乾隆乙巳夏大旱，登壇祈雨，甘霖三日，後屢禱輒驗，丁亥冬羽化[③]	小瀛洲仙館詩話曰：兩山法師《山居即事》詩云：“秋聲動岩壑，爽氣満柴關。紅葉高低樹，白雲遠近山。肩迴長病聳，發爲苦吟斑。寵辱渾閑事，浮名似可删。”語無烟火，情景俱佳[④]

① 張謙：《道家詩紀》，載《上海圖書館未刊古籍稿本》編輯委員會編《上海圖書館未刊古籍稿本》第六十册，第七一頁。

② 徐世昌著，傅卜棠編校：《晚晴簃詩話》，第一五四八頁。

③ 徐世昌著，傅卜棠編校：《晚晴簃詩話》，第一五四八頁。

④ 張謙：《道家詩紀》，載《上海圖書館未刊古籍稿本》編輯委員會編《上海圖書館未刊古籍稿本》第六十册，第九七頁。

《道家詩紀》中張謙引用施遠恩的詩歌并給予具體評價，而金兆蕃似乎有意規避“雜引他序文詩話”以作“本社詩話”的弊病，而將《道家詩紀》傳記部分的內容加以轉述作“本社詩話”，此種情况亦出現在徐穎、沈清正、黄合初等道士的詩話中。并且值得注意的是此條詩話金兆蕃在引用《道家詩紀》傳記的同時，亦摘引了阮元《兩浙輶軒録》所載：

> 《杭州府志》：遠恩十歲有出塵想，依族叔允文於吴山長生房，雍正壬子應選，詣京師，侍光明殿妙正真人左右。世宗憲皇帝賜題，賦詩稱旨，授龍虎山提點，十餘年歸故山。乾隆乙巳夏大旱，登壇祈雨，甘霖三日。後屢禱輒驗。丁亥冬羽化。邑人萬福刊其《環山房詩》。[①]

雖然《兩浙輶軒録》與《道家詩紀》所載亦相似，二者在選詩上却有明顯不同。并且《晚晴簃詩匯》在施遠恩條下選詩九首，九首詩均見於《道家詩紀》，而其中二首（《山居即事》[②]、《大光明殿步虚詞》其三）不見於《兩浙輶軒録》，由此可以確定，金兆蕃在編撰施遠恩詩話以及選詩時主要參考了《道家詩紀》，同時以《兩浙輶軒録》加以補充，以使人物事迹更爲詳細。

在充分利用“采他人之文”撰寫詩話的同時，金兆蕃有時也會適當選取道士“本人之文”以豐富詩話，如徐本衷的詩話：

表五　《晚晴簃詩話》與《道家詩紀》中的徐本衷傳記、詩話對比

	《晚晴簃詩話》	《道家詩紀》
傳記	徐本衷，號虚廬，崇寧人。成都武侯祠道士，有《香葉亭詩集》	本衷，號虚廬，成都崇寧人。五歲失恃，父廷杰應金川之役，無以育，因捨爲武侯祠道士。性穎悟，喜讀書，經史之外，旁及子集。年二十司祠事，以静穆自重，人多敬視之。祠中所應修葺者，靡不次第畢舉。金川役竣，赴灌縣，迎其父歸道院，色養甚篤。晚遇唐默如，授以河洛之理，研究精詳，深通心學，間及吟咏。著有《香葉亭詩集》

① 阮元：《兩浙輶軒録》卷三九，清嘉慶刻本。

② 按：此詩出現在《道家詩紀》小瀛洲仙館詩話中，《晚晴簃詩匯》則將其列入選詩。

續表

	《晚晴簃詩話》	《道家詩紀》
詩話	虛廬五歲失母，父廷杰從軍金川，乃捨爲道士。穎悟，好讀書，不數年司祠事，祠當修葺，次第畢舉。金川平，廷杰還里，虛廬迎父灌縣，賦詩曰："膝下翻無語，尊前泪轉多。亂離慚菽水，魂夢繞關河。餘戀春暉報，歡聞奏凱歌。閑居問何處，遥指是烟蘿。"迎歸道院，色養甚篤[①]	小瀛洲仙館詩話曰：虛廬先生《香葉亭詩》一卷，凡二十八首，歸安章山甫藩稱虛廬詩有："若雲護空山，雪深古洞。幽蘭獨秀，谷鳥自鳴。"其淡遠似之[②]

由上表中内容對比可知，《晚晴簃詩匯》在將《道家詩紀》中人物傳記轉述爲詩話時增加了徐本衷本人詩歌一首，《道家詩紀》也收録此詩，即《金川蕩平聞家嚴已抵尤溪趨行喜作》，詩歌主要凸顯徐本衷迎父贍養的孝行，金兆蕃將其收録在詩話中，使得人物形象更加豐滿。

綜合施遠恩與徐本衷的詩話來看，金兆蕃爲這些道士撰寫詩話時除了取材於《道家詩紀》，也會參以其他相關材料，并且對材料的取捨、編排也頗爲用心，同時這也體現了《晚晴簃詩匯》選取材料廣博與審慎并存的特點。

《晚晴簃詩匯》凡例中言"詩話紀事求實，持論從平"[③]。金兆蕃爲這些道士作"本社詩話"，無論是"取他人之文"還是取本人之文，其最大的特點是多選取傳記性材料，此種做法雖能很快地爲詩人撰寫詩話，又在一定程度上避免拾人牙慧之嫌，同時又能補充人物信息，但詩話畢竟與傳記不同，傳記重在紀實，而詩話則需要對詩風詩作做出品評。《晚晴簃詩話》以人物傳記充作詩話做到了"紀事求實"，却鮮有"持論"，無怪乎引來後人"與其稱之爲詩話，不如與詩人小傳合併"[④]之批評。但無論如何，作爲目前規模最大的一部清詩總集，《晚晴簃詩匯》所保存清代詩歌文獻的價值不容忽視。并且《晚晴簃詩話》雖鮮見"持論"，但也并非毫無"持論"，通過仔細比對文本，發現金兆蕃在撰寫詩話時也會加入自己的理解。如道士張復純：

① 張謙：《道家詩紀》，載《上海圖書館未刊古籍稿本》編輯委員會編《上海圖書館未刊古籍稿本》第六十册，第二六一頁。

② 徐世昌著，傅卜棠編校：《晚晴簃詩話》，第一四六四頁。

③ 徐世昌著，傅卜棠編校：《晚晴簃詩話》，第一五三〇頁。

④ 陸瑶：《〈晚晴簃詩匯〉研究》，碩士學位論文，蘇州大學，二〇一三年。

表六 《晚晴簃詩話》與《道家詩紀》中的張復純傳記、詩話對比

	《晚晴簃詩話》	《道家詩紀》
傳記	張復純，字健修，號巢雲，杭州金鼓洞道士	復純，字健修，號巢雲，杭州金鼓洞道士
詩話	巢雲於嘉慶丙寅就院左，開歸雲洞，一時文士賦詩題名。既復，與朱朗齋商訂《金鼓洞志》刻行，亦羽流之風雅好事者也[①]	小瀛洲仙館詩話曰：巢雲道人於嘉慶丙寅就院左，肇開歸雲洞，一時文士賦詩題名，補前志所未載，次年與仁和朱朗齋商刊《金鼓洞志》八卷行世[②]

《晚晴簃詩匯》張復純名下選詩一首，亦載於《道家詩紀》，并且從詩話文本對比上來看，二者文字幾乎相同，惟《晚晴簃詩匯》中增加“亦羽流之風雅好事者也”一句，對張復純與朱朗齋刊行《金鼓洞志》一事做出評價，此句顯然爲金兆蕃編寫詩話時所加按語，此種情况在張謙、趙蓮二家詩話中體現得更爲明顯。張謙與趙蓮不載於《道家詩紀》，但有張元濟提供的別集可資參考，金兆蕃在爲其編撰詩話時尤其藉鑒了別集中的序跋，其中多有金兆蕃自撰詩話。如張謙的詩話：

①海鹽顯佑宫桐柏山房道士自明隆萬間徐月汀秋沙、吴允修兩峯、黄思石竹樓諸人與邑中士大夫結詩社，往還酬唱，流風甚遠，②至乾隆、嘉慶之際，尚有以詩鳴者。③雲槎與趙凌洲繼之，各有詩集。④雲槎又輯《歷朝道家詩紀》五十卷，搜采甚富，幾出《禪藻集》之右。⑤年復老壽，至咸豐中尚存，⑥弟子馮水香傳其琴，朱文江傳其詩畫，鄭素庵傳其篆刻。[③]

上述張謙詩話中，①②③⑤⑥均屬紀實，是金兆蕃根據張元濟提供的材料所撰。《方壺合編》蕭應櫆道光十年（一八三〇）序載：

己丑歲結夏海陬，與南北山道人昕夕唱和，栖真觀趙凌洲，顯佑宫張雲槎、徐海客出其先師吟藁及儕輩逝者諸詩，自前明至近代，匯而輯之，得三十二人焉，①溯自秋沙徐翁於隆萬間大開詩社，吴兩峯、黄竹樓先後助其旗鼓，詩教流傳，不絶

① 徐世昌著，傅卜棠編校：《晚晴簃詩話》，第一四六四頁。

② 張謙：《道家詩紀》，載《上海圖書館未刊古籍稿本》編輯委員會編《上海圖書館未刊古籍稿本》第六十册，第二四六—二四七頁。

③ 徐世昌著，傅卜棠編校：《晚晴簃詩話》，第一四六六頁。

如縷，②至國朝康熙間，夏白巖、韓次林及東嶽廟賀雲濤又從而振興之。[①]

又《補梅居士詩選・斗南子傳》："徒三，馮水薌善琴學，朱文江善詩畫，鄭素庵善篆刻花草。"⑥由①②⑥的對應關係也可看出金兆蕃撰寫詩話時選取、編排材料的用心。可貴的是，④中金兆蕃對張謙《歷朝道家詩紀》，即張元濟提供的《道家詩紀》作出評論，認爲"搜采甚富，幾出《禪藻集》之右"。由前文論述知，金兆蕃此次補選能進展得如此順利，是因爲他在《道家詩紀》中所得頗豐。在選録的過程中，金兆蕃對《道家詩紀》的内容應當已非常熟悉，故評《道家詩紀》優於《禪藻集》之言亦非虚妄。

三、《晚晴簃詩匯》道詩的編選傾嚮

由前揭，《晚晴簃詩匯》兩卷道詩在編纂時主要參考了張謙的《道家詩紀》。針對《道家詩紀》的詩學價值，羅争鳴曾指出"《道家詩紀》是一部相當嚴謹，以清虚、淡雅爲主要審美取嚮的歷代道士作品"[②]。雖然《道家詩紀》所輯録的作品以清雅别致爲主，但編纂者張謙畢竟身爲道士，在撰寫人物相關事迹時難免以道教徒的立場與觀念來組織材料，因此《道家詩紀》不可避免地帶有宗教色彩，如張謙在人物傳記中除了詳細記載道士修行受法經歷，對與之相關的神秘靈異事件毫不避諱，驅邪祈禳、黄白之術、辟穀養生等修煉之法時而有之。但通過《晚晴簃詩匯》與《道家詩紀》的文本對比會發現，金兆蕃在取材於《道家詩紀》時對帶有這些道教神秘虚幻色彩的材料避而不取，而是以其他相關材料作爲補充。因此通過比較金兆蕃對材料的取捨編排，可以一窺《晚晴簃詩匯》道詩的編選傾嚮。

通過閱讀《晚晴簃詩話》會發現，金兆蕃在撰寫道士相關事迹時尤其突出"孝悌之行"與文學藝術修養，而對道士修行受法的經歷不甚關注。如上節所引《晚晴簃詩話》徐本衷條下，金兆蕃從《道家詩紀》取材時完全捨弃了徐本衷晚年窮究"河洛之理"一事，而取《金川蕩平聞家嚴已抵尤溪趨行喜作》一詩以做補充。"河洛之理"指《河洛理數》一書，相傳爲道士陳摶所著的一部以八卦推算人事的預測法，而《金川蕩平聞家嚴已抵尤溪趨行喜作》是徐本衷所作的一首迎父贍養的詩歌，全詩作：

---

① 蕭應櫆：《方壺合編》，清道光十年（一八三〇）刻本。

② 羅争鳴：《張謙及其稿本〈道家詩紀〉再探》，《學術論壇》二〇一三年第八期，第五二—五六頁。

膝下翻無語，尊前泪轉多。亂離惭菽水，魂夢繞關河。餘戀春暉報，歡聞奏凱歌。閑居問何處，遥指是烟蘿。[1]

徐本衷雖身爲道士，仍舊依戀着世間親情，故在得知父親軍役期滿，得以還歸時“趨行”迎接。全詩充滿着詩人對父親的思念、無法奉養父親的愧疚，以及迎歸父親的喜悦之情。金兆蕃專門録出此詩以作詩話，無非爲了凸顯詩人“孝”的形象，這種形象與《道家詩紀》中所塑造的精研“河洛之理”的道士形象相差甚大。又如載道士滎漣“事母孝，在外得珍玩良藥，悉藏弆持以奉母，倦游歸養，依戀如嬰兒。母殁，廬墓不復出”[2]。又如沈清正爲求得母尸，“刺血書疏，祈返母骨”[3]等等。這種重視“孝行”的傾嚮應當與儒家所提倡的“忠孝”觀不無關係。

徐本衷的詩話材料是金兆蕃從《道家詩紀》一書中選取的，但有時金兆蕃在撰寫一家詩話時也會參考他書相關材料，這種在多種材料之間取捨編排的對比中更能反映出詩話編撰的傾嚮。如道士黄鶴，《道家詩紀》《兩浙輶軒續録》均載此人，但所載内容强調的側重點不同，《兩浙輶軒續録》黄鶴詩話載：

《府志》：黄鶴清癯鶴立，鬚飄飄然有畫意。後以病風跛一足，自號跛道人。幼居龍虎山，中年始還杭州，通曉科儀符籙，尤溺於詩賦，蠶詞至百首，述其鄉飼蠶器具、時候、晴雨、宜忌甚詳。善飲，工畫蘭竹，兼通莊老之學。吴山書肆有褚伯秀《南華經義海纂微》，力不能購，假歸，手録竟一百六卷。所居遭吴回之灾，生平撰述蕩爲灰燼。晚年課蒙自給，卒以窮死。法裔仰青嶼爲刻燼餘稿，亦其鱗爪而已。[4]

又《道家詩紀》：

小瀛洲仙館詩話曰：含山，德清之柏村人。家素貧，幼時無力就塾，然識趣高遠，見書籍，輒討論勿懈。年十七出家長春院，刻苦潜修，躬行戒律。從無錫蔣慧

① 張謙：《道家詩紀》，載《上海圖書館未刊古籍稿本》編輯委員會編《上海圖書館未刊古籍稿本》第六十册，第二六二頁。

② 徐世昌著，傅卜棠編校：《晚晴簃詩話》，第一四五四頁。

③ 徐世昌著，傅卜棠編校：《晚晴簃詩話》，第一五四七頁。

④ 潘衍桐：《兩浙輶軒續録》卷五一，清光緒刻本。

峰先生，授以《三光訣》，至龍虎山見朱提點古堂，得妙正真人心傳之秘，精研數載，濟人皆有驗。暇日以詩歌爲樂，嘗與郡中胡葑塘、項秋子諸詩人結社唱和，著《雲墟山房詩稿》，友人汪新佘梓行於世。[①]

通過比較上述二家對黄鶴的記載不難發現，《兩浙輶軒續録》側重於突出黄鶴的文學與藝術修養，載其溺於詩，工繪事，能賦蠶詞百首，於道僅"通曉科儀符籙""兼通莊老之學"，總體上與傳統文人形象無較大差别。而《晚晴簃詩匯》則記載其從師受道，修行傳法的經歷非常詳盡（引文中加下劃綫處），祇是閑暇時"以詩爲樂"，儼然一位清修研法的道教徒。《晚晴簃詩話》載黄鶴詩話：

青霞清癯鶴立，後以病風跛一足，自號跛道人。幼居龍虎山，中年始還杭州。通曉科儀符籙，尤溺於詩賦，蠶詞至百首，述其鄉飼蠶、器具、時候、晴雨、宜忌甚詳。善飲，工畫蘭竹，兼通莊老之學。吴山書肆有褚伯秀《南華經義海纂微》，力不能購，假歸，手録竟一百六卷。所居遭吴回之變，生平撰述蕩爲灰燼。晚年課蒙自給，卒以窮死。法裔仰青嶼爲刻燼餘稿，亦其鱗爪而已。[②]

由其内容知，《晚晴簃詩匯》祇是在開頭轉换了稱呼，删去了"鬚飄飄然有畫意"一句，其餘均來自《兩浙輶軒續録》，此種取材，如若因黄鶴入選時金兆蕃尚無《道家詩紀》一書尚可理解，但從選詩來看，事實并非如此，以下將此三書選録黄鶴詩歌的情况列舉如下：

表七 《兩浙輶軒續録》《晚晴簃詩匯》《道家詩紀》選録黄鶴詩歌對比

書名	所選録的黄鶴詩歌
《兩浙輶軒續録》	《題顧菉厓山居讀書圖》《雲墟山房納凉同胡葑塘作》
《晚晴簃詩匯》	《題顧菉厓山居讀書圖》《雲墟山房納凉同胡葑塘作》《雪霽呈助教先生》
《道家詩紀》	《題顧菉厓携笻泰岱圖》、《顧菉厓東皋蠶月圖》、《題顧菉厓山居讀書圖》、《朝真詩》三首、《龍虎山閑眺》二首、《送仙潭友人》、《歲暮湖泛》、《金鼓洞》二首、《尋金果泉兼訪雲巢道友》、《紫龍山》、《觀音巖》、《呈宋茗香助教大樽》二首

① 張謙：《道家詩紀》，載《上海圖書館未刊古籍稿本》編輯委員會編《上海圖書館未刊古籍稿本》第六十册，第二三八頁。

② 徐世昌著，傅卜棠編校：《晚晴簃詩話》，第一四五五頁。

《晚晴簃詩匯》所選《雪霽呈助教先生》即《道家詩紀》中《呈宋茗香助教大樽》二首（其一），這説明金兆蕃在選取黄鶴的相關材料時并非未見《道家詩紀》。并且從選詩的角度來看，《呈宋茗香助教大樽》二首詩風詩意也有明顯不同，其一塑造了一位在叢林掩映的桂館中彈琴著書的隱者形象①，與之相比，其二詩境更爲開闊壯觀，詩歌從雪散大江，蒼茫一片起筆，描述了一位遥思灞橋、飲酒傳法的老者形象。②金兆蕃編撰黄鶴詩話時突出其文藝修養，又參考《道家詩紀》選録表現其清修的隱者形象的作品。因此，由黄鶴的詩話與選詩來看，即使在材料充分的情况下，金兆蕃選取材料時仍以表現人物的清修、文藝修養爲主，而對道士受法修道的經歷并不十分關注。

增補相關材料是金兆蕃在自我觀念下構築詩人形象的體現，那麽對道教中常見之神仙靈異事件的捨弃更可反映出金兆蕃對宗教神秘色彩的抵觸。道士郭長彬（字去勝），《道家詩紀》中載其詩話：

按《續檇李詩系》胡雲佇曰：去勝母夢吕祖授桃，食之而生。年十三從邑廟許自修爲徒。及長，受穹窿施諒生正法，游句曲龍虎山，得五雷法，歷著奇驗，訪道名山，踪迹遍天下。至京師栖白鶴道院，爲邱長春蟬蜕之所。去勝起道場於院中，四十餘日將满，忽易新衣巾，沐浴焚香，端坐而逝，拜者接踵。豫親王親至，爲合龕以葬，題曰“拂袖白雲”，張京江相國顔曰“長春接軌”。後弟子孫楚鶴迎龕南歸，啓之，顔色如生，仍葬於松麐道院後。③

金兆蕃爲郭長彬撰寫詩話，完全取材於《道家詩紀》，《晚晴簃詩話》載：

去勝年十三入道，訪道名山，踪迹遍天下，至京師，栖白鶴道院，院爲丘長春蟬蜕之所，去勝起道場於院中，四十餘日將满，忽易新衣巾，沐浴焚香，端坐而逝。京江張文貞題其龕曰“長春接軌”。後弟子孫楚鶴迎龕南歸，啓之，顔色如

① 全詩作：隔林桂館隱，翹企曉光微。笛弄梅初綻，琴彈雪正飛。著書窺妙理，問字露元機。脚疾時能愈，來尋叩石扉。載《上海圖書館未刊古籍稿本》編輯委員會編《上海圖書館未刊古籍稿本》第六十册，第二四六頁。

② 全詩作：雪散大江空，蒼茫見海東。晴光開講席，寒色倚詩翁。野麥欣含白，庭梅喜吐紅。灞橋真趣在，領略酒杯中。載《上海圖書館未刊古籍稿本》編輯委員會編《上海圖書館未刊古籍稿本》第六十册，第二四六頁。

③ 張謙：《道家詩紀》，載《上海圖書館未刊古籍稿本》編輯委員會編《上海圖書館未刊古籍稿本》第六十册，第一七——一八頁。

生，仍葬於松麐道院後。[①]

《道家詩紀》對郭長彬一生從出生、受法、訪山到蟬蛻的記載非常詳細，金兆蕃對其進行了整合概括，當然概括之法是金兆蕃撰寫小傳的常用之法，但值得注意的是，此條詩話金兆蕃完全捨弃了郭長彬出生與受法（引文中加着重號處）的經歷。據《道家詩紀》載，郭長彬是其母"食桃受孕"而生，這顯然并不合理，但類似記載在道書中常常有之，如道士張守真，其母吴氏"嘗夢畀以仙果，曰：汝食之，生子當主陽平治都功印"[②]。又道士蘇耽，其母李氏"因江中浣帛，觸沉木而感孕焉"[③]，但金兆蕃拋開道教外衣，對"食桃受孕生子"一事不予選用，當然，這也符合《晚晴簃詩匯》"故國鄉聞，不取野語"[④]的編纂原則。"食桃受孕生子"尚爲荒誕之鄉間野語，完全捨弃郭長彬作爲道士受法籙的經歷却未免過於嚴苛。

《晚晴簃詩匯》凡例載選録道士的標準："明末遺民，率遁方外，朱躅之歌，流衍浸廣。雍乾以還，人慕風雅，道釋依附，篇翰繁興，而弋名者衆，抉擇宜嚴，取其清修自好，不墜宗風者。"[⑤]金兆蕃選録道士以"清修"爲上，尤重孝行，選録的道詩也多具有清新、淡雅的文人詩特質，而對表現人物灑脱不羈的性情之作，以及明顯帶有道教神秘色彩的詩歌不予録用。如道士黄合初，《道家詩紀》詩話中稱其詩"不假雕飾，天然入妙"[⑥]，收詩五十首。《晚晴簃詩匯》從中選録十首，即《飛雲洞》《諸葛洞》《龍馬潭》《丈人觀》《由上元宫之趙公山訪丈人村》《泰清宫觀雲氣烹茶放歌》《灌口場望迎仙閣》《入山》《春日過萬里橋》《贈琴引》，這十首詩無一不體現着道士隱居清修的特點。如《諸葛洞》：

滿耳灘聲吼，輕舟不可留。爲收諸葛米，來拜武鄉侯。洞古千年雪，林深五月秋。此間結廬住，補種竹清修。[⑦]

---

① 徐世昌著，傅卜棠編校：《晚晴簃詩話》，第一四五五頁。

② 趙道一：《歷世真仙體道通鑑》卷一九，《道藏》第五册，文物出版社、上海書店、天津古籍出版社聯合出版，一九八八年，第二一二頁。

③ 趙道一：《歷世真仙體道通鑑》卷一一，《道藏》第五册，第一六八頁。

④ 徐世昌著，傅卜棠編校：《晚晴簃詩話》，第一五三〇頁。

⑤ 徐世昌著，傅卜棠編校：《晚晴簃詩話》，第一五二九頁。

⑥ 張謙：《道家詩紀》，載《上海圖書館未刊古籍稿本》編輯委員會編《上海圖書館未刊古籍稿本》第六十册，第三二六頁。

⑦ 徐世昌：《晚晴簃詩匯》卷一九四，退耕堂本。

諸葛洞又名瓮蓬洞，位於貴州省施秉縣舞陽河入口處，對面爲武侯祠。諸葛洞處水流湍急，汹涌澎湃，浪聲如雷。詩人雖因收“諸葛米”而來，但此處灘聲震耳，實在不宜清修，故詩人直言“不可留”，而願意結廬於叢林掩映的千年古洞中“種竹清修”。如此，詩中道士“清修自好”的形象展現無遺。其他又如《飛雲洞》之“文成遺碣在，讀罷暮烟浮”，《春日過萬里橋》之“偶逢江上侶，招我著漁蓑”，即使“烹茶放歌”，所聞也是“茶罷天風吹颯颯，好聽松梢萬葉吟”[①]，由此無一不體現着道人隱居避世、清修自好的品行。但將這十首詩與《道家詩紀》所載之五十首詩相對比，會發現這五十首詩并非完全以“清修”貫之。

《道家詩紀》中未被金兆蕃選録的四十首，其中不排除因詩歌本身非“佳作”的原因，但仔細比較，這四十首大致可分爲三類，其一爲詩人與友人酬唱之作，其二表現詩人灑脱不羈之作，其三帶有金丹、仙境等道教色彩的作品。酬唱應和之作多類文字游戲，不予入選尚在情理之中，但其二、其三中也不乏佳作。如《南廣》：

凌晨一棹破烟波，怪石粼粼聚澗阿。山色蒼茫横遠黛，灘聲激越吼鳴鼉。忽聞笛弄前村晚，又聽船喧上水歌。我卧緑楊沽酒店，有人笑指醉顔酡。[②]

與上引《諸葛洞》中詩人結廬千年古洞、種竹清修的形象不同，《南廣》中詩人對村中的笛音、水上漁歌乃至嘶吼的灘聲并不反感，反而悠然醉卧酒家，還被人“笑指醉顔酡”，此種灑脱不羈的形象顯然與道士“清修自好”的原則不符，故不予選録。但從全詩來看，詩歌寫景由遠及近，動静結合，“破”“聚”“横”字的使用更是以擬人化的手法化静爲動，使得整個畫面富有生機活力，視爲佳作亦不爲過。

除了不符合“清修”的原則，對帶有丹藥、修仙、天境等類似詞匯的作品，金兆蕃也多不予選録，如表達詩人希望與友人早日脱凡成仙的《别知止道人》“此後神交齊努力，相期凡骨换金丹”，又《泊洞庭湖》“今宵明月下，横笛學飛仙”，又向友人勸酒的《雪中登上關頂贈知止道人》“我今赤脚躡琉璃，直上高峰訪仙客。天公游戲何神奇，瞥眼飛花快清適。酌君一斗君勿辭，且看滄海皆瑶池。瑶池之仙日醉卧，君獨不飲

① 徐世昌：《晚晴簃詩匯》卷一九四《泰清宫觀雲氣烹茶放歌》，退耕堂本。
② 張謙：《道家詩紀》，載《上海圖書館未刊古籍稿本》編輯委員會編《上海圖書館未刊古籍稿本》第六十册，第三二八頁。

將何爲”[①]，因充滿對仙境瑶臺的描述與詩人快意灑脱的氣息，也未入選。如此來看，金兆蕃選録道詩以體現道士清修自守爲標準，對帶有金丹法術、神仙天境等道教色彩的作品有意避之，由此，如若抛開作者的道士身份，將《晚晴簃詩匯》所選道詩視爲中國傳統文人詩似乎亦不爲過。

由上，《晚晴簃詩匯》選録道士以具有清修的品性爲標準，在具體編撰詩話時注重突出道士的文學與藝術修養，載録相關事迹尤其突出忠孝之行，而對修道受法的經歷不甚關注，對傳統道書中經常出現的靈異事件的記載也以荒誕野語視之，選録道詩更以表現詩人清修自好自守爲原則，因此《晚晴簃詩匯》所載道詩道教色彩并不突出。這與《晚晴簃詩匯》選録道士的原則有關，同時也與具體編纂人員金兆蕃個人的編選理念有很大關係。金兆蕃爲光緒舉人，曾任内閣中書，北洋政府建立後入清史館，參與編修清史，後在徐世昌的組織下先後參與編纂《晚晴簃詩匯》《清儒學案》，可見其所踐行的正是儒家正統之路，這種理念也使其在編選道詩時不可避免地將固有的儒家本位思想融入其中。

結　語

作爲目前規模最大的一部清詩總集，《晚晴簃詩匯》所保留的清詩文獻及作者小傳與詩話具有巨大價值，是現今學者進行清代詩文研究不可忽視的重要作品。隨着相關材料的不斷出現，目前學界對《晚晴簃詩匯》的編纂人員、成書過程、編纂底本及編選理念等多有研究，但針對《晚晴簃詩匯》道詩部分的編選時間及過程、編纂材料來源等相關問題學界鮮有關注。筆者通過梳理徐世昌相關日記及信札，金兆蕃與曹秉章、張元濟之間往來信札等資料，基本上考證出了《晚晴簃詩匯》兩卷道詩的編選時間與編纂過程。從這一過程中得知，《晚晴簃詩匯》道詩部分并不存在於一九二九年初刊樣本上，其具體編纂時間在一九二九年二月至五月間，并且基於張元濟提供的材料，經歷了從一卷到兩卷的擴充，這一擴充主要是金兆蕃通過張元濟提供的《道家詩紀》完成的。

《晚晴簃詩匯》一書成於衆手，選録標準不一，編纂過程又極其複雜，因此很多問題不能一概而論，本文中筆者僅以其道詩爲主體，通過文本對比的方法以求還原其具體編纂的過程，這一過程由金兆蕃通過對《道家詩紀》中的材料進行一系列的取捨、

① 按：本段所引詩句均出自《道家詩紀》黄合初條下，載《上海圖書館未刊古籍稿本》編輯委員會編《上海圖書館未刊古籍稿本》第六十册，第三二九頁。

合併、轉述、歸納等方式來完成。并且在材料的選取與組織過程中，金兆蕃有意識地對《道家詩紀》中的材料進行了取捨，摒弃其中帶有明顯道教色彩的成分，而取其符合《晚晴簃詩匯》“清修自好”[①]編纂原則的材料，由此構造符合自己編纂思想的道士形象，因此，受作爲傳統知識分子的金兆蕃固有的儒家本位思想的影響，《晚晴簃詩匯》兩卷道詩的道教色彩并不濃重。

歷史上受各種主客觀因素的制約，道教的總體發展狀况及相關文獻的保存與佛教相比較爲遜色，反映在詩歌總集的編纂上便是羽流之詩或與釋家雜糅，或處於其從屬地位，更有甚者不予收録。清代沈季友《檇李詩系》是一部專門收録嘉興地區的地方性詩歌總集，收詩範圍自前漢以迄清朝初年，凡四十二卷，卷三〇至三二收録方外之人，其中釋道雜糅，且道士數量遠不及僧人。[②]後胡昌基續之，成《續檇李詩系》四十卷，其卷三九、卷四〇專收方外之詩，凡八十家，先列釋子六十一家，次道士十七家，末尼兩家。[③]每家之下附小傳與詩話，收詩一至二首，多者也僅五首，這遠不及《晚晴簃詩匯》每家之下所收道詩的數量，并且《晚晴簃詩匯》在編纂上不僅將羽流之詩專列二卷，并置於釋家之前，這不僅打破了道詩的從屬身份，也體現出編纂者對中國本土宗教的重視。因此，可以説《晚晴簃詩匯》兩卷道詩雖有讓人詬病之處，但終瑕不掩瑜，是研究清代道士及其詩作不可忽視的重要材料。

（作者單位：華東師範大學古籍研究所）

① 徐世昌著，傅卜棠編校：《晚晴簃詩話》，第一五二九頁。

② 參見沈季友：《檇李詩系》卷三〇至卷三二，四庫本。

③ 按：《續檇李詩系》四〇卷，清宣統三年（一九一一）刻本，卷三九全列僧人，卷四〇僧人之下附羽流十七家，尼兩家，此可以看出在此書編纂上道詩處於從屬地位。

“空同靈瓜”考*

張夢如

内容摘要：中國傳統博物學所含知識極爲豐富，其中來自方士傳統、佛道文獻中的仙品名物是其重要來源，“空同靈瓜”正是一個代表名物。“空同靈瓜”在上清經文與六朝小説這兩類文本中的交互呈現，其原型爲“葫蘆”，是道教混沌宇宙觀的産物，蘊含宇宙初始創生及世界衰敗傾頽的兩極，具有救贖渡人的偉大靈力。“空同靈瓜”的複雜内涵折射出這一博物知識背後所關聯的多種學科，如天文學、宇宙論、植物學、宗教觀等。本篇個案研究試圖回應構建中國傳統博物學的重要問題，即如何將其藴藏的多種傳統知識與現代學科知識接榫以及這一知識於士人群體之中如何書寫與傳播。

關鍵詞：空同靈瓜；上清經派；小説；博物學

中國傳統博物學有待系統整理與闡釋，這將有助於多種學科知識體系的分辨與構建。目前學界對於中西博物學的異同之處以及“博物學”（Natural History）一詞於譯介過程中呈現的概念邊界已有相當研究。[①]據余欣、周金泰所指，本土博物學的廣義内

---

* 本文爲筆者博士論文《北天極的投射：上清經文中的空間構建》（二〇二四）第四章“宇宙山：空同與空山”之附篇《空同靈瓜考》的深化，是筆者關於中國宇宙山的系列研究之一，主要研究包括：空同即崑崙、以北天極爲中心的古代天文觀在漢末魏晋道經中的延續與創造性演變。除了博論，筆者所撰與本文相關的論文還有：《“空同”與“空山”：上清經中的互文性隱喻》，《臺大中文學報》二〇二四年第八五期，第四七—九〇頁；《從空同看崑崙的漢代“增義”》，《中國文學與宗教的言、意、象》，萬卷樓圖書公司，二〇二五年（待刊）。本文曾發表於中山大學歷史系、博雅書院主辦的亞洲史工作坊第九期“亞洲史中的科學、知識與技術”（二〇二四年九月），獲洪綿綿教授評議，亦獲王釗教授、沈宇斌教授、張楠教授批評指正，在此深表感謝。本文緣起得益於土屋昌明教授推薦閱讀書目，撰寫過程獲業師陳偉强先生悉心指導，又蒙羅寧教授惠賜寶貴建議，於此特致謝忱。

① 余欣、周金泰：《博物學與 Natural History：東西方知識傳統的構造》，《歷史研究》二〇二三年第一期，第一六七—一八八頁。西方博物學發展史之介紹，見劉華杰主編：《西方博物文化》，北京大學出版社，二〇一九年。

涵指“博識洽聞，通曉萬物，知道常人所不知的知識”，特别包括“山川地理、珍禽異獸、神話傳説、歷史逸聞、神仙方術等多類知識，尤以偏、怪、異等常見典籍‘所不載者’爲主”[①]。這類知識并非屬於自然客觀之物，不少是祥瑞精怪一類的虚擬物。特别是六朝佛道興盛，不同宇宙觀下，生死輪迴、求仙訪藥、海外奇談等觀念與行徑極大地促進并豐富了博物知識體系。在衆多博物知識中，本文選取東晋上清派經文與其同時代小説《拾遺記》中的交互名物——空同靈瓜——爲研究對象，[②]并從傳統博物學知識清理的角度，探討“空同靈瓜”的前世今生。换言之，筆者不會僅停留在名物所屬的文獻條目整理階段，而是積極探求此物背後關涉的思想觀念與具體傳統學科，即“空同靈瓜”所藴藏的中國古代天文學之“蓋天説”、宇宙論、植物學、宗教觀等相關知識。此番具體而微的探求是一次個案嘗試，即嘗試面嚮中國傳統博物學研究的下一步——回到歷史場景，從博物知識中分化并萃取現代學科知識，以期重構本土多種學科體系。本文將探討如下問題：“空同靈瓜”的命名之由與内涵及其由此分辨出的多種學科知識；從不同文獻類别觀察并思考六朝士人如何書寫與傳播作爲博物知識的“空同靈瓜”。

一、“空同靈瓜”的由來及文獻載録情況

“空同靈瓜”爲難得一見的助人長生久視的靈丹妙藥，其産地或可服食此瓜的地點遍布四方。“空同靈瓜”始見於《拾遺記》，[③]作“崆峒靈瓜”[④]。《拾遺記》的作者王嘉（？—約三九〇）爲東晋時前秦隴西安陽（今甘肅渭源）方士，其小説取材標準反映了非常濃厚的道教意味。據王嘉所録，漢明帝（五七—七五年在位）愛姬陰貴人夢食靈瓜，明帝爲其尋瓜而求諸方國，後得敦煌獻禮：

---

① 余欣、周金泰：《博物學與 Natural History：東西方知識傳統的構造》，《歷史研究》二〇二三年第一期，第一七一—一七二頁。

② 上清經是由仙真飛降到筆録者的居室，以口傳的方式降授經文，再由筆録者寫出。學界一般將東晋興寧年間（三六四 — 三七〇）這場持續多年，發生於今江蘇省句容茅山的上清仙真降經運動，稱爲“茅山降經”。有關上清派的創教細節與經過，見 Michel Strickmann(司馬虛), “The Mao Shan Revelations: Taoism and the Aristocracy,” *T'oung Pao* 63 (1977): 1-64。

③ 《拾遺記》所載石虎燋龍至石氏破滅，此事在東晋穆帝永和六年（三五〇）之後，可知是書成書在三五〇年之後。見王嘉撰，蕭綺録，齊治平校注：《拾遺記》卷九《晋時事》，中華書局，一九八一年，第二一八—二一九頁。

④ “空同”爲聯綿詞，字音表義。“空同”即“崆峒”，其他文獻中又作“空洞”“空桐”“空峒”“倥侗”。參符定一編：《聯綿字典》午集，中華書局，一九四六年，第三二六—三二七頁。

> 後漢明帝陰貴人夢食瓜甚美。帝使求諸方國。時敦煌獻異瓜種，恒山獻巨桃核。瓜名“穹隆”，長三尺，而形屈曲，味美如飴。父老云：“昔道士從蓬萊山得此瓜，云是崆峒靈瓜，四劫一實，西王母遺於此地，世代遐絶，其實頗在。”[①]

這則故事介紹了“崆峒靈瓜”產自敦煌，名“穹隆”。除了外形、口感、[②]生長周期，最重要的是説明了此瓜的由來——道士從東方蓬萊仙山得此瓜，再經由西王母之手遺留在西部敦煌，得以綿延不絶。這則記載奠定了上清經系和其他後世文獻對於“空同靈瓜”的基本認識，後世文獻中涉及“空同靈瓜”的基本故事元素幾乎都來自《拾遺記》，例如西王母作爲故事主人公、“空同靈瓜”的生長周期爲“四劫一實”。[③]

人們對於“空同靈瓜”可令人長生不老的認知來自上清經。雖然王嘉與上清派筆録者楊羲（三三〇—三八六）幾乎生活在同一時代，但二人的活動範圍相距千里。[④]然而千里之遥的物理距離，却不能阻隔“空同靈瓜”成爲上清經與《拾遺記》的交互名物。上清内傳和顧歡（四二五？—四八八？）所整理的《道迹經》都記載了服食“空同靈瓜”的奇效。首先“空同靈瓜”與《南嶽夫人内傳》（下簡稱《魏傳》）關係緊密。[⑤]

---

① 王嘉撰，蕭綺録，齊治平校注：《拾遺記》卷六《後漢》，第一四一頁。本文獨立引文中括弧内文字爲筆者增補，或爲常用正體字，或補充文獻信息。

② 不同於《拾遺記》記載靈瓜“味甜如糖飴”，上清仙歌中所陳述的靈瓜“味若日月光”。東晉道經《高上玉宸憂樂章》（HY 1445）有詩云：“靈瓜自可宴，味若日月光。”《道藏》第三十三册，文物出版社、上海書店、天津古籍出版社，一九八八年，第七七八 A 頁。唐代道經《上清諸真頌章》（HY 608）亦載，《道藏》第十一册，第一四七 A 頁。以上兩部道經成書時代分見：Isabelle Robinet(賀碧來), “*Gaoshang Yuchen Youle zhang* 高上玉宸憂樂章,” Kristofer Schipper and Franciscus Verellen, eds, *The Taoist Canon: A Historical Companion to the Daozang* (Chicago: University of Chicago Press, 2003), p.168 ; Robinet, “Shangqing zhuzhen zhangsong 上清諸真章頌,” Schipper and Verellen, eds, *The Taoist Canon*, pp.625-626。

③ “四劫”是佛教時間概念，包括“成劫”“住劫”“壞劫”“空劫”，是指世界生成到隕滅的漫長時間過程。後文詳論。歐陽詢輯，汪紹楹校：《藝文類聚》卷八《果部下·瓜》：“武仙山上藥，有云靈瓜，四劫不實。”上海古籍出版社，一九八二年，第一五〇三頁。僅此一處“四劫不實”，“不”應作“一”。且據小字注文可知此條文獻與《太平御覽》中所載《漢武帝内傳》的相應内容相似，所描述的正是“空同靈瓜”。

④ 楊羲因接受許氏供養，其人在丹陽郡句容縣茅山（今江蘇句容）録寫上清經文并參與其他宗教事務。許氏爲江南土著士族，家主許謐（三〇五—三七六），其子許翽（三四一—三七〇）。許氏的求仙活動見都築晶子著，宋金文譯，張北校：《關於南人寒門、寒士的宗教想象力——圍繞〈真誥〉談起》，載劉俊文主編《日本中青年學者論中國史（六朝隋唐卷）》，上海古籍出版社，一九九五年，第一七七—一八一頁。

⑤ 目前學界認爲《魏傳》的作者爲楊羲，此傳成書於興寧二年至三年（三六四—三六五）。王家葵認爲《魏傳》成書於興寧初年（三六三），見氏著：《陶弘景叢考》，齊魯書社，二〇〇三年，第一六一頁；羅寧、武麗霞認爲應在興寧二至三年（三六四—三六五），見氏著：《〈南嶽夫人内傳〉、〈南嶽魏夫人傳〉考》，《漢唐小説與傳記論考》，巴蜀書社，二〇一六年，第三七八頁；張超然認爲成書於興寧二年，見氏著：《系譜、教法及其整合：東晉南朝道教上清經派的基礎研究》，博士學位論文，臺灣政治大學，二〇〇八年，第一七七頁。

《魏傳》中并未以“空同靈瓜”稱之，而是以“靈瓜”簡稱。雖然此傳亡佚，但不少内容屢屢被唐宋文獻徵引：

> 《南嶽夫人内傳》曰：“夫人姓魏，名華存，性樂神仙。季冬之月，夜半清明，有真人至静室，陳玄室紫柰，降（絳）實靈瓜。”[①]
>
> 《南嶽夫人内傳》曰：“夫人姓魏，名華存，性樂神仙。季冬之月，夜半清明，有四真人并可年二十餘，天姿秀穎，至静室，因設酒肴，陳玄紫撩（棕）絳實靈瓜。[②]

上述兩段文字相近，第一則文獻出自《初學記》，考慮《初學記》成書時間較早爲唐初文獻，其内容當是依據六朝時尚未失傳的《魏傳》所録，而非後來的改寫本，[③]因此“絳實靈瓜”爲《魏傳》原文確爲可信。顔真卿（七〇九—七八五）於大曆三年（七六八）所作《晋紫虚元君領上真司命南嶽夫人魏夫人仙壇碑銘》（簡稱《魏夫人仙壇碑銘》），其結尾四字銘文中，也出現了“靈瓜”，即“野鹿銜藕，靈瓜吐根”[④]。以上文獻説明《魏傳》中，魏夫人華存（二五二—三三四）與四真人宴飲時，“靈瓜”是標志性食物。在後世文獻中，魏夫人與靈瓜的關係被轉化爲霍山司命府産靈瓜，[⑤]而霍山正是魏夫人的轄區。[⑥]

> （《洞冥記》）：“霍山下有洞臺，司命君府也。中有神盤瓜，靈瓜，食之者

---

① 《初學記》成書於開元十六年（七二八）。徐堅等編：《初學記》卷二八《果木部·瓜》，中華書局，二〇〇四年，第六八五頁。

② 《太平御覽》成書於太平興國八年（九八三）。李昉等編：《太平御覽》卷九七八《菜茹部三·瓜》，中華書局，一九六〇年，第四三三五A頁。括弧及括弧内文字爲筆者所加，以辨訛誤。

③ 羅寧、武麗霞認爲《初學記》所引爲六朝本《魏傳》，見氏著：《〈南嶽夫人内傳〉、〈南嶽魏夫人傳〉考》，《漢唐小説與傳記論考》，第三八三頁。張超然綜合前人研究，整理出《魏傳》有《太平廣記》和《太平御覽》兩個系統，共計二十七個版本，具體參閲張超然：《系譜、教法及其整合：東晋南朝道教上清經派的基礎研究》，博士學位論文，臺灣政治大學，二〇〇八年，第一八二—一八三頁。

④ 董誥等編：《全唐文》卷三四〇《顔真卿五》，中華書局，一九八三年，第三四五四頁。

⑤ 霍山是六朝時王朝轄域内唯一可以官方祭祀的隸屬於五嶽的名山。霍山，一指長江、淮水邊的天柱山；二指會稽赤城山（天台山别峰）。小南一郎著，孫昌武譯：《中國的神話傳説與古小説》，中華書局，一九九三年，第三〇六頁。

⑥ 《南嶽夫人内傳》：“（魏華存）位爲南嶽夫人……使治天台大霍山洞臺之中。”陶弘景撰，閭丘方遠校訂，王家葵校理：《真靈位業圖校理·第二·女真位》，中華書局，二〇一三年，第六八頁。

至玄也。”[①]

這則文獻疑似《洞冥記》佚文，[②]今本不載，但因保存在初唐類書《藝文類聚》（成書於六二四年）中，筆者推定其所依據爲六朝原本。此外，北宋初年的兩部大型類書中也有類似記載，但其所據文獻并非《洞冥記》，而是《黄庭内景玉經注》（HY 401），然今本不載，疑似佚文。[③]其次，北周類書《無上秘要》（HY 1130）保留了一則與《魏傳》成書時代相近的文獻，應出自顧歡搜集楊許道經手迹而編纂的《道迹經》，其名曰《仙果道迹經》，[④]文中瓜名爲“空洞靈瓜”，生長周期依然爲“四劫一熟”與《拾遺記》同：

> 復北登空洞之嶺，見北華真公四華仙人，[⑤]食空洞靈瓜，其瓜四劫一熟。右出《仙果道迹經》。

這裏需要我們特别留意的是“空洞靈瓜”生長或見於位於北方的“空洞之巔”[⑥]，“空洞之巔”就是空同山（後文詳述）。這和《拾遺記》所載原産自東方蓬萊有異。最後，晚於楊羲接受降經（三六四—三七五）之後所産生的《漢武帝内傳》（HY 292），[⑦]是

① 歐陽詢輯，汪紹楹校：《藝文類聚》卷八七《果部下·瓜》，第一五〇四頁。

② 《洞冥記》又名《漢武洞冥記》或《漢武别國洞冥記》或《漢武列國洞冥記》，舊題東漢郭憲作。康達維（David R. Knechtges）認爲《洞冥記》是中古早期的作品，因爲此書所記載的事件發生於郭憲逝世之後，其作者可能是郭璞（二七六—三二四）或者是蕭繹（五〇八—五五五）。David R. Knechtges, “Han Wu Dongming Ji 漢武洞冥記,” David R. Knechtges and Taiping Chang eds, *Ancient and Early Medieval Chinese Literature : A Reference Guide*, Part One, (Leiden, Boston : Brill, 2010) , pp.347-348. 托馬斯·史密斯（Thomas E. Smith）指出《洞冥記》包含上清經《真誥》的内容，且最早被引用於七世紀的文獻，故推斷其成書於六世紀。Thomas E. Smith, “Dongming Ji 洞冥記,” Fabrizio Pregadio ed, *The Encyclopedia of Taoism*, (London, New York : Routledge, 2008), pp.367-368.

③ 李昉等編：《太平御覽》卷九七八《菜茹部三·瓜》：“《太上黄庭内景經注》曰：‘大霍山下有洞臺，司命君之府也。中有神靈瓜，食之者，至玄也。’”第四三三五A頁；樂史撰，王文楚等點校：《太平寰宇記》卷一二九《淮南道七·壽州·六安縣》：“霍山，一名衡山，一名天柱山，在縣南五里。……《黄庭内景玉經》云：‘霍山下有洞，方二百里，司命君之府也。’有西北東南二門，其中有五香芝、飛華、金瓶之寶，神蟾靈瓜，食之者長年。”中華書局，二〇〇七年，第二五五三頁。

④ 這則文獻之後所録文獻出自《真迹經》，故認爲《仙果道迹經》就是與《真迹經》同一作者的《道迹經》。

⑤ 《洞玄靈寶真靈位業圖》（HY 167）中未載“北華真公”“四華仙人”，他們未被陶弘景納入上清仙真譜系。

⑥ 空同位於北方，詳見後文。

⑦ 施舟人 (Kristofer M. Schipper) 認爲《漢武帝内傳》成書於楊許降經之後（三六四—三七五），是六朝時的作品，但不晚於《玉臺新咏》成書之前（成書於五三四年或五四八年）。Schipper, “Han Wudi Neizhuan 漢武帝内傳 , ” Schipper and Verellen, eds, *The Taoist Canon*, pp.115-116.

中古道教的著名文本，其内容多見於六朝末至唐代文獻。其中也出現了“空洞靈瓜”：

> 王母曰：“將告女要言。我曾聞天王曰：‘夫欲長生者，宜先取諸身，但堅守三一，保爾旅族。……空洞靈瓜，四劫一實。……食之，後天而老。此太上之所服，非中仙之所保。’”
>
> 王母乃告上元夫人曰:“……後造朱火丹陵，食靈瓜，其味甚好。憶此未久而已，七千歲矣。”①

這兩則材料的主人公都是西王母，呼應《拾遺記》中的西王母。“空洞靈瓜”是天王所列舉的種種奇珍異寶之一，食後令人長生不老。但受到六朝嚴格的仙真位階限制，②此瓜衹可太上仙（即天仙）服食，中仙及其以下不可食用。相較於《拾遺記》中靈瓜可供人間帝王的愛姬服用，《漢武帝内傳》的叙事明顯更加仙道化，提升了服食靈瓜的門檻，同時亦爲靈瓜增加了與凡俗無緣、虚幻縹緲的意境。但是此瓜生長周期始終未變，還是“四劫一實”。靈瓜生長周期長，但果實稀少，一次衹結一顆。不過第二則材料中增添了新的信息，西王母曾於七千年前在朱火丹陵服食靈瓜。朱火丹陵是上清經派宗教世界中的南方空間，是地表之上尸解仙煉化成真之地。③至此，靈瓜産地或服食之地共計六處（見表一）。

表一 “空同靈瓜”産地/服食之地

地名	方位	所出文獻	文獻性質	産地/服食之地
蓬萊山	東	《拾遺記》	小説	産地
敦煌	西	《拾遺記》	小説	産地
魏夫人静室（河南修武縣）	中原	《南嶽夫人傳》	上清内傳	服食之地
霍山司命府	江南	《洞冥記》出自《初學記》	小説	産地
空洞之巔	北	《仙果道迹經》出自《無上秘要》	上清經	産地/服食之地
朱火丹陵	南	《漢武帝内傳》	上清内傳	服食之地

① 《漢武帝内傳》，《道藏》第五册，第四九 B、五二 B—五二 C 頁。

② 六朝道教形成了包含天仙、地仙、尸解仙的神仙三品説。對於三者所修道行、成仙類型、游歷仙境皆有規定。此處的“太上”“中仙”即天仙、地仙。服食靈瓜的天仙可上升紫府及三清天。參李豐楙：《神仙三品説的原始及其演變——以六朝道教爲中心的考察》，《仙境與游歷：神仙世界的想象》，中華書局，二〇一〇年，第四五頁。

③ 在上清經派死而復生的宗教理念中，逝者經由天上南宫煉化成仙，再進入朱火丹陵受煉爲真人。此處由龔仲陽、龔幼陽兄弟治理，他們由青童君授予《太微靈書紫文仙忌真記上經》（HY 179）。

上述靈瓜産地及供凡人或仙人服食之地分布甚廣。除了與魏夫人密切相關的修武縣静室和南嶽霍山司命府，“空同靈瓜”主要來自四方之地，這些地區都與仙人有着千絲萬縷的關係。甚至在《魏傳》的叙述中，服食靈瓜後魏夫人也飛升成仙。爲何“空同靈瓜”具有如此靈力？從“空同靈瓜”的命名之由出發，如何理解以“空同”命名“靈瓜”？却未見以“空同”命名其他果蔬，如常見的仙藥靈植——棗、柰、桃、杏？或者説，“空同”與“靈瓜”所組成的複合名詞有何深意？爲回答上述問題，筆者將先從“空同”談起。

二、空同是宇宙山

“空同”是斗極之下象徵混沌初開的宇宙山（The Cosmic Mountain），[①]此山并非真實存在，而是“蓋天説”天文觀念下的虚擬物。“空同”作形容詞時，指一種類似“道”的狀態，即混沌不分、窈冥茫昧，恍恍惚惚；作爲山名，特指北斗下山。“空同”一詞首見於《莊子・在宥》，黄帝前往“空同”拜謁老子的化身廣成子[②]：

> 黄帝立爲天子十九年，令行天下，聞廣成子在於空同之上（山），故往見之。[③]

羅寧認爲此段所載廣成子對道的形容“至道之精，窈窈冥冥；至道之極，昏昏默默”透露出“空同”的意藴。[④]歷代《莊子》注中，對“空同”相對準確地解釋來自晋人司馬

① 米爾恰・伊利亞德（Mircea Eliade）指出宇宙山的兩大特徵，位於大地中央且上端正對北極星，是聯通天地的樞紐。蒙古族、卡爾梅克族、西伯利亞韃靼族、布里亞特族的宇宙山，山頂穿過北極星或山上拴着北極星，甚至印度宇宙學中梅魯山屹立在“世界中心”，山上閃耀着北極星。Mircea Eliade, *Shamanism: Archaic Techniques of Ecstasy*, trans. Willard R. Trask (Princeton: Princeton University Press, 2004), pp.266-269. 中譯本見段滿福譯：《薩滿教：古老的入迷術》，社會科學文獻出版社，二〇一八年，第二六六—二六九頁。“空同”是上清經中的常見語彙，作爲宇宙山是修道者獲得傳法經訣之地，“空同之上”也是上清仙真所駕駛雲輿飛軿的停車場。以上分見拙作：《“空同”與“空山”：上清經中的互文性隱喻》，第四七—九〇頁、《“飛軿”與仙真：降真詩中新出玄游乘具考》，《清華學報》二〇二三年第四期，第六五九—六八四頁。

② 老子之名在不同時代的變遷情況，見吉岡義豐所列“老子變現圖”，其中黄帝時老子又名“廣成子”。見氏著：《道教と佛教（第一）》，日本學術振興會刊，一九五九年，第二四八頁。

③ 郭慶藩集釋，王孝魚點校：《莊子集釋・在宥》，中華書局，二〇一二年，第三七九頁。

④ 羅寧：《玄學與才藻：〈世説新語〉“空洞無物”事義詳説》，《嶺南學報》二〇二三年復刊第十九輯，第九八—九九頁。

彪（？—三〇六）：“當北斗下山也。”[①]陸德明（五五〇？—六三〇）引證《爾雅》云：“北，戴斗極爲空同。”《爾雅》中引述此句的原文語境爲：

> 距齊州以南，戴日爲丹穴；北，戴斗極爲空桐；東，至日所出爲太平；西，至日所入爲太蒙。[②]

這段講述一些遠方之地，其中“丹穴”“太平”“太蒙”都與太陽有關，而最北之地則與“斗極”相聯。[③]“斗極”的具體含義，據邢昺（九三二—一〇一〇）的疏證可知：

> 斗，北斗也。極者，中宫天極星。其一明者，泰一之常居也。以其居天之中，故謂之極。極，中也。北斗拱極，故云斗極。值此斗極之下，其處名空桐。[④]

這是説，北斗圍繞天球中心的天極星而動。天極星是泰一（太一）的居所，也是地球地軸所正對的天穹中心，所有星星都圍繞圓心天極而動。[⑤]“空同”就是古人觀念中位於北斗所拱的天極之下的區域，而且此處呈山狀，但并非實有。

爲了解釋空同是斗極下一座虚擬山，我們需要重新認識北斗。北斗圍繞天極而旋轉的部分被稱爲“斗魁”，剩下的部分則是“斗杓”（見圖一）[⑥]。漢代緯書中對此有明確記載：

---

① 郭慶藩集釋，王孝魚點校：《莊子集釋·在宥》，第三九一頁。

② 阮元校刻：《十三經注疏·爾雅注疏·釋地》，中華書局，二〇〇九年，第五六九〇頁。

③ 成公綏（二三一—二七三）在《天地賦》中亦認爲空同爲極北之地，“東至暘穀，西極泰蒙，南暨丹炮，北盡空同。”《晋書》卷九二《列傳·文苑·成公綏》，中華書局，一九七四年，第二三七三頁。本條文獻由業師陳偉强先生提供，特此致謝。

④ 阮元校刻：《十三經注疏·爾雅注疏·釋地》，第五六九一頁。本條文獻由北京大學中文系趙想博士提供，特此致謝。

⑤ 薛愛華（Edward H. Schafer）指出天穹的中心并没有明顯的標記，但星星都圍繞這個焦點旋轉。Schafer, *Pacing the Void: T'ang Approaches to the Stars* (Berkeley and Los Angeles: University of California Press, 1977) , pp.44-45. 現在的極星是小熊座α，而歷史上中國的天文觀測中充當極星的星星有很多。Joseph Needham, *Science and Civilisation of China: Mathematics and the Sciences of the Heavens and the Earth*, Vol 3, (Cambridge: Cambridge University Press, 1954) ,pp.259-261. 中譯本見李約瑟著，梅照榮等譯：《中國科學技術史》第三卷《數學、天學和地學》，科學出版社，二〇一八年，第二〇〇—二〇六頁。馮時認爲從字義來看，“天樞”的“樞”意爲樞紐，很有可能天樞星曾充當過天極星。但隨着地球的不斷轉動，天樞星不再與真天極重合。馮時：《中國天文考古學》，中國社會科學出版社，二〇一〇年，第八九—九一頁。

⑥ 北斗七星名稱介紹見 Gustave Schlegel(施古德), *Uranographie chinoise, ou, Preuves directes que l'astronomie primitive est originaire de la Chine, et qu'elle a été empruntée par les anciens peuples occidentaux a la sphère chinoise: ouvrage accompagné d'un atlas céleste chinois et grec.* Rpt., (Taipei: Ch'eng Wen Pub. Co, 1967), pp.502-503。

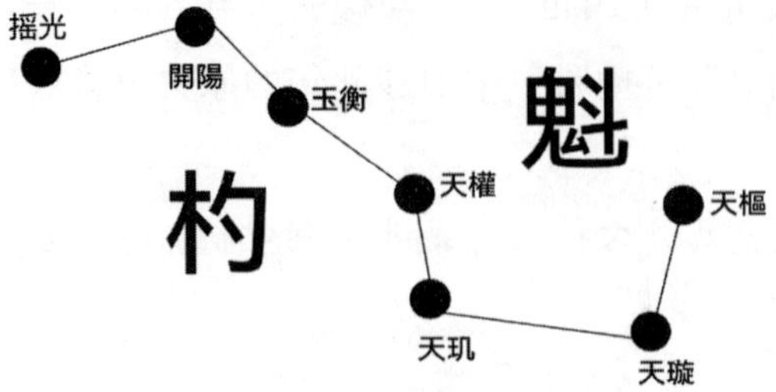

圖一 北斗示意圖

北斗七星，第一天樞，第二旋，第三璣，第四權，第五衡，第六闓陽，第七搖光。第一至四爲魁，第五至第七爲杓，合爲斗。居陰布陽，故稱北。

斗者，天之喉舌。玉衡屬杓，魁爲璇璣。①

由此可知，“斗魁”另名爲“璇璣”，因爲這一區域圍繞天極作周天旋轉。成書於西漢的《周髀算經》多次記載了關於“北極璇璣”的論述：②

欲知北極樞，璇璣四極，常以夏至夜半時北極南游所極，冬至夜半時北游所極，冬至日加酉之時西游所極，日加卯之時東游所極，此北極璇璣四游，正北極璇璣之中，正北天之中，正極之所游……

璇璣徑二萬三千里，周六萬九千里。③此陽絶陰彰，故不生萬物。④

江曉原認爲，“北極樞”是北極星圍繞天極點所畫之圓的圓心，除了指代斗魁，“璇璣”還是天地之間的一個柱狀空間。⑤在《周髀算經》中經常以“極下”來稱呼“璇璣”，二者是同義詞。書中對於“極下”之地，另有解釋：

① 安居香山、中村璋八輯：《春秋運斗樞》，《緯書集成》，中册，重印本，河北人民出版社，一九九四年，第七一三頁；《春秋文耀鈎》，中册，第六六三頁。

② 李約瑟認爲《周髀算經》成書於漢，*Needham, Science and Civilisation of China,* Vol.3, p.20。見李約瑟著，梅照榮等譯：《中國科學技術史》第三卷《數學、天學和地學》，第四四頁。《周髀算經》包含戰國時期的思想内容，但此書集結於西漢晚期（前五〇——一〇〇）。Christopher Cullen, “Chou Pi Suan Ching 周髀算經,” Michael Loewe ed., *Early Chinese Texts: A Bibliographical Guide* (Berkeley: Society for the study of Early China and Institute of Asian Studies, University of California, Berkeley,1993), pp.34-35.

③ 筆者按，《周髀算經》全書圓周率皆取三。

④ 趙君卿注，甄鸞重述：《周髀算經》卷下，《四部叢刊初編·子部》，商務印書館，一九三六年，以上分見第四〇 B—四一 A、四二 A 頁。

⑤ 江曉原：《〈周髀算經〉蓋天宇宙結構》，《自然科學研究》一九九六年第一五卷，第二四五—二五三頁。

極下者，其地高人所居六萬里，滂沲四隤而下。[①]

這説明在天極正下方，有一個高出人類居住地所在地平綫六萬里的地方，并且從最高的尖端中心向四周逐漸下降增粗，到達地平面時，像一個圓錐體。筆者認爲這個地表上之凸起的高六萬里的圓錐體就是古書中常見的、司馬彪所説的"當北斗下山也"的"空同"（見圖二）。[②]

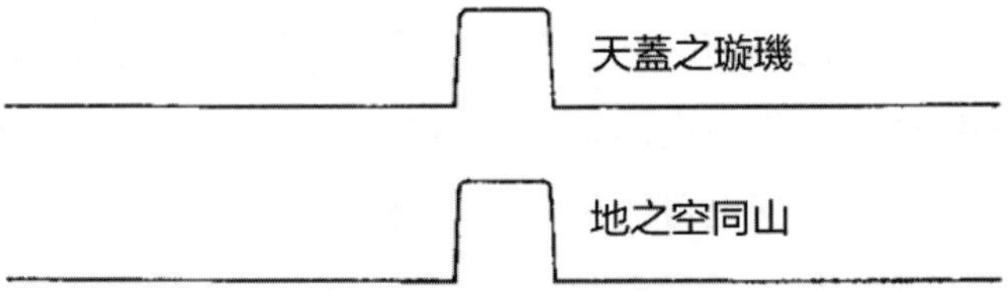

圖二　早期蓋天説所認識的天地剖面圖（上爲天，下爲地）[③]

空同所在之處没有陽光照射，所以萬物不生，但又并非一片死寂。因爲此處之上爲北極星，北極星又是楚地神祇太一的居所，[④]太一是"大道"的别稱。[⑤]太一除了作爲星神，從作爲宇宙本源和終極之物的角度看，"道"即太一。[⑥]斗極之下藴藏宇宙原始創生之力，但此時此地生命尚未具形。

① 趙君卿注，甄鸞重述：《周髀算經》卷下，第三九 A 頁。

② 葛兆光也認爲此處極下高地就是"空同"，見氏著：《衆妙之門——北極與太一、道、太極》，《中國文化》一九九〇年第三期，第四六—六五頁。

③ 馮時：《中國天文學考古》，第九五頁，圖片文字爲筆者所加。

④ 《史記》卷二十七《天官書》："中宫天極星，其一明者，太一常居也。"中華書局，一九八二年，第一二八九頁。

⑤ 許維遹集釋，梁運華整理：《吕氏春秋集釋·仲夏季》："道也者，至精也，不可爲形，不可爲名。彊之爲名，謂之太一。"中華書局，二〇〇九年，第一一一頁。

⑥ 有關太一研究有：錢寶琮認爲"太一"最開始指道，後指星，再後來派生其他概念，見氏著：《太一考》，《錢寶琮科學史論文選集》，科學出版社，一九八三年，第二〇七—二三四頁。葛兆光認爲"太一""北極""道""太極"四者來源相同，是可以互换互釋的概念，見氏著：《衆妙之門》，《中國文化》一九九〇年第三期，第四六—六五頁。李零用出土資料證明了葛兆光的觀點，"太一"在先秦時代就已經具有星、神、終極物三重概念，它們"同出而異名"，見氏著：《"太一"崇拜的考古研究》，《中國方術續考》，中華書局，二〇〇六年，第一五八—一八一頁。馬絳（John S. Major）認爲"太一"是道的一個隱喻，也是星神之名。John S. Major, et al. *The Huainanzi: A Guide to the Theory and Practice of Government in Early Han China*, (New York: Columbia University Press, 2010), p.893.

空同即崑崙，是中華文化中位於斗極之下坐落於地軸之上的宇宙山。[①]雖然空同即崑崙，二者却略有區别。空同是從斗極向地面俯瞰所得，而崑崙則是從大地中央向天確定其位置所在。更重要的是空同山與北斗、斗極、北極星、太一、大道關係密切，是語義相關的同一組辭彙。[②]此外，"空同"與"崑崙""混沌"屬於同一個聯綿詞族，[③]這一語族整體含義爲視之不見、渾然不分、廣袤無垠。[④]這些説明空同山與宇宙創生的初始階段有關，即天地初生時混沌不分，窈冥茫昧，恍恍惚惚的狀態。但同時此處也是生命休憩魂歸之所。[⑤]

上述對於"空同"一詞的正本清源有助於我們認識到"空同靈瓜"有兩種字面含義，且二者可能是重叠複合的。其一，"空同"爲形容詞，指天地初開、混沌不分、冥昧不清、恍恍惚惚的狀態。如果"空同靈瓜"是此含義，則説明此瓜擁有宇宙初創的特性，即生之未形、不清不明，但也可能包含生命終結的意味，是一種類似"道"一樣混沌不分、生死共存的存在。其二，"空同"爲名詞，則説明"空同靈瓜"産自空同山。從空同别名"崑崙"來看，在這座溝通天地的神山之上之所以會圍繞種種不死傳説，是因爲此山位於斗極之下，太一神或道的神性也成爲它的一部分，所以混沌不明的創生特質及其身死魂歸之所的特性都繫於空同一身。因此從這一層含義來説，"空同"作爲形容詞或名詞其根本含義是相通的。在理解"空同"的實質内涵後，現在要進一步探索"空同靈瓜"的本義，而《拾遺記》所載此瓜又名"穹隆"，是我們的突破口。

---

① 空同即崑崙的詳細論述，參見拙作：《從空同看崑崙的漢代"增義"》，《"宗教圖像與中國文學"國際學術研討會會議論文集》，香港浸會大學中國語言文學系，二〇二三年五月，第九八—一一八頁。後收入《中國文學與宗教的言、意、象》，萬卷樓圖書公司，二〇二五年（待刊）。

② 葛兆光認爲"太一""北極""道""太極"四者來源相同，是可以互换互釋的概念，見氏著：《衆妙之門》，《中國文化》一九九〇年第三期，第四六—六五頁。

③ 薛愛華將聯綿詞分成兩大類：名義上的聯綿詞（Nominal binoms）和有迴聲效果的聯綿詞（Echoic binoms）。前者是雙音節名詞，由兩個受限制的音節組成；後者包含叠字、雙聲、叠韵以及以上三種都不屬於的聯綿詞，共四種情况。Schafer, *Combined Supplements to Mathews* (Department of Oriental Languages, University of California, 1982), Preface, pp.4-5.

④ 擁有與崑崙及空同相似聯綿結構的聯綿詞族還包括：昆崚、混淪、混沌、渾沌、汪洋、瀇瀁、鴻洞、空洞、空同、崆峒。見蘭桂麗：《聯綿詞族叢考》，學林出版社，二〇一二年，第二三四—二四〇頁。聯綿詞族内的兩個詞之所以含義相通，是因爲同語族内的兩個詞必定含有相通的語義源，其他語義都是在此基礎上衍生而成，見蘭桂麗：《聯綿詞族叢考》，第一九頁。

⑤ 空同即崑崙，則人死身歸崑崙（混沌），那麼人死也會身歸空同。郭慶藩集釋，王孝魚點校：《莊子集釋·至樂》："支離叔與滑介叔觀於冥伯之丘，崑崙之虚，黄帝之所休。"第六一五頁。鍾泰將"冥伯之丘"解釋爲"人死後的冥漠之丘"，人死後要身歸渾沌，因此要歸於"崑崙"。見氏著：《莊子發微》，上海古籍出版社，二〇〇二年，第三九八頁。

三、"空同靈瓜"的原型是"道"葫蘆

"空同靈瓜"即葫蘆，形似天穹且長曲，又名"天瓜"。《拾遺記》中"空同靈瓜"别名"穹隆"，長三尺，且外形屈曲。爲何以"穹隆"命名？"穹隆"何意？根據《爾雅·釋天》可知：

穹，蒼蒼天也。注："天形穹隆，其色蒼蒼，因以名云。"①

從據東漢李巡的注釋，我們發現"天形穹隆"。而"穹隆"一詞多見於漢賦，如司馬相如（前一七九—前一一七）《上林賦》"穹隆雲橈"，郭璞（二七六—三二四）注曰"寵起迴穴也"，②其中"穹隆"應爲"寵起"，即高聳狀。張衡（七八—一三九）《西京賦》"於是鉤陳之外，閣道穹隆"，李善（六三〇—六八九）注"穹隆，長曲貌"③，"長曲"即長且"外形屈曲"，與《拾遺記》中的描述吻合。在漢晉之際的文獻中，筆者發現類似"穹隆"的建築物有匈奴"旃帳"④及墓室棚頂。⑤再者，上文提及空同與崑崙爲同一宇宙山，二者語義一致。利奥波德·德索敘爾（Léopold de Saussure）認爲崑崙指"天之穹隆的形狀"⑥，如此可以推知"空同"也是"天之穹隆的形狀"，故而可以理解"空同靈瓜"又名"穹隆"的原因。上述解釋以及現實中的具體對應物都向我們指明"空同靈瓜"的外形特徵及命名爲"穹隆"，是爲了説明"空同靈瓜"就像天穹一般，呈半球形，却體長三尺，又有屈曲，長曲狀

---

① 阮元校刻：《十三經注疏·爾雅注疏·釋天》卷六，第五六七一頁。

② 高步瀛著，曹道衡、沈玉成點校：《文選李注義疏》卷八《畋獵中·郭璞注上林賦一首》，中華書局，一九八五年，第一七三三頁。

③ 郭慶藩集釋，王孝魚點校：《文選李注義疏》卷二《京都上·張平子西京賦》，第三〇二—三〇三頁。

④ 《漢書·匈奴傳》卷九七："漢使曰：'匈奴父子同穹廬卧。'師古曰：'穹廬，也，其形穹隆，故曰穹廬。'"中華書局，一九六二年，第三七六〇頁。

⑤ 陸機著，劉運好校注整理：《陸士衡文集校注·挽歌詩》，"旁薄立四極，穹隆放蒼天"，及注釋〔二〕引《太玄經》曰："天穹隆而周乎下，地旁薄而向乎上，故天裹地。"鳳凰出版社，二〇〇七年，第六六七—六六八頁。

⑥ 利奥波德·德索敘爾（Léopold de Saussure）的依據爲《康熙字典》"凡物之圜渾者曰崑崙"以及《晉書·天文志》"天形穹隆，如鷄子，其際如幕，四海之表周接，元氣上浮"。轉引自王孝廉：《中國神話世界》，洪葉文化事業有限公司，二〇〇六年，第九五—九六頁。

又有半球形的植物，當是葫蘆。[①]

吉瑞德（Norman J. Girardot）發現在中國文獻典籍中，大量詞語都與“葫蘆”有關，其中最爲典型就是“瓜”。[②]除了通過瓜名和外形推定“空同靈瓜”似葫蘆，還可以通過小説叙事中有關“空同靈瓜”特性的記載，確定“空同靈瓜”就是“葫蘆”。[③]從植物學角度看，葫蘆在尚未成熟之前，外皮與内瓤富含水份十分柔嫩；但成熟之後，外皮硬化爲堅硬的外殼，内瓤水分流失，其内裏空空如也，却十分輕盈，這份虛空賦予葫蘆的種種功用。如前所述空同即崑崙，筆者找到崑崙山下也有結瓜的傳説。雖然這則傳説是杜撰而成，却包含靈瓜有軟硬之變的重要信息。這則文獻爲《抱朴子》佚文，保存在《藝文類聚・果・瓜》中，今本《抱朴子》内外篇皆未收録，但考慮《藝文類聚》爲初唐類書，所據《抱朴子》當爲六朝本，這則文獻應是出自《抱朴子》的可靠信息：

> 五原蔡誕，入山而還，欺家人。云：“至崑崙，崑崙山有玉瓜，光明洞澈而堅。須以玉井水洗之，便軟而可食。”[④]

文獻中“崑崙玉瓜”的特性是“光明洞澈而堅”，如果以葫蘆的生長特性來看，蔡誕編造的玉瓜先以成熟之貌示人，經玉井水洗之，由硬變軟，由熟轉嫩。這種欺騙性的謊言如果能被家人所信服，説明其内容有迹可循。現實中葫蘆就是一種會軟硬變化的植物，而神藥靈植的屬性與尋常植物逆反，因此崑崙玉瓜先硬後軟符合神異之物的特性，故而能被蔡誕家人接受。并且《拾遺記》中也包含崑崙山的靈植經玉井水清洗後具有奇效的記載。[⑤]

---

① 葫蘆（Lagenaria siceraria）：葫蘆的植物學性狀，見中國科學院中國植物志編輯委員會編：《中國植物志》第七十三卷第一分册，第二一六頁。四川大學文化科技協同創新研發中心王釗教授提出，葫蘆目葫蘆科所包含的具體植物十分豐富，“空同靈瓜”有可能是該目科下的其他屬植物，如南瓜屬（Cucurbita linn）。參考前書，第八四、二五六頁。

② 與葫蘆相關的植物還有“葫”“瓠”“蘆”“盤”“匏”“瓢”等，Norman J. Girardot, *Myth and Meaning in Early Daoism: The Theme of Chaos* (Hundun) (Berkeley : University of California Press, 1983), pp.215-218。中譯本見蔡覺敏譯：《早期道教的混沌神話及其象徵意義》，齊魯書社，二〇一七年，第二七八—二七九頁。

③ 石泰安（Rolf A. Stein）發現葫蘆涉及異世界以及飲酒兩個主題。葫蘆的外形支撑了洞天福地想象，崑崙山的結構也似葫蘆一般，并且道教存思内視以及後世的内丹修煉都與葫蘆密不可分，認爲葫蘆包藏日月、别有洞天。Rolf A. Stein, *The World in Miniature: Container Gardens and Dwellings in Far Eastern Religious Thought. Trans. Phyllis Brooks.* (Stanford: Stanford University Press, 1990), pp.58-77.

④ 歐陽詢輯，汪紹楹校：《藝文類聚》卷八七《果部下・瓜》，第一五〇三頁。

⑤ 王嘉撰，蕭綺録，齊治平校注：《拾遺記》卷十《崑崙山》：“（崑崙山）有瓜如桂，有柰冬生，如碧色，以玉井水洗食之，骨輕柔能騰虛也。”第二二一頁。

種種信息都在説明當時民間確有宇宙山下産靈瓜、靈瓜類似葫蘆的相關傳説，并非空穴來風。

葫蘆具有救贖與創世的獨特意義在早期道教神話及道經中反復出現。葫蘆在全世界範圍内多個民族及地區都曾作爲宇宙創生神話中的重要元素出現，如葫蘆（或其他球體）剖開後人類誕生或作爲洪水來臨時始祖夫婦的避難所并帶其漂流渡過險境。而在中國文化中葫蘆更凸顯“虚空”的特質，葫蘆的用武之處幾乎皆來自此。[①]“空同靈瓜”就是繼承中國宗教文化價值的一個宇宙葫蘆。除了名字、形態，其尺寸長度也在提醒我們這是一個像“道”一樣長的葫蘆。《拾遺記》中載此瓜“長三尺”。所謂“道生一，一生二，二生三，三生萬物”[②]。“三”代表後續萬事萬物的生發與繁衍，但更爲重要的是“三”代表不屬於“一”與“二”的二元對立，而是第三種象徵混沌的秩序。[③]綜上，筆者認爲“空同靈瓜”長三尺的外形特徵也是精心設計的結果，爲了與葫蘆作爲混沌、大道的象徵而呼應。

“空同靈瓜”的生長周期反映了漢末已降的末世思想。比照葫蘆七個月的生長周期，“空同靈瓜”的生長周期爲“四劫”。在中國南北方部分地區，葫蘆從春天播種到秋天瓜熟蒂落一般要七個月。所以陰曆七月或八月爲“瓜月”，意味從夏入秋，但季節交替的同時也會迎來慶賀生人或祭祀亡者的節日（七月初七或七月十五）。[④]更重要的是，從秋日起將要進入寒冷的嚴冬。七個月是一年之中植物於自然界的生長周期，果實的成熟意味果實生命的終結。[⑤]作爲宇宙葫蘆，“空同靈瓜”應與其原型葫蘆的生

① 以上關於葫蘆在全世界，特别是中國的神話意義參考 Girardot, *Myth and Meaning in Early Daoism*, pp.208-231。中譯本見蔡覺敏譯：《早期道教的混沌神話及其象徵意義》，第二七〇—三〇一頁。

② 王弼注，樓宇烈校釋：《老子道德經注校釋 · 四十二章》，中華書局，二〇〇八年，第一一七頁。此章在“三生萬物”之後有言“萬物負陰而抱陽，冲氣以爲和”，所以“一”“二”“三”又被解釋爲“氣”。如“三”爲“陰、陽及陰陽合氣”或“和、清、濁三氣”。劉笑敢：《老子古今：五種對勘與析評引論》，中國社會科學出版社，二〇〇八年，第四三八—四三九頁。本條書目由華東師範大學哲學系高菱博士提供，特此致謝。

③ Girardot, *Myth and Meaning in Early Daoism*, pp.89-93. 中譯本見蔡覺敏譯：《早期道教的混沌神話及其象徵意義》，第一一六—一二二頁。

④ *Girardot, Myth and Meaning in Early Daoism*, pp.225-226. 中譯本見蔡覺敏譯：《早期道教的混沌神話及其象徵意義》，第二九三頁。

⑤ 葫蘆的生長周期與季節交替、生死忌日有關，筆者懷疑這是葫蘆（或瓜）被用來尋找溺水尸體的原因。業師陳偉强先生曾研究自東漢起流傳至今的一種民間尋找溺水而亡者的巫術，所用工具爲“瓜”，結合吉瑞德關於“瓜”與“葫蘆”相關的研究，筆者推測這個民間巫術所用的“瓜”極有可能與葫蘆有關。Timothy Wai Keung Chan, “Searching for the Bodies of the Drowned: A Folk Tradition of Early China Recovered,” *Journal of The American Oriental Society* 129.3 (2009), pp.385-401. 中譯本見陳偉强：《從曹娥投江關係文獻考察早期民間尋找溺水者遺體的法術》，《漢唐文學的歷史文化考察》，鳳凰出版社，二〇一四年，第二六八—二八七頁。

長周期相似，即成熟時刻是一個生命周期的結束，在故事中這個時間長度單位是“四劫”。“四劫”是來自佛教的一個時間概念，指極漫長的時間，并非以年月日爲計量單位。“在佛教的世界觀中，一個世界之成立、持續、破壞，又轉變爲另一世界之成立、持續、破壞，其過程可分爲成、住、壞、空四時期，稱爲四劫。”[①]在“四劫”之中，世界的生長變化與人類以及其他生命體生長變化類似，當進入“空劫”時，世界已經毀滅。

值得一提是，不同於東晋盛行的“劫”被賦予末世之時更多災難、折磨的含義，[②]通過上下語境我們可知“四劫”依然保持其作爲時間名詞的原意——世界誕生到衰敗的漫長時間，甚至還包含“成住壞空”的四劫變化，因爲這種變化本身符合葫蘆的自然生命周期，换言之，葫蘆的生長周期也是一種相對意義上的七個月内的“成住壞空”，而恰恰此時“空同靈瓜”成熟。在世界覆滅傾頽之際，應運而熟的“空同靈瓜”無疑具有象徵意味，預示此瓜可以救贖世界上危在旦夕的生人，帶來新的希望，好似諾亞方舟。這種語義設定以及文獻所出地分布中國南北共同反映了漢末至兩晋彌漫在下層民衆以及士人階層的“末世”觀念。[③]“空同靈瓜”成熟意味宇宙進入覆滅後，大道可以産生“開劫渡人”的果實，幫助生人渡過難關。考慮《拾遺記》所誕生的時代——公元四世紀，當時社會彌漫着世界毀滅的壓抑氛圍，洪水火災、瘟疫兵亂一同襲來。在此背景下，上清經派提出兩個救世方案：其一，將有救世真君李弘降臨，濟世度人；其二，對於可以獲救的種民提出修行要求與持守戒律。[④]如此一來，服食“空同靈瓜”無疑是一種新的度劫方案。我們可以明顯觀察到，上清經派將“空同靈瓜”納入其“開劫度人”的體系，將服食靈瓜讓位於前兩種方案。他們將服食者的身份提升，僅限於上仙服用。相比之下，六朝志怪小説對“空同靈瓜”服食者的身份不做明確限

① 釋慈怡主編：《佛光大辭典 · 四劫》，佛光出版社，一九八八年，第一九六四頁。

② 李豐楙：《六朝道教的終末論——末世、陽九百六與劫運説》，載陳鼓應主編《道家文化研究》第九輯，上海古籍出版社，二〇〇〇年，第九〇頁。

③ 東漢至魏晋南北朝，中國社會適逢衰世及三百年亂世，不同人士都在思考人與宇宙存續的關係，這種末世論引發有識之士進一步思考如何濟世度人。不同道派對此都有創見，如漢代曆學神書中的宇宙周期説、天師道的末世論、上清派的陽九百六説、靈寶派的劫運説。同前注，第八二—九九頁。劉屹主張用“劫災論”代替“終末論”。“終末論”是秉持單一、綫性歷史觀的民族和宗教所持有的世界觀，如猶太教、基督教；但中國流行的是循環史觀，“末世觀”是本土固有觀念，以“道德性災異論”爲核心，又融合了佛教大劫、小劫周期循環以及道教陰陽五行學説。參劉屹：《中古道教與佛教存在終末論嗎？》，《文史》二〇二四年第二輯，第七九—一〇〇頁。綜合各方研究，筆者以“末世”指稱這一歷史現象。

④ Strickmann, *Chinese Magical Medicine*, edited by Bernard Faure, (Stanford: Stanford University Press, 2002), pp.50-57.

定，衹是在核心原則上保留靈瓜助人成仙的靈力，這是道籍與小説在“空同靈瓜”核心功用上的交集。

四、士人眼中的“空同靈瓜”及其書寫與傳播

通過對於“空同靈瓜”的本義與原型的考索，不難發現這一神奇名物牽涉多種學科知識。它的内涵深意複合了中國傳統天文觀、宇宙論、植物學、本土道教、外來佛教的某些重要概念，是對生命渡劫這一永恒命題的綜觀式創造性回應。然而在傳世文獻的載録情況看，尚未得到有如本文一般的明確解釋。除了存在文獻散佚的可能性，恐怕是古人對於“空同”和“靈瓜”背後的隱秘聯結已有洞見，成爲一種心照不宣的存在，抑或對此名物不必深究。這種朦朧的認知體現爲上文表一所呈現的不同文獻對於“空同靈瓜”的原産地和服食地的記録各有不同。細查發現有關“空同靈瓜”産自空同山之外的地區（蓬萊、敦煌、霍山）的記載均出自小説（《拾遺記》《洞冥記》），將非空同之外的地區（修武静室、朱火丹陵）視作服食之地的記載均出自上清内傳，并且上清經（《仙果道迹經》）中亦包含靈瓜與“空同之巔”密切相關的記載。這無疑説明，上清經筆録者對於“空同”一詞背後的宇宙、宗教、地理含義是十分清楚的，他們會遵循“空同”與“道”的關係來録寫經文、内傳。更可以説，上清筆録者對待這些正統觀念下“荒誕不經”“光怪陸離”的“知識”，是報之以嚴肅審慎的態度，與將道聽途説之言“實録”記之的小説家不同。[①]這反映道籍寫録者與小説編纂者對待這類“雜談”“曲學”價值判斷的差異，不同的心態導致了他們對於這類知識的定位呈現明顯差異，進言之，小説作者將神奇名物視作博物趣聞不求甚解，而道籍寫録者將其視作嚴肅知識。

六朝後期是一個知識至上的時代，重視玄學、儒學、史學、文學等知識。[②]知識於文學的重要性體現於，詩文寫作主張“貴於用事”，類書正是這一風氣的産物，用於搜集編纂相關博物知識以供文學寫作。雖然傳世六朝類書中未見“空同靈瓜”的相關條

① “古小説的寫作原本衹是將撰者的見聞記録寫下來，并不刻意地進行鋪叙和渲染，更加不會有意地虚構。”羅寧：《古小説之名義、界限及其文類特徵——兼談中國古代小説研究中存在的問題》，《漢唐小説與傳記論考》，第四〇頁。

② 唐長孺：“整個玄學自東晋以後便衹是知識的炫耀。”見氏著：《魏晋才性論的政治意義》，《魏晋南北朝史論叢》，生活·讀書·新知三聯書店，一九五五年，第二九九頁。胡寶國：《知識至上的南朝學風》，《將無同：中古史研究論文集》，中華書局，二〇二〇年，第一六三—二〇〇頁。

目，但如前文所論初唐類書《初學記》《藝文類聚》已經收編載録相應的六朝文獻——道經與小説——中出現的"空同靈瓜"。今天可見六朝專門咏瓜的賦文共有六部，然而從保存的節録片段看，却皆未涉及"空同靈瓜"，其中五部文獻問世於西晋，早於《拾遺記》與上清道籍。[①]造成這種現象的原因最有可能是當時尚未有"空同靈瓜"，此博物知識當爲東晋産物，畢竟梁張纘（四九九—五四九）的《瓜賦》中纔有此瓜乃天地交和而生的描述，有幾分"空同靈瓜"的影子。此外，這與文獻散佚關係重大，很難説明這種現象是偶然抑或是必然，不過筆者認爲造成這種現象的原因可能與士人對於何種知識能够進入詩賦寫作的認識有關。至遲宋代蘇黄之後，士人開始將小説、佛道經典中荒誕不經的知識納入詩賦之中；[②]但在此之前，因文獻流失嚴重，尚不能對六朝詩賦是否使用小説及佛道經典中的典故做出明晰判斷。不過因爲未有直接例子，筆者傾嚮認爲六朝時這些知識尚不能進入詩賦寫作，但其他文體可以，如梁劉孝威（四九六—五四九）作《謝東宫賜聖僧餘饌啓》，其中提到"五杏七桃，靈瓜仙棗"[③]。"靈瓜"當指"空同靈瓜"，其餘"五杏""七桃""仙棗"皆與修仙求道有關。據題意可知，這篇啓文是爲答謝東宫所賜聖僧餘饌，僧人與道士通常被視作一類方外人士，因此使用出自上清經系的名物代稱僧侣之饌中出現的瓜類食物，是非常合適的。劉孝威在文章中使用"靈瓜"實則宣告：作者以及目標讀者對於"空同靈瓜"的相關知識是瞭解的，這是一個在士人圈層被人所熟知的博物趣聞，他們可以讀懂"靈瓜"背後的宗教文化内涵。

自唐已降，有求仙訪道之志的方外之士開始將"靈瓜"入詩。如吴筠（？—七七八）所作："千年紫柰熟，四劫靈瓜豐。"[④]寒山："靈瓜夢裏受，神橘座中收。"[⑤]此外唐代道教碑文中開始使用"靈瓜"典故，如上文所舉顔真卿所撰《魏夫人仙壇碑銘》，以及晚唐樂朋龜所撰《西川青羊宫碑銘》："觀吾仙柰，萬年而一度開

---

① 劉楨（一八六—二一七）《瓜賦》、陸機《瓜賦》、嵇含（二六三—三〇三）《瓜賦》、張載（生卒年不詳）《瓜賦》、傅玄（二一七—二七八）《瓜賦》、張纘（四九九—五四九）《瓜賦》。以上各賦的節録文字見《藝文類聚·果·瓜》，第一五〇四——一五〇五頁。

② 小説與佛道經籍同屬非主流、非正統學問，因其虚誕荒唐，不適宜用於詩歌中。但從中晚唐發展至宋代，已經將這些典故用於詩中。羅寧：《小説、典故與詩歌——從元好問"曲學虚荒小説欺"談起》，《文藝理論研究》二〇二三年第六期，第四九—六〇頁。

③ 嚴可均編：《全梁文》卷六一《劉孝威·謝東宫賜聖僧餘饌啓》，《全上古三代秦漢三國六朝文》，中華書局，一九五八年，第三三一八B頁。

④ 彭定求：《全唐詩》卷八五三《吴筠·游仙二十四首·其二十》（增訂本），中華書局，一九九九年，第九七〇六頁。

⑤ 彭定求：《全唐詩》卷八〇六《寒山·詩三百三》，第九一六一頁。

花。睹我靈瓜，四劫而一回結實。"[①]這些作品的主題雖然始終與道教密切相關，但確實爲一般士人所作，説明"空同靈瓜"越來越成爲一個被更多士人接受的博物知識，甚至用於相應的書寫表達得以傳播，它出現在不同的文體或文類中，如道籍、小説、類書、啓、詩歌、碑銘等。

結　論

本文考訂"空同靈瓜"的本質及其所藴藏的多種學科知識，發現靈瓜乃是宇宙創世階段混沌不分、冥昧不清、恍恍惚惚如道一般的"葫蘆"，生於空同山下。其生長周期來自佛教極長的時間概念——"四劫"，由此影射這個宇宙葫蘆是爲了渡劫而生，是漢末以降終末思想的體現。創生與末世兩種極端狀態并存，正是空同、葫蘆、大道、太一所藴藏道教核心理念——混沌思想——一以貫之的體現。質言之，"空同靈瓜"具有"開劫渡人"的偉大靈力，體現在服食者將會永生不老甚至煉化成仙。但是比較道經與小説兩類文獻中的"空同靈瓜"，筆者發現其精準内涵存在細小差異。小説中有關"空同靈瓜"的記載符合小説文類的特性，其内容衹是小説家實録信息而已，不做深入考證與修訂。因此"空同靈瓜"在小説中具有模糊性，也具備改動性，使其在流傳過程中保有增删調换的彈性叙事空間。相比之下道籍中"空同靈瓜"的運用最爲準確，道經寫録者心知其意，故而"空同靈瓜"及其背景成爲客觀、固定的知識，道教内部人士共用同一知識體系。現存六朝咏瓜賦却不涉及"空同靈瓜"，可能反映了社會正統觀念下，荒誕不經之物不可入詩入賦的現實。但在某些特定主題（涉及仙道僧侣）的文章中，可以出現"靈瓜"，説明作者及讀者所在的士人階層對這類知識并不陌生。它們不曾因爲作爲非經史學問，就被限制或與士人階層徹底隔絶。反之，我們可以確定，社會爲這類博物知識留有空間，士人享有獲得博物知識的管道，可以是小説，也可能是上清道籍本身。[②]

"空同靈瓜"在小説、上清道籍、答謝啓、類書、詩歌、碑銘中以不同面貌存在，體現了此一博物知識在士族内部存在不同價值取嚮。中國近代知識轉型這一議題中，"分辨和重構傳統知識體系是各區域文化最切身與最具使命感的方嚮"[③]。傳統中國的

---

① 《西川青羊宫碑銘》,《道藏》第十九册，第六八一 B 頁。

② 上清道籍問世之初，是在江南士族階層内部傳播，部分士族可以接觸到上清經。 Strickmann, "The Mao Shan Revelations," p.3.

③ 張壽安:《龔自珍論乾嘉學術：專門之學——鉤陳傳統學術分化的一條綫索》,《學海》二〇一〇年第二期，第二三—三六頁。

士人階層衹有學問而未能建立科學化的知識。在此背景下回顧道教，我們遺憾地發現，作爲承載中國人根本生命價值寄托的本土宗教——道教——却從未被“學問化”，距離建立科學化的道教知識體系還有很遠的路要走。獨立的道教學科知識體系建構仰賴各方學者梳理道經文獻、儀軌、教義、宫觀制度、戒律等框架性硬核知識，但還有一些處於交叉地帶、邊緣模糊的軟性知識急需整理。它們是關於想象的，關於具體細節的，關於似真似幻的異域他界構建，關於道教與其他社會階層互動，尤以“空同靈瓜”爲代表的具有博物風趣的神奇名物。這部分知識會因爲不同的分類標準及價值取嚮而出現在不同的文本中。名物的知識考據與定位折射出士人、稗官野史、道士等不同階層與背景人士的複雜心態及價值觀。這類瑣碎餖飣的考證幫助我們觀察博物知識是如何被記載、被流傳，這對於我們“分辨和重構傳統知識體系”無疑有巨大幫助。正如本文展現明確具體的博物知識後，下一步的整理工作尤爲重要，因爲通過考據可能揭示出中國傳統博物知識承載的多種學科知識，如天文學、宇宙論、植物學、宗教觀等。這些知識如何與現代學科知識接榫是我們面臨的下一階段的重要議題。本文正是呼應此議題而做出的個案探求，期望可以拋磚引玉，推進中國傳統博物學的深度探索，以期構建獨立的學科話語體系。

（作者單位：香港浸會大學中國語言文學系）